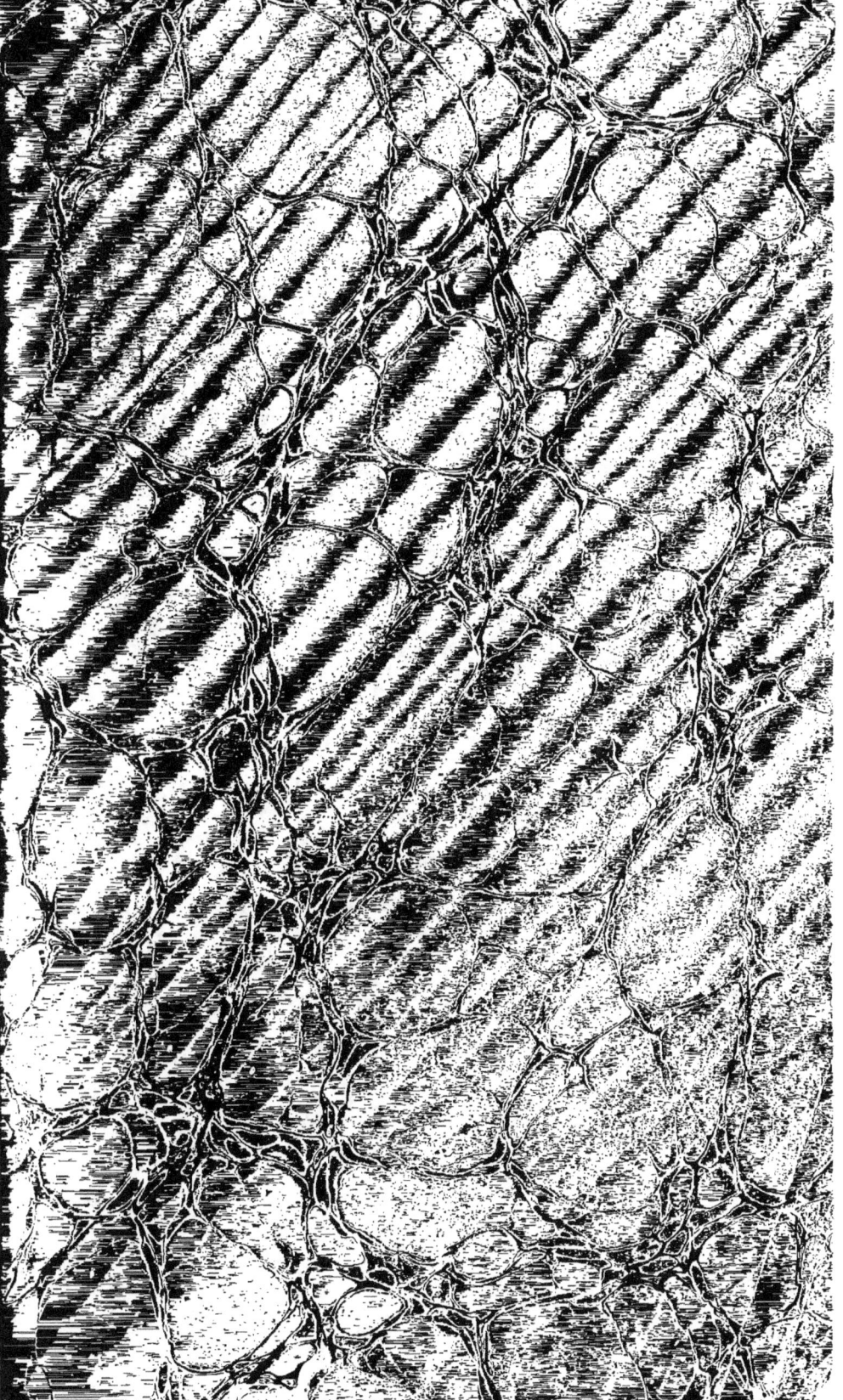

HISTOIRE

DU

COMTÉ DE PONTHIEU.

Abbeville. — Typographie JEUNET, rue Saint-Gilles, 108

HISTOIRE
D'ABBEVILLE

ET

DU COMTÉ DE PONTHIEU

Jusqu'en 1789

Par F.-C. LOUANDRE

Correspondant du ministère de l'instruction publique pour les travaux historiques.

> L'histoire de la contrée, de la province, de la ville natale est la seule où notre âme s'attache par un intérêt patriotique ; les autres peuvent nous sembler curieuses, instructives, dignes d'admiration, mais elles ne touchent point de cette manière.
> Aug. THIERRY. *Lettres sur l'Histoire de France.*

TOME DEUXIÈME

PARIS

Joubert, rue des Grès, 14 | J. Labitte, quai Voltaire, 3

ABBEVILLE

T. JEUNET, Imprimeur-Editeur, rue Saint-Gilles, 108

MDCCCXLV

HISTOIRE
D'ABBEVILLE
ET
DU COMTÉ DE PONTHIEU.

LIVRE CINQUIÈME.

CHAPITRE I

Passage de Charles VIII. — Hémon de la Fosse. — Sacrilége commis par cet étudiant. — Mariage de Louis XII à Abbeville. — La guerre éclate entre François 1er et Charles-Quint. — Incursions des Impériaux dans le Ponthieu. — Siége de Saint-Riquier. — Belle défense des habitants de cette ville. — Siége et destruction de Montreuil par le comte de Bures. — Séjour de François 1er à Forêt-Montier. — Fêtes et tournois. — L'astre de Charles d'Orléans. — Mort de ce prince. — Evènements militaires. — Belle retraite du duc de Nemours sur la banlieue d'Abbeville. — Ravages causés par la guerre.

Louis XI était mort en **1483.** A l'avènement de Charles VIII la Picardie tout entière, excepté Calais, reconnaissait l'autorité royale. Charles donna le gouvernement de cette province à Philippe-de-Crèvecœur, sire d'Esquerdes, cet ancien officier de Charles-le-Téméraire, qui, gagné par Comines, avait abandonné la jeune héritière de Bourgogne pour passer au service de Louis XI.

Le 17 juin 1493, Charles VIII, revenant de Boulogne où il avait été présenter à la Vierge un cœur d'or du poids de treize marcs, fit son entrée à Abbeville par la porte Marcadé. Les maréchaux d'Esquerdes, de Gié, le clergé, la noblesse, la justice, le maire et les échevins, les mayeurs de bannières, *vestus d'escarlatre*, et un grand nombre d'habitants allèrent à sa rencontre jusqu'à moitié chemin de Laviers. Là, maître Jean Candel, avocat de la ville, lui présenta les clés et le complimenta.

Les arbalétriers et les archers, vêtus de *palletons esquartés de velours et de soie et orfavoriziés d'argent*, avec leurs arcs et leurs enseignes, étaient rangés des deux côtés de la route, au dehors des barrières de la porte Marcadé.

Avant d'entrer dans la ville, le roi se plaça sous un dais de damas bleu, semé de fleurs de lis d'or, porté par quatre échevins, tête nue. Les maisons étaient tapissées, les rues sablées, jonchées de fleurs et de verdure. On y avait aussi planté des arbres.

Un grand nombre de jeunes compagnons pareurs, vêtus de *paleps* de couleur pourpre, et coiffés de chapeaux blancs, se distinguaient parmi les autres corps de métiers, qui avaient pris les armes et qui bordaient la rue.

Depuis la porte Marcadé jusqu'au prieuré de Saint-Pierre où le roi fut conduit, on avait dressé en plein air huit échafauds où l'on représenta, avec un vaste appareil de machines et une grande somptuosité de décorations, de tapisseries et de peintures, huit scènes muettes à la louange de la vierge Marie. — Sur le premier de ces échafauds on remarquait une jeune fille *habillée en moyen estat*, figurant une marchande, ou pour mieux dire la ville d'Abbeville, accompagnée de trois autres filles, *Humble Service, Jocundité* et *Léaulté*. Ces personnages tenaient des écriteaux sur lesquels on lisait : *Ave maris stella*. — *Domine salvum fac Regem*. — Au sommet du théâtre on avait mis ces inscriptions : *Ave Rex noster*.

> O Charles, roy surtout très-catholique,
> Je qui me dis estre *Abbatisvilla*,
> A ton retour joyeusement m'applique
> Toy présenter *ave maris stella*.

Dans la partie la plus élevée du second échafaud une jeune fille, ayant derrière la tête un diadème ou plutôt le nimbe, montrait d'une main une *estoile de mer continuellement tournant*, et de l'autre, dans la partie inférieure du théâtre, des matelots en prières. L'inscription de ce théâtre était ainsi conçue : *Ave maris stella*.

> A toy, salut, estoille de la mer,
> Mère de Dieu, souveraine et très forte,
> Vierge à tousjours.......
> Conduis le roy et à bon port le porte.

Ici l'ange Gabriel, représenté par *un beau fils bien aorné*, annonçait à la Vierge (*jeune fille de belle et gracieuse manière et contenance*) la naissance du Sauveur. Des filets d'hypocras, d'eau de Damas et de vin clairet jaillissaient de chaque fleuron d'un lis qui décorait la scène. Eve, accompagnée d'une multitude de pauvres femmes, qui faisaient semblant de travailler avec beaucoup de peine, apparaissait au rez-de-chaussée. Un écriteau portait ces mots : *Sumens illud ave*, et plus bas en français :

> En recordant le salut angélique
> Que Gabriel prononcha de sa bouche,
> Entretiens nous en estat pacificque
> A ceste fin que guerre ne nous touche.

Plus loin la Vierge, magnifiquement vêtue, tenait d'une main deux clés d'un travail remarquable, et de l'autre un flambeau *de cire ardent*. A l'étage inférieur siégeaient des prisonniers dont quelques uns étaient aveugles. Ce théâtre avait pour inscription : *Solve vincla reys*.

> Aux prisonniers deslie leurs loyens,
> Aux aveugles restitue lumière,
> Garde le roy de tous maux terriens,
> Requiers qu'il aist par toy grâce plainière.

Au cinquième échafaud, une autre jeune fille, représentant encore la Vierge avec l'enfant Jésus, *pressoit le bout de sa mamelle, et jetoit lait* sur un berceau dans lequel était un autre enfant couvert d'une riche draperie aux armes du Dauphin. Plusieurs *beaux petits enfants bien aornés* tenaient la main appuyée sur ce berceau. Les mots suivants étaient inscrits au sommet du théâtre : *Monstra te esse matrem*.

> Monstre toy estre amyable mère ;
> Pour le Dauphin rechois nostre requeste,
> Prie cellui lequel sans paine amère
> Fut fait ton fils de virginal acqueste.

Ailleurs la scène offrait la mère de Dieu, couverte d'un ample manteau *d'escarlatre*, sous lequel étaient les trois états de la ville ; on lisait sur la frise : *Virgo singularis*, et au-dessous :

> Vierge dicte sur toutes singulière,
> Plus que nulle très-doulce et amyable,
> Entretiens nous, par ta digne prière,
> Avec le roy en amour charitable.

Sur le septième théâtre une fille bien *acoutrée*, debout sur une montagne de fleurs et de verdure, tenait un enfant somptueusement vêtu, et la tête ceinte d'un diadême de grande valeur, avec ces mots en lettres d'or : *Ego sum via*. Sous la montagne et sur ses flancs on remarquait une foule de *pélerins* et de *voituriers* auxquels la jeune *puchelle*, qui représentait la Vierge, montrait le chemin qui conduit au salut, et ce théâtre avait comme les autres une inscription ainsi conçue : *Vitam presta puram*.

> Ottroye nous vie parfaicte et pure
> Dresche le roy en chemin qui soit seur,
> Là où il puist, en joyeuse ouverture
> Avoir Jésus pour son vray directeur.

Le huitième échafaud figurait le paradis avec la Trinité, *notablement postée* devant un soleil *clair tournant incessamment*, et entourée des neuf chœurs d'anges rangés en ordre par étages, qui feignaient de jouer de divers instruments, tandis que des chantres et des musiciens, que l'on ne pouvait apercevoir, entonnaient et accompagnaient des hymnes qui faisaient l'effet de l'harmonie céleste; et sur la frise qui dominait ce tableau on lisait : *Sit laus Deo patry*, et en français :

> Louons de cœur la Sainte-Trinité
> Que nostre roy est en cest territoire,
> Auquel Dieu doinct vivre en prospérité
> Et obtenir des ennemys victoire.
> AMEN (1).

Le roi se rendit, au son des cloches, des trompettes et des clairons, au prieuré de Saint-Pierre où les présents d'usage lui furent offerts.

Lorsqu'il eut achevé de dîner, les magistrats municipaux à genoux lui *remonstrèrent l'estat de la ville, et la grant joie que le peuple avoit de sa venue.* Ils le supplièrent de rester quelques jours dans leurs murs et de diminuer leurs impôts. Charles VIII répondit que différentes affaires le forçaient de continuer rapidement

---

(1) Registre aux délib. d'Abbeville, année 1493.

son voyage; mais que la paix, qui venait d'être signée, lui permettrait de revenir bientôt *voir le pays avec plus grant loisir*. Il ajouta qu'il consentait à la réduction de la taille pendant dix ans, à condition que les sommes qui en proviendraient seraient employées aux fortifications de la ville, *qui est assise*, dit-il, *ès frontières de grant tumulte;* puis il alla voir tirer les archers *aux buttes*, faites dans la cour du prieuré de Saint-Pierre, et les compagnons pareurs, tenant chacun une jeune fille par la main, dansèrent une ronde autour de lui.

A trois heures de l'après dînée, le roi monta à cheval et s'en alla par le rempart de la porte du Bois visiter l'hôtel alors en construction du maréchal d'Esquerdes. Il se dirigea ensuite vers la porte Saint-Gilles, mit pied à terre, entra dans le corps-de-garde, où il demanda et but du vin, et s'en alla coucher à Picquigny, après avoir donné congé aux officiers municipaux qui l'avaient escorté à cheval jusqu'auprès d'Epagnette.

Le repos dont le pays jouissait depuis quelque temps fut troublé par la peste. La guerre avec Maximilien d'Autriche menaçait de se joindre à la contagion; mais il ne se passa dans le Ponthieu aucun évènement militaire. La stérilité des documents historiques se prolonge ensuite jusqu'en 1503. A cette époque, un jeune étudiant, du pays de Vimeu selon les uns, et d'Abbeville selon d'autres, acquit une déplorable célébrité. Cet étudiant, qui se nommait Hémon de la Fosse, logeait à Paris, rue du Fouarre, près du collége des Quatre-

Nations dont il suivait les cours (1). Le 25 août 1503, les Cordeliers et les Jacobins, réunis à la Sainte Chapelle, célébraient la fête de Saint-Louis. Un de ces moines voulut dire une messe basse à l'un des autels latéraux, et, pour la servir, Hémon s'approcha, se mit à genoux et répondit au prêtre jusqu'à la consécration. Alors il alluma un cierge, et se tint debout derrière l'officiant ; mais au lever Dieu on le vit pâlir et arracher l'hostie en disant : « Quoi ! toujours cette folie ! » Des cris d'indignation retentirent alors de toutes parts ; on s'élança vers lui pour le saisir, et il s'enfuit avec l'hostie. Des gentilshommes, qui le poursuivaient, l'atteignirent sous le porche, le traînèrent par les cheveux jusqu'au bas du perron, et tirèrent leurs poignards pour le tuer, tandis que le peuple, ramassant des pierres, se disposait à l'assommer. Un conseiller du parlement parvint à travers la foule à l'endroit où le coupable, après avoir laissé tomber l'hostie, se résignait à la mort, et,

---

(1) Les Picards allaient au XVIIe siècle étudier à Bourges et à Orléans. Ils avaient leur réglement, leurs assemblées solennelles où ils montaient à cheval, précédés par un guidon de taffetas jaune, et formaient avec les Flamands, les Hollandais et les Wallons la *nation picarde*. Ils avaient chacun leur verre déposé chez le gouverneur de la nation, et ils s'en servaient aux repas de corps. Certains habitants de Beaugency étaient tenus de venir leur présenter une maille d'or, du poids de 2 deniers 17 grains dans la ville d'Orléans, le jour de la Saint-Firmin. D. Grenier donne une partie de leurs statuts et les noms des gouverneurs et écoliers parmi lesquels figurent plusieurs étudiants d'Abbeville, Montreuil, Saint-Riquier, etc. (Voy. Guyon, *Hist. d'Orléans*, 1646, in-f°, p. 129.)

l'ayant sauvé de la fureur des assaillants, il le fit conduire dans les cachots de la Conciergerie. Le profanateur fut interrogé par les juges et visité par les médecins ; ceux-ci le déclarèrent maniaque et insensé. On retarda son supplice dans l'espérance qu'il abjurerait ses extravagantes erreurs, et qu'il reconnaîtrait son crime. On manda même son père et sa mère à Paris pour l'exhorter au repentir ; mais leurs reproches et leurs prières furent inutiles. Hémon qui, à force de lire et d'admirer les auteurs grecs et latins, était devenu assez fou pour se persuader qu'il n'était pas possible que la religion d'Homère, de Virgile et de Cicéron ne fût pas la vraie, soutint toujours que Jupiter était le souverain Dieu de l'univers, et qu'il n'y avait point d'autre paradis que les Champs-Elysées. Suivant d'autres, il varia dans ses réponses et déclara, à différentes reprises, qu'il ne suivait que la seule loi de la nature. Sa mère mourut de douleur, son père le renia. Des étudiants espagnols qu'il fréquentait se sauvèrent, craignant de partager son sort. Hémon, condamné à mort, fut traîné sur la claie jusqu'à la Sainte-Chapelle où on lui coupa le poing ; puis mené au marché aux pourceaux pour y être brûlé. Les prêtres qui l'accompagnaient l'exhortèrent à renoncer à ses folles opinions. — C'est ce que je ne puis faire ; j'en suis bien fâché, leur répondit-il, et les flammes l'étouffèrent sans qu'un seul cri sortît de sa bouche. Ses cendres furent jetées au vent, et à la place même où il avait laissé tomber l'hostie, on étendit un drap d'or, on alluma des cierges ; ensuite on enleva le pavé sur lequel on avait ramassé l'eucharistie, et ce pavé fut mis dans un reliquaire. La consternation fut générale, et l'on fit une procession où une foule de pénitents marchèrent nu-pieds, se flagellant et criant : *miséricorde* ! (1).

Nous ne savons rien qui mérite la peine d'être mentionné de 1503 à 1514 ; mais cette même année le désir de laisser un héritier ayant déterminé Louis XII à un nouveau mariage, il sollicita la main de la princesse Marie, sœur de Henri VIII, roi d'Angleterre, et leur union venait d'être arrêtée, lorsque l'ambassadeur de France, Louis d'Orléans, écrivit à Marie la lettre suivante, dont nous donnons le texte comme spécimen de la galanterie du temps.

« Madame, tant et si très humblement que fayre puis à vostre bonne grace me recommande.

» Madame, aujourd'hui monsieur le général et moy avons eu des lettres du roy qu'il nous escript, que le plus grand désir qu'il a, est de sçavoir de vos nouvelles, et qu'il trouva merveilleusement bon le lieu d'Abbeville pour vous trouver ensemble, ainsy qu'il a esté accordé ; et que là sans point de faulte vous le trouverez délliberé de vous bien recevoir, et feray, madame, la plus grande diligence qu'il me sera possible d'aller devers luy pour luy dire de vos nouvelles, et tousjours ainsy que j'en sauray des syennes vous en avertiray, ainsy que vous m'avez commandé, vous supplyant très humblement, madame, qu'il vous plaise me commander toujours vos bons plaisirs pour les accomplir, comme celui qui désire de vous faire service, etc. Escript à Canturbery ce 16ᵉ jour d'aoust (2). Loys d'Orléans.

(1) Nicolas Gilles, 1621, in-f⁰, p. 442, v⁰. — M. Lacroix, Hist. du seizième siècle, t. II, p. 342.

(2) Rymer, t. VI, pars 1, p. 73.

Dans l'une des clauses du contrat de mariage, il est stipulé que les frais de voyage de la reine Marie resteront jusqu'à Abbeville à la charge du roi d'Angleterre, ainsi que les dépenses en pierreries, toilettes, etc., et tout ce qui appartient à l'honorable état d'une reine. En vertu de cette même clause, le roi d'Angleterre nomma, le 23 septembre, les seigneurs qui devaient accompagner la reine sa sœur jusqu'à Abbeville, *in villam dictam Abbatisvillam* (1). Ces personnages étaient chargés de conduire la reine auprès du roi avec les vases d'or, d'argent, pierreries et autres objets qui faisaient partie de son trousseau.

Louis XII se rendit à Abbeville avec sa cour et sa maison, pour y attendre la princesse à son passage et y célébrer son union. Il fit son entrée solennelle par la porte Saint-Gilles, le 2 octobre 1514, et fut reçu aux acclamations du peuple, qui s'était porté à sa rencontre avec le corps municipal et deux mille hommes de la milice bourgeoise. Louis XII, coiffé d'un chapeau rouge et vêtu d'un habit de drap d'or, montait un *grand cheval bayard qui saultoit*. On voyait au-dessus du premier pont de la ville l'écusson de France, soutenu par deux anges, et un écriteau de sept pieds sur lequel on avait écrit ces deux vers :

> Salve, Christi genium, Rex prestantissime Regum,
> Maxima liligeræ gloria gentis, ave !

(1) Ibid. *pars secunda*, p. 78.— Cf. Mém. de l'acad. des inscript., t. XLIII, p. 499.

Un autre écu, placé sur un drap bleu, semé de fleurs de lis d'or, décorait le second pont, et on y lisait ces mots :

Rex in eternum vive !

Lorsque le roi fut arrivé à la porte Saint-Gilles, on lui offrit les présents d'usage, c'est-à-dire trois pipes de vin, trois muids d'avoine et trois bœufs aux cornes peintes d'azur, enlacés de fils d'or, et couverts de harnais bleus écussonnés. — Depuis la porte Saint-Gilles jusqu'à l'hôtel de la Grutuze, où il devait loger, on avait dressé plusieurs échafauds sur lesquels des personnages allégoriques jouaient des mystères. Quatre de ces personnages, vêtus de robes royales, représentaient chacun le roi de France. Un cinquième, vêtu d'une robe d'étoffe vermeille, semée de léopards d'or, représentait le roi d'Angleterre; un autre Charlemagne, un autre encore, en sayon jaune et rouge, figurait Triboulet, le fou du roi (1).

Le comte de Worcestre, qui avait suivi le roi de France de Paris à Abbeville, écrivait le 3 octobre à Wolsey, ministre de Henri VIII :

« Je puis vous assurer que le roi a merveilleusement à cœur de contenter la reine. Depuis ce matin qu'il a appris son débarquement, tout son plaisir est de s'occuper des bijoux qu'il pourra lui offrir : il m'en a montré qui sont les plus beaux que j'aie jamais vus. »

Le comte de Worcestre cite entre autres sept gros diamants ou rubis et sept perles très grosses : il ajoute

(1) *Comptes des Argentiers d'Abbeville*, année 1514.

que parmi ces pierreries il y avait dix ou douze pièces d'un tel prix qu'on avait refusé cent mille ducats d'une seule, sans parler de beaucoup d'autres moins considérables, qui pouvaient bien valoir deux mille ducats.

« Quand il m'eut montré toutes ces belles choses, continue Worcestre, tout cela, me dit-il, sera pour ma femme. Il me fit voir un coffre rempli de colliers, de bracelets, de ceintures, de bijoux d'or ; puis il ajouta en riant : je ne lui donnerai pas tout cela en une seule fois, mais à plusieurs reprises, car je veux mériter souvent ses remerciements et ses caresses. Il pense sans cesse à l'instant où il pourra la voir, et rien ne lui fait tant de plaisir que d'entendre parler d'elle (1). »

L'arrivée de Louis XII et les préparatifs des fêtes de son mariage attirèrent à Abbeville une affluence considérable. Tout était en rumeur dans cette ville pour la réception de la future reine, lorsqu'on apprit qu'elle devait y faire son entrée le lundi 8 octobre. Ce jour là, de bon matin, le roi se mit en route avec toute sa cour et quinze cents chevaux pour aller au-devant de Marie d'Angleterre. Cent trompettes précédaient le cortége. On y remarquait les officiers de la milice bourgeoise, vêtus de pourpoints bleus à boutons et boutonnières d'or, avec des houppelandes de drap écarlate, à parements de moire d'argent, chausses et bas écarlates et chapeaux galonnés ; leurs compagnies en uniforme, les couleuvriniers, archers, cinquanteniers et arbalétriers, le corps municipal, les mayeurs de bannières, ha-

---

(1) Mém. de l'acad. des inscript., t. XLIII, p. 502.

billés de robes de *couleur brun gris* (1), et le clergé portant les reliques de Saint-Vulfran, de Saint-Vilbrod et de Saint-Scévold. On s'achemina en bon ordre jusqu'à la ferme de Saint-Nicolas, où le roi rencontra la princesse. Elle était *moult triomphamment* accompagnée d'une foule de dames, *de beaux, gros et notables seigneurs* d'Angleterre; des ducs de Valois, d'Alençon et de Bourbon; des comtes de Vendôme, de Saint-Pol et de Guise, qui avaient été la recevoir à Boulogne, et de deux cents archers anglais en hoquetons de drap rouge, avec leurs boucliers, leurs trousses de flèches et l'arc au poing.

La reine était à cheval, vêtue d'une robe de drap d'argent et d'une cotte de toile d'or. Sa coiffure, *à la façon de son pays d'Angleterre*, était enrichie de pierres précieuses *à l'entour de ses templettes*. Louis XII s'approcha d'elle, lui adressa des paroles gracieuses *comme moult bien le savoit faire*, et l'embrassa. Marie d'Angleterre se plaça sous un dais de satin blanc, orné de franges de soie rouge et jaune, mêlées de fils d'or. Ce dais était semé de porcs-épics (2) et de roses rouges, et les bâtons d'argent qui le supportaient, étaient enrichis d'or fin. Les seigneurs anglais, vêtus de drap d'or, marchaient à la tête du cortége; venaient ensuite les dames montées sur de belles haquenées, richement

---

(1) Registres aux délib. de la ville, année 1514.
(2) La devise de Louis XII était un porc-épic avec ces paroles : *cominùs et eminùs*.

enharnachées de velours cramoisi, trois chars superbes et quantité de voitures pesamment chargées.

Une foule considérable escorta la reine jusqu'à la porte Marcadé. Au-dessus de cette porte, ornée de deux écus aux armes de France et d'Angleterre, qu'un ange tenait dans chacune de ses mains, on lisait ce mauvais vers pentamètre, composé par le médecin du roi, Jean Ruel :

<blockquote>Pulchra Maria vales lilia colligere.</blockquote>

La reine entra dans la ville au bruit des cloches et du canon. Elle y fut reçue *moult honorablement* par toute la noblesse de la province ; et *pareillement s'y employèrent, selon leur endroit et possible, les manants et habitants d'Abbeville*. Les rués où devait passer le cortége avaient été nettoyées avec le plus grand soin, et de distance en distance on avait dressé des théâtres où les comédiens de la fosse aux ballades représentaient plusieurs *beaux et joyeux mystères* et des allégories en l'honneur de la reine et du roi. Sur l'un de ces théâtres, l'on avait construit un navire avec ses mâts, ses hunes, ses avirons et son gréement complet, pour lequel on avait employé deux cents brasses de cordes. — Ici, c'était un serpent à sept têtes qui jetait en abondance du vin blanc, *à l'heure un petit devant et après que icelle dame passoit*. Là, c'était un lis entouré de roses duquel lis *sortoit comme dessus vin blanc et vermeil*. Plus loin on voyait un beau verger, nommé le Verger-de-France, et de ce verger sortaient deux enfants habillés en lansquenets, qui portaient à la main des bannières de taffetas blanc fleurdelisées, et conduisaient deux porcs-épics au-devant d'une belle jeune fille qui représentait Marie d'Angleterre. Sur un autre théâtre, Ève, vêtue d'une longue robe, se promenait dans le paradis terrestre, et en sortait par une porte dorée (1). A chaque pas de nouvelles merveilles fixaient les regards.

La reine descendit à l'église Saint-Vu ran pour y faire ses prières, et se rendit ensuite à l'hôtel de la Grutuze où logeait le roi. Le corps de ville lui fit présent de deux grands plats d'argent, pesant ensemble quatorze marcs au prix de quinze livres tournois le marc. « Monsieur d'Angoulême mena tous les princes d'Angleterre souper en son logis, où furent merveilleusement bien festoyés... Et le souper fait, retournèrent tous au logis du roi... Et estoit déjà la reine en la salle, et se commençoient les danses de toutes parts et durèrent bien tard. » Marie se retira ensuite dans son hôtel (2), où elle fut conduite aux flambeaux par une galerie couverte que l'on avait construite exprès à travers les jardins. Le lendemain, à neuf heures du matin, les deux époux reçurent la bénédiction nuptiale dans un appartement de la Grutuze, tendu de drap d'or, où l'on avait dressé un autel, en présence du nonce du pape, des cardinaux d'O et de Prie, de l'archevêque

---

(1) *Comptes des Argentiers*, année 1514.
(2) Cet hôtel était situé dans la rue Saint-Gilles, au coin de celle de la Prison.

de Rouen, et des ambassadeurs de Venise et de Florence. La reine avait les cheveux pendants, et sur la tête un chapeau de pierreries, mais sans couronne; elle ne devait en porter qu'après son sacre. « Toute l'après dînée et le soir fut faite la plus grande chère du monde; et le lendemain le roi disoit qu'il avoit fait merveilles; toutefois, je crois ce qu'il en est, ajoute Fleurange, car il étoit bien mal aise de sa personne (1). »

Louis XII, déjà vieux et cassé, tâchait, à force de présents et de soins affectueux, de faire oublier son âge à la princesse. Le jour même du mariage, il lui donna un fort beau diamant avec un rubis de plus de deux pouces de long, qu'on estimait dix mille marcs, et le lendemain un autre rubis de deux pouces et demi de long, gros comme le doigt, suspendu par chaque extrémité à une chaîne d'or. Le jour suivant, il lui offrit un magnifique diamant d'où pendait une grosse perle ronde (2).

Si le cœur de la jeune reine ne pouvait être séduit, elle se montrait du moins sensible à tant d'hommages, et le vieux monarque était ravi. Il eut une attaque de goutte qui le retint plusieurs jours à Abbeville, et sa femme ne le quitta pas un seul instant. « Elle est toujours avec lui, disaient les ambassadeurs dans leur lettre au roi d'Angleterre, et fait pour lui ce qu'il est possible qu'une femme fasse pour son mari. »

---

(1) Collect. Michaud, 1re série, t. V, p. 44.
(2) Mém. de l'acad. des inscript. t. XLIII, p. 504.

Les plaisirs magnifiques de ce mariage durèrent jusqu'au départ de leurs majestés, quand le roi fut guéri de la goutte; mais hélas ! peu de mois s'écoulèrent et le bon roi Louis XII n'existait plus. Son successeur, François Ier, qui se trouvait à Abbeville le jour de la célébration de ses noces, revint avec la reine dans cette cité, le 23 juin 1517. Il arriva par eau, à dix heures du soir, et aborda au pont des Prés, monté sur une gribanne magnifiquement ornée. Treize autres gribannes portaient la reine et toute la cour. Les magistrats complimentèrent le roi, et le conduisirent en son hôtel à la clarté des torches et d'une illumination générale. On lui fit le lendemain les présents d'usage, et l'on y ajouta une salamandre d'or. Il alla ensuite visiter Montreuil, Saint-Valery et le Crotoy; revint à Abbeville peu de jours après, et y signa un édit portant réglement sur la course maritime et la juridiction de l'amiral (1).

Le goût de François Ier pour les conquêtes, ses malheureuses expéditions en Italie, la rivalité qui s'éleva entre lui et Charles-Quint, devaient entraîner tous les genres de malheurs. Charles, seigneur des Pays-Bas, était maître de l'Artois; le roi d'Angleterre unit ses armes aux siennes contre la France, et le Ponthieu se vit en proie à de nouveaux ravages.

1522. — Le duc de Vendôme, lieutenant-général du roi en Picardie, n'étant pas assez fort pour tenir la

(1) C'est le droit de la course, droit qui n'existe pas dans les guerres de terre où les propriétés privées sont respectées par les puissances belligérantes.

campagne, donna l'ordre au comte de Saint-Pol, son frère, au duc de Guise et au seigneur de Lorges, de garder Montreuil avec quatre cents hommes d'armes et six mille hommes de pied, tandis que lui-même réunissait à Abbeville un corps de troupes françaises et deux mille Suisses. Le comte de Bures, général de l'empereur, arriva peu après devant Doullens, et en fit le siége. Vendôme, qui était alors à Amiens, envoya son frère à Abbeville pour faire marcher les deux mille Suisses qui s'y trouvaient en garnison ; mais ils refusèrent d'obéir. Saint-Pol, n'ayant pu vaincre leur résistance, les licencia, et se rendit avec un autre corps de troupes réglées et avec les milices d'Abbeville au secours de Doullens, et délivra cette place où la brèche était faite, et où trois cents Abbevillois, aidés d'une faible garnison, avaient déjà repoussé un premier assaut.

En 1523, un parti de trois cents Flamands s'empara de Noyelles, passa la Somme au gué de Blanquetaque pendant la nuit, porta le feu dans le Vimeu, et vint se mettre en embuscade dans le bois qui existait près d'Abbeville, pour y attendre les passants et les mettre à rançon (1) ; mais deux mille hommes étant sortis de cette place avant que le jour parût, environnèrent le bois, et contraignirent l'ennemi à rendre les armes. Cette circonstance n'empêcha point d'autres coureurs anglais de revenir l'année suivante s'embusquer dans le même bois pour se livrer au brigan-

(1) Ce bois n'était pas encore entièrement défriché en 1631.

dage ; mais les milices d'Abbeville sortirent en armes de leurs murs, enveloppèrent les Anglais et les passèrent par les armes, tandis que quatre cents Flamands périssaient de même dans les bois de Saint-Riquier.

En 1524, les ennemis pénétrèrent dans le Ponthieu du côté de Montreuil, avec six mille hommes d'infanterie, huit cents chevaux et de l'artillerie : après avoir tenté sans succès une attaque contre cette place, ils se rejetèrent sur la ville de Rue qu'ils emportèrent d'emblée le 24 mars. On avait mis si bon ordre au gué de Blanquetaque, qu'ils ne purent entrer dans le Vimeu. N'osant point attaquer Abbeville, où douze mille hommes étaient en garnison, ni les retranchements du Pont-Remi, que défendait le seigneur du lieu, le fameux Créquy, les troupes confédérées se portèrent le 8 avril sur Saint-Riquier, et mirent le siége devant cette place, qui se défendit courageusement, et ils furent contraints à la retraite après une perte de quatre cents hommes. Irrités de cet échec, ils brûlèrent Saint-Mauguille, Gapennes, Coulonvillers et plusieurs autres villages. Ils repassèrent bientôt devant Montreuil, en menaçant de revenir avec de plus grandes forces. Les villes voisines s'empressèrent de concourir à la défense de cette place. Les Amiénois y envoyèrent du blé et des canonniers ; car il y avait si peu d'argent dans les coffres du roi, que le gouverneur de Montreuil fut contraint d'emprunter au premier président du parlement de Rouen, qui passait par hasard dans la ville, une somme de cinq cents livres pour payer pendant quinze jours cinq cents hommes qu'il avait levés à la hâte (1). Les nouvelles désastreuses de la bataille de Pavie arrivèrent bientôt à Abbeville et y répandirent la consternation, mais sans abattre les courages. On fit le 12 mars (1525), une procession *simple* pour implorer la grâce de Dieu, et quelques jours après une députation de l'échevinage allait invoquer les secours du conseil municipal de Paris qui, dans ces tristes circonstances, montrait une énergique activité. Après avoir communiqué leurs lettres de créance au prevôt des marchands, les députés dirent que les Hennuyers avaient pillé la ville de Rue, et qu'ils se proposaient, ainsi que les Anglais, d'attaquer d'abord les autres petites places du Ponthieu, puis la capitale de ce comté, et même la ville d'Amiens ; que les Abbevillois étaient bien décidés à se défendre ; qu'ils tiendraient bon ; qu'ils avaient pris toutes les mesures nécessaires pour empêcher l'ennemi de venir à bout de ses entreprises ; mais qu'ils avaient besoin d'armes et de munitions, et qu'ils priaient qu'on voulût bien leur accorder une grosse pièce d'artillerie, quelques autres de moindre calibre, un certain nombre d'arquebuses à croc avec douze barils de poudre. Le prevôt des marchands présenta leur requête au conseil, et on leur prêta deux *faucons* (petits canons) de fonte, affûtés et montés, douze arquebuses à croc, et on leur délivra douze barils de poudre. Les députés de Montreuil, qui étaient arrivés le même jour à Paris, récla-

(1) Decourt. *Mém. historiq. d'Amiens.* Mss. dom Grenier.

mèrent également l'assistance du conseil. Leur ville avait, dirent-ils, assez de grosse artillerie, mais peu de moyenne et de petite. Elle manquait à la fois d'ouvriers et d'argent pour y pourvoir comme l'exigeaient les circonstances, et elle priait le conseil de vouloir bien lui accorder quelques pièces de canon de petit calibre. On leur fit observer qu'on avait envoyé chez eux du blé, de l'avoine, et que leurs commettants en recevraient encore s'il y avait nécessité; mais qu'ils fallait qu'ils s'aidassent eux-mêmes. On leur prêta cependant douze arquebuses à croc (1).

Abbeville fut bientôt taxée à mille écus tournois, pour la rançon de François Ier, et Charles-Quint, par un article du traité que les deux princes signèrent alors, renonça à toutes ses prétentions sur le Ponthieu, comme héritier de la maison de Bourgogne. Mais ce traité fut bientôt éludé. En 1527, François Ier et le cardinal Wolsey, ministre de Henri VIII, roi d'Angleterre, se rendirent à Abbeville et y confirmèrent, le 18 août, avec quelques modifications, la ligue offensive et défensive que la France et l'Angleterre venaient de former contre l'empereur.

Le 6 décembre 1531, le corps municipal, accompagné des mayeurs de bannières, des officiers de la sénéchaussée et de la garnison, des avocats et des procureurs, alla au-devant de la reine Eléonore, qui avait dîné au Pont-Remi, « jusqu'au quel lieu estoient allés

---

(1) Bibliot. de l'école des Chartes, t. V, p. 557.

plusieurs personnes et gens de mestiers et enseignes de ladite ville, en armes et à enseignes déployées, comme pareurs, tisseurs, marigniers, filz de bourgois et compagnons du jeu d'armes, estant fort bien en ordre, vestus de sayes, de pourpoints et habillements de diverses couleurs, chacun selon son estat, ayant les uns picques, hallebardes et aultres bastons, chacun selon son ordre, qui pouvoient estre par estimacion en nombre environ de sept à huit mille hommes.... marchans en bon ordre sept à sept chacun soubs son enseigne (1). »

A la tête de ce nombreux cortége, dans lequel les marins étaient au nombre de quatre à cinq cents, on remarquait les arquebusiers, archers et arbalétriers, et les soldats de la garnison. On cheminait depuis une demi-heure lorsqu'on vit la reine en *une riche et somptueuse litière*, ayant le Dauphin près d'elle, avec les ducs d'Orléans et d'Angoulême, et plusieurs autres princes et seigneurs du royaume. Le maire Jean Gaude *fut en grosse révérence* pour la complimenter sur sa bien venue, et lui offrit au nom de la ville un drageoir (2) en argent doré.

La princesse entra dans la ville au bruit des cloches et de l'artillerie, *laquelle faisoit bon à ouyr parce qu'il y en avoit gros nombre*.

François Ier, qui se trouvait alors à Rue, vint à Abbeville joindre la reine, et l'on représenta sur leur

---

(1) *Registre aux délibérations de la ville et comptes des argentiers*, année 1531.

(2) Vase à mettre des dragées.

passage plusieurs mystères où figuraient cinq rois, cinq reines et cinq évêques, les enfants de France, la ville d'Abbeville personnifiée, les douze pairs de France, des filles d'honneur, des pages, plusieurs déesses, une salamandre *jetant feu*, et dame justice les yeux bandés.

En 1536, un chef de lansquenets allemands, nommé Domitin, vint avec un détachement d'hommes d'armes, deux mille fantassins et quelques pièces d'artillerie, tenter un assaut contre Saint-Riquier, qui ne renfermait alors qu'une faible garnison d'une centaine de soldats ; mais le courage des femmes de cette ville suppléa au nombre des combattants. Elles excitèrent les bourgeois à prendre les armes, se présentèrent sur les murailles avec de l'eau bouillante, des cendres chaudes mêlées de charbons ardents, et combattirent avec bravoure. Becquétoille, l'une de ces héroïnes *travesties en hommes* (1), enleva de sa main un drapeau à l'ennemi ; et, pendant le combat, elle se montra constamment la première à *batailler* et à exciter la troupe. Le clergé, comme les femmes, prit part à l'action ; un prêtre de Saint-Riquier, armé d'une arquebuse, tua pour sa part sept hommes, et le même jour les Impériaux, honteux d'avoir été vaincus par de pareils soldats, s'en retournèrent à Hesdin, traînant à leur suite trois ou quatre charrettes de blessés et abandonnant cent vingt morts sous les murailles de la

---

(1) Dupleix, *Hist. de France*, 1630, in-f°., t. III, p. 403. — *Hist. des mayeurs d'Abbeville*, p. 651.

ville. Ce beau fait d'armes, dit Brantôme (1), retentit par toute la France, la Flandre et la Bourgogne. François Ier voulut voir les femmes qui s'étaient signalées, et les remercia publiquement. Des lettres de ce prince, données à Compiègne, au mois d'octobre 1538, et qui fixent le franc-marché de Saint-Riquier au second mardi de chaque mois, témoignent également « toute sa reconnaissance pour la bonne loyauté, la grande et vraye obéissance dont les habitants de Sainct-Riquier ont usé envers lui et ses prédécesseurs, et pour le courage qu'ils ont montré en soutenant et repoussant les assauts donnés à leur ville par ses ennemis ».

Vers la fin de mars 1537, François Ier retira de la frontière du nord une partie de son armée. Auxi-le-Château, Doullens, Saint-Riquier, Abbeville ne conservèrent que de faibles garnisons, et bientôt Floris d'Egmont, comte de Bures, que la reine de Hongrie, gouvernante des Pays-Bas, avait mis à la tête de ses troupes, se présenta devant Saint-Pol, et l'emporta d'assaut. De Bures marcha ensuite sur Montreuil, qu'il investit le 5 juillet. L'armée impériale comptait vingt-quatre mille lansquenets, six mille Wallons et huit cents chevaux, et, à ces forces vraiment formidables, la place n'avait à opposer que mille hommes d'infanterie de nouvelle levée, deux cents chevaux de l'arrière-ban de Normandie, et des fortifications en mauvais

---

(1) *De l'amour des braves pour les dames courageuses*, 6e discours, t. VII, p. 299. Edit. de Leyde, 1666.

état. Les munitions manquaient, et le seigneur de Canaples, qui commandait pour le roi de France, se vit bientôt, malgré tout son courage, obligé de rendre la ville, où trois batteries fortement armées avaient ouvert de larges brèches. Du reste, la capitulation était des plus honorables. La garnison devait sortir avec armes et bagages, le commandant en tête; les habitants devaient de leur côté emporter ce qu'ils pourraient de leurs biens ; mais cette capitulation fut indignement violée; l'armée ennemie enleva tout aux bourgeois, et mit le feu aux quatre coins de la ville. Le couvent des Carmes resta seul debout avec quatre maisons, et les habitants, dénués de toute ressource, se réfugièrent les uns à Abbeville, les autres à Amiens et à Boulogne, où on leur prodigua tous les soins que réclamait leur position (1).

(1) On ne connait pas précisément la cause qui porta le comte de Bures à ne pas observer la capitulation qu'il avait accordée. Voici ce que dit à ce sujet la chronique manuscrite de l'abbaye de Saint-André-au-Bois :

« L'armée alla piller, ravager et brusler jusques aux portes d'Amiens, et de là tout le pays de Ponthieu ; puis s'en venist camper devant la ville de Montreuil, qu'ils assiégèrent et pressèrent de tous costés, de telle sorte qu'ils l'emportèrent, et prirent par composition en peu de temps, et la bruslèrent et desmolirent entièrement ; là où mesme il y eust des églises qui n'eschappèrent pas le feu, tesmoing la belle église de Saint-Saulve, qui est demeurée ruinée... l'on dit que toutes ces démolitions, ruines et ravages, tant de cette ville que du plat pays de Picardie, furent faicts et causés par Adrien de Croy, comte de Rœux, en vengeance de ce que les François de la garnison de Monstreuil avoient violé et mesprisé la sauvegarde qu'il avoit obtenue

Le Ponthieu avait besoin de secours prompts et puissants; le Dauphin avisa à sa défense. Par ses ordres le comte de Fustemberg se rendit le 22 juin à Abbeville avec son régiment de lansquenets et quatre mille hommes de vieilles troupes allemandes qui avaient fait les guerres de Danemarck et de Munster. Ces troupes prirent leurs cantonnements à Rouvroy et dans le faubourg Saint-Gilles. Le prince en personne les rejoignit peu de temps après; il établit son quartier-général à Abbeville, et y demeura jusqu'au moment où l'ennemi s'approcha de Térouane. Mais bientôt des négociations s'ouvrirent au village de Bommy, dans le comté de Saint-Pol; une trève fut conclue durant laquelle on s'occupa, dans la sage prévision d'hostilités nouvelles, de relever les fortifications de Montreuil. Plus de quatre mille ouvriers furent employés, et, en 1542, cette

du roy pour son château de Beaurain, et pour la personne de madame Lamberde de Brimeu, sa mère, et pour tous les gentilshommes, dames, damoiselles, varletz, servantes et domestiques, tous demeurants audit chasteau; et signament en punition de ce que lesdits François avoient esté sy impudents et sy effrontément impudicques et lascifs, qu'ils avoient violé les damoiselles de ladite dame en sa présence, sans crainte ne respect de Dieu et des hommes; tellement que l'impudicité et paillardise, pire que brutale dans vilains et infâmes ribaulds, attira ces malheurs sur tant de pauvres gens qui furent ruinés, et périrent sous les désastres de cette guerre. Le sieur de Lignon, gentilhomme françois, qui avoit esté page audit sieur de Rœux, vint, après que ces insolences furent faictes, à Beaurain, trouver madame Lamberde pour la consoler et appaiser; mais elle en estoit si affligée, qu'il ne la peust induire à aulcune intercession envers ledit comte son fils qui en estoit trop indigné.» (Communiqué par M. Ch. Henneguier de Montreuil.)

ville se trouvait en état de soutenir encore un siége. Cette même année, le 10 juillet, la reprise des hostilités entre François Ier et Charles-Quint fut publiée à Abbeville. Le duc de Vendôme se rendit dans cette place pour y organiser un petits corps de troupes, et, contrairement aux priviléges de la cité, il voulut contraindre les milices bourgeoises à se mettre en campagne et à pénétrer avec lui sur les terres de l'empereur. Les magistrats municipaux invoquèrent les lettres de franchise qui les exemptaient du ban et de l'arrière-ban; l'autorité du duc de Vendôme céda devant les immunités royales, et les milices bourgeoises restèrent dans leurs foyers, bien disposées d'ailleurs à recevoir l'ennemi s'il se présentait. Du reste, l'occasion de combattre et de secourir le pays par de lourds sacrifices ne se fit pas attendre. Charles-Quint s'était allié au roi d'Angleterre, Henri VIII. La guerre était portée sur les frontières de Flandre, et Abbeville fournit du blé, de l'avoine, de l'orge, du vin, de la bière, etc., aux trente mille hommes que François Ier avait réunis au village de Marolles, pour couvrir Landrecies.

L'année suivante, en juin 1544, le duc de Norfolk, réuni aux comtes de Bures et de Rœux, mit le siége devant Montreuil, où le maréchal Dubiez était venu se renfermer. L'armée assiégeante comptait trente mille combattants; mais Dubiez avait résolu de se défendre jusqu'à la dernière extrémité, et, après quatre mois d'inutiles efforts, l'ennemi fut contraint de se replier sur Boulogne, que le roi d'Angleterre investit avec toute son armée. Vendôme, qui avait établi son quartier général à Abbeville, ne cessa point de harceler les Impériaux et les Anglais. Pendant toute la durée du siége, les bourgeois le secondèrent bravement, et, un jour entre autres, postés en embuscade dans la forêt de Crécy, ils tuèrent ou ramenèrent prisonniers près de deux cents coureurs ennemis.

Bientôt la garnison de Boulogne capitula, malgré l'opposition formelle des habitants qui abandonnèrent leurs foyers et tout ce qu'ils possédaient plutôt que de prêter serment de fidélité à Henri VIII. Mais au mépris de la capitulation qui leur garantissait un sauf-conduit pour aller par terre jusqu'à Abbeville, et par mer jusqu'au Crotoy et à Saint-Valery, ils furent poursuivis et attaqués dans les environs d'Etaples. Les uns périrent les armes à la main, les autres se noyèrent en cherchant à traverser la Canche, et ce ne fut qu'à grand'peine que les derniers débris de cette courageuse population parvinrent jusqu'à Abbeville. Un témoin oculaire raconte que les habitants de cette cité se portèrent à plus d'une lieue à la rencontre des Boulonnais, et que, jaloux de leur témoigner la sympathie qu'ils éprouvaient pour leur infortune, ils leur offrirent l'hospitalité, et s'efforcèrent par les soins les plus généreux de leur faire oublier leurs malheurs (1).

(1) Voy. les *Notes historiques* à la suite du poème de M. le baron d'Ordre, sur le *Siége de Boulogne*, en 1844, 1825, in-8°.

Le 16 mai 1825, M. le maire de Boulogne envoya à M. le maire d'Abbeville un exemplaire de cet ouvrage, en le priant de le déposer

Après la perte de Boulogne, tandis qu'un corps de cavaliers Wallons saccageait le Marquenterre, quatre mille Anglais enlevèrent Saint-Riquier de vive force et brûlèrent cette malheureuse ville, qui depuis ne s'est jamais relevée de ses ruines. De là l'ennemi se dirigea sur Abbeville, et continua de ravager les environs jusqu'au moment où François Ier se rendit en Picardie pour observer les Impériaux, et appuyer le maréchal Dubiez, qui, à la tête de trente-quatre mille Français, avait mis le siége devant Boulogne.

Le roi, accompagné du Dauphin et de Charles d'Orléans, son second fils, qu'il affectionnait tendrement, avait établi son quartier-général dans l'abbaye de Forêt-Montier, où le voisinage de la forêt de Crécy lui procurait le plaisir de la chasse. Les princes donnaient souvent des tournois à Forêt-Montier, et le duc d'Orléans, qui s'était fait remarquer à la guerre par son audace, remportait toujours le prix dans ces jeux chevaleresques (1).

Un soir, en revenant de la chasse en nombreuse compagnie, il aperçut une comète, et la montra à Gaspard de Saulx-Tavannes. — C'est peut-être votre astre, dit Saulx-Tavannes, qui vient annoncer votre

dans les archives « comme un témoignage de reconnaissance offert par les Boulonnais aux habitants d'Abbeville, qui s'empressèrent de recueillir ces nobles victimes de leur constance et de leur fidélité au roi et à leur patrie ».

(1) C'est dans un tournois à Airaines que Bayard, le chevalier sans peur et sans reproche, fit sa première joûte d'armes.

mort. — Je me moque de l'astre et du présage, répondit le prince avec gaîté. — On ne songea plus à la comète ; mais quelques jours plus tard un évènement sinistre justifia les crédules prévisions du courtisan.

Charles d'Orléans se faisant gloire de braver la peste qui désolait le Ponthieu, pénétra avec quelques uns de ses amis dans une maison où huit personnes étaient mortes depuis peu, découpa les lits à coups d'épée, et, tout couvert des plumes qui en sortaient, courut pour se divertir dans un quartier du camp. Echauffé par cette fanfaronnade, il but un verre d'eau, et, peu d'instants après, se sentant malade, il se mit à crier : C'est la peste, j'en mourrai ! Les secours qu'on lui prodigua parurent d'abord améliorer sa position ; mais le quatrième jour la maladie s'aggrava au point qu'il demanda les sacrements et la grâce de voir son père. Malgré le danger de la contagion et les représentations de la cour, François Ier se rendit auprès du jeune malade qui s'écria en l'apercevant : Ah ! monseigneur, je me meurs, mais puisque je vous vois, je meurs content ! Il expira un instant après, le 9 septembre 1545 ; le roi jeta un grand cri et s'évanouit. Quand il eut repris ses sens, il ordonna à la cour de s'éloigner de Forêt-Montier ; défense fut faite à toute personne, excepté aux officiers de service, d'approcher de plus de deux lieues de ce village ; mais bientôt François Ier s'éloigna lui-même ; il resta deux jours à Neuilly-l'Hôpital, et de là se dirigea sur la Fère (1).

(1) Lettre écrite d'Amiens, le 18 sept. 1545, par le nonce du pape

Saulx-Tavannes, qui avait sans le savoir prédit cette mort, reçut aussi du prince des adieux pleins d'affection. Depuis l'apparition de la comète, il était allé du côté de Boulogne, et, quand il revint au camp de Forêt-Montier, ramenant quatre cents prisonniers comme trophée d'une victoire qui avait coûté à l'ennemi huit cents morts et quatre drapeaux, le prince touchait au moment suprême. Tavannes, comme pour consoler ses derniers instants, lui montra les enseignes qu'il avait prises, et nomma les prisonniers. Charles d'Orléans l'embrassa, et d'une voix affaiblie : « Mon ami, lui dit-il, c'est fait de moi ; tous nos projets sont rompus, et je meurs avec le regret bien vif de ne pouvoir vous récompenser de votre bravoure (1). »

La guerre, qui venait de se terminer par la perte de Boulogne, avait presque toujours été malheureuse pour la France. L'armée du Dauphin, dans un extrême état de détresse, s'était repliée sur Montreuil, aux abords de cette place. Depuis Boulogne jusqu'à Abbeville tout était ruiné et brûlé, et les soldats, qui restaient quelquefois trois jours sans manger, donnaient leur harnais pour un pain (2). La peste, la famine et des bandes indisciplinées désolaient à la fois le pays. Français ou ennemis enlevaient les femmes, filles ou mères de

---

aux légats présidents du concile de Trente. (Voy. Longueval, *Hist. de l'Eglise Gallia*, in-4°, t. XVIII, p. 402.

(1) *Mém. de Saulx-Tavannes*, Coll. Michaud, t. VIII, 1re série, p. 129 et 130.

(2) *Mém. de Martin du Bellay*, loc. cit., t. V, 1re série, p. 551.

famille, et les jeunes garçons eux-mêmes n'étaient point en sûreté contre les violences des soldats italiens à la solde de François Ier. Abbeville, Saint-Valery et plusieurs autres localités du Ponthieu avaient de plus à fournir des vivres à l'armée. En 1544, les officiers municipaux d'Abbeville livrèrent d'une seule fois, pour l'approvisionnement de Boulogne, huit cents setiers de blé, neuf cent quatre-vingt-quatorze setiers d'orge, quatre cents setiers d'avoine, mesure du pays (1). L'année suivante, trente-quatre enseignes de soldats gascons, formant environ douze mille hommes, traversent Abbeville; il faut les nourrir encore, mais le pain manque, et François Ier menace les habitants, qu'il accuse de négligence, d'envoyer, pour les punir, les Gascons vivre à discrétion dans leur ville (2).

Cette même année, Abbeville donne encore pour l'approvisionnement d'Etaples, où douze mille ouvriers maçons, pionniers et charpentiers allaient être employés aux travaux des fortifications, six mille pains et trois muids de vin et de bière par jour, pendant tout un mois, et Saint-Valery quatre mille pains et deux muids des mêmes boissons; et, si la fourniture n'est pas complète, le roi prévient les magistrats municipaux qu'il s'en prendra à chacun d'eux en leur propre et privé

---

(1) Certificat du maréchal Dubiez, signé de sa main. (Archives d'Abbeville. Liasse cotée : *Hist. des guerres de* 1544 à 1552.)

(2) Lettres datées du Pont-Remi le dernier jour d'août. (Arch. d'Abbeville, recueil de lettres.)

nom (1). C'est encore d'Abbeville que sont tirées en partie les subsistances de l'armée envoyée par François Ier en Ecosse, pour soutenir les droits de la jeune reine Marie, contre les partisans de Henri VIII. De 1543 à 1549, chaque expédition entreprise aux frontières impose aux villes du Ponthieu de pareils sacrifices.

Les Anglais ne rendirent Boulogne qu'en 1550. La même année, le roi Henri II, successeur de François Ier, y fit un voyage, et arriva à la fin d'avril à Abbeville (2), où il fut reçu magnifiquement, et avec de grandes démonstrations de joie. Il s'y arrêta quelque temps pour mettre la place en état de défense contre les entreprises de Charles-Quint.

En 1553, Emmanuel Philibert, duc de Savoie, s'empare d'Hesdin. Horace Farnèse qui, peu de semaines auparavant, avait épousé Diane de France, fille du roi et future comtesse de Ponthieu, est tué en défendant cette place contre les soldats de l'empereur, et ses restes, rapportés à Abbeville, reçoivent la sépulture dans l'église des Minimes (3). La mort de ce soldat ha-

---

(1) Lettre écrite de Paris, le 9 mars. (Arch. d'Abbev., rec. de lettres.)

(2) Henri II, se disposant à reprendre Boulogne, était déjà venu l'année précédente à Abbeville où il séjourna environ quatre jours.

(3) « Son corps fut mis auprès du grand autel, à costé de l'épistre, fort élevé, couvert d'un drap mortuaire de velours noir, et demeura ainsi... tant que le cardinal Antoine de Créqui, évêque d'Amiens, le fit retirer de ce haut lieu, et commanda qu'il fut mis en terre... à cause que le cercueil de plomb où estoit le corps dudit seigneur Horace, estoit plus élevé que le tabernacle du très auguste sacrement. » (*Hist. des mayeurs d'Abbeville*, p. 679.)

bile, la prise de Térouane et d'Hesdin avaient encouragé l'ennemi. Le duc de Vendôme, qui commandait pour le roi de France, réunit sur les bords de la Somme, entre Abbeville et Amiens, une armée de quarante mille hommes environ, Allemands, Français, Suisses, Anglais, Italiens. La gendarmerie, aux ordres de la Meilleraye, et un corps de fantassins prirent leurs quartiers à Abbeville, mais ces forces n'agirent que mollement, et l'ennemi n'en continua pas moins ses ravages. Tous les villages aux environs d'Abbeville furent rasés.

Encouragés par son inaction, les Impériaux marchèrent en avant. Un de leurs partis fut écrasé du côté de Rue; une colonne de huit cents hommes fut également repoussée avec perte du côté de Saint-Riquier; et l'armée française ayant pris l'offensive en Artois, l'ennemi ne tarda pas à reporter ses forces dans cette province. Après plusieurs affaires malheureuses pour nos armes, l'armée française se replia de nouveau sur la Canche, du côté de Montreuil, et le prince de Savoie fit attaquer son avant-garde. Vendôme, qui commandait cette avant-garde, se retira sur l'Authie, et vint s'établir à Dompierre (1554). Il avait envoyé quelque cavalerie pour disputer le passage de cette rivière aux Impériaux, et ses troupes avaient été repoussées (1). L'ennemi menaçait à la fois Abbeville et

(1) Il existe aux environs de Dompierre, sur les bords de l'Authie, et surtout vers l'embouchure de cette rivière, des traces de retranchements analogues à ceux que l'on remarque sur les rives de la Somme.

Doullens. Vendôme jeta des forces dans ces deux places, et le 1er septembre, il vint en personne au Pont-Remi, où il fit élever des retranchements pour défendre le passage de la Somme, car ce lieu est fort commode, dit François de Rabutin (1), pour couvrir et garder tout le pays. Le canton que les Français avaient abandonné fut par l'ennemi livré aux flammes et au pillage. Les Impériaux s'avancèrent ensuite jusqu'à Saint-Riquier, et le duc d'Enghien, avec la cavalerie légère et trois cents hommes d'armes, reçut l'ordre de s'approcher de leur camp et de les contenir. Le jour même de son arrivée, d'Enghien enleva plusieurs chariots dans lesquels on ne trouva que du pain cuit sous la cendre, et de mauvaises pommes ; ce qui fit penser que les ennemis manquaient de vivres, et qu'ils ne tiendraient pas long-temps la campagne. En effet, ils rétrogradèrent vers l'Authie et ravagèrent sur leur route Machy, Machiel, Dompierre, Dourier, Maintenay et plusieurs autres villages. Ils se portèrent de là sur Hesdin où ils prirent position, et s'occupèrent à rebâtir la ville moderne. Le duc de Savoie, qui savait le fâcheux état dans lequel l'armée française se trouvait réduite, par suite de ses fatigues et de ses cantonnements insalubres dans les marais du Pont-Remi, crut l'occasion favorable pour s'emparer de la ville de Rue ; mais le duc de Vendôme donna ordre au régiment du Rheingrave et à plusieurs compagnies de gens de pied de se rendre

---

(1) Collect. Michaud, t. VII, 1re série, p. 485.

dans cette place à marche forcée pendant la nuit, tandis que le duc de Nemours, à la tête d'un corps de cavalerie légère, se porterait au-devant de l'ennemi, pour le harceler jusques dans ses lignes, et lui faire croire que l'armée française avait reçu des renforts. Nemours rencontra sur la route les Impériaux qui se dirigeaient vers Rue : quoique leur avant-garde lui fût très supérieure en nombre, il n'hésita point à la charger, et se replia ensuite en bon ordre jusqu'à la côte de la Justice, près d'Abbeville, où sa troupe, après plusieurs engagements, se mit encore en bataille, et attendit de pied ferme ses adversaires qui n'osèrent point venir la troubler. Cette belle retraite d'une poignée d'hommes en face d'un ennemi si nombreux, fut regardée par les plus habiles capitaines comme un des plus brillants et des plus heureux faits d'armes d'une campagne trop souvent malheureuse.

Dans cette guerre de surprises et de coups de main, les milices communales savaient aussi à l'occasion payer bravement de leurs personnes. Cent vingt Flamands étant venus un jour brûler Canchy et Marcheville, Nicolas Duhamel, seigneur de ces deux villages, sortit d'Abbeville avec un détachement de bourgeois, et remporta sur le parti ennemi un avantage complet.

Le duc de Savoie, prévenu dans sa tentative contre Rue, dût renoncer à s'emparer de cette place par surprise, et, longeant la Somme, il s'avança jusqu'à Noyelles, afin de se porter dans le Vimeu; mais cette fois encore d'habiles mesures firent échouer ses projets.

Seize bateaux plats, armés de canons de petit calibre, gardaient le passage de Blanquetaque, et appuyaient les troupes françaises en bataille sur l'autre rive. Le général ennemi, déconcerté, marcha vers le Pont-Remi, où de nouveaux obstacles le contraignirent à rétrograder jusqu'à Picquigny, brûlant et dévastant sur son passage *tout ce qui étoit encore entier ou à demi consumé* (1).

1555. — N'ayant pu réussir par la force à s'emparer du Ponthieu, le duc de Savoie se ménagea des intelligences avec un officier nommé Danvoile ou Anvoelle, lieutenant du château d'Abbeville, qui avait eu de vifs démêlés avec le mayeur. Danvoile promit de livrer la place aux Impériaux, moyennant 30,000 livres. La lettre qui lui était adressée par le gouverneur d'Hesdin, et dans laquelle on fixait le jour et l'heure de l'exécution du complot, fut remise au mayeur, qui la communiqua au maréchal de Saint-André. Danvoile, mandé chez le maréchal, s'y rendit sans défiance, et on l'arrêta au sortir de l'hôtel. Le peuple voulait l'égorger, et on eut grand'peine à le conduire dans la prison où il mourut peu de jours après, des suites des coups qu'il avait reçus. Pendant ce tumulte, plusieurs compagnies bourgeoises se dirigeaient vers le château pour y saisir tous les complices de Danvoile qui furent pendus. Une autre conspiration, ourdie dans les murs du Crotoy, fut également découverte, et ses auteurs eurent le même sort.

(1) Commentaires de F. de Rabutin, loc., cit., p. 488.

La guerre avait ruiné les villes et les campagnes du Ponthieu. Les impôts de toute nature, prélevés pour la défense, augmentaient la misère publique. Les ressources municipales d'Abbeville étaient épuisées, et, en 1553, Henri II autorisa les habitants de cette ville à créer un emprunt de 6,000 livres. Il leur avait permis également d'acheter en franchise 630 muids de blé. Les boulets, le salpêtre, la poudre et les vivres nécessaires aux approvisionnements pouvaient, en cas d'urgente nécessité, arriver dans la ville sans payer aucun droit. En 1557, des lettres patentes autorisent les magistrats municipaux à prendre 200 chênes dans la forêt de Crécy, et à couper 8 journaux de bois taillis pour réparer les ponts, les gabions et les claies ; mais ces royales faveurs n'apportèrent qu'un faible soulagement aux embarras de ces temps difficiles ; car, si d'une part le roi exemptait quelquefois les habitants du Ponthieu des charges onéreuses du fisc, il exigeait en même temps qu'ils eussent à fournir à leurs frais 20,000 pains du poids de 12 onces à son armée pour chaque jour pendant trois mois (1). C'étaient aussi, à la moindre menace de siége, des réquisitions de voitures et de chevaux, des corvées personnelles pour les fortifications. Le danger s'augmentant, on recourait à des mesures extrêmes. C'est ainsi que, le 17 mai 1555, Henri II signa, dans le palais de Fontainebleau, l'ordre de détruire les faubourgs de la porte Marcadé et de la porte du Bois.

(1) Archiv. d'Abbev. — *Hist. des guerres.* Liasse de 1551 à 1566.

L'échec essuyé par nos armes à la bataille de Saint-Quentin ramena la guerre dans le Ponthieu. Les partis espagnols y venaient sans cesse faire du butin, et, lorsqu'au mois de septembre 1558, l'armée de Philippe II et l'armée française eurent pris position, la première le long de l'Authie, la seconde sur les bords de la Somme, au-dessous d'Amiens, les courses, les escarmouches, les brigandages de toute sorte recommencèrent pour la ruine et le malheur de la Basse-Picardie. C'étaient d'impitoyables ravages, des combats continuels sans résultat décisif ; des surprises tentées contre les places peu sûrement gardées ; mais la mémoire de tous ces évènements militaires s'est perdue dans l'histoire générale, comme dans le pays même, et Rabutin, qui en a conservé quelque souvenir, n'essaye pas même de les raconter : cela, dit-il, me serait impossible d'autant que ces entreprises se dressaient en divers endroits et en divers lieux (1).

(1) Collect. Michaud, t. VII, 1re série, p. 602.

CHAPITRE II

Le calvinisme s'introduit dans le Ponthieu. — Premières luttes entre les réformés et les catholiques. — États d'Orléans. — Remarquables instructions des trois états de la sénéchaussée de Ponthieu à leurs délégués. — D'Haucourt, gouverneur du château d'Abbeville, est tué par le peuple. — Violences des deux partis. — Troubles suscités par la Ligue. — Occupation du Ponthieu par l'armée du duc d'Aumale. — Tentative de ce prince contre Abbeville. — Adhésion des Abbevillois au parti de la Ligue. — Évènements militaires. — Effets des guerres civiles dans le Ponthieu. — Décadence de la Ligue. — Soumission des villes du Ponthieu à l'autorité de Henri IV. — Entrée de ce prince à Abbeville. — Cruautés des gens de guerre. — Faits divers.

La mort de Henri II suivit de près le traité de Cateau-Cambresis. A l'avènement de François II, des factions puissantes divisaient la cour, et le protestantisme faisait chaque jour de nouveaux progrès. Les Guises, appuyés par le pape et par le roi d'Espagne, se déclarèrent contre la réforme. Les seigneurs mécontents se prononcèrent pour elle. Les protestants se joignirent aux ennemis des Guises, et la guerre civile commença.

L'hérésie s'était introduite à Abbeville comme dans le reste du royaume, mais ses partisans, peu nombreux d'abord, n'osaient pas professer publiquement leurs maximes. Ils s'assemblaient la nuit pour célébrer leur culte dans le château bâti près du Pont-Rouge par Charles-le-Téméraire. L'agitation croissante des esprits annonçait des troubles prochains. En effet, la nuit de 21 septembre 1560, des soldats calvinistes parcoururent différentes rues de la ville, poussant de grands cris, frappant à coups redoublés aux portes et aux fenêtres, lançant des pierres et insultant les catholiques. Un habitant, qui seul avait osé descendre dans la rue, fut assailli et blessé à la tête. Quelques instants après les soldats détachèrent le crucifix placé sur le pont de Talance, et le jetèrent à l'eau. On le trouva le lendemain parmi les herbes accrochées aux chaînes tendues sur la rivière près des murs du château (1). Les membres du clergé, les officiers royaux et le corps municipal, en grande pompe, le firent transporter par la ville jusqu'à l'église des Cordeliers. Il y fut déposé sur l'autel. Une nouvelle cérémonie plus solennelle encore eut lieu le lendemain : on pria pour le repos public, pour le roi et la religion, et des mesures sévères furent prises pour prévenir le retour de semblables profanations.

(1) Dans la première édition de ce livre, cet évènement est raconté d'une manière toute différente ; nous avions été induit en erreur par des documents de seconde main. (Voir les regist. aux délib. de la ville, à la date du 21 septembre 1560.)

Malgré l'attachement des Abbevillois à la religion catholique, ils sentaient, comme tout le monde, le besoin d'urgentes réformes dans l'ordre civil et religieux. Les instructions des trois états de la sénéchaussée de Ponthieu (1) à leurs délégués, lors de la convocation des états-généraux d'Orléans en 1560, attestent combien les abus étaient nombreux.

Nous demandons, disent en d'autres termes les trois états de la sénéchaussée, à vivre et à mourir au service de Dieu et de la sainte religion catholique ; mais l'avarice et la simonie des prélats et des curés, et la multiplicité des bénéfices sont un grand sujet de scandale. Il faut y remédier promptement, en contraignant les titulaires à remplir eux-mêmes les devoirs de leurs charges, et en les privant de la faculté de se faire suppléer par des prêtres ignorants et pauvres, qui s'adonnent, pour vivre et pour emplir la bourse de leurs maîtres, à des choses viles et mécaniques.

(1) Les assemblées de sénéchaussées suppléaient les assemblées des provinces, comme celles-ci suppléaient les états-généraux de la France. Elles avaient les mêmes attributions avec des droits et des devoirs pareils; et ces assemblées particulières de sénéchaussées, convoquées, quand il était nécessaire, dans l'absence des assemblées de province, prenaient des mesures pour résister à l'invasion de l'ennemi, ordonnaient la levée des troupes, leur accordaient une solde, imposaient des taxes pour les besoins du pays et les dépenses locales, adressaient au prince des remontrances, sollicitaient les lois, les réglements qu'exigeaient le commerce, la police, etc.; concouraient à la rédaction des coutumes, etc., etc. (Cf. Institutions provinciales, commerciales et corporations, par M. Just. Paquet, 1835, in-8°.)

Il y a tel curé propriétaire qui, une seule fois en sa vie, n'a ni admonété ni visité ses paroissiens, et qui cependant a tout le profit des dîmes et des oblations. Il y en a d'autres qui extorquent le bien des mourants dont ils rédigent les codiciles. Les ecclésiastiques se font payer pour les baptêmes, les mariages, l'extrême-onction, les sépultures; les curés n'assistent pas aux enterrements de leurs paroissiens pauvres; des prêtres mendiants et mal vêtus parcourent les campagnes; d'autres usurpent la qualité de docteur, et montent en chaire pour y professer des principes dangereux. Plusieurs curés entretiennent *à pain et à pot* des femmes dont ils ont des enfants qu'ils ne rougissent pas de faire baptiser en pompe, à la vue du peuple, comme s'ils étaient légitimes. Les moines nourrissent des oiseaux, des chiens, des chevaux, tandis qu'auprès d'eux de pauvres familles meurent de faim. Ne serait-il pas juste de donner aux ordres mendiants le superflu des autres monastères pour mettre un terme à la vie errante et relâchée de leurs quêteurs; de défendre aux ecclésiastiques d'acquérir à l'avenir des propriétés foncières, et de les contraindre à payer leurs dettes? Doivent-ils rester en dehors du droit commun, et s'assurer pour toutes choses l'impunité en invoquant leurs priviléges? Faut-il laisser aux officiaux le droit de prononcer l'excommunication à tout propos? Leurs sentences ne devraient-elles pas être soumises à l'approbation des évêques?

Les reliques sont affermées à des séculiers, et ceux qui les promènent parmi le peuple, les *porteurs de ro gatons*, comme disaient les calvinistes, causent par le désordre de leurs mœurs et leur cupidité des scandales sans nom.

Les trois états demandent la prompte répression de ces abus. Le roi, disent-ils en outre, sera supplié d'instituer dans chaque église épiscopale ou collégiale un docteur en théologie, chargé de faire des lectures au clergé, sans doute parce qu'un grand nombre de ses membres savaient à peine lire.

Dans l'ordre civil les abus ne sont ni moins graves ni moins criants. Les délégués de la sénéchaussée appellent l'attention des réformateurs sur l'administration de la justice, sur les impôts royaux et les charges locales. Il serait utile de réduire le nombre des juges, car il suffit dans chaque localité importante d'un juge féodal et patrimonial, et d'un seul juge royal par province. Les états signalent comme un obstacle déplorable aux progrès du commerce la variété infinie des poids et mesures ; comme une source de fausses accusations et de jugements iniques, la confiscation ; comme une cause de ruine pour les sujets du royaume, l'ambiguïté et la diversité des coutumes ; les lenteurs de la procédure et les extorsions des gens de loi.

L'état est infesté de meurtriers, de vagabonds, de blasphémateurs, d'usuriers et d'ivrognes. Qu'on les punisse selon leurs démérites ! Des gens d'origine fort obscure usurpent des titres de noblesse pour se soustraire à l'impôt qui retombe toujours sur le pauvre peuple. Les gentilshommes exploitent leurs vassaux de toute manière ; ils les menacent , les battent , les appellent vilains , les dépouillent de leurs biens : de tels abus se peuvent-ils tolérer ? Ce pauvre peuple *qui travaille le long du jour comme le cheval à la charrue, et qui n'a bien souvent du pain à manger,* n'est pas seulement maltraité par les nobles ; il souffre encore des ravages des gens de guerre : *il est mangé, battu, chassé de sa maison;* le pays se dépeuple , les métairies sont en friche. Dans les villes , c'est la même misère. Abbeville est endettée , car elle paye chaque année *la solde de 5,000 hommes de pied ,* et depuis 1513 elle a payé pour tous les siéges , pour l'approvisionnement de toutes les places fortes de la frontière. Tous les villages de l'Election , voisins de l'Artois, ont été depuis la même époque brûlés quatre à cinq fois. Qu'il plaise donc au roi de prendre en pitié les misères du Ponthieu ! qu'il fasse revivre ses franchises et ses libertés qui ont fait autrefois la force et la richesse du pays (1) !

Quelques uns de ces vœux furent pris en considération par les états d'Orléans qui se séparèrent néanmoins sans avoir rien fait de notable. De tous les points de la France on avait signalé le mal ; mais le mal était si grand qu'il fallait encore plusieurs siècles pour en faire justice.

La situation était des plus graves : le peuple souffrait , les calvinistes , quoique peu nombreux , s'agitaient de

---

(1) *Reg. aux délib. de la ville d'Abbeville*, à la date du 21 novemb. 1560.

toutes parts, et l'exaspération des catholiques devenait extrême. Il y avait alors à Abbeville un gouverneur, Robert Saint-Delis d'Haucourt, qui partageait les opinions des novateurs, et qui les protégeait ouvertement (1). Il avait son fils pour lieutenant, et ils étaient tous deux sans reproche, dit Théodore de Bèze, de l'aveu même des plus fervents catholiques. Mais cette assertion ne s'accorde pas avec les chroniques manuscrites du pays ; car si l'on en croit leurs auteurs, d'après les ordres du fils de Saint-Delis d'Haucourt, on arrêta un jour trois catholiques, et on allait les arquebuser dans l'intérieur du château, lorsque d'Haucourt les fit relâcher.

Un magistrat, Jean Macquet, connu par ses rigueurs contre les calvinistes, en emprisonna plusieurs en représailles. Quel fut leur sort? on n'en sait rien. Nos manuscrits, tous catholiques, disent que Saint-Delis d'Haucourt ayant résolu de brûler la ville, avait confié cette mission à Georges Dupontin, l'un de ses soldats, que Galiot de la Warde et Nicolas Rumet surprirent jetant des mèches enflammées en différentes maisons. Coupable ou non, Dupontin fut pendu.

Sur ces entrefaites, le gouverneur reçut un renfort d'une centaine d'hommes, tous protestants, et crut l'occasion venue de provoquer les catholiques. Deux

---

(1) En vertu de l'édit de pacification du mois de janvier 1562, l'exercice public du culte protestant fut autorisé dans une seule localité du Ponthieu, le Pont-Remi.

Cordeliers furent par ses ordres attaqués en pleine rue, et si durement maltraités qu'ils restèrent à demi-morts sur la place. On dit qu'il provoqua d'autres violences, et notamment une collision qui s'engagea devant l'église Saint-Paul, entre sa troupe et les bourgeois qui venaient d'entendre la messe, et où plusieurs de ces derniers furent tués ; mais faut-il accueillir toutes ces imputations ? nous ne saurions le décider.

Le 6 juillet 1562, la populace assaillit la maison d'un apothicaire calviniste, nommé Nouel Dufriez, et la pilla. Les magistrats, avertis de cet évènement et de l'agitation toujours croissante qui se manifestait parmi les habitants, se réunirent en hâte à l'échevinage et firent appeler le gouverneur pour aviser aux moyens de tenir la ville en paix. D'Haucourt, escorté par une vingtaine de soldats armés de hallebardes et d'arquebuses, arriva peu d'instants après, et, en apercevant Christophe Blottefière, l'un des échevins, il ne put contenir sa colère : « Te voilà, paillard, lui dit-il, tu as tenu des propos dont je te ferai repentir. Comment oses-tu te trouver devant moi ? » — Puis, s'adressant aux autres officiers municipaux, il les accusa de favoriser les complots des séditieux. « Pour remédier aux maux qui nous affligent, ajouta-t-il, il est indispensable d'en faire une exemplaire et prompte justice, et vous pouvez compter sur moi pour vous aider à réprimer le désordre. »

Pendant ces pourparlers, un rassemblement se formait devant l'hôtel de ville, et les paroles du gouverneur circulaient dans la foule, qui se mit à vociférer contre lui et à crier aux armes ! D'Haucourt parut alors à une fenêtre et dit aux arquebusiers : « Tirez sur eux ; ce ne sont que canailles ! » Les magistrats s'empressèrent d'arrêter l'exécution de cet ordre ; invitèrent le peuple à se contenir et à fermer les portes ; mais les paroles du gouverneur excitèrent au plus haut point l'irritation. D'Haucourt mit l'épée à la main, descendit précipitamment, fit évacuer la cour, et sortit avec son escorte en disant qu'il châtierait bien ces vilains devant peu d'heures (1). » A peine avait-il fait quelques pas qu'une foule considérable accourut en armes et le força de rétrograder. Il rentra dans l'hôtel de ville dont on ferma les portes ; mais les mutins les enfoncèrent aussitôt, se précipitèrent sur sa garde et tuèrent plusieurs hommes (2), pendant que d'Haucourt, s'échappant avec le reste par un grenier, montait sur les toits et allait se réfugier dans une maison voisine. Les assaillants le poursuivirent, le blessèrent d'abord d'un coup de pique, et l'abattirent bientôt d'un coup d'épieu. Un troisième coup le traversa de part en part, et le tint cloué au plancher. Les meurtriers le jetèrent ensuite du haut

(1) C'est l'avocat Wagnart, d'Abbeville, qui nous fournit ces détails; mais si l'on considère que le gouverneur n'était nullement en mesure de résister, on aura peine à croire qu'il ait agi avec tant d'imprudence. Wagnart, né en 1571, mourut en octobre 1631. Il a laissé divers manuscrits. La bibliothèque d'Abbeville possède un de ces ouvrages : c'est une histoire universelle en 5 vol. in-f°, à laquelle il a rattaché quelques faits particuliers au pays.

(2) L'église de Saint-André, qui touchait à l'hôtel de ville, ne fut pas même un asile sûr pour ceux qui s'y étaient réfugiés.

d'une fenêtre dans la rue, après l'avoir dépouillé de ses vêtements, et le traînèrent dans la boue, « sans qu'aucun de la justice fist semblant de s'en esmouvoir. » Au même instant la troupe des séditieux courut au château, y pénétra sans peine, pilla les meubles, et tua quatre soldats, ainsi que le sieur Hermel de la Rétis, receveur des tailles, qui était malade dans son lit, et qui fut précipité du haut d'une tour dans la rivière. Saint-Delis d'Haucourt fils, Antoine et François de Cantelen ses cousins, suivis d'un domestique, venaient de s'échapper par une poterne, et fuyaient à toutes jambes vers Menchecourt, lorsqu'ils furent aperçus et poursuivis par plus de cent hommes qui les assommèrent. L'infortuné d'Haucourt, dépouillé et laissé pour mort, revint à la vie quelques instants après, et trois ou quatre personnes émues de pitié le transportèrent sanglant dans une auberge du faubourg; mais les mutins, informés qu'il respirait encore, retournèrent sur leurs pas, et achevèrent de le tuer à coups de pierres et de bâtons, sur le seuil de la porte où on l'avait recueilli.

Quand le tumulte fut apaisé, les magistrats municipaux et les officiers du roi, qui n'avaient fait aucun effort pour s'opposer à ces scènes de violence, et suspendre l'effusion du sang, se réunirent dans l'hôtel d'Antoine de Créqui, évêque d'Amiens (1), sous prétexte d'informer sur les évènements de la journée, mais dans le seul but d'en atténuer l'effet en accusant d'Hau-

(1) Vis-à-vis l'hôtel de ville.

court d'avoir introduit des gens d'armes dans la ville pour la livrer au chef du parti protestant, le prince de Condé. Cependant il n'y avait dans le château que fort peu de monde ; on n'y trouva point de munitions, et on s'en empara sans résistance, « ne s'estant jamais ledit d'Haucourt douté d'un si méchant vouloir de ceux de la ville. »

Le cadavre d'Haucourt fut porté aux Minimes, et inhumé dans la chapelle des Rambures ; les cinq soldats qui avaient été tués avec lui à l'hôtel de ville furent mis en une fosse à l'Hôtel-Dieu ; sur les quatre qui avaient été tués au château, deux furent jetés à la rivière, les deux autres enterrés dans les prés. François de Saint-Delis, ses deux cousins et un valet furent inhumés dans dans le cimetière de la Chapelle (1).

Un autre calviniste, Louis Béliard, avait été condamné à mort pour avoir assisté aux assemblées qui se tenaient dans le château. Il en appela au parlement qui réforma l'arrêt et le condamna seulement à être conduit publiquement à l'église, une torche à la main. Jean Macquet, qui avait prononcé la sentence de mort, s'indigna de la voir casser, et prolongea la détention de Béliard. On venait enfin de le tirer de sa prison pour le conduire à Saint-Vulfran, lorsque la populace, dont les crimes demeuraient impunis, l'enleva, le mit en pièces et jeta ses membres dans la Somme (2). Le P.

(1) Théodore de Bèze, *Hist. ecclés.*, 1580, in-8°, t. II, p. 347 et suiv. — De Thou. *Hist. univers.* 1734, in-4°, t. IV, p. 239.
(2) De Thou. Loc. cit. t. IV, p. 231.

Ignace ne dit rien de ces massacres, mais il apprend à ses lecteurs que les ennemis les plus déclarés des calvinistes, à Abbeville, étaient ce Jean Macquet, lors lieutenant-général civil, les sieurs de Lafrenoye, mayeur, Jean Sanson, Nicolas Rumet et Galiot de la Warde, échevins.

L'agitation des esprits allait toujours croissant. Il y avait à tout propos des assemblées municipales, des rassemblements populaires, des processions. En 1567, les réformés ravageaient les environs d'Abbeville, renversaient les autels, et le clergé, fuyant partout à leur approche, venait dans cette ville chercher un refuge pour éviter la mort. L'année suivante un de leurs chefs, François Cocqueville, dirigea contre le Ponthieu 600 arquebusiers et 200 chevaux. Cette prise d'armes se liait à l'expédition tentée dans la Flandre par le prince d'Orange et Adolphe de Nassau contre le duc d'Albe.

Cocqueville et son lieutenant, le capitaine Saint-Amand, braves officiers d'origine normande, faisaient la guerre en véritables aventuriers, ravageant les abbayes, pillant les châsses, les reliquaires, abattant les croix. Les prêtres surtout avaient fort à souffrir; Cocqueville les mutilait sans pitié. Il allait envahir l'Artois, lorsque le duc d'Albe, qui veillait sur les mouvements de cette troupe, fit demander à Charles IX de ne point permettre que les possessions espagnoles fussent attaquées par des Français au milieu de la paix.

Le maréchal de Brissac, gouverneur de la Picardie, partit avec un corps de troupes, et vint à Abbeville faire ses premières dispositions pour attaquer les hérétiques. Il établissait son camp près de cette ville au moment même où l'une des plus jolies personnes de la cour, Mlle de Cetton, fille d'honneur de Catherine de Médicis, y arrivait avec sa mère, qui la menait en Angleterre pour la marier. C'était une de ces dames qui méritaient de figurer dans les galeries de Brantôme. Le maréchal, épris de cette demoiselle, s'empresse de préparer une fête, y invite madame de Cetton, se ménage aisément le moyen de s'entretenir avec sa fille, et en obtient un rendez-vous. Il en attendait le moment avec la plus vive impatience, lorsqu'on vint lui annoncer que Cocqueville marchait sur Saint-Valery, et qu'il n'y avait pas un instant à perdre s'il voulait sauver cette place. — « Parbleu, dit-il, il est bien cruel de passer sur la selle et à combattre une nuit qui aurait été si agréable ; les huguenots me payeront cher le tour qu'ils me jouent (1) ! » à l'arrivée du courrier il monte à cheval, et se dirige sur Saint-Valery. Les huguenots s'étaient emparés de cette ville par surprise, l'avaient livrée au pillage, et ils en sortaient avec leur butin lorsque Brissac se présenta devant eux, à la tête de ses troupes. Cocqueville rebroussa chemin, et se renferma dans la place ; mais le maréchal l'y investit aussitôt, fit approcher trois pièces de canon, et abattit un mur. Tandis que Cocqueville et Saint-Amand s'efforçaient de réparer la

---

(1) Saint-Foix (*Hist. de l'Ordre du Saint-Esprit*), 1778, in-12, t. VI, p. 111.

brèche et de la défendre, les habitants prirent les armes, et s'emparèrent d'une porte qu'ils ouvrirent aux troupes royales. Brissac passa au fil de l'épée les aventuriers étrangers qui avaient suivi les drapeaux des hérétiques, et fit grâce à la plupart des Français. Il n'épargna Cocqueville et ses principaux officiers que pour les faire décapiter peu de jours après sur le marché d'Abbeville. Leurs têtes furent envoyées à Paris, et attachées à une potence en place de Grève. Quelques autres officiers subalternes et plusieurs soldats furent pendus. Ces exécutions durèrent plusieurs jours.

Le châtiment du *mauvais tour* qu'on venait de jouer au maréchal avait suivi de bien près la menace; mais l'occasion perdue avec la *fille d'honneur* ne se retrouva pas.

Depuis cette époque jusqu'en 1572, nos mémoires tarissent. Les registres aux délibérations de l'échevinage d'Abbeville, dans lesquels on aurait pu trouver des renseignements, offrent une lacune de quatre années. Nous arrivons sans transition à la Saint-Barthélemy. Deux jours après ce massacre, le duc de Longueville, gouverneur de la Picardie écrivait (26 août 1572) à Montfort, capitaine d'Abbeville, pour lui donner ordre « d'éviter que semblable émotion que celle qui est advenue à Paris, par la mort de l'amiral, ne se soulève parmi les habitants, et de faire publier partout que chacun ait à demeurer chez soi en repos et en sûreté, à ne point prendre les armes et s'offenser les uns les autres, sous peine de la vie, etc. » Les officiers municipaux prirent une mesure encore plus efficace en faisant mettre les calvinistes en prison pour les soustraire à la populace (1).

D'Humières, qui commandait en Picardie, peu de temps avant la mort de Charles IX, fut le premier promoteur dans cette province de la *Sainte-Union,* si célèbre sous le nom de Ligue. A son instigation, un grand nombre de gentilshommes du pays jurèrent de regarder comme ennemi de Dieu et traître à sa patrie, quiconque refuserait d'entrer dans l'association. Une nouvelle guerre civile devenait imminente. Le prince de Condé, chef du parti huguenot, avait reçu le gouvernement de la Picardie, et pour places de sûreté Péronne et Rue entre autres ; mais cette circonstance irrita vivement les catholiques du pays. Henri III fit recommander la paix et la concorde aux Abbevillois, et prescrivit aux magistrats de veiller à la sûreté de chacun, *soit de l'une soit de l'autre religion,* en menaçant de punir rigoureusement ceux qui troubleraient l'ordre (2). Le roi tenta vainement de

---

(1) *Denis* LAMBIN, l'un des plus savants hommes qui aient honoré la France au XVIe siècle, né vers 1516, à Montreuil-sur-Mer, doit être compté parmi les victimes de la Saint-Barthélemy, car ce jour fit sur son âme une impression terrible. La nouvelle de la mort du célèbre philosophe Ramus, son ami, quoiqu'il ne partageât point ses opinions religieuses, lui porta le dernier coup ; il ne put y résister, et succomba à sa douleur un mois après le massacre de Paris.

(2) Archiv. d'Abbeville. Lettre de Bonivet, lieutenant-général du roi en Picardie, année 1578.

FAITS PARTICULIERS. — Le mercredi après Pâques, 6 avril 1580, sur les 6 heures du soir, *l'épouvantable tremblement de terre* dont il est

rallier les esprits à sa cause. En 1584, les conspirateurs qui se trouvaient à Abbeville s'associèrent Roncherolles, baron de Pont-Saint-Pierre, gouverneur d'Abbeville, le seigneur de Ligny-Vendôme, Rambures et quelques magistrats. Ils recrutèrent ensuite des prêtres et des moines et un assez grand nombre d'habitants. Le duc d'Aumale, gouverneur de la Picardie, n'eut pas de peine à soulever une province où la Ligue avait pris naissance. — Gribeauval, baron de Chepy, l'un de ses partisans les plus zélés, s'empara du Pont-Remi et contraignit les paysans à venir de plus cinq lieues à la ronde fortifier ce poste. Le 19 avril 1585, à 7 heures du matin, d'Aumale lui-même se présenta sous les murs

parlé dans le *journal de l'Etoile* (1) se fit ressentir à Abbeville et dans les lieux circonvoisins ; il dura sept à huit minutes, ébranlant les maisons et les églises, mais il n'eut point, à ce qu'il paraît, de suites funestes.

1583. — Henri III donne le Ponthieu à sa sœur naturelle, Diane de Valois, en échange de la ville de Chatelleraut. Diane avait épousé, l'an 1553, Horace Farnèse qui fut tué au siége d'Hesdin. Elle se remaria en 1557 à François de Montmorency, maréchal de France, et mourut le 11 janvier 1619. Malgré la promesse que le roi Henri IV avait faite aux habitants d'Abbeville, qu'après le décès de Diane ils demeureraient inséparablement unis à la couronne, Charles de Valois, fils naturel de Charles IX et de Marie Touchet, obtint de Louis XIII le comté de Ponthieu. Les Abbevillois firent des remontrances ; mais on les paya de belles paroles, et Charles garda ce comté jusqu'à sa mort, en 1650. Grand prieur de France, comte d'Auvergne et duc d'Angoulême, Charles-de-Valois, l'un des esprits les plus distingués de son temps, a laissé des mémoires qui ont été publiés dans la Collection Michaud et Poujoulat, 1re série, t. XI, p. 57.

(1) Edit. de 1719, t. 1er, p. 115.

d'Abbeville, à la tête d'un corps considérable de cavalerie ; mais on y était sur ses gardes ; car on avait reçu l'ordre du roi de ne pas le laisser entrer dans la place, et d'Aumale fut obligé de se retirer.

Vers ce temps les calvinistes surprirent le château de Rambures. Tandis que les ligueurs marchaient contre eux, et mettaient le siége devant ce château, on élevait à Abbeville des fortifications nouvelles, on rasait toutes les plantations qui se trouvaient dans ses abords, afin que le guetteur, placé dans le clocher de Saint-Georges, pût découvrir plus facilement l'ennemi.

La guerre civile prenait le caractère le plus sérieux au moment même où une maladie contagieuse venait de porter ses ravages dans la ville (1). En 1586, la famine vint se joindre aux autres fléaux. Le corps municipal fut obligé d'équiper plusieurs navires pour aller prendre des blés à Dantzick et de divers autres côtés. Un jour qu'on distribuait ces blés à l'échevinage, une galerie de pierre sur laquelle se trouvait un assez grand nombre

---

(1) Pendant la peste de 1584, les habitants du bourg d'Ault, de Cayeux, de Gamaches, de Bouttencourt et des autres villages du Vimeu, hommes, femmes, enfants, tous vêtus de blanc, la tête couverte d'un voile, pieds nus, portant des croix de bois, se rendirent au tombeau de Saint-Laurent, dans l'église d'Eu, pour implorer son assistance. « Amendons-nous, chantaient-ils en marchant :
   Amendons-nous,
   Portons nos suaires....
   Pensons qu'il nous faut tous mourir
   Pour aller avec Jésus-Christ. »
M. Désiré Le Beuf, *la ville d'Eu*, 1844, in-8º, p. 348.

d'individus s'écroula tout-à-coup, et différentes personnes périrent sous les décombres. — Abbeville vit ses marchés déserts, car des partis battaient journellement la plaine. Au mois de mars 1587, le Crotoy fut surpris par les ligueurs qui assiégèrent la citadelle. Les royalistes de leur côté reprirent le Pont-Remi, mais ils furent presqu'aussitôt forcés de le rendre aux troupes du duc d'Aumale. Les Abbevillois firent de nouvelles dispositions pour se mettre à l'abri de ses attaques. D'Aumale, instruit de ce qui se passe, cherche à les persuader que ses entreprises n'ont rien d'hostile contre eux. Il leur écrit qu'ils n'ont pas de voisin plus prêt que lui à sacrifier sa vie pour la conservation de leur cité et le maintien de la religion catholique; que sa conduite en rendra témoignage, et qu'il prie Dieu de les aider à chasser les ennemis de la province et à y rétablir l'autorité du roi (1). Les officiers municipaux lui répondirent qu'ils ne pouvaient que se tenir en défiance contre ses entreprises ; qu'ils le suppliaient de se retirer, et de donner ordre à la garnison du Crotoy d'abandonner cette place, s'il voulait les persuader qu'en effet il *désirait leur bien*, comme il le disait dans sa lettre (2). On n'avait que trop sujet de se méfier de lui, car on apprit bientôt qu'un corps de troupes espagnoles se dirigeait sur Abbeville. Les bourgeois, dont la majorité, et c'était là une preuve de bon sens et de sage modération,

(1) *Reg. aux délib. d'Abbeville*, 24 mars, 1587, f° 348.
(2) Ibid., à la même date.

appartenait au parti des *politiques*, se montrèrent fort peu disposés à recevoir chez eux des troupes étrangères, et ces troupes rebroussèrent chemin. Le roi excitait lui-même les habitants à résister et à n'agir que d'après ses instructions (1) ; mais les ligueurs abbevillois n'en poursuivirent pas moins leurs projets, et s'engagèrent dans une étroite alliance avec les ligueurs d'Amiens, et Balagny, gouverneur de Cambrai, fils de l'évêque Montluc. Les intrigues de l'évêque d'Amiens, Geoffroy de la Marthonie, et du clergé favorisèrent leurs projets. Maître du Pont-Remi, le duc d'Aumale, qui y avait établi son quartier-général, entretenait des intelligences à Abbeville. Il écrivait aux magistrats municipaux en s'intitulant *leur entièrement bon voisin et ami*, pour obtenir l'autorisation d'entrer dans la place. Cette autorisation lui fut refusée. Les ligueurs abbevillois formèrent alors le projet de livrer la ville malgré leurs magistrats. Henri III, qui eut connaissance du complot, fit savoir au maire qu'il allait envoyer quelques compagnies d'infanterie, afin de déjouer le projet des séditieux, et il ajouta qu'il avait « les mains assez longues et assez fortes pour les protéger contre le duc, s'il voulait les punir de lui avoir été obéissants (2). » L'infanterie du roi n'était plus qu'à une journée de marche d'Abbeville, lorsque d'Aumale, instruit de son approche, se porta rapidement sur cette place. Le 17 mars à midi (1588), il s'établit dans le

---

(1) Archiv. d'Abbeville. *Lettre de Henri III*, 25 mars 1587. Recueil de lettres.

(2) *Regist. aux délib. d'Abbeville*, année 1588.

faubourg de Rouvroy, et fit ses dispositions de telle sorte qu'il barrait le passage aux troupes royales, en même temps qu'il se garantissait de toute attaque du côté de la ville ; une députation se rendit près de lui, et l'invita *à se désister de son entreprise*. On le menaça même d'employer la force ; il répondit « qu'il crèveroit plutôt lui et ses gens » que de laisser entrer aucune garnison royaliste. Alors le maire donna ordre de pointer le canon pour le déloger ; mais le gouverneur d'Abbeville, Roncherolles, qui était un ardent partisan du duc de Guise, arrêta ces démonstrations en prétextant habilement qu'on détruirait le faubourg si l'on tirait sur le duc d'Aumale. Les magistrats cédèrent à cette considération ; le duc continua d'occuper paisiblement Rouvroy, et se renforça même de jour en jour au point de pouvoir courir le pays et de s'emparer de plusieurs châteaux. Les troupes royales cependant s'étaient arrêtées à Saint-Maxent, et elles avaient demandé des ordres au roi. De nouvelles négociations furent entamées entre les divers partis ; Henri III rappela ses troupes ; les bourgeois d'Abbeville s'engagèrent à défendre eux-mêmes leurs murailles, à ne *molester* aucun ligueur ; le duc consentit à s'éloigner à condition qu'Abbeville ne recevrait aucune garnison royale, et, le 28 mai au matin, le faubourg de Rouvroy fut évacué après une occupation militaire de 70 jours environ.

La journée des barricades venait de contraindre Henri III à chercher un asile à Rouen. Il chargea Auguste de Thou, l'historien, d'aller s'assurer de ce qui se passait en Picardie. De Thou vint à Abbeville où il eut une conférence avec les magistrats et le gouverneur, afin de soutenir le zèle des partisans du roi (1) ; mais ils étaient alors découragés, réduits à l'impuissance, et les ligueurs l'emportèrent bientôt, grâce à l'appui que leur prêtait Heuqueville, gouverneur du château, et plusieurs autres grands personnages. Le 17 août, on emprisonna un très grand nombre de modérés, et on désarma ceux qu'on laissait libres. Mais ce fut surtout quand le maire de Maupin revint des états de Blois que l'autorité de la Ligue s'établit avec une nouvelle force.

L'assassinat du duc de Guise et de son frère, le cardinal, avait mis tout en feu. Henri III, redoutant les suites de ce crime, écrivit directement aux Abbevillois pour en atténuer l'effet et se justifier.

« Le duc de Guise, dit-il, avoit tous les jours quelque nouveau dessein sur notre propre personne, laquelle voulant mettre en sûreté, pour éviter ce qu'il avoit projeté depuis peu de jours, nous avons pensé être nécessaire de le prévenir et garantir notre vie par la perte de la sienne et châtiment de ses desmérites, dont nous avons voulu vous avertir par la présente, afin que vous soyez éclairés de la vérité, et qu'on ne la vous puisse déguiser par les faux bruits que l'on pourrait faire (2). »

A la première nouvelle de cet événement, on tendit de noir toutes les églises, on y éleva des chapelles ardentes où l'on voyait les portraits des princes assassinés.

---

(1) *Mém. de J. A. de Thou.* Collect. Michaud, t. XI, 1re série, p. 217.

(2) *Reg. aux délib. de la ville*, année 1588, f° 237.

Les prédicateurs traitèrent le roi de bourreau ; le peuple prit le deuil. Le conseil général de la Sainte-Union, qui siégeait à l'hôtel de ville de Paris, et qui correspondait avec les villes dévouées à la Ligue, s'empressa d'exciter les Abbevillois à faire la plus vive résistance. « Pour Dieu, disait le conseil, ne vous montrez froids en cette occasion ; nous ne sommes pas, grâce à Dieu, privés de tous nos chefs.... nous avons résolu d'envoyer des députés au pape ; transmettez-nous vos instructions, et nous les adresserons de votre part à sa Sainteté pour lui représenter au vrai l'état des affaires. »

Le 9 janvier 1589, les trois ordres, convoqués à l'hôtel de ville, décidèrent à l'unanimité « de se maintenir en l'union solennellement jurée avec les autres villes catholiques, sans aucune chose y épargner ni s'en pouvoir départir (1) ; » et, en vertu de cette décision, Heuqueville et le corps municipal écrivirent aux habitants de Rouen et des autres villes voisines, pour les prier de *s'associer* avec eux, afin de coopérer au salut de tous, « de voir Dieu honoré et le peuple soulagé. » Deux échevins vont porter ces lettres ; d'autres notifier *le renouvellement de l'union* aux officiers municipaux de Paris ; puis on défend à tous les habitants, sous peine

---

(1) Le roi voulant punir les Abbevillois de leur adhésion à la Ligue les déclara déchus de leurs priviléges, et, dans cet acte de déchéance, il les compare à un cheval qui, engraissé par les soins de son maître, et par cela même qu'il est devenu trop gras, lui lance des ruades et ne veut plus se laisser monter par lui. (Voy. *Mém. de la Ligue*, t. III, p. 225.)

de mort, de conspirer contre l'Union, ou même de tenir aucun propos contre elle. On leur enjoignit, sous pareille peine, de vivre en paix entre eux, de ne porter aucune arme, et de dénoncer tous les artisans de troubles, tous ceux que ces ordres n'intimideraient pas (1). Le duc de Mayenne, créé chef de la Ligue, écrit de sa propre main que Dieu protège leur cause; qu'il va combattre l'ennemi et qu'ils seront soutenus par des forces étrangères (2).

Le premier soin des Abbevillois fut de se mettre à l'abri d'un coup de main. On plaça des troupes à Rouvroy, au Pont-Remi, à Rambures, à Saint-Riquier, dans la tour du Plouis-Donqueur. Saint-Valery et Gamaches, entraînés par l'exemple d'Abbeville, adhérèrent à la Sainte-Union. Le Crotoy fut livré aux ligueurs par la femme du gouverneur de cette place, « à condition que les biens de ses parents et amis, et les siens propres seraient placés sous la sauvegarde des Abbevillois ; qu'elle jouirait de tous les droits attachés au gouvernement de la place, dont le sieur de Belloy, son mari, reprendrait le commandement à sa volonté, et que punition exemplaire serait faite de tous ceux qui lui voudraient du mal, et qui attenteraient contre elle et ses alliés. »

Le 2 février on somma les nobles du Ponthieu de se rendre le 26 à Saint-Riquier, ceux de la prevôté de

---

(1) Reg. aux délib. de la ville d'Abbeville, janvier 1589, f° 247, v°.
(2) Archiv. d'Abbev. Lettre datée de Chartres, le 9 février 1589, recueil de lettres.

Vimeu le 29, afin de se joindre à l'armée sous peine de voir saisir leurs biens, d'être poursuivis et déclarés traîtres à Dieu et à la patrie. On fit ensuite de nombreuses levées d'hommes aux alentours ; on battit la plaine jusqu'à Dieppe, où les huguenots de la Picardie se rendaient en foule, et où le catholicisme ne comptait plus un seul autel. On éprouvait aussi des inquiétudes sur d'autres points ; car malgré l'argent et les munitions que la ville venait de faire passer à Rambures, ce chef de ligueurs avait peine à se maintenir du côté de Boulogne.

Vers le même temps, d'Aumale se disposait à attaquer Senlis. Il attendait des canons *pour commencer à jouer des hauts bois* contre la place, comme il le disait dans sa correspondance avec la ville, et il priait les Abbevillois, qui lui avaient envoyé quatre compagnies d'infanterie levées pour leur propre défense, *de l'avoir toujours en leurs bonnes grâces et de lui donner souvent de leurs nouvelles* (1). Il fut battu, et les royalistes se réjouissaient de cet évènement qui ranimait leurs espérances. Comme ils cherchaient à refroidir le zèle des partisans de la Ligue, on invita ceux-ci à dénoncer tous les citoyens qui se prononceraient contre la Sainte-Union. Un registre fut ouvert, et les échevins ne rougirent pas d'inscrire les dénonciations sur ce registre.

Le conseil général de la Sainte-Union pria les Abbevillois d'envoyer une députation choisie par les trois

(1) Archiv. d'Abbeville. Lettre du 10 mai 1589.

ordres pour assister à ses séances, afin que les intérêts de la religion catholique fussent discutés par tous ses défenseurs.

« Les assassinats de Blois, disait à cette occasion le conseil général, n'ont été commis que pour anéantir la foi. La Sainte-Union, le seul port après Dieu de notre salut, n'a été jurée que pour ne point laisser la France en proie à un roi prodigue, parjure, cruel et assassin. De notre ferme résolution dépend notre salut ; nous n'avons que deux sentiers à suivre : l'un nous y conduisant, l'autre à la mort et à une très dure servitude. Il n'y a rien entre les deux, et c'est une nécessité infaillible de vaincre ou de périr. Avisez-donc, messieurs, à vous résoudre, et donnez-nous avis des secours en hommes et en argent que vous pourrez nous accorder pour l'entretien de l'armée (1). »

« Les ennemis sont tellement enflés de la déroute de Senlis, disent à leur tour les trois états établis à Amiens ; ils font tant d'incursions, commettent tant de violences jusqu'à nos portes, qu'ils nous empêcheront de faire la moisson. Pour sauver la récolte, il faut s'entendre avec les autres villes de la province et lever des troupes (2). »

Les ligueurs craignaient encore des troubles intérieurs. Les politiques et les fauteurs d'hérésie se réunissaient à Abbeville, et renouvelaient leurs anciennes menées pour séduire et corrompre le peuple. Leurs adversaires étaient découragés ; mais la mort de Henri III vint ranimer leurs espérances, et les transporter de joie.

Cependant les gens de guerre, qu'on avait mis sur pied pour empêcher la perte de la récolte, n'étant point payés, abandonnèrent leur poste, et les calvinistes de

---

(1) Archiv. d'Abbev. — Lettre du 22 mai 1589.
(2) Ibid. Lettre du 12 juin 1589.

Dieppe profitèrent de cette circonstance pour brûler tout jusqu'aux portes d'Abbeville. Cette place était alors dans le plus mauvais état de défense; on ne pouvait, faute d'argent, achever les fortifications. La Ligue était une cause de ruine financière.

Henri IV, proclamé roi de France, vint assiéger Neufchâtel. Les milices d'Abbeville, réunies à celles d'Amiens, se portèrent au secours de cette place ; mais elles furent complètement battues, et perdirent, dit-on, sept cents hommes, ce qui parait exagéré. Givry, l'un des lieutenants du roi, entra ensuite dans le Vimeu, et le mit à contribution.

L'approche de Henri IV et de son armée consterna les ligueurs : ils donnèrent l'ordre d'abattre sur le champ les arbres des faubourgs d'Abbeville, à mille pas des fossés de la place ; firent des visites domiciliaires chez tous les royalistes pour enlever leurs armes ; établirent sur le parvis de Saint-Vulfran un vaste corps-de-garde où les prêtres, munis de mousquets, veillaient la nuit.

Pendant ce temps, le duc de Mayenne, avec un corps considérable, s'empara de Gamaches et prit la route de la ville d'Eu, où il s'arrêta deux jours pour attendre des troupes, de l'artillerie, des munitions, ainsi que deux cent mille pains qui devaient lui arriver d'Abbeville, et que cette ville lui fournissait avec l'argent des hérétiques. La bataille d'Arques, livrée peu de jours après (20 septembre 1589), confondit les espérances des ligueurs. Mayenne, vaincu, s'arrêta le surlendemain à Gamaches. Ses soldats passèrent la Somme au Pont-Remi, à Long, à Abbeville, et, après avoir envoyé des troupes au gué de Blanquetaque pour empêcher Henri de traverser la rivière, il alla camper au Pont-Remi où il reçut d'Arras, le 23 octobre, quarante-cinq milliers de poudre et quelques nouvelles forces des Pays-Bas. Tout porte à croire qu'il avait pris position dans les retranchements romains situés sur la hauteur de Liercourt ; ce qui expliquerait la découverte qu'on y a faite de biscaïens et de canons de mousquets.

Belin, l'un des maréchaux de camp de Mayenne, qui fut depuis gouverneur de Paris pour la Ligue, et qui avait été fait prisonnier au combat d'Arques, vint trouver le duc au Pont-Remi, pour lui faire des propositions de paix de la part de Henri IV. On discuta longuement. Les uns voulaient traiter, les autres continuer la guerre avec plus de vigueur encore, et ce dernier avis prévalut (1).

Mayenne apprit bientôt qu'il y avait de grandes défections dans son parti, et que l'armée du roi, fortifiée d'une foule de gentilshommes, allait le poursuivre ; il plia ses tentes et se dirigea sur Amiens. Pendant ce temps, Henri IV ordonnait aux seigneurs qui venaient de se rallier à sa cause de l'attendre à Gamaches. Il y arriva vers la fin du jour, précédé de deux cents chevaux, ses gardes à sa droite, et suivi de plusieurs escadrons de

---

(1) Cf. *Mém. d'Etat de Villeroy*, Coll. Michaud, t. XI, 1re série, p. 144.

cavalerie légère, d'arquebusiers à cheval et de gens d'armes. Le comte de Soissons, à la tête des gentilshommes qui avaient abandonné la Ligue, se jeta aux genoux du roi, réclamant le pardon du passé, et donnant mille assurances de son dévouement pour l'avenir.

« ... Le roi, voyant ces princes et seigneurs venir à luy pied à terre, descendit de son cheval, disant qu'il estoit bien raisonnable qu'il les reçust les bras ouverts, puisque par leur assistance il se voyoit en estat de faire autant de mal à ses ennemis comme ils avoient eu d'audace d'entreprendre de luy en faire; et demeurant près d'un demyquart d'heure à terre, tout ce temps là se passa à recevoir des salutations de toute cette noblesse qui témoignoient par leur visage la joye qu'ils avoient de voir leur roy et maistre...

« Après que sa majesté eut soupé, dont elle avoit besoin, ayant demeuré près de quinze heures à cheval sans repaistre, la salle estant si pleine que l'on ne s'y pouvoit tourner, le roy se mit à raconter ses victoires ; et, comme le discours estoit animé de la vérité, aussi fut-il un peu long, parce qu'il estoit interrompu d'admiration et de joye... Le lendemain le roy voulut voir toute son armée, qui n'estoit composée que de noblesse invincible plus par la force du courage que par la multitude et le nombre. Cette journée se passa en allégresse et compliments... Le lendemain le roy reprit son chemin vers Dieppe (1). »

Malgré la défaite de Mayenne, les ligueurs n'en persistaient pas moins dans leur résolution. On leva à Abbeville une compagnie d'arquebusiers à cheval pour garder les rives de la Bresle, et protéger le Vimeu contre les courses de la garnison de Dieppe. Les ligueurs décidèrent en outre que les Abbevillois seraient tenus d'envoyer leurs domestiques, hommes ou femmes,

(1) *Mém.* du duc d'Angoulême, comte de Ponthieu, Coll. Michaud. t. XI, 1re série, p. 86.

travailler aux fortifications, tandis qu'eux-mêmes s'exerceraient aux armes, et que huit cents habitants, soutenus par deux cents cavaliers, s'en iraient battre la plaine, et former le siège de la tour du Quesnoy et de quelques autres châteaux-forts, parmi lesquels on remarque ceux de Drucat, de Mautort, de Gamaches et d'Eaucourt, qui furent enlevés aux troupes royales.

Jusqu'à la fin de ces jours malheureux, le Ponthieu redevint entièrement ce qu'il avait été dans les temps de l'anarchie féodale. On n'entendait parler que de combats, de surprises de places, de proscriptions, d'actes de rigueur extrême. Les prêtres et les moines, enrôlés sous les ordres de quinze capitaines, renforcèrent la milice bourgeoise, et occupèrent ses corps-de-garde. C'étaient aussi des processions où curés et vicaires, bénédictins, chartreux, minimes et franciscains, assistaient armés de pertuisanes et d'arquebuses, le casque en tête et cuirassés. A leur tête on voyait Rambert, gardien des cordeliers, et le prieur des chartreux, tenant la croix d'une main et l'épée de l'autre. Venait ensuite leur adjudant-major Cavillon, curé de Sainte-Catherine, qui réglait l'ordre de la marche et les feux de mousqueterie avec le chant alternatif des psaumes.

Ainsi soumise à la tyrannie des ligueurs, la capitale du Ponthieu fournissait des canons, des vivres, des munitions, des hommes, des chevaux, lorsque le duc de Nevers s'approcha de la ville, afin de favoriser les entreprises de Bourbon-Rubempré, qui venait de s'emparer de Rue par escalade. Le capitaine Grébault, chassé de la ville, s'était jeté dans la citadelle avec quelques soldats et s'y maintenait bravement. On demanda des hommes à son de trompe, et soixante-dix-huit volontaires abbevillois partirent avec d'autres troupes pour reprendre la place; mais leurs efforts furent impuissants.

Le duc d'Aumale, qui se trouvait alors à Abbeville, donna ordre de brûler les faubourgs, d'inonder celui de Rouvroy et de tendre des chaînes sur les rivières. Le 13 décembre 1591, deux bourgeois logés près de la Portelette s'engagèrent sur leur tête, par devant les officiers municipaux, à incendier leurs maisons dans le cas où les royalistes tenteraient de s'en emparer.

Le duc de Nevers marcha contre Saint-Valery et s'en rendit maître. Peu de temps après d'Aumale surprit les reîtres pendant la nuit au village de Feuquières, les défit complètement, et envoya aux Abbevillois, comme trophée de sa victoire, la cornette colonelle de ce corps qu'on suspendit, selon ses désirs, à un pilier de l'église Saint-Georges.

Vers la fin de décembre 1591, le duc d'Aumale accusa Roncherolles, gouverneur de la ville et du château d'Abbeville, d'entretenir des intelligences avec l'ennemi, et le fit arrêter en présence du maire. Il se rendit ensuite à l'hôtel de ville où le corps municipal fut convoqué, et fit connaître aux magistrats et aux bourgeois le motif de sa conduite envers le gouverneur et le baron d'Heuqueville, commandant du Crotoy, frère de Roncherolles, qu'il venait également de faire arrêter. Il ajouta que les troupes du roi de Navarre approchaient, que la ville leur était vendue, et qu'il fallait à tout prix s'assurer du château. De Frames, lieutenant de Roncherolles, ayant refusé de rendre la forteresse, on fit avancer des troupes avec du canon, et on menaça de battre en brèche. Frames répondit qu'il ne se rendrait que sur un ordre du gouverneur. Roncherolles signa cet ordre, et le château fut remis aux troupes municipales. Deux jours après, d'Aumale invita le maire et les échevins à se rendre près de lui à l'hôtel de ville. Il dit que toutes ses actions n'avaient d'autre but que le bien public; qu'on l'accusait de vouloir livrer le château d'Abbeville à trois cents Espagnols; mais que, pour confondre ses ennemis, il était prêt à le faire démolir, et qu'il s'était à cet effet muni d'une pioche pour y donner le premier coup. Le duc montrant cette pioche, qu'un de ses officiers tenait cachée sous son manteau, invita l'assemblée à concourir à la démolition. De vifs applaudissements accueillirent ces paroles, et le duc, accompagné de plusieurs gentilshommes, sortit aussitôt de l'échevinage, et se dirigea vers le château, suivi d'une foule de peuple. On décora la pioche de velours et de galons d'argent; d'Aumale fit enlever les riches tapisseries, représentant l'histoire de David, que madame la duchesse de Guise y avait fait transporter de son château d'Eu, et frappa le premier coup. Le peuple, aidé d'un grand nombre d'ouvriers, ne tarda pas à démolir en partie cette forteresse qui se composait *d'un grand et d'un petit château* flanqués de tours, avec des meurtrières pour voir et tirer sur la ville et sur la rivière, des fausses portes pour entrer et sortir du côté des champs, des guichets à l'épreuve du pétard, des casemates et des souterrains pour descendre jusqu'à la Somme. Wagnart, à qui nous empruntons ces détails, dit que les matériaux de la grande salle furent donnés par le duc aux minimes pour construire une bibliothèque ; ceux du corps de logis au collége ; le pavé des galeries au curé de Saint-Gilles pour paver son église, et que tout le reste fut vendu.

Dans la grande salle, au sommet de la cheminée, se trouvait une pierre sur laquelle avait été gravé le quatrain suivant :

> L'an mil quatre cent soixante-et-onze,
> Moi, Charles, duc de Bourgogne,
> J'ai ce château ici mis
> En dépit de mes ennemis.

Au mois de janvier 1592, Mayenne et le duc de Parme, réunis à Saint-Valery, quittèrent cette ville à la tête de l'armée espagnole [1] pour pénétrer en Normandie, et contraindre Henri IV à lever le siége de Rouen. Henri marcha à leur rencontre, et le combat d'Aumale fut livré. Après cette affaire, le duc de Parme se replia sur la Somme qu'il traversa au Pont-Remi ; il fit rompre tous les ponts, et mit le siége devant Rue. Bourbon-Rubempré, qui défendait cette place avec dix-huit cents hommes, fit par le moyen d'une écluse couler les eaux de la Maye dans les marais qui l'environnent,

---

[1] Mem. de Cheverny, Coll. Michaud, t. X, 1re série, p. 513.

et en rendit l'abord impraticable. Le duc de Parme, rappelé pour faire lever le siége de Rouen, quitta précipitamment le Marquenterre, repassa la Somme à Blanquetaque, et se rendit en Normandie à marches forcées.

On parlait alors à Abbeville de rebâtir le château ; ce bruit inquiétait les habitants, et le duc d'Aumale, pour les rassurer, leur déclara *qu'il feroit laisser les ongles* à celui qui le reconstruirait (1). On sut bientôt que Philippe II réclamait le trône de France, ou du moins prétendait y faire monter sa fille, et que le duc d'Aumale avait formé le projet de livrer Abbeville aux Espagnols. Les habitants de cette ville se souvinrent alors qu'ils étaient Français ; ils firent bonne garde, et lorsque les troupes de Lorraine, que le duc avait appelées, se présentèrent aux portes de leur ville, ces portes étaient fermés. D'Aumale tenta de dissiper leurs craintes, prétexta une expédition qui réclamait la présence de ces troupes, en assurant qu'elles ne feraient que passer. Le maire Jean Beauvarlet lui répondit qu'on ne doutait pas de ses bonnes intentions ; mais que sa demande ne pouvait être accueillie. Le duc ne se laissa point persuader par ces paroles, et déclara que de gré ou de force ses troupes entreraient dans la ville, où il se trouvait déjà lui-même avec un corps de cavalerie. Il ajouta qu'il savait bien comment un prince se vengeait d'un mayeur (2), et qu'il aurait satisfaction d'une telle injure. Le

---

(1) Archives d'Abbeville. — Lettre du 20 février 1592.
(2) Mss. de Wagnart, t. II, p.584, v°.

maire convoqua le corps de ville pour lui faire connaître les volontés du duc d'Aumale. On décida que de nouvelles remontrances seraient adressées au duc ; mais il ne voulut rien entendre. Alors on forma des barricades dans toutes les rues, on établit des postes autour de son hôtel, et le duc, voyant qu'on ne lui céderait pas, fit expédier l'ordre aux soldats d'abandonner les faubourgs du Bois et Saint-Gilles pour gagner la porte Marcadé, par le pont de la Bouvaque. La cavalerie, qui avait déjà pénétré dans la ville, reçut également l'ordre d'en sortir, et se retira la nuit par la même porte, entre deux rangs de bourgeois armés. Après une entrevue où chacun protesta de ses bonnes intentions, et dans laquelle d'Aumale dit qu'il oublierait tout, ce prince sortit de la ville sans en prévenir les magistrats ; mais il resta dans les environs avec un corps de sept à huit mille hommes. Henri IV, voulant l'attirer au combat, donna l'ordre au duc de Longueville de se présenter avec des forces suffisantes sous les murs de Saint-Valery, que les ligueurs, avaient repris le 2 novembre 1592.

« M. de Longueville, dit un des historiens de Henri IV, qui nous apprend que ce prince se proposait de venir lui-même attaquer Saint-Valery, M. de Longueville se met aussitôt aux champs, assisté des sieurs de Humières, La Boissière et autre noblesse de Picardie, et de quatre mille Anglois, prenant les cinq cents pour mille (comme ils comptèrent lors), lesquels prindrent port à Boulogne. Le party estoit ouvert et y faisoit beau pour M. d'Aumale, s'il eust voulu joindre, car outre la belle armée qu'il avoit, il y avoit à Saint-Valery plus de sept cents hommes de guerre en garnison, mais je crois qu'il se souvenoit encore de la chasse que lui avoit donnée M. de Longueville devant Senlis, de sorte qu'il ne fit aucun effort pour secourir la ville, et le roi, qui estoit aux escoutes et sur pied, n'eut que faire de s'advancer ; car après quelques assauts soustenus, les assiégés se rendirent, dont les assiégeants furent bien estonnés ; car ils estoient eux-mesmes plus rudement assaillis que ceux de la ville par le froid fascheux et importun qu'il fist au mois de janvier (1593), lors de ce siége, et au mois de décembre précédent qui les gardoit de pouvoir quasi mettre la main à l'espée. Je ne puis, sans faire tort à la mémoire de M. de Longueville (1), mettre en oubly la gloire que lui acquist ce siége, auquel il monstra un courage incomparable, et que chacun jugeoit surpasser de beaucoup ses forces naturelles, car il estoit de stature gresle et délicate au dehors... Mais le courage masle et robuste de ses ancestres estoit tout entier au dedans. Je l'ai vu en ce siége passer quelques nuicts sur la paillasse, la cuirasse endossée, nonobstant les importunités de ce fascheux commencement d'hyver.... Cet exploit doit estre mis au nombre des plus beaux de ces troubles.... (2) »

Mais Saint-Valery resta peu de temps entre les mains des royalistes. Le comte de Mansfeld, l'un des chefs de l'armée espagnole, reprit cette place le 22 décembre de la même année, et n'y laissa qu'une faible garnison. A peine était-il parti que Rubempré sortit de Rue pendant la nuit, traversa le gué de Blanquetaque, et parut au point du jour devant Saint-Valery. Les Espagnols, qui ne faisaient pas bonne garde, surpris par ses troupes, et attaqués par les habitants, furent contraints de déposer les armes (3). Le duc d'Aumale fit un nouvel effort pour

(1) Henri d'Orléans, 1er du nom, souverain de Neufchâtel et de Valangin, duc de Longueville et gouverneur de la Picardie. Il périt le 29 avril 1595, d'un coup de mousquet tiré dans une salve qu'on lui fit lors de son entrée à Doullens.

(2) Legrain. *Décade du roy Henry-le-Grand*, 1633, in-4º, p. 519 et suiv.

(3) La ville de Saint-Valery fut tant de fois prise, reprise et ravagée, que l'histoire ne sait pas au juste le compte de ses malheurs.

reprendre cette place aux royalistes ; il échoua complètement, et ne fut pas plus heureux dans une attaque dirigée contre Rue, que Rubempré défendait en personne.

Malgré cet échec, le duc forma le projet de s'emparer d'Abbeville. L'enlever de vive force était impossible ; il essaya de nouveau la ruse, et demanda passage pour dix mille hommes, ce qu'on ne lui accorda qu'après l'avoir mis, par les plus sages dispositions, hors d'état de rien tenter. Les rues qu'il devait traverser furent barricadées, défendues par une bonne artillerie ; les bourgeois en armes, distribués sur tous les points ; la cavalerie postée à la place Saint-Pierre, au marché, à la Placette. Au milieu de cet appareil formidable on ne laissait passer que cinq cents hommes à la fois ; les ponts se levaient derrière eux ; les portes se refermaient, et, au fur et à mesure qu'ils avançaient dans la ville, on relevait sur leurs pas les chaînes que dans ces temps d'alarmes on tendait à l'entrée de chaque rue.

Peu de jours après, d'Aumale, qui ne se lassait jamais, manifesta le désir de faire entrer les Espagnols à Saint-Riquier. On lui objecta vainement que la place était trop importante pour la remettre aux mains de ces étrangers ; ils y entrèrent bientôt, soit par l'effet d'une trahison, soit par la force des armes. Ils se répandirent ensuite dans le Vimeu, pillant et brûlant tout. Les villages que les flammes épargnèrent étaient tellement ruinés à six ou sept lieues autour de Saint-Valery, qu'il devint impossible d'y lever aucune taille. Cette malheureuse ville elle-même venait d'être prise et reprise quatre fois. Charles de Mansfeld, présumant que Henri IV avait le projet de s'en emparer, donna l'ordre de la faire démolir et de raser le château. Il y a lieu de croire que cet ordre fut exécuté, car les habitants vinrent un mois après chercher un refuge à Abbeville.

Malgré les maux qui pesaient déjà depuis si longtemps sur le pays, les principaux ligueurs abbevillois rejetèrent, au mois de juillet 1593, la proposition qu'on leur fit de reconnaître Henri IV, et le duc d'Aumale les félicita de ne pas avoir écouté ceux « qui avoient tâché de les endormir avec des chants de syrènes. » La Sainte-Union pourtant s'affaiblissait de jour en jour. « Les excès commis par les gens de guerre ont bien nui à notre cause, disait Mayenne lui-même aux officiers municipaux; si Dieu y eut été servi selon le mérite d'un si juste sujet, elle aurait eu autant de succès que vous auriez pu le désirer. Il n'a pas tenu à moi d'empêcher le mal (1); » et il exhorte les Abbevillois à ne pas se décourager. Le prevôt des marchands et les échevins de Paris, que l'on avait instruits sans doute du refroidissement de leur zèle, vinrent après le duc les supplier de ne pas faillir. « Après une si longue et si périlleuse navigation, disent-ils, estans près de découvrir une terre ferme et un port de salut, il nous seroit à jamais reproché de Dieu et de la postérité si nous abandonnions notre cause; vaincre ou mourir plutôt (2)! »

---

(1) Archiv. d'Abbev. — Lettre datée de Paris, 17 juin 1593.
(2) Ibid. — Lettre du 10 octob. 1593.

Les partisans du roi, de leur côté, excitaient les bourgeois à faire leur soumission. Ils entretenaient aussi des intelligences à Montreuil; mais les ligueurs gardaient encore une attitude trop menaçante pour que leurs adversaires pûssent triompher. La Sainte-Union cependant allait bientôt se dissoudre. Elle avait causé dans le Ponthieu comme par toute la France des maux sans nombre. Les deux partis avaient ravagé le pays. Les royalistes qui s'étaient le plus distingués par leur zèle avaient été taillés à merci, emprisonnés, proscrits; un grand nombre d'autres, qui avoient manifesté leur opinion, et qui parlaient mal de la Ligue, étaient menacés au point de ne plus oser sortir; les magistrats persécutés, les calvinistes brûlés vifs ou massacrés. Partout leurs propriétés avaient été assaillies, dévastées et confisquées. Le duc de Nevers, en sa qualité de royaliste, se vit enlever les terres de Saint-Valery et de Cayeux; le duc de Longueville, celles de Noyelles et plusieurs autres, qui devinrent le récompense des services de Rambures. Le duc d'Aumale reçut le comté de Ponthieu (1); la fille de Rumet, l'un des plus ardents ligueurs, eut pour sa part l'abbaye d'Epagne, etc. Le conseil des états de la province distribuait à ses plus chauds partisans le produit des biens des royalistes ou des huguenots. Cependant, malgré ces exactions, les ligueurs se trouvèrent souvent dans l'incapacité de

---

(1) Archiv. d'Abbeville. Lettre de Mayenne, datée du camp de Bric-Comte-Robert, 22 sept. 1590.

pourvoir à la dépense. Les deniers royaux, les revenus des églises et même la caisse des pauvres devinrent leur proie. Toutes les ressources étaient épuisées. Le plus grand désordre régnait dans les finances. La misère était si grande que les habitants d'Abbeville et de Saint-Valery menacèrent plusieurs fois d'abandonner leur ville si l'on n'apportait un prompt remède à leurs maux (1). Les campagnes souffraient plus encore. Les gens de guerre les ravageaient impitoyablement. En 1593, les paysans du Ponthieu, pour sauver ce qui leur restait de leurs bestiaux, s'étaient retirés à Abbeville ; vers 1590, on s'était vu contraint, pour échapper à la famine, d'assurer par une trêve *le repos des laboureurs*. Cette trêve avait été conclue avec le gouverneur de Dieppe et les religionnaires d'Arques et de Neufchâtel. Mais c'était peu de la guerre ; on souffrait encore de la disette, de la contagion. Le commerce était anéanti, car tous les rapports avaient cessé avec les villes des divers partis, et l'on fut obligé, pour sauver ces villes d'une ruine totale, d'accorder des sauvegardes aux marchands, et de leur permettre d'y trafiquer, à quelque opinion qu'elles aient appartenu.

Le nombre des mécontents croissait chaque jour, Mayenne et le duc d'Aumale ne l'ignoraient pas : ils envoyaient aux Abbevillois des bulletins de leurs victoires, les rassuraient à la suite d'une défaite et se hâtaient

---

(1) Arch. d'Abbev. *Requête des habitants de la chaussée du Bois et autres*. Liasse intitulée : Hist. Politique, XVIme siècle.

d'écrire pour se justifier, quand ils étaient l'objet de quelque inculpation.

« Je vous ferai voir si clair en la sincérité de mes actions, disait Mayenne, qu'il ne vous demeurera point de sujet de craindre. Ce n'a jamais été mon intention de profiter de la ruine de l'état ; s'il y a des forces étrangères auprès de vous, elles n'y sont pas pour vous opprimer, pour nuire à vos franchises et libertés ; mais pour empêcher les ennemis d'entrer dans votre ville (1). »

L'embarras des Abbevillois, menacés et sollicités par tous les partis, devait être grand. « Choisissez entre la tyrannie espagnole ou la liberté française, leur disait le duc de Longueville, gouverneur de la Picardie pour le roi, n'attendez pas que le désastre vous contraigne ; redoutez la rigueur de votre prince (2). » — « Gardez-vous bien de ces monstres là, écrivait le duc d'Aumale à son tour ; persévérez dans votre première ardeur ; Dieu par sa grâce vous secondera (3). » Les échevins de Paris et ceux d'Amiens tenaient à peu près le même langage.

L'invasion espagnole dans le Ponthieu mettait un obstacle à la soumission de ce comté. Cependant Henri IV s'était fait catholique, et Paris lui avait ouvert ses portes. Les Abbevillois, lassés de leurs malheurs, désiraient ardemment la paix. « Mais les prédicateurs, augmentés de quelques jésuites, et se servant des plus séditieux, dit d'Aubigné, fermèrent la bouche aux pa-

(1) Archiv. d'Abbeville. Lettre datée de Paris, 17 février 1594.
(2) Ibid. Lettre datée de Roye le 27 janvier.
(3) Ibid. — 25 du même mois.

cifiques jusqu'à ce qu'il y eut des domestiques du roi, qui, rappelés en la ville, firent chasser les prédicateurs et crièrent vive le roi ! La reddition de cette place donna un grand bransle à toute la Picardie, de laquelle on dit qu'elle est citadelle (1). » Ces *domestiques* étaient Nicolas Lefranc d'Abbeville, secrétaire de la chambre de Henri IV, et de Thézy, que ce prince y avait envoyés pour décider les habitants à le reconnaître. Le mayeur de Maupin, ce ligueur qui avait excité et soutenu la révolte avec tant d'ardeur, avait aidé lui-même à préparer cette heureuse révolution. Le 23 avril 1594, les bourgeois députèrent avec Thézy quatre notables pour supplier le roi de leur pardonner, et lui demander le maintien de leurs anciennes franchises. On prit des mesures sévères pour contenir les ligueurs qui menaçaient de recourir encore à la force des armes. Henri reçut la députation avec bonté, promit de conserver les priviléges de la ville et d'oublier les fautes passées. Il prit en outre l'engagement de faire restituer les biens que l'on avait enlevés aux ecclésiastiques, et de défendre l'exercice du culte réformé dans la ville et dans ses faubourgs. Montreuil, à l'instigation de son gouverneur, de Meigneux, suivit l'exemple d'Abbeville. Montreuil du reste, dans ces longues querelles, paraît n'avoir joué qu'un rôle très secondaire (2). Il y avait cependant

(1) *Hist. Univers.*, 1616-1620, in-f°, t. III, p. 338.
(2) Abbeville et Montreuil se donnèrent au roi par le vœu libre des bourgeois sans qu'aucun grand seigneur, dit Sismondi, se fît payer leur retour à la fidélité; cependant M. Capefigue a reproduit

des réformés parmi le peuple et la noblesse; mais ils n'avaient point de temple (1), et rien n'indique que les dissidences religieuses aient occasionné des troubles graves dans cette ville.

Malgré les concessions et les faveurs accordées par Henri IV à la capitale du Ponthieu, les prêtres, excités par Geoffroy de la Marthonie, évêque d'Amiens, montaient tous les jours en chaire pour soutenir que la conversion du roi était simulée, que son règne serait le renversement de la foi chrétienne, et qu'il était permis de ne pas le reconnaître. Le parlement décréta l'évêque de prise de corps, fit confisquer ses biens et défendit de lui obéir. On informa en même temps contre le curé de Sainte-Catherine, Jean Cavillon, contre Jean Leleu, curé de Saint-Gilles, et plusieurs autres prêtres ou moines. Les derniers coups furent bientôt portés au parti des ligueurs. Rambures, à la tête des milices bourgeoises d'Abbeville, alla détruire les fortifications qu'ils avaient élevées au Pont-Remi, tandis que Rubempré, l'habile et entreprenant gouverneur de Rue,

---

deux états écrits tout entiers de la main d'Henri IV, dans lesquels il récapitule les sommes qu'il a payées pour traités faits pour la réduction du pays, villes, places, etc., en son obéissance, et on y lit : Vidame d'Amiens, d'Estourmel et autres, Amiens, Abbeville, Péronne .... 1,264,800 livres. (Cf. Sismondi. *Hist. des Français*, t. XXI, p. 439.)

(1) Les calvinistes de Montreuil allaient célébrer leur culte à Estréelles en Boulonnais, dans un grand bâtiment en forme de carré long, garni de créneaux et de meurtrières, et entouré de fossés et de glacis. Ce bâtiment, construit vers 1570, existe encore.

se portait sur le Crotoy, et obligeait la garnison à battre la chamade.

Le 9 décembre 1594, la commune d'Abbeville, par l'organe de ses magistrats municipaux, prêta serment de fidélité à Henri IV, qu'elle reconnut pour son prince naturel et légitime, renonçant aux ligues et associations qu'elle avait formées par suite de la malice des temps, et se recommandant à sa clémence (1).

Le roi, qu'une suite de succès venait de rendre maître de Laon, d'Amiens et de presque toute la Picardie, voulut visiter les villes frontières de l'Artois et de la Flandre. Le 17 décembre 1594, il arriva en bateau au Pont-Remi, où il coucha. Le lendemain dimanche, les magistrats municipaux d'Abbeville, vêtus de robes de damas rouge, avec une bande de velours violet sur la manche gauche, sortirent de leur hôtel, accompagnés d'une troupe de gentilshommes et de notables habitants, parmi lesquels on remarquait les officiers du roi, les avocats, les procureurs, tous montés sur des chevaux richement caparaçonnés. A la tête de cette cavalcade marchaient plusieurs trompettes. Venaient ensuite les sergents de ville en robes et manteaux *mi-parties violet et tanné*, portant épieux et pertuisanes ; le capitaine du guet, à cheval, avec une jupe et des chausses de velours. Quatre échevins, portant des étendards aux couleurs du roi, escortaient le maire qui s'achemina avec sa suite sur la grande route d'Amiens, à demi-lieue de

---

(1) Registre aux délib. de la ville, année 1594, f° 323.

la ville. D'abord on vit arriver, à la tête d'un corps de cavalerie, le gouverneur de la province, M. de Longueville. Le cortége municipal mit pied à terre. Le gouverneur annonça que le roi approchait; quelques instants après Henri parut, ôta son chapeau, et chacun se mit à genoux ; puis le maire adressa au roi un discours dans lequel il exprima combien les habitants étaient heureux de goûter les effets de sa clémence, et de rentrer sous ses lois après s'être garantis de la domination étrangère.

« Tous se rendent à vos pieds, dit-il en terminant, pour protester de leur affection fervente. Ils vous supplient de vouloir bien prendre commisération de votre pauvre peuple des champs, si extrêmement affligé et désolé par la guerre, l'excès des impôts, et que la nécessité contraint d'abandonner les villages pour aller misérablement attendre la mort dans les bois ou en quelque coin de haie. Ils vous recommandent de vouloir bien conserver les franchises de la ville, pour prix de leur réduction à votre obéissance. Ils prient Dieu de bénir votre royaume, de le conserver dans la vraie religion, et vous présentent les clés de la place. »

« Votre ville, répondit le roi, est la première de la province qui s'est soumise ; dès lors j'ai désiré la visiter ; mais les soins de l'état m'ont retenu ailleurs. Deux motifs m'ont déterminé à entreprendre ce voyage ; ma qualité premièrement et *parce que j'ai été engendré à Abbeville* (1). Je reconnais que je devais voir les habitants des premiers; je leur serai bon roi; qu'ils continuent de m'honorer et de m'aimer ! »

Henri ayant cessé de parler, chacun se leva, et l'air retentit des cris de *vive le roi !* Le corps de la magistrature se présenta ensuite, précédé d'un trompette et

---

(1) *Reg. aux délibérations de la ville*, année 1594, f° 326.

des sergents royaux à cheval, portant guidon d'azur, semé de fleurs de lis d'or. Le lieutenant-général complimenta le roi, et le cortége se mit en marche. Vingt compagnies de la milice bourgeoise, en uniforme bleu et vert, galonné d'argent, armées de piques et de mousquets, et dans le meilleur ordre, fixèrent l'attention du monarque et le saluèrent de leurs acclamations. Bientôt on vit *passer par-dessus lui une compagnie de huit à dix cygnes blancs, volants en l'air, bon augure de son entrée.* L'artillerie du rempart fit de nombreuses décharges. Un canonnier de la ville fut tué par une boîte d'artifice, un autre eut le bras emporté.

Le roi entra par la porte Saint-Gilles où le clergé l'attendait. Il était à cheval, et se plaça sous un dais de satin blanc, porté par quatre échevins. Les ponts-levis et les rues étaient ornés d'arcs de triomphe, de trophées d'armes. Aux entrées les plus solennelles du moyen âge, on n'avait jamais déployé tant de luxe, prodigué plus de devises en lettres d'or ; mais les temps des mystères et des représentations par personnages était passé. L'allégorie mythologique remplaçait l'allégorie chrétienne. On voyait sur de grands tableaux, à la Grutuze et au petit échevinage, Henri IV en Hercule, revêtu de la peau du lion de Némée, terrassant l'hydre (1). On lisait partout des sonnets, des vers latins hexamètres et pen-

(1) « C'est lui seul (Henri IV) et non autre, qui peut, comme un Hercule naturel, né en Gaule, deffaire ces monstres hideux qui rendent toute la France horrible et espouvantable à ses propres enfants. » (*Satire Ménippée*, 1726, t. 1er, p. 179.)

tamètres, et des devises en grec, le tout dans le genre classique, avec force réminiscences de l'antiquité et de nombreuses allusions à César, à Alexandre, etc. Les ornements, d'un assez bon goût, étaient dans le style de la renaissance, et tout cela parut si beau aux Abbevillois que, pour en conserver la mémoire, ils firent transcrire les devises et copier les tableaux sur les registres aux délibérations, où l'on peut les voir encore.

Arrivé devant le portail de Saint-Vulfran, Henri mit pied à terre, écouta patiemment la longue et ridicule harangue du doyen de cette église, remercia et répondit qu'il maintiendrait la religion catholique. Après avoir entendu le *Te Deum* et baisé le crucifix à genoux, au pied du maître autel, il se rendit à la Grutuze dont les appartements avaient été garnis de riches tentures rehaussées d'or. On y offrit au roi, selon l'usage, trois bœufs gras, trois barriques de vin et trois muids d'avoine. Le siéger, pour justifier le présent, parla des fruits que Jacob remit à ses enfants lorsqu'ils se disposaient à partir pour l'Egypte ; des Perses et des Mages qui ne donnaient souvent à leurs rois qu'une pomme et de l'eau ; des offrandes que l'on fait à Dieu, à qui tout appartient cependant, et qui est maître de tout ; puis il cita Lycurgue, Martial, Méandre, et dit que ce n'était pas sans raison sans doute que dans les présents faits aux souverains on avait triplé ce sacré et mystérieux nombre de trois.

Henri reprit le lendemain matin la barque qui l'avait amené jusqu'au Pont-Remi, et vit mettre à ses pieds au moment de son départ vingt-quatre *quennes* (cruches) d'hypocras (1). Les officiers de sa maison reçurent du corps de ville des hallebardes, des arquebuses et des escopettes, provenant des ateliers de la ville, et toutes *richement* et *mignonnement* montées. Le capitaine de la garde écossaise, les fourriers, les gardes du prevôt de l'hôtel, les valets de pied et les trompettes eurent ensemble cinquante écus.

Les minimes n'avaient pas voulu se joindre au cortége qui était allé au-devant du roi ; on arrêta qu'il leur serait prescrit d'assister avec les autres ecclésiastiques à la procession qu'on venait de fonder en commémoration de la soumission de la ville, sous peine d'être chassés et de voir saisir leur temporel (2).

La guerre civile était à peu près terminée ; mais la guerre étrangère continuait encore. Les Espagnols restaient toujours sur les limites de l'Artois, et dans les attaques dirigées contre cette province, les gens de guerre, qui tenaient garnison dans le Ponthieu, commettaient de telles cruautés que le marquis de Varambon, gouverneur-général de l'Artois, écrivit aux officiers municipaux d'Abbeville pour se plaindre et leur dire qu'il

(1) Vin blanc dans lequel on avait fait macérer de la cannelle, de la coriandre, des clous de girofle, du poivre long, du gingembre, des graines de paradis, du sucre, etc. Cette boisson, qui de nos jours serait tout au plus supportable comme médicament, et qui nous causerait aujourd'hui une gastrite, faisait encore alors les délices de nos pères. (Cf. Hoefer. **Hist.** *de la chimie*, t. Ier, p. 449.)

(2) *Reg. aux délibérat. de la ville*, 31 décemb. 1594, f° 340, v°.

userait de représailles terribles si l'on ne mettait promptement un terme à cet état de choses. La guerre et les ravages n'en continuaient pas moins. Des troupes hollandaises débarquèrent à Saint-Valery pour protéger le pays contre les Espagnols qui s'étaient avancés jusqu'à la porte Marcadé. La plupart des villages furent détruits par les flammes. Les paysans et les habitants des villes voisines vinrent se réfugier à Abbeville en si grand nombre que l'on craignait la peste, et qu'on les chassa.

Le clergé cependant n'était point encore rallié. Plusieurs curés de la ville prêchaient contre Henri IV et ses partisans. « Il vaut mieux être, disaient-ils, Espagnol catholique que Français huguenot. » Le comte de Saint-Pol, gouverneur de la Picardie au nom du roi, reconnut la nécessité de mettre un terme à ces déclamations. « C'est le chemin qu'on a pris au commencement des troubles, dit-il aux officiers municipaux ; il faut qu'on punisse si pernicieuses gens, ou du moins qu'on les mette dehors la ville ; car quelque représentation qu'on leur pourroit faire ne serviroit à autre chose qu'à les animer (1). »

En apprenant l'entrée en France de l'archiduc Albert, Henri IV donna l'ordre au comte de Saint-Pol de conduire à Saint-Valery deux cents cuirassiers et six cents fantassins, pour renforcer Jean de Montluc, qui n'y attendait qu'un vent propice pour cingler vers Calais, et secourir cette place assiégée par l'archiduc. Le roi voulant y pénétrer à toute force, et ne pouvant exécuter

(1) Arch. d'Abbev. *Lettre du 16 août 1595.* (Recueil de lettres.)

ce projet par terre, prit avec lui son régiment des gardes avec environ cinq cents chevaux, accourut à Abbeville où il arriva le 18 avril 1596, et se mit en mer à Saint-Valery. Mais les mêmes vents contraires continuaient à régner ; il ne put joindre Montluc et Saint-Pol, que la tempête avait contraints de relâcher à Boulogne, et se vit, malgré tous ses efforts, rejeté dans le port du Crotoy.

Au mois de juin de la même année, une peste, favorisée par les troubles civils et les occurences de la guerre, jeta la désolation dans tous les quartiers de la ville, et enleva plus de huit mille personnes. Les habitants épouvantés se réfugièrent sous des tentes, au milieu des champs, et ne rentrèrent qu'au mois de septembre, époque à laquelle il leur fut ordonné de rejoindre leurs foyers, sous peine de perdre le droit de bourgeoisie et de payer cinquante écus d'amende. Si l'on en croit la tradition, la boucherie seule fut préservée de ce fléau, qui ne cessa de sévir qu'au bout de quinze mois (1).

Un nouveau malheur vint ajouter à la consternation des Abbevillois. Henri IV avait mis chez eux une forte garnison, et il offrit aussi des troupes aux habitants d'Amiens ; mais ceux-ci firent valoir leurs anciens priviléges, et promirent de se défendre eux-mêmes ; ils

---

(1) Montreuil fut également dépeuplé par la peste. L'ancienne paroisse de Saint-Vulphy et une partie de celle de Saint-Jacques restèrent depuis entièrement désertes, et furent, en 1635, retranchées de la ville par ordre de Louis XIII. C'est aujourd'hui le lieu appelé la Garenne.

négligèrent tellement les plus simples précautions que les Espagnols s'emparèrent de la ville par surprise. Le danger devenait pressant. Le roi, extrêmement inquiet, écrivit la lettre suivante aux magistrats d'Abbeville.

« — Chers et bien amés, puisque les habitants de notre ville d'Amiens se sont si lâchement laissés surprendre, et se sont perdus avec tant d'imprudence et d'opiniâtreté au refus qu'ils ont fait de recevoir seulement en leurs faubourgs les garnisons des Suisses, dont nous les avions fait souvent solliciter, il faut à notre très grand regret qu'ils en portent la peine. Et parce que les Espagnols, qui se sont emparés de la dite ville, entre autres barbaries qu'ils y ont exercées, ont contraint les dits habitants de racheter leurs vies et personnes, et celles de leurs femmes et enfants, avec les meubles qu'ils leur ont voulu laisser, après avoir pillé ce qu'ils avoient de plus précieux ; et que pour recouvrer l'argent dudit rachat, les dits habitants d'Amiens pourroient avoir recours à nos villes voisines, mesme à la vôtre ; nous vous défendons très expressément de les secourir d'aucuns deniers, tant parce que cela épuiseroit d'argent votre ville, et augmenteroit d'autant nos ennemis, que parce qu'il nous importe de leur ôter, en ce qu'il nous sera possible, le moyen de recouvrer argent pour nous faire la guerre et à nos sujets. — Donné à Vinacourt, le 25me jour de mars 1597 (1). »

Les Abbevillois, jaloux de témoigner au roi leur attachement à la France, lui répondirent par l'envoi d'une somme de douze mille livres, pour l'aider à reprendre Amiens. Ils ne se bornèrent pas seulement à cet acte de patriotisme ; ils payèrent aussi de leurs personnes en rejetant plusieurs fois sur Doullens et sur Hesdin les partis qui sortaient de ces villes pour rançonner le Ponthieu.

(1) *Reg. aux delib. d'Abb.* Année 1596-97.

Pendant le siége d'Amiens, les troupes anglaises au service de Henri IV tinrent aussi garnison dans les villages situés le long de la Somme ; mais ces alliés n'étaient pas moins à craindre que l'ennemi lui-même ; ils brûlèrent ou jetèrent bas une partie des maisons de Long-Pré-les-Corps-Saints, et y commirent tant d'excès que *le peuple estoit tout à la rage.*

Deux ans après survint une nouvelle peste qui enleva dans la ville quatre mille personnes et huit mille dans les campagnes environnantes. La contagion fut si terrible que la rue de la Hucherie et les quartiers voisins étaient devenus entièrement déserts, et que l'herbe y croissait à plus de deux pieds de hauteur.

LIVRE SIXIÈME.

CHAPITRE I.

Troubles du commencement du règne de Louis XIII. — Arrivée de ce prince et du duc de Luynes à Abbeville. — Cérémonial de leur réception. — Passage de la princesse Henriette de France. — Les Espagnols ravagent le Ponthieu. — Belle résistance des habitants de Crécy. — Destruction de ce bourg. — Invasion de Jean de Werth. — Maladies contagieuses. — Détails relatifs à la police sanitaire. — Suite des hostilités. — Siéges d'Hesdin et d'Arras. — Séjour des armées françaises dans le Ponthieu. — Arrivée de Turenne et de plusieurs autres grands personnages. — Violences exercées dans le pays par les Espagnols et les troupes nationales. — Révolte et supplice de Balthasard de Fargues. — Énumération des maux causés par la guerre.

1599. — La paix de Vervins, conclue entre Henri IV et Philippe II, ramena le repos en Picardie; mais l'ambition du maréchal d'Ancre, favori de Marie de Médicis, ne tarda pas à causer de nouveaux troubles dans le royaume. Les grands se liguèrent contre le maréchal. Le duc de Longueville, gouverneur de la Picardie, était le chef de cette ligue; l'un de ses partisans, Lefort de Fermembrun, seigneur d'Allery-sous-Airaines, amassa des armes dans le château de ce village, et les fit passer au duc, qui s'était retiré dans Corbie après avoir été contraint de quitter Amiens. D'Ancre, informé par les officiers municipaux d'Abbeville des menées de Fermembrun, envoya des cavaliers pour le prendre ; mais il était absent, et l'on ne trouva dans le château d'Allery que trois arquebuses de chasse. Fermembrun se plaignit vivement à son retour, dit Wagnart, de la recherche qu'on avait faite, et protesta de son dévoûment au roi; mais voyant ses projets découverts, il résolut d'aller rejoindre Longueville à Corbie, et de piller et de livrer aux flammes, avant son départ, toutes les fermes des officiers municipaux d'Abbeville. En effet, il se mit en campagne le 1er octobre 1615, à la tête d'une soixantaine d'hommes(1); attaqué le lendemain près du bois d'Hallencourt, il périt

(1) Peu de jours auparavant (le 18 septembre), le maréchal d'Ancre avait écrit au maire d'Abbeville pour l'informer que les princes avaient quelque dessein contre cette ville, et le prier de députer vers lui plusieurs échevins avec lesquels il s'entendrait pour déjouer les complots des factieux. On s'empressa d'accéder à sa demande, et l'échevin Boullon, le procureur fiscal Mannessier et le siéger Godemont, chargés par le corps de ville d'aller à Amiens recevoir les ordres du maréchal, partirent à condition que s'ils tombaient, pendant ce voyage, entre les mains de ses adversaires, la ville payerait la rançon de chacun d'eux. (Reg. aux délib. d'Abbeville, année 1515.)

dans le combat avec plusieurs des siens (1). — D'Ancre s'était rendu dans Amiens trois jours après que le duc de Longueville eut quitté cette ville, et il y dressait une armée pour la défense de la Picardie ; maître de la citadelle, il tenta de surprendre Abbeville, mais le complot fut découvert, et voici comment :

Deux gribannes chargées d'armes et de soldats arrivèrent à six heures du matin au pont des Prés (10 octobre 1615); les soldats furent aperçus au moment où ils s'efforçaient de rompre la chaîne qui barrait la rivière, et l'alarme se répandit aussitôt. Mannessier de Préville, alors mayeur, accourut le pistolet à la main. Une foule considérable s'était déjà rassemblée sur le pont : le tumulte était au comble, on criait à la trahison, et plusieurs marins de la ville firent feu sur les soldats du

---

(1) Le 30 juillet 1614, les trois Ordres de la sénéchaussée de Ponthieu s'étaient assemblés à Abbeville pour élire leurs députés aux états généraux convoqués à Paris. Le tiers-état se réunit à l'hôtel de ville. Le sénéchal et son lieutenant, le maire et le bailli d'Abbeville, les officiers du présidial et de l'élection, les anciens maires, les échevins, les juges-consuls, les soixante-quatre mayeurs de bannières, les lieutenants et les délégués des villes, bourgs et villages du ressort de Ponthieu, et tous les habitants qui avaient voulu s'y rendre, assistaient à cette assemblée. Philippe de Lavernot Paschal, président au siège présidial d'Abbeville, fut choisi. Le clergé, qui s'était réuni à l'abbaye de Saint-Pierre, élut Jacques Saumon, chanoine de Saint-Vulfran et curé de Saint-Gilles ; la noblesse, assemblée dans le même lieu, nomma Charles de Rambures, gouverneur de Doullens. Ces élections furent vivement disputées, la dernière surtout. Il y eut du bruit parce que M. de Longueville désirait que M. de la Chaussée fût élu. (Cf. Wagnart, t. III, p. 1003, v°.)

maréchal d'Ancre, qui n'en persistèrent pas moins à vouloir entrer, en protestant de leurs bonnes intentions. De nouveaux coups de fusil furent dirigés contre eux, mais sans les atteindre et sans les faire reculer. Les sommations du mayeur n'ayant pas produit plus d'effet, on lâcha le canon, et toute la troupe se mit à fuir.

Le corps municipal se rassemblait sur le marché pour y rester en permanence, les compagnies bourgeoises prenaient les armes, et le tocsin se faisait entendre, lorsqu'une lettre du maréchal d'Ancre apprit que les munitions qui se trouvaient sur les gribannes étaient destinées au régiment du marquis de Portes, qui venait de quitter Oisemont, où il était en cantonnement, pour se rendre à Abbeville ; mais le maréchal se gardait bien d'avouer le but caché de son entreprise. Malgré ces explications, la ville resta fermée, car on n'ignorait pas que le marquis de Portes était complice de ses projets. On envoya des archers à la découverte, et trois jours se passèrent dans la plus vive agitation. Les habitants ne voulant point mettre leurs personnes et leurs demeures au hasard de la guerre civile, se tinrent en bon état de défense jusqu'à ce qu'ils fussent revenus de leurs alarmes (1).

La reine, pour éviter tout sujet de troubles, fit proposer au duc de Longueville un autre gouvernement; mais le duc, qui savait que les habitants de la Picardie lui étaient entièrement dévoués, résolut de venir dans

---

(1) *Hist. des mayeurs d'Abbeville*, p. 773.

cette province pour y soutenir ses droits. Il se présenta devant Abbeville qui lui ouvrit ses portes, et les bourgeois le reçurent avec de grandes démonstrations de joie (1).

Le duc de Luynes, après la mort du maréchal d'Ancre, engagea Louis XIII à faire un voyage en Picardie, afin d'être mis par le roi en possession du gouvernement de Calais. Louis XIII, accompagné de son favori, s'arrêta à Abbeville le 21 décembre 1620 (2). On rendit au ministre les mêmes honneurs qu'au monarque. Comme toujours les magistrats allèrent à cheval au-devant lui; les bourgeois prirent les armes. Le maréchal de Cadenet, que l'on rencontra le premier sur la route, à la tête d'un peloton de cavaliers, prévint le cortége que Luynes allait paraître, et recommanda de ne lui adresser que très-peu de mots, parce que les longs discours lui déplaisaient. Malgré cet ordre, le maire ne retrancha rien à la harangue qu'il avait préparée.

« Un roi d'Egypte, assis sur son trône et vêtu avec magnificence, lui dit-il, aperçut un jour un philosophe au milieu des grands personnages de sa cour. — A quoi pourriez-vous me comparer, lui demanda le monarque? — Sire, répliqua le philosophe, au soleil. — Et mes ministres? — A des épis de froment; car de même que le monde ne saurait exister sans soleil et sans blé, de même les rois ne pourraient régner sans ministres, les uns n'étant pas moins nécessaires que les autres. Aussi Jethro conseilla-t-il à Moïse, son gendre, de ne pas se charger seul des principales affaires du peuple d'Israël. «

(1) *Mém. de Richelieu*, Coll. Michaud, t. VII, 2e série, p. 113.
(2) Le 1er janvier 1619, Louis XIII avait écrit aux mayeur et échevins d'Abbeville, pour les informer qu'il avait investi son cousin Charles-de-Valois, comte d'Auvergne, du comté de Ponthieu.

7

Louis XIII avait par conséquent choisi le duc de Luynes parmi les plus précieux épis de la France, et le maire d'Abbeville terminait son discours en louant les rares *vertus* de ce duc, son habileté, sa diligence et son attachement pour le roi. Il n'avait pas négligé de dire que les habitants lui étaient entièrement dévoués, et qu'ils invoquaient sa toute-puissance pour le maintien de leurs priviléges.

Après avoir si bien discouru, le maire présenta au duc les clés de la ville ; mais Luynes, par une feinte modestie, refusa de les recevoir en disant qu'il prenait les Abbevillois sous sa protection, et qu'il aurait toujours à cœur leurs intérêts. Il ajouta que Louis XIII ne tarderait pas à arriver et qu'il fallait l'attendre. On lui fit observer, qu'en vertu du cérémonial usité dans la ville, il ne pouvait entrer par la même porte. Le duc, que cette observation avait blessé, répondit que le roi ne se souciait pas qu'on le reçût avec tant d'appareil, et qu'ils entreraient ensemble. « Laissez faire les habitants, répondit un officier de la garde de Louis XIII ; je vais retourner vers le roi pour le prier d'attendre encore une heure. » Luynes n'insista pas davantage, et s'achemina vers la porte du Bois. Il trouva sur sa route les compagnies de jeunesse au nombre de cinq ou six cents hommes en armes et revêtus de leurs uniformes. Un riche dais l'attendait à l'entrée de la ville, et on le porta devant lui jusqu'à l'église Saint-Vulfran, où il fut reçu et harangué par le doyen à la tête du chapitre ; on chanta le *Te Deum*, et on le conduisit à l'hôtel de la *Tête-de-Bœuf*. Pendant qu'il assistait au *Te Deum*, la population se portait au-devant de Louis XIII à plus d'une lieue. Le maire se jeta à genoux devant lui, et tira de sa poche un discours dont voici l'exorde.

« Le poëte, en son Enéïde, désirant par un compliment applaudir au roi latin, et lui donner un titre excellent et convenable à sa Majesté Royale, n'en a pas trouvé de plus éminent et énergique que de lui dire qu'il estoit nepveu du soleil, comme n'y ayant rien qui puisse mieux et plus naïvement représenter la qualité des rois que de les faire naistre et prendre leur origine du soleil, qui non seulement est roy entre les astres, au dire des astrologues, mais aussy est engendré de Jupiter qui est le roy des roys et le Dieu des Dieux. »

Le discours terminé, on présenta au roi les clés de la ville : « Je vous les rends, répondit-il, gardez-les bien et servez-moi toujours comme vous avez fait jusqu'à présent. » — Au même instant la foule, qui s'était également agenouillée devant le prince, répéta les cris de *vive le roi !* et le cortége se remit en marche.

Les milices communales formaient la haie ; le roi les regarda sans s'arrêter, et elles ne firent aucune salve de mousqueterie sur son passage, car il avait voulu qu'elles s'en abstînssent sous peine de mort (1).

1622. — Les protestants réclamaient alors l'exécution de l'édit de Nantes. Ils achetaient des armes à Abbeville, et devenaient chaque jour plus menaçants. Le prince de Soubise en avait rallié un grand nombre en Angleterre pour tenter, disait-on, une descente sur les côtes du Ponthieu. Ordre fut donné à tous les paysans des

(1) *Reg. aux délib. d'Abbeville*, année 1620.

environs de Saint-Valery de se transporter en armes au Hourdel, et l'on prit à Abbeville les mesures de défense les plus actives ; mais ces précautions furent inutiles ; le Ponthieu ne fut pas attaqué.

Le 16 juin 1625, la princesse Henriette de France, fille de Henri IV, s'arrêta à Abbeville en allant en Angleterre pour épouser Charles Ier. Louis XIII, son frère, avait donné l'ordre de la recevoir avec les plus grands honneurs. Cette princesse, qui devait voir « dans une seule vie toutes les extrémités des choses humaines, la félicité sans bornes aussi bien que les misères, » était accompagnée de Gaston d'Orléans, des ambassadeurs de Charles Ier, d'une foule de dames et de grands seigneurs. Elle arriva dans une magnifique litière de velours cramoisi, brodé d'or, traînée par deux mulets, et alla loger à l'abbaye de Saint-Pierre, après avoir passé sous divers arcs de triomphe où l'on voyait l'hymen couronné de fleurs, *habillé à l'antique,* et tenant un flambeau ; puis Cupidon et de belles devises sur le *bonheur* de son mariage. On présenta à la jeune reine douze *quennes* de vin et de l'hypocras. Un des gentilshommes fit observer que des confitures, sans aucun doute, eussent beaucoup mieux convenu à la princesse (1).

Le désir de voir son fils tranquille possesseur de sa couronne l'ayant déterminée, en 1660, à entreprendre le voyage d'Angleterre, elle passa de nouveau à Abbeville. La garnison, qui se composait de huit compagnies

---

(1) Ibid., année 1625. — Cf. *Mercure Français*, t. XI, p. 365.

de cavalerie et du régiment d'infanterie de Condé, prit les armes pour la recevoir. A l'époque du mariage de Charles II avec l'infante d'Espagne (1665), cette sage et religieuse princesse, comme l'appelle Bossuet, voulut revoir encore une fois les états de son fils, et elle retrouva dans la capitale du Ponthieu les mêmes honneurs, et le respect qu'on doit à de grandes infortunes. Le duc de Chaulnes, à la tête de deux cents gentilshommes des environs, avait, en allant au-devant d'elle, donné l'ordre au maire de la complimenter à genoux, et ce magistrat obéissait, lorsque la reine lui fit signe de la main de se tenir debout.

Dix années s'écoulèrent, et durant cette période le Ponthieu ne fut le théâtre d'aucun événement remarquable ; mais en 1635, la guerre se ralluma entre la France et l'Autriche, et peu de jours après le commencement des hostilités, un parti ennemi, fort de quatre cents hommes, sortit d'Hesdin et s'avança jusqu'aux villages d'Etrées et de Fontaines, qui furent entièrement saccagés. Les habitants de Crécy et des campagnes voisines se rendirent en armes au Boisle, pour empêcher l'ennemi de repasser le pont. Retranchés dans l'église, derrière les haies, ils firent un feu si meurtrier qu'ils tuèrent presque tout son monde, reprirent le butin, et délivrèrent les prisonniers qu'il traînait à sa suite.

Peu de temps après une division espagnole aux ordres du comte de Fressin vint attaquer Rue, et fut chaudement repoussée. Elle s'éloigna en se repliant sur Auxi-le-Château ; mais pour venger l'affront du Boisle, elle revint attaquer Crécy. Les habitants de ce bourg, sommés de se rendre à discrétion, envoyèrent au comte de Fressin leur curé Jean Deslaviers, pour le prier de leur accorder vingt-quatre heures de délai. Le comte répondit par un refus, et manifesta l'intention de tout livrer au fer et à la flamme. Les bourgeois, qui s'étaient retranchés dans l'église et la tour, résolurent « de se défendre et battre jusqu'au dernier homme plustôt que de se rendre, et ils se mirent à l'instant même en estat de combattre aux barricades, où il y eut huit habitants tués par la force des ennemis. » Ces ennemis « en grand nombre, tant cavaliers que gens de pied, entrèrent et mirent le feu aux quatre coins et milieu du bourg, et d'ung mesme temps allèrent pour forcer et entrer dans l'église par la porte et vitres, dont ils furent courageusement contenus et repoussés par iceux habitants, tirant furieusement sur l'ennemi, et en tuèrent quantités entre lesquels se trouva un chef tué et son cheval aussi. » — Les assaillants, après avoir renoncé à prendre l'église, se rejetèrent sur le bourg qu'ils achevèrent d'incendier, à l'exception de quelques masures. Crécy resta désert jusqu'en 1641, époque à laquelle on promit exemption d'impôts à tous ceux qui viendraient le repeupler.

Nampont et Montigny, Vironchaux, Machy, Machiel, Rossignol, Petit-Chemin, Dominois, Ligescourt, Ponches, Dompierre, Verjolai, la ferme de Branlicourt, le Boisle, Boufflers, Villeroy, Vitz, Neuilly-le-Dien et Acquêt, Bernâtre et Saint-Lau, Hiermont, Conteville, Maison-Ponthieu, Gueschart, Noyelles-en-Chaussée,

Brailly et Cornehote, Fontaine-sur-Maye, Froyelles, Etrées, Domvast, Gapennes, Yvrench et Yvrencheux, Agenvillers, Millencourt, Neuilly, Canchy, la Motte, les fermes de Balances, Mesoutre, Estruval, Wacourt, Bezancourt, Bellinval, Moismont, Cumont, Lannoy, d'Hesmont, Quesnoy, Forêt-l'Abbaye, Triquerie, Ouville, Saint-Nicolas et Beauvoir, et toutes les fermes et hameaux des environs furent entièrement pillés, ravagés, brûlés par l'ennemi au mois d'août 1635; leurs habitants faits prisonniers, mis à rançon ; ceux d'entre eux qui avaient osé résister, impitoyablement passés par les armes. Les troupes françaises, sous les ordres du duc de Chaulnes, de Châtillon, de Rambures et autres, en traversant différentes fois ces mêmes villages, y avaient fait de leur côté *de si grands dégâts et ruines qu'il n'y estoit resté choses quelconques ;* et comme toutes les victimes de ces dévastations étaient néanmoins emprisonnées pour le paiement de la taille, elles adressèrent au roi une demande en exemption d'impôts (1).

Vers le même temps, le comte de Buquoy, à la tête de troupes composées en partie de Croates, mettait tout à feu et à sang dans le Ponthieu. Le roi sentit la nécessité d'arrêter ses ravages. Il envoya le maréchal de Châtillon, homme de cœur et d'expérience, pour le repousser. Le maréchal s'acquitta bravement de sa mission. Rambures de son côté surprit les Croates à Frévent ; leur

---

(1) Documents contemporains et officiels, communiqués par M. Capet, maire de Crécy.

colonel se sauva en chemise ; tout son équipage fut pris et sa g.... tuée comme elle montait en carrosse (1).

Ces hostilités n'étaient cependant que le prélude d'une invasion bien plus redoutable. Jean de Werth et Piccolomini, à la tête d'une armée composée d'Allemands, de Hongrois, de Polonais et de Croates, au nombre de trente mille, envahirent le Ponthieu, laissé sans défense, et peu s'en fallut qu'ils ne surprissent sa capitale (2). Voici le fait raconté par Pontis.

« Le roi, dit cet officier, me donna ordre d'aller promptement à Abbeville, et d'y mener notre régiment, me pressant de faire grande diligence, afin de porter de l'argent aux Suisses et de secourir la ville avant qu'elle ne fût assiégée par les ennemis ; il fit venir un valet de chambre, qui, en présence de sa majesté et du cardinal de Richelieu, me cousit et m'ajusta dans une chemisette seize cents pistoles. Je partis donc avec cet ordre, et, étant allé au plus vite rejoindre le régiment du maréchal de Brézé, nous fîmes si bonne diligence, marchant jour et nuit, que nous arrivâmes à Abbeville assez à temps pour le sauver. Nous y entrâmes sur les deux heures après minuit avec une joie incroyable, tant de la part des habitants que de ceux de la garnison, qui attendoient ce secours avec la dernière impatience, craignant à toute heure de se voir surpris et obligés de se rendre ou bien emportés d'assaut. Aussi nous trouvâmes toute la ville comme en feu, à cause de la multitude de chandelles et de flambeaux que l'on avoit mis à toutes les fenêtres ; et, chacun se réjouissant, on n'entendoit qu'un seul cri d'une infinité de voix d'hommes, de femmes et d'enfants, qui tous ensemble faisoient retentir *vive le roi!* Ils avoient

---

(1) *Mém. de Richelieu*, Coll. Michaud, t. VIII, 2e série, p. 643-44.

(2) Jean de Werth est un gros homme, de moyenne grandeur et de bonne apparence, et de bon jugement avec le nez camus, âgé environ de 60 ans. (Manuscrit du XVIIe siècle, par un anonyme de Domart, à qui nous devons de curieux détails sur les évènements de cette époque.)

sans doute sujet de se réjouir, car la garnison étant beaucoup trop faible pour la défense de la ville, si nous fussions seulement arrivés une demi-journée plus tard, il n'y avoit guère d'espérance de sauver la place.

« Dès le jour suivant l'on vit paraître vers les dix heures du matin cinquante-sept escadrons de cavalerie; les ennemis venant à dessein d'emporter la place. En même temps le comte d'Alais (1), qui s'y étoit retiré, et qui avoit comme un petit escadron de cavalerie, sortit dehors, et je le suivis avec tout notre régiment que je divisai en plusieurs bataillons. Le reste de la garnison se posta sur les remparts, et l'on fit commandement à tous les habitants portant armes de s'y présenter aussi, de sorte qu'on ne voyoit partout que soldats très résolus à se défendre. L'on fit tirer de la ville quelques volées de canon avec quelques coups de mousquets, plutôt pour faire voir aux ennemis qu'on avoit de quoi les servir que dans le dessein de leur faire beaucoup de mal. Les ennemis délibérèrent pendant deux heures de ce qu'ils feroient; et cependant dix ou douze trompettes de M. le comte d'Alais firent quantité de fanfares, pour témoigner qu'on étoit en belle humeur de les recevoir s'ils avançoient. Enfin jugeant qu'ils pourroient être arrêtés dans leurs conquêtes, s'ils entreprenoient l'attaque d'une ville soutenue par une si forte garnison, ils s'en retournèrent porter ailleurs leurs armes victorieuses (2). »

(1) Louis Emmanuel de Valois, comte d'Alais, fils de Charles de Valois et de Charlotte de Montmorency, né à Clermont, en Auvergne, en 1596, succéda, l'an 1650, à son père, au duché d'Angoulême et aux comtés d'Auvergne et de Ponthieu. Il entra d'abord dans l'état ecclésiastique, et, après avoir eu les abbayes de Saint-André de Clermont et de la Chaise-Dieu, il fut, en 1612, évêque d'Agde. Henri, son frère aîné, ayant été en 1618, pour cause de démence, mis en prison, où il resta cinquante ans, Louis Emmanuel changea d'état, prit le parti des armes, se signala aux siéges de Montauban et de la Rochelle, et dans les guerres d'Italie et de Lorraine. Louis XIII le nomma, en 1637, colonel-général de la cavalerie et gouverneur de la Provence. Il termina ses jours à Paris, le 13 novembre 1653, laissant une fille qui mourut sans postérité, le 4 mai 1696.

(2) Mém. de Pontis, Coll. Michaud, t. VI, 2e série, p. 600.

Pontis demeura environ un an dans Abbeville avec le régiment du maréchal de Brézé, parce qu'on craignait toujours quelque entreprise de la part de l'ennemi. Les soldats de ce régiment, qui se trouvaient dans un dénûment affreux, firent un trafic commode pour les bourgeois et pour eux-mêmes. Ils allaient acheter du sel à Saint-Valery, et revenaient le vendre en fraude. « Comme je n'avais pas de quoi les payer, dit Pontis, je les laissais agir, ne voyant pas grand mal à cela, et y trouvant même l'intérêt du roi, qui trouvait ainsi le moyen de faire subsister les troupes sans rien débourser et sans charger ses sujets. » Les fraudeurs s'en allèrent un jour jusqu'au nombre de soixante ou quatre-vingts bien armés à Saint-Valery. Les soldats de la gabelle, en ayant avis, mirent en campagne un pareil nombre d'archers, avec ordre de charger les soldats et de les amener pieds et poings liés. Le combat s'engagea, plusieurs archers furent tués, quelques soldats blessés, mais ces derniers eurent l'avantage.

Le 29 octobre 1636, le cardinal de Richelieu arriva à Abbeville, où toute la bourgeoisie se mit en armes pour le recevoir. Le 31, il fit le tour de la ville pour examiner les fortifications, et il engagea les habitants à donner vingt-cinq mille écus qui furent employés, non pas à l'édification d'une citadelle, comme le dit Bassompierre, mais à la construction de contrescarpes, de demi-lunes, et à la réparation de plusieurs bastions. Tandis qu'on exécutait ces travaux, trois cents cavaliers de la garnison d'Hesdin, portant chacun un fantassin en croupe, s'avancèrent à la faveur de la nuit près des murs de la ville, dans le dessein de tomber inopinément sur les hommes qui en sortaient chaque jour de grand matin pour travailler aux ouvrages extérieurs ; mais ils ne tardèrent pas à être découverts, et à peine l'artillerie des remparts leur eut-elle envoyé quelques boulets, qu'ils tournèrent bride. Quatre cents cavaliers de la garnison d'Abbeville les poursuivirent l'épée dans les reins, leur mirent soixante hommes hors de combat, et ramenèrent quatre-vingts prisonniers.

Les ennemis n'en continuèrent pas moins leurs incursions dans le Ponthieu, où ils commirent tant d'horreurs, surtout pendant l'expédition de Jean de Werth, que la France crut voir se renouveler les invasions des barbares. Les Croates avaient égorgé jusqu'aux enfants au berceau, tué les femmes et amené en Artois, pour les mettre à rançon, un grand nombre d'habitants. La garnison d'Auxi-le-Château, dans ses courses continuelles, se livrait à de si affreux ravages, qu'on ne trouvait dans la campagne à une ou deux lieues de Saint-Riquier, ni terre labourée ni terre semée, et que les habitants se retirèrent, les uns dans les bois, les autres au-delà de la Somme. Ceux de Maison-Rolland, encore plus maltraités, furent obligés de quitter non seulement leurs labours, mais *de faire grands fraiz pour bastir et creuser des carrières pour se mettre en sûreté ; ils furent tant fatiguez et travaillez de peur et d'effroy que la plupart moururent de maladie, et qu'ils perdirent un grand nombre de chevaux pour les avoir retenus dans lesdites carrières* (1).

1636. — Une maladie contagieuse, qui dura plus de dix-sept mois et qui enleva, dit-on, près de six mille personnes, vint encore ajouter aux calamités de la guerre (2). L'échevinage veillait attentivement à la salubrité, mais telle était encore l'imperfection des connaissances médicales, et l'ignorance des administrateurs, que les arrêtés relatifs à l'hygiène publique, impuissants pour la plupart à produire quelque bien, n'offrent le plus souvent qu'un mélange bizarre de longues et inutiles prescriptions, d'intentions charitables, qui laissent encore percer le sentiment de la terreur, et de précautions égoïstes.

La peste, la guerre, la famine, fléaux qui naissaient l'un de l'autre, exercèrent fréquemment dans le Ponthieu d'impitoyables ravages. Mais reprenons, pour l'histoire de ces calamités, les choses de plus loin. En

---

(1) On connaît dans l'arrondissement d'Abbeville vingt souterrains refuges qui remontent à différentes époques, et qui doivent évidemment leur existence aux guerres impitoyables dont le Ponthieu fut si souvent le théâtre ; comme ils sont relativement plus nombreux dans ce comté que dans le reste de la Picardie, on a lieu de penser que le territoire d'Abbeville eut à supporter de plus grands ravages. (Voir le travail très détaillé et très curieux que M. Bouthors a publié sur les *Cryptes de Picardie* dans les *Mém. de la Soc. d'Archéologie de la Somme*, t. 1er, p. 289 et 449.)

(2) Dans un Ms. servant de cérémonial pour les chartreux, on lit ces mots : « Aujourd'hui 2 aoust, moi Dom F. Descaules, sacristain... ai exposé le chef de Saint-Honoré sur le maistre autel de nostre chœur... pour estre révéré des fidèles... afin d'implorer le ciel pour

1458, l'échevinage enjoint aux barbiers de ne plus faire de barbes, et de s'occuper exclusivement à soigner les pestiférés. On désigne en outre douze personnes pour porter les morts aux cimetières; et on leur paye douze sous par cadavre. De 1480 à 1483, la peste règne sans interruption. On donne au chirurgien qui soigne les pestiférés, aux hommes chargés de les inhumer, une robe blanche, garnie d'une bande de drap rouge, afin que chacun puisse les reconnaître et les éviter (1). En 1544, un sergent de la Vingtaine reçoit quinze livres huit sous pour avoir fait porter en terre *sept vingt quatorze corps* qui avaient été trouvés dans les rues. Le valet du bourreau reçoit également de la mairie d'Abbeville quatre livres seize sous pour avoir tué seize douzaines de chiens errants, qui sans doute mangeaient les morts. Les lits et les vêtements sont enfouis avec les cadavres; quelquefois même on brûle la maison. Tantôt les pestiférés étaient portés en terre dans une brouette, tantôt *trainés et tirés de loin à force de cordes.*

En 1523, on ordonna à tous les gens atteints de la contagion de porter de longues verges blanches, afin qu'on pût les reconnaître, *sur paine d'estre bannis de la ville et banlieue quatre ans durant.* On leur prescrivit en outre de faire une grande croix blanche à leurs *huis*

---

faire cesser son fléau de peste, ayant perdu en mon particulier mon grand, ma grande, mon père, ma mère, trois frères et deux sœurs depuis le 22 juillet de cette présente année 1636. »

(1) En **1483**, le chirurgien portait une robe de drap noir ; en **1514** un vêtement vert et rouge.

et *fenêtres* pour signaler le danger; de ne point communiquer avec les *gens sains*, et de ne quitter leur domicile que pour *urgentes affaires*, sous pareille peine.

Défense d'acheter et de faire venir des marchandises des lieux circonvoisins pendant l'épidémie régnante, sous peine de bannissement *pour cinq ans et d'amende arbitraire.*

Quelquefois, lorsqu'on soupçonnait un cas de peste, on ordonnait aux habitants de la maison infectée de quitter la ville pendant l'espace de trente à quarante jours, et on leur accordait une somme à titre de dédommagement. Quand les malades étaient dans l'indigence, on les logeait aux frais de la ville dans les faubourgs, et on leur envoyait du pain, de la bière, du bois, etc.

En 1582, les réunions pour les mariages, les baptêmes, les confréries, sont interdites; l'eau bénite n'est plus distribuée le dimanche; le maître des grandes écoles ferme ses classes. Les sœurs de Saint-François les plus valides et les plus fortes se dévouent en vain au service des malades. La contagion augmente; on agrandit les cimetières, on n'enterre plus que la nuit; mais il y a des cadavres qui ne sont pas encore inhumés au bout de vingt-quatre heures parce qu'il n'y a plus que des enfants dans les maisons où ils se trouvent (1).

En 1596, Henri IV rend en conseil privé un réglement pour obvier aux progrès de la peste dans la ville

---

(1) *Regist. aux délib. d'Abbeville*, année 1583.

d'Amiens, et ce règlement est appliqué à la ville d'Abbeville sur la demande de ses magistrats.

Tous les bourgeois sont tenus de jeter chaque jour dans leurs maisons deux ou trois *sellées* d'eau. On y creusera des fosses d'aisances, et les maisons où l'on ne pourrait en établir seront déclarées inhabitables; les locataires ou propriétaires obligés d'en sortir, et s'ils résistent on *jetera leurs biens sur le carreau*. On défend d'exposer en vente des hardes, du linge, des matelas, des couvertures, etc; de tenir boutique ouverte et de vendre dans les rues. Les étrangers ne changeront pas de domicile pendant la contagion. Toutes les maisons suspectes seront *cadenacées;* leurs habitants ne pourront *vaguer parmi les rues* sous peine de mort ; et quand ils auront besoin de secours ils s'adresseront à leurs voisins, et ceux-ci avertiront les officiers municipaux qui prendront telle mesure qu'ils jugeront convenable (1).

Des épidémies malignes de caractère pestilentiel ne furent pas moins communes dans le XVIIe siècle que dans le précédent, et les arrrêtés concernant l'hygiène publique abondent encore. En 1605, les pestiférés peuvent sortir les mardi, mercredi et jeudi pour prendre l'air hors de la ville ; mais depuis midi jusqu'à une heure seulement. On défend au curé de Saint-Jacques de communiquer avec eux, aux confrères de la charité de la paroisse de les enterrer. Le curé contrevient

(1) Ibid., année 1596.

à l'ordre ; on le menace, s'il désobéit encore, de le chasser de la ville ; il est mis à l'amende, obligé de tenir sa maison fermée et de n'en pas sortir. Les confréries, qui probablement avaient enfreint comme lui les prescriptions de l'autorité municipale, se virent soumises au même régime que les pestiférés.

Les dévoûments généreux ne faisaient pas défaut dans ces jours d'épreuves ; les officiers municipaux donnaient l'exemple ; mais il paraît qu'un grand nombre de prêtres évitait alors tout contact avec les personnes infectées, puisqu'en 1635 un arrêt du parlement condamne les curés du diocèse d'Amiens à rester à leur poste au chevet des mourants, et à leur prodiguer des secours et des consolations (1). Pour exciter leur zèle, paralysé par la terreur, et relever leur courage, on permettait aux ecclésiastiques d'administrer l'extrême-onction à l'aide d'une longue baguette au bout de laquelle ils attachaient de l'étoupe ou du coton trempé dans les saintes huiles, et de conférer ce sacrement au malade, en se plaçant sur le seuil de sa porte. Ils brûlaient ensuite la baguette, et s'éloignaient pour achever les prières. Quand ils devaient donner la communion, ils enveloppaient l'hostie dans du papier, la déposaient sur un

---

(1) Collect. des procès-verbaux des assemb. génér. du clergé, *Paris*, 1768, in-f°, t. II, p. 750.

L'assemblée générale du clergé jugea cet arrêt *extrêmement préjudiciable à la juridiction ecclésiastique et très onéreux* aux curés, et il fut résolu que les curés se pourvoieraient au conseil contre la sentence du parlement, et que la compagnie interviendrait pour appuyer l'appel.

linge blanc étendu sur la terre ou sur un siége, non loin de la maison du pestiféré; couvraient le papier d'une pierre, afin que le vent ne l'emportât point, et se retiraient à une certaine distance. Le moribond ou la personne qui lui donnait des soins venait alors prendre l'hostie, et le prêtre, qui jusque là devait rester les yeux fixés sur elle, faisait toutes les prières prescrites pour l'administration du viatique (1).

Pendant la redoutable épidémie qui ravagea le Ponthieu en 1635, 1636 et 1637, une grande partie des Abbevillois alla se réfugier sous des tentes, au milieu des champs, aux abords de la porte du Bois (2). On remarqua que les tanneurs furent épargnés, comme ceux de Paris l'avaient été en 1568, pendant une autre contagion probablement de la même nature (3).

---

(1) Rituel du dioc. d'Amiens, 1637, in-8°.

De merveilleux récits se rattachent aux reliques de Saint-Vulfran dans les temps de peste; elles ont différentes fois, dit-on, sauvé la ville, et des écrits où l'on célèbre les louanges du saint en portent témoignage, entre autres un poëme latin, qui a pour titre : *Abbatisvilla à peste servata*, Abbavillæ, typis Joannis Musnier, 1674, petit in-4° de 14 pages.

(2) En 1631, deux jeunes enfants atteints de la peste sont arrêtés dans le faubourg du Bois, et reconduits à Neuilly-l'Hôpital, leur lieu de naissance; mais le seigneur de ce village, qui les en avait expulsés, menace de les tuer, et les pauvres enfants sont contraints de revenir sur leurs pas. On les logea sous une des tentes que l'on avait dressées dans le bois d'Abbeville, et on les y nourrit aux dépens du seigneur dont la conduite fut dénoncée à la justice.

(3) Voy. Sprengel. *Hist. de la Médecine*, Paris, 1815, in-8°, t. III, p. 105.

Au commencement de juillet 1637, Louis XIII ayant extrêmement à cœur de reprendre les places que les Espagnols avaient enlevées, résolut de se rendre à Abbeville. Il y vint avec Richelieu, et ce fut pendant ce voyage, le jour de l'Assomption, qu'il voua son royaume à la Vierge, dans l'église des Minimes. Il y eut à ce sujet une magnifique procession qui parcourut une partie de la ville. Le monarque et toute sa cour, le cardinal de Richelieu, plusieurs autres prélats suivaient l'image de la Vierge. Rentré dans l'église, Louis XIII y reçut à genoux la bénédiction des mains de son ministre-cardinal; et, pour perpétuer le souvenir de cette consécration, il ordonna par édit que tous les ans, le 15 août, on fît une procession semblable à Notre-Dame de Paris, et dans toutes les autres villes du royaume. On a dit que c'était pour remercier Dieu de la grossesse d'Anne d'Autriche; mais les lettres patentes du roi ne font aucune mention de ce fait. Il faut attribuer la véritable cause du vœu de Louis XIII, soit à la reconnaissance que ce prince croyait devoir à la mère de Dieu, comme ayant conservé la France au milieu des troubles dont elle était agitée, soit à la crainte qu'il éprouvait de voir encore une fois les Espagnols aux portes de Compiègne et de Noyon (1).

En 1638, l'armée française, qui devait marcher sur Saint-Omer, se rassembla sous les murs d'Abbeville;

(1) Voy. *Hist. des mayeurs d'Abbev.*, p. 828. — Levassor, *Hist. du règne de Louis XIII*, t. IX, p. 639. — Bazin, *Hist. de France sous Louis XIII*, t. IV, p. 28.

et comme la plupart des troupes, soit nationales, soit étrangères, n'avaient qu'une faible solde ou n'en recevaient quelquefois même aucune, elles dévoraient la subsistance des villageois qui mouraient de faim au milieu de leurs granges vides. Ceux qui n'avaient rien à leur offrir périssaient souvent sous leurs coups. Un habitant de Domart, qui a laissé des notes manuscrites sur les évènements de cette époque, et qui en fut le témoin et la victime (1), nous apprend que les soldats français eux-mêmes menaçaient d'incendier les villages, si l'on refusait de leur fournir l'argent qu'ils exigeaient. « C'étoit pitié, dit-il, car ils violoient force femmes et filles, tuoient des hommes et composoient et tyrannisoient les pauvres paysans, en leur rôtissant et grillant la plante des pieds au feu. » A l'approche de ces brigands les villageois sonnaient le tocsin, et on les voyait fuir et chercher un asile avec leurs femmes et tout ce qu'ils pouvaient emporter dans le château-fort le plus voisin, et notamment dans celui de Domart. Malheur à ceux que la soif ou la faim forçait d'abandonner les murs de la forteresse ! Les bandits qui les tenaient bloqués les rançonnaient à discrétion. Ces horribles excès furent défendus sous peine de mort ; mais les soldats de Langeron, de la Meilleraie, de Jean de Gassion et autres n'en continuèrent pas moins leurs brigandages. Non seulement ils volaient, mais ils coupaient les blés pour

---

(1) Ces notes se trouvent intercalées dans deux registres petit in-4° de plusieurs centaines de pages, qui appartiennent à un habitant de

nourrir leurs chevaux et se chauffaient avec des meubles, des portes, des fenêtres, quand ils se dispensaient de brûler la maison. Louis XIII sentit la nécessité de porter un remède à ces désordres. A la fin de juillet 1638, il revint à Abbeville afin que sa présence et la rigueur des châtiments, dit Bassompierre, remissent les troupes en meilleur état ; mais il fit plus encore en affectant neuf millions six cent mille livres à la subsistance de l'armée, et en promulguant à ce sujet deux ordonnances qui furent rédigées à Abbeville, le 3 août, dans une séance de son conseil d'état.

Louis XIII, en se rendant à la frontière, avait aussi voulu surveiller de plus près la conduite de ses généraux qui venaient d'être obligés de lever le siége de Saint-Omer, leur donner de nouveaux ordres, et réparer l'affront fait à ses armes. Il enjoignit au maréchal de Brézé de venir prendre position à Labroye, sur l'Authie, et d'y rassembler ses troupes pour les joindre à celles des maréchaux de la Force et de Châtillon. Brézé s'était mis en marche avec quinze mille hommes et se trouvait près de Gueschart, le jour même où Louis XIII arrivait à Abbeville, lorsque, par une manœuvre bien conçue et rapidement exécutée, il enveloppa cinq cents Cravates de la garnison d'Hesdin qui harcelaient depuis quelque temps son arrière-garde, les fit charger vigoureusement, en tua bon nombre, et fit tout le reste prisonnier. Il

Saint-Riquier, et dans lesquels l'auteur insérait en même temps ce qui l'avait le plus intéressé dans ses lectures, et le récit des évènements qui se passaient autour de lui.

n'en échappa pas même un seul pour aller annoncer, cette défaite à l'ennemi.

Peu de jours auparavant, on avait arrêté à Abbeville un espion de Philippe IV. On l'interrogea plusieurs fois; mais il gardait le silence ; il reçut alors la question : on lui pressa les pouces, on lui brûla la gorge avec un fer chaud, et comme il ne voulait rien confesser, on lui fit subir de nouvelles tortures. Il avoua enfin qu'il suivait notre armée depuis trois ans ; que les Espagnols avaient encore quatre autres espions comme lui en France, et il fut mis à mort (1).

Louis XIII logeait à l'abbaye de Saint-Pierre avec son régiment des gardes, et il repartit le 16 août pour la capitale, désirant voir la reine qui était alors sur le point de faire ses couches. Richelieu, qui l'avait accompagné dans ce voyage, partit aussi le même jour avec sa suite et s'arrêta au Pont-Remi, où il devait coucher. Pendant qu'on préparait le souper du cardinal, le feu prit dans la cuisine et le château fut entièrement brûlé ; une des tours de ce château, qui contenait de la poudre, sauta avec une explosion terrible, et porta le feu dans différentes maisons.

Pendant le séjour de Louis à Abbeville, on y arrêta un gentilhomme qui entretenait des intelligences avec Marie de Médicis, réfugiée à Bruxelles, et qui lui faisait part de tout ce qui se passait au quartier-général du roi.

Les Espagnols, tantôt vainqueurs, tantôt vaincus,

---

(1) Ms. de l'anonyme de Domart.

recommençaient toujours la lutte. Déjà leurs détachements s'avançaient jusqu'aux portes d'Abbeville, d'Amiens et de Montreuil, ruinant les bourgs et les villages, enlevant les bestiaux et les cultivateurs. Les campagnes étaient abandonnées, les champs incultes, enfin la frontière ne présentait plus que l'image d'un triste désert. On résolut de mettre un terme à une situation si déplorable, en exécutant le projet, formé peu de temps auparavant, de s'emparer d'Hesdin, où les principales forces des ennemis se trouvaient concentrées. Louis XIII, suivi d'une foule de courtisans jaloux de participer à la gloire du siége, arriva à Abbeville avec Richelieu, le 30 mai 1639, et s'y arrêta deux jours. Doullens était le lieu fixé pour le rendez-vous de l'armée française. Le premier corps, cantonné dans le Vimeu depuis deux mois environ, était passé par Abbeville; le second corps par le Pont-Remi, et quelques jours après, les gouverneurs des principales villes du Ponthieu avaient donné l'ordre aux habitants d'aller travailler aux lignes de circonvallation d'Hesdin. Ces pionniers, dit M. de Sismondi, qu'on commandait pour les siéges par dix et vingt mille à la fois, qu'on faisait travailler sous le feu de l'ennemi, à coups de bâton; qu'on nourrissait mal, qu'on ne récompensait pas, périssaient en foule sans qu'on y fît attention (1); et tel fut aussi le sort de ceux que l'on contraignit d'aller construire les lignes d'Hesdin.

(1) *Hist. des Français*, t. XXVI, p. 112.

Le roi partit d'Abbeville le 4 juin pour assister au siége, et provoquer par sa présence le zèle et le dévoûment de ses troupes. Il passa par Montreuil au lieu de se diriger par le chemin le plus court, celui de Dompierre, attendu qu'il fallait, aux abords de ce village, traverser une forêt où les ennemis se tenaient en embuscade; mais un grand nombre de paysans du Boulonnais et du Ponthieu reçurent l'injonction de venir abattre tous les arbres à deux pieds de terre, et de les laisser pêle-mêle renversés sur le sol, afin de rendre cette forêt impénétrable, et bientôt elle n'exista plus (1).

Louis XIII tomba malade sous les remparts d'Hesdin, et revint à Abbeville où Cinq-Mars se trouvait avec la cour, et ce fut là que ses premières liaisons commencèrent avec ce favori (2). Lorsque le roi fut rétabli, il s'empressa de retourner au camp, par le chemin de Montreuil, ses gardes marchant au large des deux côtés et en avant pour éclairer la route. Il arriva devant la ville assiégée le jour même où les Espagnols avaient demandé à capituler. Le 30 juin, Louis XIII, à la tête de son état-major, entra dans Hesdin par la brèche. Peu de jours après, toute l'artillerie de l'armée française et toutes les pièces qu'on avait prises aux Espagnols, ainsi que soixante-dix cloches, que ces derniers avaient enlevées pendant leurs courses, furent amenées à Abbe-

---

(1) Anonyme de Domart.
(2) *Mém. de Monglat*, Coll. Michaud, t. V, 3e sér., p. 80.

ville, sur la place d'armes. Quatre-vingt-dix autres furent conduites à Montreuil.

La conquête d'Hesdin, que l'on regardait comme imprenable, fut suivie de celle d'Arras (1), et délivra la Picardie. Louis XIII mourut quatre ans après. Le Ponthieu ne souffrait plus de la guerre, mais les discordes civiles allaient encore troubler l'intérieur du pays. La haine que l'on portait à Mazarin, devenu maître du gouvernement de l'état pendant la minorité de Louis XIV, occasionna les troubles de la Fronde. Les Abbevillois, foulés par les impôts, partagèrent l'animadversion qu'inspirait le ministre, et menacèrent de s'insurger ; on ne put les contenir qu'en diminuant les taxes.

Les Espagnols entrèrent en France, espérant profiter du désordre. Ils firent de tels ravages dans le Ponthieu qu'ils obligèrent, en 1647, les habitants d'Hiermont à construire, comme ceux de Maison-Rolland, de Dom-

---

(1) L'armée qui allait assiéger cette ville traversa le Ponthieu, le 5 juin 1640, en passant par Domart, Domleger, Maison-Ponthieu, Gueschart, etc. Elle traînait à sa suite un grand nombre de chariots chargés de vivres, de munitions de guerre, de lits de camp, de matelas, de couvertures, de tables, de buffets, d'escabeaux, etc. On y voyait aussi une multitude de chevaux portant d'autres bagages ; le maréchal de Châtillon et le duc de Chaulnes, qui commandaient cette armée, chacun dans un carrosse attelé de six chevaux, trois cordeliers à cheval et quatre jésuites dans un autre carrosse. Le principal dépôt des subsistances et des munitions de guerre était à Abbeville, et des milliers de charrettes mises en réquisition, sur tous les points, arrivaient journellement pour transporter au camp d'Arras toutes les provisions nécessaires. (Anonyme de Domart.)

leger et de Lanche-Saint-Hilaire, une carrière pour servir de refuge (1).

Les troupes françaises se portaient également aux plus cruels excès. Un de leurs chefs, le colonel Bussu, découvre un jour (11 mai 1645) le souterrain que les habitants de Lanche venaient de creuser pour se soustraire, soit au pillage, soit à la mort; ses soldats jettent du bois et de la paille à l'entrée de la carrière, et ils y mettent le feu. Les malheureux qui s'y étaient réfugiés avec tous leurs bestiaux s'efforcent de repousser les soldats à coups de pierres; mais étouffés par la fumée, n'ayant d'ailleurs que très peu de vivres et de fourrages, ils cessent de se défendre et capitulent. Les assaillants entrèrent alors dans le souterrain, où plusieurs villageois avaient été blessés, et s'emparèrent de tout le bétail, dont une partie seulement put être rachetée à raison d'une pistole par tête. C'est ainsi qu'en 1651 la crypte d'Yvrencheux fut *estouffée* par d'autres brigands.

En 1647, un détachement de soldats français, qui occupait Domleger, découvre aussi la carrière nouvellement creusée de ce village, établit un poste à l'entrée, s'empare de tous les grains qu'elle renfermait, et les fait vendre à son profit sur le marché d'Abbeville (2).

En 1652, l'ennemi passe à Auxi-le-Château et vient camper à demi-lieue d'Abbeville. Le 12 novembre de l'année suivante, les Espagnols brûlent l'abbaye de Forêt-

---

(1) *Mém. de la Soc. d'Archéol. de la Somme*, t. Ier, p. 329 et 416.
(2) Anonyme de Domart.

Montier. Plus tard, Condé, qui combattait sous leurs drapeaux, les excita à venir faire le siége d'Abbeville. Cette circonstance est un grand sujet de crainte : on se met en mesure de repousser l'ennemi.

Mazarin (1), à force de bassesses, parvint à conclure une alliance avec Cromwel. Six mille soldats qui avaient participé à la révolution d'Angleterre débarquèrent en France et vinrent, en 1656 (2), en garnison à Abbeville, où ils se livrèrent à tous les excès. On les vit entrer dans les églises, allumer leurs pipes aux cierges, fumer, vociférer et quelquefois danser pendant toute la durée de l'office; car ils n'ignoraient pas que les calvinistes étaient persécutés par le clergé de la ville; et, en

---

(1) Mazarin, revenant du Hâvre où il était demeuré quelque temps après la sortie des princes, et quittant le royaume pour se soustraire à la colère de tous les partis, passa à Abbeville le 11 février 1651, accompagné d'une centaine d'hommes. Les officiers municipaux, avertis de son approche, décidèrent que, s'il arrivait pendant le jour, il lui serait permis d'entrer avec sa suite ; mais que, s'il se présentait aux portes pendant la nuit, il n'entrerait qu'avec six ou sept de ses gens; qu'on renforcerait la garde sur les remparts, et qu'il ne lui serait fait aucune harangue ni réception.

(2) Le 19 juillet 1653, Marie-Françoise de Valois, née en 1631, mariée en 1649 à Louis de Lorraine, duc de Joyeuse, avait succédé à son père, dans le duché d'Angoulême et dans les comtés d'Alais et de Ponthieu. Son mari étant mort en 1654, à la suite d'une blessure qu'il avait reçue au siége d'Arras, elle en ressentit une si profonde douleur, qu'elle tomba dans l'imbécillité. Conduite à l'abbaye d'Essey, près d'Alençon, elle y mourut le 4 mai 1696. — Son fils, Louis-Joseph de Lorraine, duc de Guise et prince de Joinville, né à Toulon en 1650, et mort en 1671, obtint en 1654, par lettres patentes, la jouissance du comté de Ponthieu.

vrais ennemis des papistes, ils se plaisaient à tourmenter ainsi les prêtres par de fréquents outrages au culte catholique. On se plaignit de ces indécences; mais leurs auteurs avaient la supériorité du nombre : il fallut se taire et tout souffrir jusqu'au moment où ils quittèrent enfin la ville pour aller renforcer l'armée de Turenne, dans laquelle ils se distinguèrent à la bataille des Dunes.

Le 23 mai 1657, Louis XIV vint à Abbeville avec Anne d'Autriche, le duc d'Anjou, le cardinal Mazarin et plusieurs autres personnages. Le mayeur lui présenta les clés de la ville ; mais le roi le pria de les garder en ajoutant qu'elles étaient bien entre ses mains. La population, qui s'était portée tout entière sur le passage du roi, manifestait tant d'allégresse et le saluait de si vives acclamations, que la reine mère versa des larmes. Louis XIV alla loger à l'hôtel d'Oignon (1), où on lui présenta le vin de la ville. La cour partit le lendemain pour se rendre à Montreuil, d'où elle revint le 30. Le jour suivant, c'était le jour de la Fête-Dieu ; leurs majestés, après avoir entendu la messe dans l'église Saint-Gilles, assistèrent à la procession dans le couvent des dames d'Epagne.

(1) Le propriétaire de cet hôtel, qui existe encore rue Saint-Gilles, au coin de celle de la Prison, était M. d'Oignon, maître des cérémonies de Louis XIV. On dit encore, en parlant des choses disposées en bon ordre, qu'elles sont *rangées en rang d'Oignon*. C'est un souvenir de la symétrie que le propriétaire de l'hôtel d'Abbeville apportait dans les cérémonies du grand roi.

Le roi, la reine-mère et le cardinal passèrent encore dans la capitale du Ponthieu, le 14 mai 1658. Louis XIV allait à Calais, où il tomba dangereusement malade. Il fut guéri par un médecin d'Abbeville, nommé Dusaulsoy, avec du vin émétique qu'on regardait comme un poison. Ce bon homme s'asseyait sur le lit du roi, et disait : « Voilà un garçon bien malade, mais il n'en mourra pas (1). » Ses prévisions se réalisèrent heureusement ; le purgatif fit vingt-deux fois son effet et le roi fut sauvé. Dusaulsoy obtint en récompense une pension de seize cents livres et le brevet de médecin particulier de sa majesté. L'un de ses fils, Jean, s'étant comme lui dévoué à l'ambulance d'Abbeville, pendant plusieurs années, au traitement des soldats malades ou blessés, fut à cette occasion, et en mémoire des soins que Louis XIV avait reçus de son père, exempté en 1663 de garde et de logement de guerre.

« Nous défendons très expressément de loger ni souffrir estre logé aucuns gens de guerre en la maison dudit Jean Dusaulsoy, scise en la ville d'Abbeville, ni d'icelle prendre ni tirer aucune fourniture ni ustenciles, à peine aux chefs de désobéissance et aux soldats de la vie, et exemptons icelui Jean de toute garde et mettons sa dite maison en nostre protection et sauvegarde ; permettons au dit Dusaulsoy, pour tesmoignage de nostre volonté, de faire mettre et apposer nos armoiries et pannonceaux à la porte de sa dite maison. — Donné à Paris, le 19 décembre 1663 (2). »

Louis XIV revint de Calais le 24 juillet ; on ne lui fit aucune réception, et il alla descendre avec la reine

(1) Voltaire. Siècle de Louis XIV.
(2) *Reg. aux délib. de la ville*, année 1663.

chez un simple ecclésiastique, M. Mannessier, où il ne reçut le corps de ville que le surlendemain.

L'un des lieutenants-généraux de ses armées qui devait le plus illustrer son règne, Turenne, vint à Abbeville la même année, le 9 décembre. Il alla loger rue Saint-Gilles, chez M. Bourrée, qui avait l'honneur de recevoir tous les grands personnages (1). Peu de temps auparavant, dix ou douze escadrons de cavalerie étaient tombés à l'improviste sur un camp de troupes françaises

---

(1) Turenne vint encore à Abbeville le 1er septembre 1659. Nous ne nous étendrons point sur les divers passages de rois ou grands personnages, qui sont à peu près en cette ville les seuls évènements de la fin du règne de Louis XIV. Le même cérémonial se reproduit toujours ; nous nous bornerons à en consigner le souvenir par une simple date. — 30 novemb. 1662, passage de Louis XIV. Il allait prendre possession de Dunkerque. — 29 avril 1671. Ce prince traverse encore Abbeville avec la reine, le duc et mademoiselle d'Orléans, Condé, Turenne, le duc de Guise et le comte de Soissons. — 26 novembre 1673, Passage de la duchesse d'Yorck. Le maire apprend que la princesse n'ose pas continuer sa route à cause de la rupture de la paix entre la France et l'Espagne. Les officiers municipaux et plusieurs habitants notables montent à cheval et l'accompagnent jusqu'à Bernay. — 5 janvier 1689. Passage de Jacques II, roi d'Angleterre. Le monarque déchu est accueilli avec tous les honneurs dûs aux têtes couronnées. Les officiers municipaux font l'office de valets en le servant à table, la serviette à la main. Marie de Modène, sa femme, et le prince de Galles, son fils, âgé de 6 mois environ, étaient arrivés de Montreuil peu de jours auparavant, le 31 décembre 1688. — 28 décembre 1693, passage de Vauban. Il descend à l'hôtel de *la Tête de Bœuf*, rue Saint-Gilles, où la plupart des grands personnages logeaient alors comme aujourd'hui. — 4 sept. 1697. Passage du prince de Conti, élu roi de Pologne. Il allait s'embarquer à Dunkerque, pour prendre possession de sa couronne.

établi sur le chemin de Saint-Riquier ; ces troupes, qui se composaient d'une compagnie de chevau-légers et de trois régiments d'infanterie, avaient été brusquement attaquées, battues et poursuivies jusqu'au pied des remparts d'Abbeville, où le duc d'Elbœuf, gouverneur de la Picardie, jugea prudent de les laisser en garnison pour éviter quelque autre échec.

Ce fut vers cette même époque que Balthasar de Fargues, qui avait des intelligences avec les Espagnols et le prince de Condé, s'insurgea dans Hesdin, à la tête du régiment de Bellebrune, dont il était major, et s'y déclara indépendant. Après avoir vendu la place à Don Juan d'Autriche, et en avoir touché le prix, il refusa de la lui livrer, leva des troupes pour son compte, rasa tous les forts qui auraient pu l'arrêter, se répandit dans le Ponthieu pour le mettre à contribution, et résolut de surprendre Abbeville. Un de ses détachements s'avança un jour jusqu'au premier pont-levis de la porte du Bois, que défendaient les jeunes gens de la milice bourgeoise, et tenta de forcer le passage ; mais la garde du pont reçut avec vigueur ces audacieux partisans, et, renforcée bientôt de deux compagnies, elle les poursuivit jusqu'à Saint-Riquier, et s'empara du plus grand nombre. Cependant cet échec ne découragea point Fargues ; il revint peu de temps après se mettre en embuscade dans le bois de Saint-Riquier, surprit un détachement que l'on envoyait à sa recherche, et le mena battant jusqu'à Abbeville. Il aurait même franchi le pont-levis si M. de Montcavrel, colonel d'un régiment de cavalerie, ne s'était présenté l'épée à la main pour rallier quelques fuyards, et lui barrer le passage. Le brave colonel eut trois chevaux tués sous lui, et sa belle défense donna le temps de pointer le canon de la place contre les assaillants, qui perdirent en un instant plus de cent hommes et se retirèrent en incendiant le faubourg du Bois. Peu de temps après, l'intrépide aventurier tourna ses armes contre Saint-Valery. La conquête de cette place, ouverte en plusieurs endroits, lui semblait chose facile ; et, la nuit du 11 au 12 novembre, il sortit d'Hesdin à la tête de la plus grande partie de sa garnison, passa le gué de Blanquetaque, et tandis que l'un de ses lieutenants se détachait pour livrer au pillage et à l'incendie Drancourt, Bretel et Saint-Blimont, il se dirigea sur Saint-Valery avec le reste de son monde. Mais déjà les habitants avaient eu connaissance de sa marche; ils travaillèrent à la hâte à retrancher les abords des quais; dressèrent une batterie derrière laquelle ils se rangèrent en bon ordre, tandis qu'à l'aide de la marée plusieurs bâtiments armés de canons, qui se trouvaient dans le port, venaient s'embosser en avant de la Ferté pour en balayer les approches. A la vue de ces dispositions, auxquelles il était loin de s'attendre, Fargues rebroussa chemin, brûlant dans sa retraite Neuville et plusieurs autres villages. Le mois suivant il ravagea les environs de Rue et du Crotoy. Le 30 octobre 1659, il entra dans la ferme du Val, près Laviers, avec un corps de trois cents hommes de cavalerie, s'empara de l'argent du fermier, de ses meubles et de ses ustensiles, d'un troupeau de trente-deux vaches, et se retira après avoir fait mettre le feu aux granges et aux bergeries. Une grande quantité de blé fut réduite en cendres, et trois cents moutons périrent dans les flammes (1). Fargues venait de piller Crécy lorsqu'il s'avança pour la troisième fois jusqu'aux faubourgs d'Abbeville, et acheva de brûler Menchecourt, qu'un de ses détachements avait déjà tenté d'incendier dans une autre rencontre ; mais cette fois encore il paya cher sa témérité. La garnison fit une sortie vigoureuse, tailla en pièces une grande partie de ses gens, et ramena bon nombre de prisonniers. Dès ce moment, Fargues ne se présenta plus dans le Ponthieu. Possesseur d'une fortune immense, et redoutant le sort qu'il se préparait en persévérant dans sa rébellion, il parvint, grâce à la puissante protection du prince de Condé, à se faire comprendre dans le traité des Pyrénées, dont un article particulier garantissait sa vie et sa fortune. Fargues sortit d'Hesdin en emportant quatre millions. Quelques années après, Louvois le fit arrêter à cause de ses déprédations dans les vivres. On lui reprochait principalement d'avoir donné de mauvais pain aux troupes du roi à Abbeville et à Hesdin, ce qui avait occasionné, disait-on, la mort d'un assez grand nombre de soldats; mais, si l'on s'en rapporte aux bruits qui coururent alors, ce motif ne fut qu'un prétexte. On voulait donner une mortification au prince de Condé, auquel Fargues était attaché, et on assure que ce dernier n'était pas

(1) *Reg. aux délib. d'Abbeville*, année 1659.

coupable des délits dont on l'accusait. Un ressentiment injuste, la jalousie et la cupidité consommèrent sa perte. Le présidial d'Abbeville fut chargé de son procès. Fargues fut conduit dans cette ville où *l'on savoit qu'il n'étoit point aimé*, et mis aux fers dans un cachot de l'hôtel de ville. On le promena ensuite dans les campagnes où il avait fait le plus de mal, et on le ramena à Abbeville. Le présidial, sans respect pour le traité des Pyrénées, le condamna à la potence. L'exécution eut lieu sur la place Saint-Pierre. Fargues fut enterré dans l'église des Minimes.

La paix des Pyrénées « si attendue et si souhaitée depuis vingt-cinq ans (1), » fut publiée à Abbeville, le 23 février 1660. Les officiers municipaux à cheval, précédés des trompettes et timbales des régiments de Condé et d'Enghien, la proclamèrent dans les carrefours, au milieu d'une population ivre de joie qui se pressait de toutes parts sur leur passage. Les fêtes durèrent plusieurs jours ; il y eut un grand souper où le corps municipal se rendit en cortége à la lueur des flambeaux ; les habitants allumèrent des feux devant leurs portes, se mirent à table avec leurs voisins au milieu des rues, puis dansèrent tous ensemble, tandis que la populace vidait sur le marché trente pièces de vin, et que le maire lui-même buvait à la santé du roi, en présence de la foule, au bruit des cloches et des nombreux canons posés sur le rempart (2).

(1) *Regist. aux délib. d'Abbeville,* année 1660.
(2) 1673.— Les Abbevillois offrent volontairement à Louis XIV une

Les persécutions dirigées depuis longtemps contre la religion réformée n'avaient ni attiédi la ferveur de ses prosélytes, ni diminué leur nombre, lorsque l'arrivée de Josse Van-Robais et d'une quantité d'ouvriers hollandais vint donner aux protestants une consistance nouvelle. Quoiqu'on leur eut interdit d'établir un temple dans la ville, on ne tarda pas à s'apercevoir que leurs rapports continuels avec les catholiques exerçaient sur l'esprit de ces derniers une fâcheuse influence. Le clergé d'Abbeville adressa ses plaintes à la cour; l'édit de Nantes fut révoqué. En vertu de cette révocation, le temple que les calvinistes d'Abbeville avaient élevé à la Ferté-les-Saint-Riquier fut détruit jusque dans ses fondements. Chaque religionnaire reçut des dragons dans son domicile. Ces soldats se conduisaient comme en pays ennemi, pillaient, vendaient les meubles et se portaient aux derniers excès. On en vit qui, pour extorquer de l'argent, accrochaient leurs hôtes au-dessus du foyer, leur chauffaient la plante des pieds et les étouffaient dans la fumée. Pendant ce temps, l'évêque d'Amiens faisait ouvrir des conférences dans l'église Sainte-Catherine pour exhorter les consciences des sectaires, et recevoir leur abjuration; mais le plus grand

---

somme de trente mille livres, pour l'aider à supporter les frais de la guerre. — 8 octob. 1678, 4 janvier 1679, 10 décembre même année, publication à Abbeville des trois traités de Nimègue. Même allégresse et mêmes réjouissances qu'en 1660, lors de la conclusion de la paix des Pyrénées. — 1er décemb. 1697, proclamation de la paix de Riswick.

nombre refusa de se convertir ; et , quoique les mesures les plus sévères eussent été prises pour empêcher l'émigration , les protestants les plus industrieux et les plus riches allèrent chercher un refuge à l'étranger. Il y avait encore dans l'élection de cette ville , avant la révocation de l'édit de Nantes, cent soixante calvinistes. Il n'en resta plus que quatre-vingts , et trois familles seulement à Montreuil. C'était peu en comparaison de l'élection d'Amiens qui en comptait deux mille (1).

Les dernières traditions de la religion réformée s'effacèrent bientôt , et le catholicisme régna sans obstacle. Jamais même il ne brilla de plus d'éclat que durant l'époque dont nous venons de retracer l'histoire ; jamais le zèle pour les fondations de couvents n'avait été porté plus loin. Les Capucins s'étaient établis à Abbeville en 1601 , les Minimesses la même année ; les Ursulines en 1613 , les Carmélites en 1636 , les Carmes en 1640 ; puis vinrent les Religieuses de la visitation de Sainte-Marie ; enfin les Pères de l'ordre de Saint-Dominique.

Le décès ou l'installation d'un curé , l'arrivée d'un prédicateur , la translation d'une relique , un office solennel ou le récit d'une procession remplissent la plus grande partie des mémoires de ce temps.

En 1693, un grand nombre d'habitants de la Bretagne et de la Normandie abandonnèrent ces provinces , en proie à la disette , et vinrent chercher un refuge dans

---

(1) Mém. sur la province de Picardie, par Bignon , intendant. 1698.

le Ponthieu où les récoltes avaient été plus abondantes. Il en descendit une telle quantité à Abbeville, que les auberges furent bientôt encombrées. La plupart de ces malheureux, réduits à se nourrir de la chair des chevaux et des chiens, restèrent alors sans asile, et on les trouvait exténués de froid ou de faim sur les portes des caves et dans les places publiques. Malgré la générosité des habitants, qui s'étaient taxés volontairement pour les secourir, ils périrent presque tous. Les manuscrits du temps disent que les cimetières suffirent à peine pour leur donner la sépulture.

Pendant les quinze années qui suivirent, peu d'évènements, dignes de mémoire, se passèrent dans le Ponthieu ; mais lorsque la fortune eut trahi les dernières années du règne de Louis XIV, lorsque Eugène et Marlborough, vainqueurs à Hochstett, se furent emparés de Lille, les troupes légères de l'ennemi s'avancèrent fréquemment jusqu'aux portes d'Abbeville, rançonnant les fermes et les villages. La flotte anglaise de son côté menaçait le littoral, mais les matelots et les milices du pays, soutenus par quelques bataillons de troupes royales, se montrèrent si bien disposés à repousser le débarquement, que l'escadre anglaise ne tarda pas à prendre le large.

L'hiver de 1709 vint encore ajouter aux maux de la guerre. La Somme gela, et, en quelques endroits, la glace avait jusqu'à cinq pieds d'épaisseur. De gros arbres se fendirent, les boutiques, les écoles, les tribunaux se fermèrent. Ne comptant plus sur la récolte, les cultivateurs voulaient, dès les premiers jours de mars, labourer les terres ensemencées ; mais un édit du roi leur enjoignit de ne pas tant se presser. Après le 15 du même mois, lorsque toute espérance de moisson fut anéantie, on sema presque partout de la pamelle, et il en vint en abondance. La disette se prolongea jusqu'au mois d'août. Le prix du pain était exorbitant (1). Des troupes de bandits entouraient nuitamment les fermes, y pénétraient les armes à la main, et les dévalisaient ; souvent même ils y mettaient le feu, et tuaient leurs habitants sans que la justice se mît en peine de les poursuivre.

Les souffrances du peuple, qui périssait de froid et de famine, furent si grandes, que Louis XIV demanda la paix ; mais on proposa au fier monarque des conditions flétrissantes, et il refusa de les accepter. La guerre ayant recommencé, le Ponthieu fut menacé de nouveau. L'armée française, repoussée à Malplaquet, vint, pendant le siège d'Aire, prendre position entre la Canche et l'Authie (1710), et la maison du roi se logea à l'abbaye de Saint-Josse. Quelques régiments occupèrent Montreuil, d'autres se retirèrent à Abbeville, où les fours militaires avaient été établis. Un convoi de trois mille blessés fut aussi dirigé sur cette dernière

(1) La récolte de l'hospice de Saint-Riquier, qui était annuellement de cinq cents setiers de blé, ne produisit cette année que *vingt gerbes de seigle*. Les religieuses mangèrent du pain presqu'entièrement de pamelle, afin de conserver cent setiers de blé aux fermiers pour ensemencer leurs terres. (*Titres de l'hospice de Saint-Riquier.*)

place. Les officiers entrèrent à l'Hôtel-Dieu, où l'on cessa d'admettre les bourgeois, et une partie des soldats fut placée dans le couvent des Cordeliers que l'on avait converti en hôpital.

Cependant l'ennemi, maître de la campagne, continuait ses ravages dans le Ponthieu. Les jours s'écoulaient au milieu des alertes qu'occasionnaient ses incursions, lorsqu'on apprit qu'il se préparait de sérieux évènements et qu'Abbeville était menacé d'un siége. On mit cette ville en bon état de défense ; les troupes de la garnison furent portées à quatorze mille hommes. La milice bourgeoise, qui comptait alors cinq mille combattants, prit les armes, et, animée de ce zèle patriotique dont elle avait tant de fois donné l'exemple, elle partagea avec les soldats les fatigues du service. Bientôt Villars construisit des lignes qui s'étendaient depuis Montreuil jusqu'à la Meuse, et qu'il nommait *le non plus ultra* des princes coalisés (1). On ne redoutait donc plus de voir leurs soldats sur les bords de la Somme ; mais la misère et la désolation se prolongèrent encore jusqu'à la paix d'Utrecht, si longtemps attendue, et qui fut publiée dans les divers quartiers de la ville, le 18 juin 1713.

A travers tant de guerres et les fortunes si diverses du siècle glorieux de Louis XIV, le Ponthieu avait souffert des maux de toute nature. Les impôts, l'indiscipline des gens de guerre, les ravages de l'ennemi frappaient tout à la fois l'agriculture, les fortunes privées,

---

(1) Sismondi. Loc. cit, t. XXVII, p. 143.

le commerce, et la vie des habitants était menacée sans cesse. Abbeville se trouvait alors en première ligne. Les régiments des armées du nord venaient en quartier d'hiver dans les vallées de la Somme et de l'Authie, et l'encombrement des troupes occasionnait une cherté extrême de subsistances. On avait vu dans certaines maisons sept à huit soldats et trente à quarante chevaux à la fois (1). Une grande partie des habitants d'Abbeville avait, en 1647, abandonné leurs maisons pour se soustraire aux mauvais traitements de la garnison. En 1649, le faubourg Saint-Gilles et plusieurs villages des environs avaient été livrés à l'incendie et au pillage par les soldats du régiment de Bourgogne. Il avait fallu, pour la sûreté de la ville, renforcer la garde des portes, se mettre en défense comme pour un siége, et faire arrêter quelques officiers pour répondre des excès commis par leurs soldats. C'était presque comme au temps des grandes compagnies. Les militaires, renvoyés dans leurs foyers, se réunissaient par bandes, couraient le pays, rançonnaient les habitants, et se portaient à tous les désordres. Il fallait veiller aux portes pour les empêcher de rentrer dans la ville ; veiller aussi pour retenir ceux qui s'y trouvaient en garnison et qui se sauvaient dans les campagnes, déguisés en paysans, pour échapper à la consigne et brigander tout à leur aise (2).

(1) En 1651, la taxe pour les logements de guerre s'élevait jusqu'à douze cents livres par mois.
(2) Archiv. d'Abbev. Liasse intitulée : *Hist. politique*, XVIIe siècle. Reg. aux délib. Même siècle, passim. — Anonyme de Domart.

Les villages étaient plus malheureux encore. Au mois d'octobre 1639, l'armée française, aux ordres de la Meilleraye, pille en revenant de l'Artois, et malgré les ordres du maréchal, l'abbaye de Bertaucourt, le château de Saint-Ouen, Moufflers, Ailly, Villers, Ergnies, Brucamps, Long, Cocquerel, Famechon, etc. Peu de jours après, la cavalerie de Gassion, cantonnée à Gorenflos, Bussu, Bellancourt, Epagne, etc., se porte aux mêmes excès, attaque à main armée tous les voyageurs sur les routes, et répand la terreur jusqu'à Amiens. Le pays était épuisé au point que les cavaliers, en arrivant dans un village, montaient souvent sur les toits des maisons pour en arracher le chaume, et le répandre dans les écuries sous leurs chevaux, faute de tout autre fourrage, pour en faire des litières. Le Vimeu fut également saccagé, et tous les lieux voisins de l'Authie mis à feu et à sang. Domart, presque entièrement ruiné, fut encore moins à plaindre qu'Hiermont, Gueschart, Maison-Ponthieu, Yvrench, Conteville, etc.

Le caractère d'atrocité des dernières guerres, les dragonnades, l'extermination des Barbets et des Miquelets, l'incendie du Palatinat avaient rendu le soldat français cruel, impitoyable ; sa férocité toujours croissante (1) et les souffrances horribles de la population amenèrent quelquefois de justes représailles. Les paysans, poussés au désespoir, se barricadaient dans leurs villages et repoussaient la force par la force. C'est ainsi que le 27

---

(1) Sismondi, t. XXVI, p. 39.

ou le 28 juillet 1649, le régiment de cavalerie de *Hautver* (*sic*) fut attaqué au village de Béhen par une nombreuse troupe d'habitants du Vimeu, qui le taillèrent en pièces (1). Six mois auparavant, le chef d'un autre corps, M. de Montéclair, qui occupait Domart, redoutant une révolte et voulant la prévenir, avait fait publier au prône, par le curé de ce bourg, l'ordre d'assommer tous les soldats qui se livreraient au brigandage (2).

Des cavaliers de la garnison d'Abbeville sont, en 1651, chargés d'aller contraindre les habitants d'Ailly-le-Haut-Clocher, au paiement de leurs tailles. Ces cavaliers arrivent inopinément dans ce village, poursuivent tous ceux qu'ils y rencontrent et les maltraitent ; mais le gros de la population se précipite dans le château-fort où se trouvaient des armes, tire sur les cavaliers et les force à la retraite après en avoir mis plusieurs hors de combat (3).

Les corps de villes parvenaient quelquefois à acheter, à prix d'argent, des agents du pouvoir, des exemptions d'impôts ; mais les campagnes, dont les ressources étaient moindres, étaient taxées sans pitié. Les charges les plus lourdes portaient, comme il arrive trop souvent, sur les plus pauvres.

(1) Anonyme de Domart.
(2) Ibid.
(3) Ibid.

CHAPITRE II.

Passage de Pierre le-Grand. — Contagion. — Incendie de l'abbaye de Saint-Riquier. — Querelles du jansénisme. — Les convulsionnaires du Ponthieu. — Missions & processions solennelles. — Le chevalier de la Barre, son procès & son exécution. — Prise de possession du comté de Ponthieu au nom du comte d'Artois, depuis Charles X, dernier comte de Ponthieu. — Description de cette cérémonie. — Analyse des cahiers que les trois ordres de la sénéchaussée de Ponthieu avaient chargé leurs députés de présenter aux États-Généraux en 1789.

Le 5 mai 1717, deux compagnies du régiment de Bretagne-Cavalerie, en garnison à Abbeville, prirent la route de Montreuil pour aller au-devant d'un grand personnage, dont le régent du royaume avait fait annoncer l'arrivée prochaine. Ce personnage, qu'on devait recevoir avec tous les honneurs dûs aux têtes couronnées, était l'empereur de Russie, Pierre-le-Grand. Il fit son entrée à Abbeville sur les cinq heures du soir, accompagné d'un grand nombre d'officiers et de seigneurs. Les bourgeois avaient pris les armes, un poste de vingt-cinq dragons était placé devant la porte de M. Bourrée, où il alla descendre. Le maire, après l'avoir complimenté à la tête du corps de ville, lui présenta le vin d'honneur, et lui demanda le mot d'ordre pour le service militaire de la place, mais il refusa de le donner. On remarqua que le czar mangea beaucoup plus de raves à son souper que de tout autre chose. Il repartit le lendemain pour Amiens, à six heures du matin, en remerciant le maire du bon accueil qu'il avait reçu.

Une maladie, que les mémoires du temps désignent sous le nom de *Suette*, se déclara à Abbeville le 7 août 1718, et dura quinze jours environ avec une violence extrême. Les boutiques se fermèrent, et, pour ne pas augmenter l'effroi qui avait saisi toute la population, les cloches n'annoncèrent plus l'agonie des malades ni le moment de leurs funérailles, qui se faisaient sans aucun appareil, une heure après la mort; car les cadavres se putréfiaient à l'instant même, et répandaient une si horrible odeur qu'on fut obligé d'allumer de grands feux dans les églises pour en chasser la corruption. Quatre-vingts personnes moururent en trois jours, et plus de huit cents furent attaquées. La frayeur fut si grande que le tiers des habitants chercha son salut dans la fuite, et que les campagnards, armés contre ceux qui s'échappaient, leur refusaient l'entrée de leurs villages. Les confrères de la Charité, dont le fléau meurtrier ne put ébranler le courage, se rassemblaient chaque jour sur le parvis de Saint-Georges, y recevaient la bénédiction, et se divisaient ensuite par escouades pour aller enterrer les morts ou soigner les malades.

Cette épidémie paraît avoir eu la plus grande analogie avec la peste britannique ou fièvre sudatoire, *sudor anglicus*, qui attaqua les Anglais pour la première fois, sous le règne de Henri VII. On prétend qu'elle arriva des pays étrangers dans des balles de laine débarquées à Saint-Valery, d'où elle avait gagné le Vimeu, puis Abbeville (1). De quelle contrée venaient ces marchandises? On ne le dit pas.

Le 29 mars 1719, sur les neuf heures et demie du soir, un nuage épais s'étendit tout à coup sur le ciel, et il en jaillit un tourbillon de feu qui vint se briser avec l'éclat de la foudre sur le dortoir de l'abbaye de Saint-Riquier (2). Au même instant des flammes s'élevèrent, l'incendie se propagea, et bientôt cette magnifique abbaye ne fut plus qu'un amas de ruines. Les bâtiments en pierres de taille et à trois étages, non compris le grenier, avaient près de sept cents pieds de longueur (3). La bibliothèque, contenant un nombre considérable de livres, évalués quarante mille francs, ornée de tableaux rares et d'un revêtement en menuiserie très riche, fut entièrement brûlée ainsi que le chartrier contenant les bulles des papes, les actes des rois de France et une

---

(1) La Suette se répandit ensuite dans les autres parties de la Picardie, où elle reparut dès lors chaque année, çà et là, avec plus ou moins de violence. (Cf. M. Doyen, Hist. de Beauvais, t. II, p. 186.)

(2) *Journal de Verdun*, juin, 1719, p. 417.

(3) D. Michel Germain a fait graver une vue prespective de ces bâtiments dans son *Monasticon Gallicanum*, dont on ne connaît que deux exemplaires. Cet ouvrage contient aussi les vues des abbayes de Saint-Josse et de Saint-Valery.

foule d'autres documents relatifs aux priviléges, immunités, droits et propriétés de ce monastère. L'ameublement et le linge des hôtes et des religieux, la pharmacie, une grande quantité de cierges, quinze cents setiers de blé, la chronique autographe d'Hariulfe, les beaux livres d'église, dûs à M. d'Aligre, et qu'il avait payés plus de quatre mille francs, et de magnifiques tapis furent également réduits en cendres. On ne sauva que l'église, la sacristie et le trésor où se trouvait probablement le livre d'évangile donné par Charlemagne, qu'on voit maintenant à la bibliothèque d'Abbeville. Le feu prit aussi à différentes maisons de la ville qui furent entièrement consumées.

Ce fut vers ce temps que les misérables querelles du Jansénisme et du Molinisme commencèrent à Abbeville. Dans cette cité, comme ailleurs, pour plaire au pape et aux jésuites, on sévissait contre les antagonistes de la bulle *unigenitus;* et les refus de sacrements ou de sépulture, les coups d'autorité de l'église et de la judicature, les actes de rigueur extrême ne leur furent point épargnés.

En 1729, le doyen de l'église Saint-Vulfran est exilé dans l'abbaye de Dommartin, après avoir été traité par l'évêque d'Amiens, Pierre Sabatier, en pleine chaire, dans sa propre église, *d'intrus, de loup, et de monstre* [1]. L'année suivante, deux chanoines de la même collégiale, respectables par leur piété, subissent aussi l'exil,

---

[1] *Nouvelles ecclésiatiques*, 8 avril 1729.

et sont détenus dans l'abbaye de Saint-André-au-Bois. Cette abbaye, située près d'Hesdin, et qui servit aussi de prison à plusieurs autres opposants à la bulle, était entièrement composée d'Artésiens grossiers, ennemis des Français, livrés à tous les préjugés ultramontains et dirigés par un vieillard dévot, conduit lui-même par les jésuites d'Hesdin. Les valets secondaient parfaitement les vues des maîtres; ils ne rendaient qu'à regret les soins les plus indispensables à des hommes pour qui on leur avait inspiré beaucoup d'horreur, en les représentant comme des excommuniés, des hérétiques. Les deux pauvres chanoines étaient réduits à prendre l'air dans une cour pleine de fumier, où souvent ils ne pouvaient entrer librement de peur d'être exposés à la fureur d'un taureau. On décachetait leurs lettres; leurs parents ne pouvaient les voir qu'avec les plus grandes difficultés; ils passaient l'hiver sans feu. Soumis à d'excessives rigueurs, leur santé s'altéra bientôt, et tous deux succombèrent sous le poids d'une aussi dure captivité (1). Un de leurs compagnons d'infortune, le curé de Brailly-Cornehotte, y fut détenu pendant dix ans, et y mourut comme eux. Il avait pour tout aliment du pain bis et de la vache salée, et pour boisson de la bière. Malade, on lui donnait de l'eau froide au lieu de bouillon. Privé des sacrements et de la faculté d'entrer dans le chœur des religieux, où l'on introduisait pourtant des femmes que l'immodestie de leurs parures aurait fait

(1) *Nouvel. ecclés.*, 25 juillet 1730.

exclure dans de meilleurs temps de l'entrée même de l'église, il ne lui était pas même permis de recevoir des nouvelles de sa mère, âgée de plus de quatre-vingts ans (1).

Pendant que ces pitoyables disputes théologiques échauffaient toutes les têtes, qu'on exilait encore une foule d'autres ecclésiastiques du Ponthieu à Cercamps, à Corbie, à Amiens, etc. le bruit des prétendus miracles qui s'opéraient au tombeau du diacre Pâris vint ajouter encore à l'exaltation des Abbevillois. Une dame Aliamet, qui était sourde depuis quatorze ans, résolut de se rendre à Paris. On la vit s'étendre sur le tombeau du diacre, branler la tête, secouer les oreilles et revenir plus sourde qu'auparavant ; mais persuadée qu'elle obtiendrait enfin sa guérison et celle de son mari, le sieur Lévêque, presque perclus de ses membres, elle revint avec une ample provision de terre prise sur la tombe du bienheureux Pâris, raconta ce qu'elle avait vu, et propagea dans sa patrie la contagion des convulsions (2). Le sieur Lévêque, qui en fut bientôt atteint comme elle, s'élançait hors de son fauteuil, où il était retenu par la goutte, jusqu'à cinq ou six pieds de hauteur. La nouveauté du spectacle attirait la foule au domicile des deux époux, et tandis qu'on y récitait des psaumes en français, que l'enthousiasme allait croissant, que les uns ne voyaient

(1) *Ibid.*, années 1730, 1737 et 14 mai 1740.
(2) Ceux qui voudraient connaître ces curieuses folies les trouveront décrites dans le Traité des convulsions de notre célèbre compatriote Philippe Hecquet.

là qu'un prodige, les autres un pacte avec le diable, l'évêque d'Amiens défendait, sous peine d'excommunication, de se réunir chez les convulsionnaires. Le pouvoir civil intervint de son côté. Le sieur et la dame Lévêque reçoivent l'ordre de ne plus faire ni sauts ni contorsions. — Quel remède emploierons-nous, demandent-ils au subdélégué? — Je n'en sais rien, répond ce magistrat ; mais du moins priez que Dieu vous guérisse. — Je ne lui ai jamais demandé ces convulsions, replique la dame Lévêque, et j'ai tout lieu de croire que je les éprouve parce qu'il le veut (1).

Ainsi se trouvait parodié à Abbeville le célèbre distique du cimetière Saint-Médard. A Paris, on défendait à Dieu, au nom du roi, de faire des miracles; à Abbeville, on lui faisait défendre par le subdélégué de faire sauter les malades. La pauvre dame mourut en 1740 ; la populace voulut l'exhumer, et le prêtre qui l'avait administrée fut interdit.

Les déclamations des jésuites, qui étaient venus vers le même temps (1736) faire une mision à Abbeville, avaient rendu les jansénistes si odieux au menu peuple, que la haine contre ces sectaires était poussée jusqu'au fanatisme.

Cette mission, dirigée par un père Duplessis, avait, à ce qu'il paraît, causé à Abbeville une effroyable fermentation (2). Elle avait commencé le 22 juin par une

---

(1) *Nouv. ecclés.*, 20 mars 1732.
(2) Ibid. 6 novemb. 1745.

procession générale à laquelle le corps de ville et le présidial refusèrent d'assister. Plus de quinze mille personnes communièrent pour gagner l'indulgence accordée par le pape, et l'indulgence de quarante jours accordée par l'évêque. « Si l'on avait demandé à ces gagneurs d'indulgences, disent les *Nouvelles ecclésiastiques* auxquelles nous empruntons ces détails (1), ce que celle de quarante jours accordée par l'évêque ajoutait à celle du pape, qui était plénière, très peu sans doute auraient pu répondre. »

Les jésuites distribuèrent, avec une foule de livres, une pancarte in-f° intitulée : *Méthode facile et courte pour faire exactement une confession générale*. Cette pancarte, divisée en quatre colonnes, renfermait l'énumération par an, par mois, par semaine et par jour de toutes sortes de péchés, avec un examen particulier pour les divers états : prêtres, gens mariés, enfants, maîtres, maîtresses, juges, avocats, notaires, procureurs, huissiers, marchands, ouvriers, domestiques, etc. Rien n'était plus aisé, à l'aide de cette méthode, que d'établir arithmétiquement l'état de sa conscience, et de dresser et solder avec Dieu les comptes les plus anciens et les plus chargés. Aussi a-t-on vu un de ces pères, disent les mémoires du temps, confesser au moyen de sa méthode facile dix-sept personnes pendant une messe basse et très courte. Les missionnaires se sont tellement attachés, par leurs sermons sur l'enfer, à

(1) *Nouvel. ecclés.* 17 novemb. 1736.

répandre la terreur dans les âmes, que leurs discours ont bouleversé plusieurs cervelles ; et cependant leurs exercices occasionnèrent dans les églises des profanations si scandaleuses qu'ils se trouvèrent eux-mêmes forcés, sur les représentations qu'on en fit, de s'en plaindre publiquement.

L'usure était alors à Abbeville un désordre si commun et si enraciné, que le procureur-général avait été obligé d'informer à ce sujet par voie de monitoire. On pria l'un des prédicateurs de parler fortement contre ce péché ; mais il le fit avec mollesse. On ne fut pas plus satisfait de la conférence sur le duel. En revanche, de vives exhortations aux exercices de la mission, des descriptions de l'enfer, des communions prodiguées à douze ou quinze mille âmes, des amendes honorables, des processions successives de filles et de femmes, tenant à la main de petits crucifix, et de jeunes gens en habits à la romaine, les uns armés de thyrses entourés de fleurs, les autres portant des croix ou des drapeaux, comme on venait de le voir à Amiens. La mission fut close le 19 juillet, après une procession générale où les autorités assistèrent cette fois. Une énorme croix fut plantée le même jour sur le rempart du Mail. L'évêque de la Motte Dorléans y célébra la messe : mais après son départ, après que les missionnaires eurent pris le chemin de Montreuil pour y recommencer leurs exercices, tout le reste alla son train. On vit encore régner dans la capitale du Ponthieu le même luxe, le même esprit du monde, les mêmes passions. Les jésuites partirent, et les habitudes continuèrent ; seulement les haines devinrent plus vives contre les jansénistes, et ce fut là le seul résultat des charitables missions des enfants d'Ignace (1). On s'obstinait encore longtemps après à traiter les jansénistes canoniquement avec rigueur, puisqu'un arrêt du parlement de Paris, en date du 20 août 1752, ordonna que le curé de Saint-Jacques et son vicaire seraient amenés prisonniers à la conciergerie du palais, et leurs biens saisis pour avoir, par ordre de leur évêque, refusé les sacrements à une vieille fille qui n'avait pas voulu accepter la bulle (2).

En 1740, le froid fut si vif, que la Somme fut glacée, que des voyageurs moururent dans les chemins et que les blés périrent. On fit le dénombrement des pauvres de la ville et des faubourgs ; on en trouva quatre mille neuf cent soixante auxquels on se vit dans la nécessité de distribuer du pain jusqu'au mois d'août de l'année suivante.

Au mois de septembre 1744, Louis XV tomba dangereusement malade à Metz. La nouvelle de cet évènement courut bientôt dans le royaume, et y répandit la consternation. La population d'Abbeville, tout le temps que dura le danger, ne quitta pas les églises pour demander au ciel le rétablissement du monarque. Aussitôt qu'on apprit sa guérison, on passa de la consternation à des transports inouïs. Des cérémonies religieuses et des fêtes

---

(1) *Nouv. ecclés.*, 24 novemb. 1736.
(2) Cf. ibid., 6 nov. 1745. — 20 août 1752, etc.

publiques, pendant lesquelles toutes les boutiques furent fermées, et tout travail suspendu par ordre, eurent lieu peu de jours après. Entre autres réjouissances, il y eut un repas où l'on portait des *toasts* à la santé du roi, au bruit des salves d'artillerie, debout et chapeau bas, et à chaque *toast* les verres étaient brisés.

M. de la Motte Dorléans, nouvel évêque d'Amiens, avait essayé quelques années auparavant d'établir un collége de jésuites à Abbeville. Mais M. de Melun, commandant pour le roi à Abbeville, contraria vivement ses projets, et s'attira sa haine et des persécutions, en soutenant avec énergie le sieur Michault, avocat et procureur fiscal, sage magistrat, zélé pour le service de son pays, qui s'était opposé aux missions jésuitiques, à l'établissement du collége, et qui fut destitué, malgré l'appui de M. de Melun (1). L'évêque voulut également fonder à Abbeville un petit séminaire (2), et fit demander l'avis du corps de ville. Malgré toutes les brigues, cette assemblée déclara que ce séminaire ne pouvait être régi par aucune communauté séculière ou régulière, ni par aucune personne appartenant à une congrégation religieuse. L'évêque, pour mieux parvenir à son but, avait fait fermer les écoles de philosophie (3) et de théologie des

---

(1) Cf. *Nouv. ecclés.* de 1732, 33. — 30 mai 1740, 27 fév. 1761.
(2) *Ibid.* année 1759.
(3) Abbeville est la patrie d'un savant professeur de philosophie, Pierre Barbay, dont le péripatétisme très mitigé, dit M. Victor Cousin, sert en quelque sorte d'intermédiaire entre le vieil enseignement péripatéticien et l'enseignement nouveau. Pierre Barbay, mort en 1664

dominicains, car il tenait à livrer l'instruction publique aux jésuites; mais il ne put y parvenir. « Ces gens d'Abbeville, disait-il à ce sujet, sont d'étranges gens; je voulais leur faire du bien et ils ne le veulent pas. Ils ont peur des jésuites, comme si ces révérends pères ne seraient pas venus s'établir malgré eux, s'ils eussent eu envie d'y venir. » Il aurait dû ajouter : et qu'il y eût un revenu capable de les attirer, disent les *Nouvelles ecclésiastiques*.

Au mois de juillet 1758, les jésuites firent une nouvelle mission à Abbeville. Le peuple, toujours avide de spectacles et de nouveautés, y courut encore. Mais loin de voir régner le silence, le recueillement et le bon ordre pendant la communion générale qui avait lieu tous les dimanches, ce n'était qu'une cohue qui dégénérait en scandale et en tumulte, et, comme en 1736, les missionnaires laissèrent la ville telle qu'elle était auparavant. Ils donnèrent seulement une nouvelle force à l'esprit de schisme et de division. Il y fut même porté à tel point, après leur départ, que certaines personnes ne trouvant pas deux médecins dans la ville assez catholiques pour les traiter dans leurs maladies, écrivirent à Paris pour en faire venir un à leur gré.

En 1764, une cause célèbre par le nombre et la nature des crimes, l'âge et la condition de l'accusé, préoccupait vivement tous les esprits. Charles-François-

avait suivi les leçons du célèbre janséniste Arnauld, lorsque celui-ci fit en Sorbonne, dans le collége du Mans, un cours régulier et complet de philosophie.

Joseph de Valines, écuyer, seigneur de Valines, était l'unique objet de l'amour de ses parents ; mais le caractère cruel que décelaient ses jeux et ses espiègleries, et les inclinations les plus vicieuses annoncèrent de bonne heure ce qu'il serait un jour. Il étudiait au collége d'Aire, lorsqu'il commit un vol chez un ami de son père, qui le recevait chez lui. Ce honteux délit l'ayant fait expulser du collége, il revint à dix-sept ans dans le village de Valines, où son père, subitement attaqué de vomissements, expira le 2 juillet 1763. Peu de jours après, madame de Valines, en proie aux mêmes souffrances, le suivit dans la tombe. Aucun bruit accusateur ne se répandit d'abord sur ces évènements ; car le parricide avait mis en usage tous les ressorts de la plus profonde hypocrisie et se montrait inconsolable. Six semaines s'étaient à peine écoulées que M. de Vieulaine, son oncle maternel, dont il était l'unique héritier, l'invita à dîner avec plusieurs personnes. Ce fut pour lui l'occasion d'un nouveau crime. Il entra dans la cuisine de son oncle, éloigna la servante, jeta de l'arsenic dans la soupe, et partit après avoir refusé de dîner. M^r et Mme de Vieulaine échappèrent heureusement à la mort ; il n'y eut qu'une seule victime ; mais les soupçons furent éveillés. On informa, et bien que l'empoisonneur se renfermât dans un système complet de dénégation, il fut condamné à mort par un arrêt du présidial. Les sentences criminelles avaient alors besoin d'être confirmées par un arrêt du parlement dans le ressort duquel elles étaient rendues. L'affaire fut portée au parlement de Paris, Valines, transféré en cette ville, reçut la question sans faire aucun aveu. Le parlement n'en confirma pas moins la sentence, et le déclara « dûment atteint et convaincu d'avoir empoisonné, le 12 septembre 1763, au château de Vieulaine, avec de l'arsenic, le sieur de Riencourt, décédé ledit jour, et d'avoir en même temps, par le dit poison, attenté aux vies des sieur et dame de Vieulaine, de la demoiselle de May de Bonnelle, ses oncle et tantes, du sieur Darras, curé de Vieulaine, de la dame de Riencourt; de la demoiselle Lucet, de Catherine Routier, cuisinière ; des nommés Desmarêts, cocher du dit sieur de Vieulaine, et Desvignes, serrurier. »

Valines fut ramené dans un carrosse à six chevaux à Abbeville, où deux exempts le gardaient à vue jour et nuit. Nous ferons remarquer que l'arrêt qui condamna ce grand coupable à mort ne l'accuse pas d'avoir empoisonné son père. Il n'y est même que *véhémentement soupçonné d'avoir causé avec de l'arsenic (la mort de la feue dame de Valines*, sa mère ; mais peu d'instants avant l'exécution de cet arrêt (6 sept. 1764), on l'appliqua de nouveau à la question, et ses aveux furent complets. Condamné à la roue et au bûcher, Valines marcha au supplice entouré de cinq bourreaux : l'un tenait des cordes, l'autre un cierge, un troisième un pot rempli de feu, un autre une barre de fer. Le bûcher, formé de cinquante gerbes de paille, de cent fagots et de quatre cordes de bois, avait été dressé sur le marché. Valines s'agenouilla pendant qu'un huissier à cheval lisait la sentence. Lecture faite de cette sentence, on entonna le *Salve regina ;* le parricide fut attaché la face voilée sur la roue, et l'un des bourreaux lui brisa les membres à coups de barre de fer. Valines, tout mutilé, resta ainsi une heure entière sur l'instrument de supplice, et il vivait encore lorsqu'on le plaça sur le bûcher. Le feu fut entretenu toute la nuit, et bien que l'arrêt portât que ses cendres seraient jetées au vent, le gardien des Capucins les fit recueillir et déposer dans le cimetière de son couvent. Le peuple d'Abbeville, qui avait oublié son crime parce qu'il avait vu son repentir, cherchait ses os le lendemain, comme ailleurs on a vu chercher ceux de la Brinvilliers et de Desrues pour en faire des reliques.

Cette même année, un accident cruel avait plongé la ville dans la consternation. Le 5 février 1764, une gribanne chargée de blé s'engagea sous le Pont-Rouge, et y fut submergée à la marée montante. Une foule de curieux se rassembla sur le pont, les tabliers cédèrent sous le poids, et entraînèrent dans leur chûte plus de quatre-vingts personnes. Au milieu du désordre, une femme connue sous le nom de *Raine*, le tambour-major du régiment de Flandre, un brave marin nommé *Beurrier*, et le batelier *Céleste* se jetèrent à l'eau, et sauvèrent un grand nombre de victimes.

Pendant la nuit du 8 au 9 août 1765, un crucifix de bois, placé sur le Pont Neuf, avait été mutilé avec un instrument tranchant. Cette même nuit, un autre crucifix, planté dans le cimetière de Sainte-Catherine, fut couvert d'immondices. Le procureur du roi informa. L'évêque d'Amiens, M. de la Motte Dorléans, publia un monitoire pour découvrir l'auteur de ces profanations. Le 8 octobre, il vint lui-même à Abbeville, accompagné de douze missionnaires, et se rendit processionnellement, pieds-nus, la corde au cou, devant les croix insultées. Cette cérémonie expiatoire, à laquelle assistaient toutes les autorités civiles et judiciaires, fit sur le peuple une impression profonde. Plus de cent témoins, appelés pour déposer des faits relatifs à la mutilation, parlaient de discours impies tenus par des jeunes gens de la ville, mais ne donnaient aucun indice sur l'aventure du crucifix.

L'instigateur secret de cette déplorable affaire porta tous les soupçons sur le chevalier de La Barre, petit-fils d'un lieutenant-général des armées du roi. Né dans les environs de Coutances, La Barre avait passé les premiers temps de sa vie chez un curé de campagne, et demeuré depuis chez un fermier. Il était doux, modeste et possédait des qualités précieuses; mais son éducation avait été fort négligée, car il était resté orphelin dès l'enfance. Madame Feydeau, abbesse de Willencourt, dont il était le neveu à la mode de Bretagne, le fit venir auprès d'elle en 1764, lui donna des maîtres, et lui fit obtenir un brevet de lieutenant. « Cette dame aimable, dit Voltaire, de mœurs très régulières, d'une humeur douce, enjouée, bienfaisante et sage sans superstition, » lui donnait à souper, ainsi qu'à quelques jeunes gens de ses amis, dont les passions étaient ardentes et la foi peu vive. C'était un bruit généralement répandu que ces jeunes gens, dans leurs parties secrètes de plaisir, mêlaient l'irreligion à la débauche, et que le chevalier partageait leurs folies. On disait qu'il s'était un jour introduit dans le couvent, habillé en fille, et on l'accusait de plus d'avoir passé, ainsi que d'Etallonde et Moisnel, à vingt-cinq pas du Saint-Sacrement, sans se découvrir et sans se mettre à genoux. Le procureur du roi dénonça ce fait à la justice, et y trouva le motif d'une nouvelle plainte. Les trois jeunes gens furent décrétés de prise de corps. Au premier bruit de l'enquête, d'Etallonde s'était réfugié près de l'abbé du Lieu-Dieu, car il redoutait la sévérité de son père, le président de Boencourt, qui devait siéger parmi ses juges. L'abbé du Lieu-Dieu réussit, avec le secours de l'abbé du Tréport, son ami, à faire échapper d'Etallonde.

La Barre, comptant sur la protection et le crédit de sa famille, refusa de quitter la France. Il fut arrêté le 1er octobre dans l'abbaye de Longvillers, près Montreuil, et amené le même jour à Abbeville. Moisnel fut pris le lendemain. Dumaisniel de Saveuse et Douville de Maillefeu, impliqués dans la même affaire, avaient eu soin de se soustraire à l'action de la justice.

On continua d'entendre des témoins, la plupart d'une classe obscure, et qui avaient servi ces jeunes gens dans leurs parties de plaisir. L'acte d'accusation, dressé par Duval de Soicourt, lieutenant particulier et assesseur criminel, porte que les prévenus ont récité une ode célèbre de Piron et chanté des couplets obcènes; qu'ils ont parlé contre le dogme de l'Eucharistie, et profané les cérémonies de l'église en s'agenouillant devant des ouvrages impurs ; mais dans la ville entière nul n'avait vu commettre la mutilation. La Barre n'était que *véhémentement suspecté* d'y avoir pris part. Cependant c'est un principe de toutes les législations qu'un délit doit être constaté. Mais quand bien même des voix accusatrices eussent convaincu les juges, que Voltaire appelle avec raison les Busiris d'Abbeville, de la culpabilité du chevalier de La Barre, aucune loi ne prononçait en France la peine de mort ni pour le bris d'images, ni pour les blasphèmes de ce genre. L'édit de 1666 porte seulement que les blasphémateurs, après un certain nombre de récidives, auront la langue coupée, et laisse à la théologie le soin de définir les sacriléges qui mériteraient la mort. Il fallait donc une décision de la Sorbonne pour prononcer selon la théologie (1). A défaut de loi, il paraît qu'on exhuma un édit de pacification, donné par le chancelier de l'Hôpital, sous Charles IX, et révoqué bientôt après. Quoiqu'il en soit, La Barre et d'Etallonde furent condamnés à un supplice atroce. Ce dernier, réfugié en Prusse, n'avait rien à craindre ; mais Moisnel, transféré de cachot en cachot, fut sur le point de partager le sort du chevalier. Intimidé par les menaces des juges, il tombait à leurs pieds, et confessait publiquement des fautes qui ne sont pas du ressort de la justice humaine. La Barre,

(1) Voy. OEuvres de Voltaire, édit. de Renouard, t. XXVII, p. 310.

doué d'une âme énergique, se disculpait avec adresse des peccadilles qu'on lui reprochait, et repoussait les charges les plus graves en protestant de son innocence. Nous pouvons affirmer que le noble et malheureux enfant connaissait bien le coupable, et qu'il ne voulut pas le nommer. Nous tenons d'un honorable magistrat, le confident intime, le plus ancien et le plus tendre ami d'un des co-accusés, que le véritable auteur de la mutilation fut un jeune étourdi, X..... qui fréquentait La Barre et ses autres camarades. Loin de quitter la France et d'avouer à l'Europe sa culpabilité, le lâche se garda bien de révéler son secret, tandis que son héroïque ami, fermement résolu de ne pas l'accuser, dévouait par un silence sublime sa propre tête à l'échafaud. Mais bien qu'aucune preuve de l'attentat commis sur les deux crucifix n'existât contre La Barre, le présidial d'Abbeville, par une sentence rendue le 28 février 1766, le condamna à un supplice qui fait frémir, et dont le souvenir pesera toujours comme un grand crime sur le tribunal qui l'ordonna.

Quels étaient donc les juges qui prononcèrent une aussi horrible sentence? Duval de Soicourt, qui aurait dû se récuser, dit-on, et surtout ne pas instruire la procédure, parce que des cinq accusés il y en avait quatre dont les familles avaient eu avec lui de fâcheux démêlés. S'il faut en croire Voltaire, Duval serait devenu, quoique âgé de soixante ans, amoureux de l'abbesse de Willencourt qui ne répondit à ses importunités que par une profonde aversion, et finit par l'exclure de sa société. Duval se vengea en lui suscitant des querelles d'intérêt. La Barre prit vivement le parti de sa tante et parla au vieil assesseur avec une âpreté qui l'irrita (1).

Le second juge, nommé Broustelles, dont le principal métier était de vendre des bœufs et des cochons, était absolument incompétent, parce qu'il y avait contre lui des sentences des consuls de la ville ; qu'il avait été déclaré par la cour des Aides incapable d'exercer aucune charge municipale dans le royaume, et que les avocats d'Abbeville, par acte juridique, avaient refusé de l'admettre parmi eux.

Le troisième juge, intimidé, dit-on, par les deux autres, eut la faiblesse de signer, et en eut ensuite des remords aussi poignants qu'inutiles. Cette faiblesse étonne d'autant plus qu'il avait dit un jour pendant le procès : « Il ne faut pas tant tourmenter ces pauvres innocents. »

Le présidial d'Abbeville ressortissait, comme on l'a déjà vu, au parlement de Paris. La Barre y fut transféré, et on l'enferma dans la tour de Montgommery. Il lui eut été facile, en se défendant par des mémoires imprimés, d'exciter la commisération publique, et de démontrer l'illégalité de la procédure, l'absurde bar-

---

(1) Nous avons sous les yeux une note ainsi conçue : « Duval de Soicourt prit un déguisement sous lequel, un soir, il avertit madame l'abbesse qu'on devait arrêter La Barre. Alors on fit évader celui-ci qui s'échappa à petites journées d'Abbeville. » Cette note est de M. le marquis Le Ver, qui pouvait être sur ce point mieux informé que Voltaire.

barie des trois juges d'Abbeville, « qui méritaient, dit Voltaire, qu'on les écorchât sur leurs bancs semés de fleurs de lis et qu'on appliquât leur peau sur ces fleurs. » — « Mais M. Lefebvre d'Ormesson, président à mortier, bon criminaliste, dont le chevalier de La Barre était proche parent, s'étant fait montrer toute la procédure d'Abbeville, dit Grimm dans sa correspondance (1), jugea qu'elle ne serait point confirmée par le parlement, et empêcha qu'on ne défendît publiquement son parent et les autres accusés. Il espérait que ces enfants, renvoyés de l'accusation sans éclat, lui sauraient gré un jour d'avoir prévenu la trop grande publicité de cette affaire malheureuse. La sécurité de ce magistrat leur a été funeste..... Le moindre mémoire, distribué à temps en leur faveur, aurait excité un cri si général, que jamais le parlement n'aurait osé confirmer la sentence d'Abbeville. » M. Pellot, rapporteur du procès au parlement, conclut en vain à la réformer, vu l'âge des accusés et d'autres circonstances; elle fut confirmée le 5 juin 1766, à la majorité de deux voix et non de cinq, comme Voltaire le déclare dans une lettre, afin de rectifier ce qu'il en avait dit d'abord.

On a remarqué que le parlement se trouvait présidé par Maupeou, et que la délibération fut rédigée par lui; Maupeou combattait alors les jésuites pour plaire tout à la fois à la majorité de ses collègues et au ministre tout puissant, le duc de Choiseul; mais voulant ménager

---

(1) T. V, p. 130. Edit. de 1829, in-8°.

des ennemis dangereux qui pouvaient l'accuser de ne les persécuter que par esprit d'irréligion, il se persuada que le meilleur moyen de se mettre à l'abri d'un reproche aussi grave, était de sévir contre La Barre, que défendaient les philosophes. L'infortuné fut donc sacrifié à cette lâche politique. Ainsi, sans la bulle *Unigenitus*, sans les misérables querelles que les jésuites suscitaient à cette époque, le parlement de Paris n'aurait peut-être pas confirmé la sentence.

On raconte que l'évêque d'Amiens, déplorant les suites de son zèle imprudent, sollicita l'assistance du clergé pour obtenir des lettres de grâce ; on dit même que le parlement différa de six jours à signer l'arrêt, dans l'espoir que Louis XV ne serait pas inflexible ; Louis XV signa cependant.

La Barre fut ramené à Abbeville par une route détournée, celle de Rouen, comme si l'on eut craint que des mains généreuses dûssent tenter de l'arracher aux bourreaux (1). Il entra par la porte d'Hocquet, dans une chaise de poste, au milieu de deux exempts, et escorté par des archers déguisés en courriers. Le 1er août, à six heures du matin, il reçut la question en présence d'un médecin justement estimé, M. Gatte. Cet homme de

---

(1) Ce projet fut formé et sur le point d'être exécuté par M. de Fournival, d'Abbeville, qui s'était ménagé des intelligences avec un capitaine portugais, dont le navire était en charge à Saint-Valery. On devait faire évader le chevalier, le conduire à bord, et lever l'ancre à l'instant même ; mais l'entreprise échoua, nous ignorons pour quel motif.

bien lui épargna une grande partie des horreurs de la torture en disant aux bourreaux que des souffrances plus aiguës entraîneraient la mort. On assure que pendant cette cruelle épreuve, le chevalier s'avoua coupable du délit commis dans le cimetière Sainte-Catherine. Quelques instants après il reçut dans sa prison un dominicain, le P. Bosquier, qu'il avait plusieurs fois rencontré chez l'abbesse de Willancourt. Il l'invita à partager son dernier repas ; mais ce bon religieux ne pouvait manger.
— Pourquoi ne dînez-vous pas, lui-disait La Barre ? Vous avez besoin de force pour soutenir le spectacle que je vais donner. Prenons du café, ajouta-t-il après le repas le plus paisible, il ne m'empêchera pas de dormir.

Sur les cinq heures de l'après-midi, on le fit monter dans un tombereau, en chemise, la corde au cou, tête et pieds-nus, avec *écriteaux devant-derrière*, portant ces mots : *Impie, blasphémateur, sacrilége exécrable et abominable.* Le P. Bosquier tenait un crucifix devant lui. Un bourreau, placé dans la voiture, tenait un cierge allumé. Quatre autres bourreaux suivaient à pied. Plusieurs huissiers à cheval et dix brigades d'archers, dont quelques unes étaient venues de dix-sept lieues de loin, entouraient la victime. Le cortége parcourut la rue Saint-Gilles, celles des Minimes, de la Hucherie, de Saint-André, etc. Une foule considérable, accourue de toutes les campagnes voisines, malgré la pluie, encombrait toutes ces rues, garnissait les fenêtres et surmontait les toits. — Ce qui me fait le plus de peine en ce jour, dit le chevalier pendant cet affreux trajet, c'est de voir aux croisées tant de gens que je croyais mes amis. — Mais son émotion fut bien plus vive encore lorsqu'il aperçut une jeune femme qu'il ne s'attendait pas à rencontrer ainsi sur son passage.

On a écrit que La Barre refusa de faire amende honorable devant le portail de Saint-Vulfran, mais un anonyme, qui a recueilli tous les détails de son supplice, et qui fut témoin de l'horrible tragédie, nous apprend que le chevalier s'agenouilla sur la première marche du parvis et prononça d'une voix ferme les paroles exigées. Les bourreaux ne lui coupèrent point la langue, ils en simulèrent seulement l'action. Parvenu sur le marché, La Barre, après avoir entendu lire sa sentence, monta sur un vaste échafaud, sans aide et sans effort, tandis que l'exécuteur accrochait à une potence, plantée à quelques pas plus loin, un tableau où d'Etallonde, chargé de chaînes et le poing coupé, brûlait en effigie. — Ah! le pauvre enfant, s'écria le chevalier en jetant les yeux sur cette odieuse peinture; puis il se détourna, et aperçut un énorme tas de bûches entremêlées de fagots et de paille. — C'est donc là ma sépulture, ajouta-t-il avec un calme héroïque? — Et se tournant vers les bourreaux : — Qui de vous me tranchera la tête? — Moi, dit le bourreau de Paris. — Tes armes sont-elles bonnes? Voyons-les. — Cela ne se montre pas, monsieur. — Est-ce toi qui as exécuté le comte de Lally? — Oui, monsieur. — Tu l'as fait souffrir. — C'est sa faute, il était toujours en mouvement; placez-vous bien, je ne vous manquerai pas. — Ne crains rien, je ne ferai pas l'enfant, répondit l'intrépide jeune homme. — Son confesseur, qui ne l'avait pas quitté, l'exhorta au repentir et lui promit le ciel. Le prêtre lui présenta un crucifix à baiser et lui donna l'absolution. La Barre, après avoir différentes fois embrassé le Christ, s'agenouilla la face tournée vers la Boucherie. Le bourreau lui ôta la corde qu'il avait au cou, ainsi que la chemise qui couvrait son habit, coupa une partie de ses cheveux, lui lia les mains par derrière, et lui banda les yeux. Ce même bourreau, prêt à frapper, lui fit avec la main lever un peu le menton, balança plusieurs fois son arme, et lui enleva la tête d'un seul coup. Cette tête bondit d'un pied, et la foule battit des mains. Elle applaudit encore lorsque le bourreau saisit la tête qu'il montra au peuple, après avoir retiré le bandeau qui couvrait les yeux. Quelques instants après, il la remua du bout des pieds pour s'assurer que la vie l'avait entièrement quittée, tandis qu'un autre bourreau s'assurait également que le pouls avait cessé de battre. Alors on descendit avec des cordes les restes du malheureux jeune homme sacrifié à de si misérables passions, et on les plaça sur le bûcher avec le *Dictionnaire Philosophique* et quelques autres ouvrages. On couvrit de paille et de bois le cadavre et les livres, et on alluma le feu. Pendant la nuit, les bourreaux écrasèrent les ossements, et le lendemain les cendres furent enlevées dans un tombereau. Le bois qui n'avait pas été consumé, et toutes les pièces de l'échafaud abandonnés à la populace par les moines, qui avaient le droit de s'en emparer, furent vendus à l'enchère, et le prix de cette vente dépensé pour boire à la *santé du défunt*, de cette dernière victime de l'intolérance religieuse, dont la mort fut, comme les assassinats de Calas et de Sirven, un des évènements les plus affreusement célèbres du siècle de Louis XV (1).

Huit avocats, parmi lesquels on lit les noms de Doutremont et de Gerbier, signèrent une consultation en faveur du jeune Moisnel, et des autres accusés, au jugement desquels l'arrêt avait sursis. Le parlement, qui se trouva choqué de cette consultation, voulut la supprimer juridiquement. Il manda les avocats qui l'avaient signée; mais Gerbier prit la parole, défendit la conduite et les droits de ses confrères et les siens, et déclara que s'il y avait la moindre démarche juridique de faite contre cette consultation, tous les avocats étaient résolus de quitter le barreau (2). Cette déclaration arrêta les poursuites, et quelque temps après, Moisnel, qui était encore détenu, gagna sa cause, ainsi que Dumaisniel et Douville. Dans cette triste affaire, Voltaire éleva aussi sa voix puissante; il y était lui-même impliqué, puisque le *Dictionnaire Philosophique* avait été brûlé avec le corps du chevalier de La Barre. Voltaire

---

(1) Cet exécrable assassinat est plus horrible que celui des Calas, car les juges des Calas s'étaient trompés sur les apparences, et avaient été coupables de bonne foi; mais ceux d'Abbeville ne se trompèrent pas; ils virent leur crime et ils le commirent. (Voltaire, Lettre à Mme du Deffand.)

(2) Corresp. de Grimm et de Diderot, t. V, p. 132.

ut révolté et en même temps effrayé de cette accusation; mais le danger ne l'empêcha pas de dénoncer à l'Europe entière la barbarie des juges d'Abbeville. Instruit par un jurisconsulte de cette ville, M. D..., de tous les faits relatifs à cette affaire, il exhala son indignation dans une foule d'écrits; et s'il ne put obtenir justice pour la mémoire du chevalier de La Barre; s'il ne put rendre d'Etallonde à sa patrie, il eut du moins le bonheur de lui procurer de l'avancement dans l'armée prussienne, et de lui prodiguer de généreux secours. Par un singulier jeu du sort, c'est à l'un de ses compatriotes qui devait mourir victime du fanatisme italien, c'est à Bassville (1) que d'Etallonde dût la réformation de sa sentence de mort, et le terme de sa proscription.

« Combien je suis reconnaissant des peines que vous daignez prendre pour moi, dit le protégé de Voltaire à son jeune concitoyen, dans une lettre datée de Wesel, le 1er mars 1788, et que possède l'auteur de cette histoire, pourrai-je jamais être digne d'un ami tel que vous? — Cher et noble ami, dit-il en terminant, et après avoir exprimé les plus vifs sentiments de gratitude et de tendresse pour sa sœur, qui pourvoyait dans son exil à presque tous ses besoins; cher et noble ami, mettez-moi surtout aux pieds de mon aimable et respectable mère, etc.

C'est ainsi que d'Etallonde, dans le secret de l'amitié, révélait sa belle âme.

La mémorable procédure du chevalier de La Barre fut trouvée longtemps après la mort de Soicourt parmi

(1) Nous n'avons pu mettre en relief, dans le cours de ce travail, tous les hommes éminents nés dans le Ponthieu. Nous renvoyons à la

ses papiers, et elle existe encore chez un habitant d'Abbeville.

Le magasin à poudre de cette ville, construit en grès, revêtu de madriers de chêne à l'intérieur, et muni de voûtes surchargées de terre, était situé au centre du bastion Marcadé, près de la porte de ce nom. Le 2 novembre 1773, à quatre heures du soir, le garde d'artillerie Le Bègue se rendit dans ce magasin, dont l'approvisionnement, d'après le dernier état de situation, consistait en quarante-six mille cinq cent soixante-cinq livres de poudre, et peu d'instants après le magasin sauta. Neuf cent soixante-sept maisons situées dans la partie de la ville et du faubourg la plus rapprochée du magasin furent plus ou moins endommagées, et soixante-sept autres entièrement détruites. La plupart de ces maisons étaient habitées par des ouvriers des manufactures des *Rames* et des *Moquettes*, etc., qui heureusement étaient presque tous dans leurs ateliers au moment de l'explosion. Cent maisons de la chaussée d'Hocquet, et les bâtiments de la manufacture des *Rames* éprouvèrent aussi de grands dommages. Les figures des saints tombèrent dans les églises, de précieuses verrières furent brisées, et pendant longtemps on n'osa plus sonner les cloches. Près de cent cinquante personnes périrent; cent trente autres furent blessées. Au nombre des premières on compte une sœur de Providence, qui, peu de mi-

---

Biographie d'Abbeville et de ses environs, ceux de nos lecteurs qui voudraient les connaître.

nutes auparavant, venait de congédier de son école, située tout près du magasin, une cinquantaine de petites filles.

On ne connaît pas précisément la cause de cette catastrophe. Les uns disent qu'il y avait un déficit dans l'approvisionnement du magasin, et que le garde résolut de le faire sauter pour voiler ses malversations ; d'autres prétendent que ce fut l'effet d'une imprudence, et que la lumière dont il s'était muni mit le feu aux poudres. On a lieu de croire qu'il n'y avait aucune préméditation de sa part, puisqu'il avait demandé un quart-d'heure auparavant un ouvrier pour l'aider à ranger quelques barils de poudre. Cet ouvrier n'était pas encore arrivé lorsque le magasin sauta. La secousse fut si violente qu'on la ressentit sur divers points d'un cercle de soixante-dix lieues de diamètre, depuis Dieppe jusqu'à Noyon, Villers-Cotterets, la Fère et Laon (1). Douze hommes furent écrasés à l'instant même dans une carrière aux environs d'Amiens. « Ce cruel évènement, disaient les officiers municipaux dans un mémoire qu'ils présentèrent au comte d'Artois, en 1776, ce cruel évènement a achevé de mettre la désolation dans la ville ; il a porté les derniers coups à la fortune des habitants que les impôts de toute espèce et des emprunts ruineux avaient déjà beaucoup altérée... Nous ne saurions dissimuler que la somme accordée par le gouvernement aux plus malheureuses victimes d'une aussi terrible ca-

(1) Voy. *Gazette de Bouillon*, nov. 1773, 2ᵉ quinzaine.

tastrophe n'apporte qu'un soulagement bien peu sensible, car la perte pécuniaire monte à plus d'un million. »

Le 20 août 1776, M. Elie de Beaumont, intendant des finances de M. le comte d'Artois, vint prendre possession du comté de Ponthieu au nom de ce prince, qui en avait été investi par lettres patentes du mois de juin de la même année. Quelques jours après, M. de Beaumont se rendit à l'échevinage, où le corps municipal était rassemblé avec les deux compagnies de la Cinquantaine sous les armes, et quantité de bourgeois. Il parut au balcon, et le greffier de la ville dit à haute voix : M. Elie de Beaumont, qui est ici présent, vient par ordre du roi prendre possession du comté de Ponthieu, pour et au nom de son maître, monseigneur Charles-Philippe de Bourbon, fils de France, frère du roi, comte d'Artois. L'acceptez-vous ? — Le peuple répondit oui. Ensuite on cria vive monseigneur le comte d'Artois et de Ponthieu ! Puis on sonna les cloches. Le 30, il y eut à l'hôtel-de-ville un dîner magnifique. Quand on fut au dessert, et à l'instant même où l'on portait un toast à la santé du prince, on frappa trois coups de cloche, et les canons tirèrent sur le rempart. Le peuple, rassemblé dans la cour, ne cessait de crier vive le comte d'Artois ! M. Elie de Beaumont se leva, et jeta par la fenêtre, au nom du prince, douze livres de liards, et des pièces de douze sous. On jeta aussi, pendant le dessert, des macarons, d'autres pâtisseries et des fruits de toute espèce. — Depuis le moyen âge, on le voit, les cérémonies de l'investiture avaient singulièrement changé (1).

Dans un intervalle de treize années, depuis 1776 jusqu'aux premiers jours de la révolution, l'histoire du Ponthieu n'offre aucun fait remarquable. Les Abbevillois, en 1789, étaient bien éloignés de désirer le renversement complet de l'ordre établi ; mais ils sentaient l'indispensable nécessité de le modifier, d'y introduire des lois plus équitables, et, lorsque les trois ordres s'assemblèrent à Abbeville, ils se prononcèrent unanimement contre la plupart des abus de l'ancien régime.

Le clergé (2) demanda dans ses cahiers la suppression des corvées, gabelles, tailles, etc., et leur conversion en une contribution générale qui porterait sur tous les Français indistinctement, et proportionnellement à leurs facultés ; une taxe sur les objets de luxe, l'établissement

---

(1) Par lettres patentes des mois de février et d'août 1786, enregistrées au parlement le 17 février 1787, Louis XVI donna au comte d'Artois, à titre de supplément d'apanage, les terres et seigneuries de Doullens et de Montreuil, et la mouvance sur les terres de Saint-Valery et de Cayeux, distrayant cette mouvance du comté d'Amiens, et l'unissant au Ponthieu dont ces villes, terres et seigneuries avaient été détachées autrefois.

(2) Le président de l'ordre du clergé était l'abbé de Foucarmont, et parmi l'assemblée figuraient les prieurs du Tréport et de l'abbaye de Notre-Dame d'Eu. Il y avait aussi d'autres députés du comté d'Eu, bien que ce comté fût une circonscription de la Normandie ; mais s'il était resté uni à cette province pour les impositions, il se trouvait, à cause de son érection en pairie, dans le ressort du parlement de Paris, et dans l'enclave de la sénéchaussée de Ponthieu pour la juridiction royale.

dans les paroisses de bureaux de charité ; la réforme du code civil et militaire, et principalement de la coutume de Ponthieu ; la suppression des justices seigneuriales, des jurandes, au moins pour les comestibles ; celle des banalités, et de quelques autres droits féodaux. Il demande de plus que les biens des maisons religieuses qui seraient supprimées soient affectés aux pauvres, au bas clergé et à l'entretien des églises, des presbytères et des écoles ; qu'on donne aux prêtres infirmes des pensions sur les gros bénéfices sans fonctions ; que les conciles nationaux soient rétablis, et que, sur la demande des curés, le libertinage public et scandaleux soit réprimé.

Le clergé veut vivifier les études, multiplier le nombre des écoles ; mais il se déclare contre la liberté illimitée de la presse. Il demande enfin que les voix, aux états-généraux, soient comptées par tête et non point par ordre, et que sa dette devienne dette nationale, comme la dette nationale deviendra la sienne (1).

La noblesse ne parut pas moins favorable aux réformes, sauf quelques restrictions qui tenaient exclusivement à l'esprit de caste. — Toutes les impositions, disent ses représentants, doivent être établies sur un nouveau mode ; la gabelle abolie, les traites reculées aux frontières, et tous les frais de perception réduits. Ils consentent à ce que leurs biens soient imposés, sous la réserve que

---

(1) *Cahier des doléances du clergé de la sénéchaussée de Ponthieu.* Abbev. 1789, in-8° de 20 pages.

leur quote-part sera désignée sous le nom de *Subvention noble*. Leurs autres droits et priviléges doivent demeurer intacts, car ils sont le prix du sang et des services de leurs ancêtres. Ces priviléges ne consistent d'ailleurs, pour la plus grande partie, qu'en des prérogatives honorifiques, indispensables dans une monarchie. Les cahiers portent en outre que les tribunaux d'exception doivent être à jamais supprimés, les justiciables rapprochés de leurs juges, les ressorts des différentes juridictions étendus ou resserrés de manière qu'ils embrassent une population à peu près égale. (Le tiers-état émit le même vœu.) — La liberté individuelle des citoyens sera toujours et dans tous les temps respectée ; aucune visite domiciliaire, aucun emprisonnement n'aura lieu que de l'autorité des juges légalement établis ; toutes les lettres closes d'exil ou autres ordres arbitraires seront à jamais abolis ; les procès criminels instruits et jugés publiquement ; l'institution salutaire du jury appliquée constamment à ces sortes de procès ; les demandes en cassation d'arrêts portées devant un tribunal suprême, commun à tout le royaume ; les petites justices supprimées, à l'exception des justices seigneuriales, qui forment un patrimoine particulier, car toute propriété doit être respectée.

Les nobles de la sénéchaussée de Ponthieu demandent qu'une partie des immeubles des abbayes, couvents, chapitres, etc., supprimés, servent à fonder des établissements d'éducation publique, de retraite et d'asile pour la noblesse indigente, et que l'autre soit vendue.

Ils expriment le vœu que les dîmes ecclésiastiques soient remboursées par les propriétaires des héritages au denier vingt de leur produit effectif, et que le prix de ce remboursement soit employé au soulagement des pauvres, à l'entretien des édifices consacrés au culte, et à la subsistance des prêtres. Ils réclament des lois sur la responsabilité des ministres et le droit de pétition, tant pour le bien public et le redressement des droits de la nation, que pour les torts particuliers faits à chaque citoyen. Ils émettent le vœu que les grades militaires soient conférés seulement à la noblesse, parce que la profession des armes est particulièrement son apanage; mais ils demandent que les soldats ne puissent être injuriés ni maltraités; qu'en conséquence, la loi qui autorisait les coups de plat de sabre soit abrogée, les coups de bâton sévèrement défendus; ce châtiment chez les Francs, nos ancêtres, ayant été la punition des esclaves. Ils veulent en outre que tous les citoyens puissent faire imprimer toutes leurs pensées, tous leurs ouvrages sans être astreints à aucune formalité, à la charge néanmoins d'être responsables de ce qui blesserait l'ordre public (1).

Le tiers-état demande d'abord que le nombre de ses fondés de pouvoir aux états-généraux soit au moins égal à ceux des deux ordres réunis, et que la liberté individuelle de tous les députés soit déclarée inviolable. Le tiers prescrit ensuite à ses députés de demander la

---

(1) *Pouvoirs donnés par la noblesse de la sénéchaussée de Ponthieu.* Abbev. 1789, in-8°, de 41 pages.

réforme de toutes les lois civiles et criminelles, l'adoucissement de la pénalité, l'abolition de la confiscation, la publicité des procédures, la liberté de la presse, l'établissement de nouveaux impôts sous des dénominations nouvelles, afin d'ôter tout prétexte de s'y soustraire; ces impôts devant être supportés par tous les citoyens sans distinction d'ordre. — Il faut, disent les cahiers des communes du Ponthieu, réduire toutes les pensions, empêcher le cumul, constater la dette nationale, en vérifier les titres et déterminer le déficit réel; supprimer les servitudes féodales qui ne reposeraient sur aucuns titres primordiaux, et une partie des maisons religieuses; réduire le nombre des fêtes; réformer le code des chasses; abolir le monopole du sel et du tabac, et surtout abroger l'ordonnance qui exclut le tiers-état des emplois militaires, « ordonnance avilissante pour l'ordre du tiers, dit le cahier des remontrances, et tendante à anéantir le patriotisme et l'amour de la gloire. »

Ce cahier demande aussi l'uniformité des poids et mesures, la suppression des corporations industrielles, et de tous les droits féodaux ou autres qui forment obstacle au commerce. — Les progrès de l'agriculture, l'amélioration des routes, l'instruction du peuple, l'organisation des secours publics, le droit de port d'armes pour les habitants de la campagne dans l'intérêt de leur sûreté personnelle, l'aménagement et la plantation des bois, les sinécures, le cumul, les apanages des princes et la suppression de la vénalité des charges municipales dans les villes du Ponthieu fixent également l'attention des communes (1).

Les trois ordres veulent la convocation périodique des états-généraux, et des assemblées provinciales annuelles. Le tiers-état, en exprimant le même vœu, demande que le comté de Ponthieu soit administré par des états particuliers, comme il l'a été jusqu'au XVIIe siècle, lesquels états seront établis à l'instar de ceux du Dauphiné.

Au roi et à la nation assemblés, disent les communes et la noblesse, appartiendra le droit de faire et de consentir réciproquement les lois. Tout subside, ajoutent-elles, ne peut être accordé par les états-généraux que temporairement, et seulement pour la durée de l'intervalle à courir jusqu'au retour des états ; autrement, dit l'ordre de la noblesse, la résistance à la perception deviendrait légale et même obligatoire, et l'exacteur serait puni comme concussionnaire.

Pendant les jours de la révolution, les annales d'un grand nombre de villes sont fécondes en catastrophes, en scènes tragiques et d'une importance à trouver place dans les archives des peuples; telle est au contraire l'heureuse stérilité de celles d'Abbeville et des autres villes du Ponthieu, qu'elles offrent à peine quelques faits de nature à fixer l'attention (2).

(1) *Cahier des plaintes, etc., que le tiers-état de la sénéchaussée de Ponthieu charge ses députés de présenter aux états-généraux.* Abbev. 1789, in-8° de 53 pages.

(2) Voir, pour Abbeville, la Ire édition de ce livre.

CHAPITRE III.

Mœurs & usages aux XVIe, XVIIe & XVIIIe siècles.

Les moines et les prêtres au XVIe siècle n'étaient pas en général plus réservés, plus fidèles aux pieuses habitudes dans le Ponthieu que dans le reste de la France. De nombreux documents, registres capitulaires, statuts synodaux, etc., attestent qu'ils prenaient tout à la fois, et selon les temps, une part active aux désordres politiques et à des distractions que la morale la plus indulgente interdit justement aux laïcs eux-mêmes. On les avait vus pendant la ligue, armés et enrégimentés, courir les processions et les corps-de-garde, prêcher en chaire la guerre civile et même mettre l'épée à la main pour vider par le duel une querelle privée. On avait vu, en 1592, le doyen de Saint-Vulfran confesser en plein chapitre qu'il avait donné un soufflet à messire Paul Roy, prêtre; et le chapitre, indulgent outre mesure, le condamner pour toute peine à jeûner trois jours *cum pane doloris et aquâ tristitiæ*. On retrouve ainsi à Abbeville aux XVI et XVIIe siècles plus d'un exemple de ces guerres de sacristie qui font souvenir du *Lutrin*, et si l'on se demande avec Boileau ,

. . . . Quelle ardeur de vengeance
De ces hommes sacrés rompit l'intelligence ?

on reconnaît vite que les motifs de ces querelles n'étaient guère plus graves que ceux qui inspirèrent au poète sa mordante fiction. C'est un chantre ambitieux qui méconnaît l'autorité d'un trésorier, et lui arrache sa chape ; c'est un chanoine qui reproche en plein chapitre à l'un de ses confrères de lui avoir volé une bouteille de liqueur (1).

En 1680, le doyen du chapitre de Saint-Vulfran suspend son portrait en *ex-voto* près de l'autel de cette église ; les chanoines, ses ennemis, mutilent ce portrait à coups de couteau, et le doyen fort alarmé s'adresse au sénéchal de Ponthieu, le supplie d'informer, d'obtenir monitoires contre les auteurs de la mutilation, et de le prendre sous sa sauvegarde.

Les cahiers des états de Picardie aux états-généraux de 1614 appellent la répression des mœurs scandaleuses du clergé ; mais on doit convenir qu'il fallait peu de chose alors pour causer du scandale ; car on signale

---

(1) Registre du chapitre de Saint-Vulfran, communiqué par M. Félix Cordier.

pour tout délit l'habitude où sont les prêtres de porter des rotondes ou des collets, et l'on demande, comme une réforme radicale, qu'il leur soit enjoint de se faire raser la barbe et tonsurer la tête (1).

Ces questions de toilette avaient du reste alors une grande importance. Il fallut, en 1698, une délibération capitulaire pour autoriser un chapelain du grand autel de Saint-Vulfran à porter perruque au-sortir d'une longue maladie, sous la réserve toutefois que cette perruque serait modeste, et qu'elle aurait une tonsure apparente.

Les statuts synodaux fournissent encore quelques renseignements sur les habitudes du clergé. Les chapelains et les chantres vont boire au cabaret (2). Les prêtres trafiquent et font le commerce. Ils choisissent de préférence pour leur ménage de jeunes servantes ; ils aiment le vin et le tabac, et, pour mettre un terme à leurs habitudes de tavernes, on prononce, contre ceux qui auront bu au cabaret, sept jours de jeûne et la prison au pain et à l'eau.

Les statuts de 1717 accusent encore des désordres du même genre. On défend aux membres du clergé de boire et de manger dans les cabarets, et même de boire dans les rues ; de garder chez eux des femmes au-dessous de quarante-cinq ans ; d'aller à la chasse, de porter

---

(1) Bibl. de l'Arsénal. Ms. H, 332, in-f°. *Cahiers des états de Picardie.*

(2) *Statuts Synod. d'Amiens*, 1662, in-8°, p. 14.

des armes à feu, et de jouer sur les places publiques ou autres lieux fréquentés.

Au XVIe siècle, prêtres et moines vivaient publiquement avec des femmes perdues qu'ils entretenaient, comme on disait alors, à *pot et à cuillère*. Rabelais songeait peut-être à quelque moine picard de sa connaissance lorsqu'il mettait en scène ce frère Bernard Lardon d'Amiens, beaucoup plus amoureux de *roustisseries roustissantes et de filles grasses à lard* que de la magnificence des temples et des palais de Florence, et qui s'écriait en voyant des marbres antiques : Ces porphyres, ces marbres sont beaux ; mais *par Saint-Ferréol d'Abbeville, les jeunes bachelettes de nos pays sont mille fois plus advenantes* (1).

Il serait injuste sans doute de faire peser la responsabilité d'un crime isolé sur un corps respectable qui donna toujours, malgré les désordres trop fréquents de quelques uns de ses membres, de grands exemples de vertu ; mais le fait suivant témoigne que le cloître lui-même était encore au XVIIe siècle souillé par des actes qui rappellent la barbarie du moyen âge.

Le 1er dimanche de l'avent 1618, dom François Boulanger, religieux de Saint-Josse, fut tué d'un coup de fusil par un autre moine de ce couvent, au moment où il priait agenouillé devant l'autel. Le meurtrier ne fut pas arrêté, et l'on ajoute que la victime resta

---

(1) Pantagruel, liv. IV, ch. XI.

plusieurs heures à deux genoux dans la position où elle avait reçu la mort (2).

Au XIVe siècle, les chartreux et les moines de Saint-Pierre se disputent le poignard à la main un drap mortuaire; en 1524, les cordeliers d'Abbeville et les chanoines de Saint-Vulfran se disputent encore un cercueil pour les profits de l'enterrement.

Un bourgeois d'Abbeville avait exprimé le vœu, dans son testament, d'être enterré dans le couvent de Saint-François, et sous l'habit de son ordre; mais le domicile du défunt était situé dans le fief des chanoines, et quand les cordeliers se présentèrent pour enlever le corps, ils rencontrèrent leurs adversaires du chapitre qui, de leur côté, se disposaient à l'emporter. On se battit à coups de poings au milieu de la rue; les cordeliers, plus nombreux, restèrent maîtres du champ de bataille; mais les chanoines portèrent plainte à la justice, et les vainqueurs furent condamnés.

Les questions de préséance aux processions occasionnèrent plus d'une fois des luttes semblables. Quel était le remède à tous ces désordres? Une réforme sévère; mais la réforme elle-même devenait une source de querelles.

En 1664, il est décidé dans un chapitre provincial de l'Ordre de Saint-François, tenu à Vernon, que le couvent des Cordeliers d'Abbeville sera réformé, et que le P. Meurice en deviendra le gardien. Tout fier de la

(2) Mss. de dom Grenier, 24e pag., n° 27. Saint-Josse.

dignité nouvelle dont il est investi, le P. Meurice se présente devant le couvent des Cordeliers, accompagné de plusieurs recors huguenots qu'il avait fait boire pendant la nuit, et suivi processionnellement d'un assez grand nombre de religieux réformés. Les recors pénètrent dans l'église du couvent, et se mettent à tirer des coups de pistolet; les cordeliers, qui se voyaient dépossédés par ces nouveaux venus, tentent d'opposer la force à la force; mais ils sont maltraités, frappés, menacés de mort. Ils finirent par céder et se retirèrent dans une maison voisine. Cette affaire mit la ville tout entière en émoi. Les moines dépossédés firent courir parmi le peuple des libelles diffamatoires *en forme de litanies et de catéchisme*. L'évêque d'Amiens excommunia le P. Meurice. Le général de l'Ordre prit son parti, et la victoire, malgré l'évêque, resta aux réformés qui demeurèrent maîtres du couvent, tandis que leurs adversaires furent obligés de quitter la ville.

Rien n'accuse dans les abbayes et les couvents de femmes ce relâchement et cette irrégularité de mœurs. Cependant Jean Labadie, fameux illuminé du XVIIe siècle, eut avec les dames de l'abbaye d'Epagne, pendant la durée d'une mission qu'il fit à Abbeville, plusieurs conférences qui excitèrent les soupçons de la supérieure du couvent. En effet, Labadie, après avoir séduit une jeune demoiselle de la ville, parvint à persuader aux Bernardines qu'il n'y avait absolument aucune action qui ne pût être sanctifiée en la rapportant à Dieu. L'évêque d'Amiens Caumartin, qui l'avait appelé dans son diocèse, allait le faire arrêter lorsqu'il s'enfuit à Paris (1).

Accuser les dames d'Epagne d'avoir forfait aux plus méritants de leurs vœux, ce serait les calomnier peut-être ; mais ce n'est pas même médire que de les accuser d'avoir été précieuses quand la plupart des femmes l'étaient en France, et d'avoir joué plus tard dans leur abbaye de Willencourt les innocentes comédies de Florian, dans lesquelles l'auteur figurait lui-même. Ces dames du moins se faisaient pardonner par l'esprit et la distinction des manières, les retours vers les vanités mondaines et les distractions profanes. Madame l'abbesse d'Epagne était surtout citée pour ses grâces. Somaize lui a consacré un souvenir.

Dinocris (2), dit-il, est une prétieuse, prêtresse d'un temple de vestalles, qui est dans la ville d'Abascène (Abbeville). Elle a beaucoup de feu et de brillant d'esprit. Le lieu où elle rend ses oracles est des plus fréquentés, non seulement de toute la ville, mais de toute la province. Les estrangers s'escartent d'ordinaire de leur chemin pour la venir voir; aussi les reçoit-elle parfaitement bien; elle parle beaucoup, mais avec sens, et sa conversation est des plus agréables et des plus eslevées. Elle sçait aussi fort bien jouer du luth, et le tour de son esprit est fort touchant ; elle escrit facilement, et a un fort grand commerce de lettres en plusieurs provinces. Ce n'est pas une des plus scrupuleuses prêtresses du monde, ce qui ne vient pas d'un manque de vertu, mais d'une inclination très forte qu'elle a pour elle mesme, ce qui ne l'empêche pas d'estre bonne amie (3). »

(1) Moreri, suppl. art. Labadie.
(2) Gabrielle Lallemand, abbesse d'Epagne. Cf. *Gall-Christ*, t. X, col. 1343.
(3) Somaize. *Le grand dict. histor. des Prétieuses*, Paris, 1661, in-8°, 1re partie, p. 140.

La réforme ayant trouvé peu de partisans dans le Ponthieu, les habitudes du moyen âge s'y conservèrent longtemps. Au XVIIe siècle, on se disputait encore la possession des reliques avec une ardeur qui rappelait les temps de la primitive église.

En 1634, divers habitants de Rue prièrent l'évêque d'Amiens, M. de Caumartin, de leur envoyer quelques reliques de Saint-Vulphy qui avaient été transférées à Montreuil au IXe siècle. M. de Caumartin, qui se trouvait alors en cette ville, cédant aux désirs des bourgeois de Rue, ouvrit la châsse du saint et en tira des os. Cet acte de condescendance excita dans la ville un tumulte extrême; on sonna le tocsin, les habitants prirent les armes et se portèrent vers l'église où l'évêque, revêtu de ses ornements épiscopaux, venait d'administrer le sacrement de la confirmation à plus de deux mille personnes. Cette foule désordonnée se jeta sur l'évêque, qui fut battu, traîné hors des portes de l'église. Le prélat courait même risque de la vie lorsque le commandant de la garnison et le sergent-major de la ville accoururent et le sauvèrent.

A la suite de ce tumulte, M. de Caumartin quitta la ville nuitamment, excommunia les habitants de Montreuil, et mit la ville et les faubourgs en interdit; mais les habitants ne témoignèrent aucun repentir. Les principaux moteurs du désordre avaient été condamnés à transporter processionnellement, et en habits de pénitents, jusqu'à Amiens, les reliques de Saint-Vulphy. Les officiers municipaux devaient, aux termes de la sentence, assister à cette procession. Ils déclarèrent qu'ils étaient prêts à obéir ; mais qu'ils n'osaient promettre cette satisfaction à la justice sans s'exposer à mettre la ville en feu. Le comte de Launoy, gouverneur du pays, consulté par l'évêque, promit de faire tout ce qu'on lui prescrirait, et dit qu'à la moindre résistance, il *réduirait la ville en poudre*. On recula cependant devant de telles mesures de rigueur, et l'archevêque de Tours fut désigné pour arranger l'affaire, mais ce ne fut pas sans peine ; car on était alors en guerre, et les ennemis rôdaient partout sur la frontière. On craignit qu'ils n'enlevassent les reliques, les prêtres et toute la procession ; il aurait fallu l'escorter d'une armée ; mais le pays était dépourvu de troupes. On n'insista plus sur ce point, et, sur la demande de l'archevêque, il fut convenu que la procession se rendrait seulement dans une église du faubourg, et que là, les reliques seraient offertes et présentées par les officiers municipaux à l'aumônier de l'évêque d'Amiens. La réparation faite, l'aumônier prit quelques ossements du saint pour les habitants de Rue, et leva l'interdit. La sentence de condamnation porte en outre que la ville de Montreuil sera tenue d'assigner une rente pour la fondation d'une grand'messe qui sera célébrée tous les ans, le 7 juin, dans la cathédrale d'Amiens, en expiation, et que, pour conserver le souvenir de la satisfaction que l'église a justement exigée d'elle, les magistrats municipaux de cette ville feront placer dans ladite cathédrale un marbre où seront gravées les lettres d'abolition accordées par le roi aux habitants les plus coupables ; car six d'entre eux, arrêtés et traduits depuis longtemps devant le présidial d'Abbeville, avaient été condamnés à être pendus, et vingt-un autres au bannissement ; mais M. de Caumartin, dont la conduite avait toujours été fort généreuse dans cette circonstance, fit commuer la peine (1).

Les processions aux XVIe et XVIIe siècles sont toujours une grande solennité publique. En 1555, on voit par les registres des argentiers les cinquanteniers, les archers, les arbalétriers assister à ces processions en portant chacun un bâton à la main *pour ranger le peuple*, tant l'affluence était grande. On voit aussi les *joueurs de violons de la grande bande* marcher en tête du clergé, et douze bourgeois, représentant les apôtres, escorter le Saint-Sacrement (2).

Dans le XVIIIe siècle encore les cérémonies de ce genre sont fréquentes et très suivies. La mission de 1776 a laissé des souvenirs à Abbeville. C'était au mois de juillet. Cinq semaines se passèrent en sermons, en conférences, en retraites, en processions, véritables réminiscences de la ligue, où douze cents filles voilées,

---

(1) *Collect. des procès-verbaux des assemblées du clergé.* Paris, 1768, in-f°, t. II, p. 799 et suiv.

(2) Les différents corps constitués de la ville étaient invités aux cérémonies religieuses ordinaires et extraordinaires de Saint-Vulfran par deux chanoines en surplis, qui se rendaient à cet effet à l'audience de l'hôtel de ville, précédés des bedeaux du chapitre. Cette coutume subsista jusqu'en 1670.

vêtues en blanc et portant un cierge garni de fleurs, précédaient deux par deux le Saint-Sacrement, soutenu sur un brancard d'écarlate, que les dames de la ville avaient orné de diamants. Le jour de l'Assomption, le nombre des vierges s'éleva de dix-sept à dix-huit cents. Il fut alors question d'établir une congrégation sous le nom de *l'Immaculée Conception*. Les dix-huit cents vierges qui avaient paru à la procession devaient en faire partie, et les statuts imposaient l'obligation de fuir la compagnie des jeunes gens, et de ne jamais aller dans les guinguettes de la Portelette. Les magistrats crurent devoir opposer à ce zèle les ordonnances du royaume qui défendaient les associations sous aucun prétexte de confrérie, sans une autorisation du gouvernement. On proposa aussi, dit-on, de faire porter une vraie tête de mort à une fille pénitente, vêtue en *Madelène*; la police crut devoir défendre la tête de mort.

Un christ, destiné à être mis sur le Pont-Neuf à la place de celui qui avait été mutilé en 1765, y fut porté sur un brancard par trente-six hommes du peuple, la plupart vêtus de noir, ayant une serviette blanche mise en forme d'écharpe sur l'épaule, les cheveux épars, les jambes et les pieds nus, avec une couronne d'épines sur la tête. Ils marchaient escortés de soldats et de bourgeois sous les armes et précédés de tambours, de violons et de trompettes. Un des valets de l'évêque d'Amiens brûla les œuvres de Jean-Jacques, celles de Voltaire et de Raynal, pendant que son maître bénissait les croix dont tous les assistants s'étaient munis.

Cette mission avait tellement échauffé les têtes que quinze jours après le départ des missionnaires, le peuple s'assemblait encore le soir par paroisses et marchait en processions. Des bourgeois prenaient les armes d'eux-mêmes pour accompagner ces processions sans clergé qui se prolongeaient fort avant dans la nuit, se croisaient de crucifix en crucifix, et faisaient retentir la ville de leurs chants lamentables : *Parce Domine, parce populo tuo*, et de cantiques lugubres répétés par une foule de femmes. Le peuple passe si souvent de la paix au tumulte, ajoute l'auteur à qui nous empruntons le récit de ce qu'on vient de lire (1), que la police d'Abbeville, après avoir interposé doucement son autorité auprès du clergé des paroisses, se vit obligée enfin de faire défendre à cri public ces attroupements et ces processions.

A la même époque, pendant le carême, il y avait dans chaque paroisse des processions d'enfants qui s'arrêtaient devant les croix des carrefours en chantant l'hymne : *O crux ave*.

Un assez grand nombre de cérémonies religieuses rappelaient encore les usages liturgiques souvent bizarres du moyen âge. Ainsi le jour de Noël, à la messe de minuit, on construisait une crèche dans les églises, et des hommes et des femmes, habillés en bergers, apportaient sur l'autel un agneau couché dans une corbeille et orné de rubans.

---

(1) L'avocat Linguet, qui demeurait alors à Abbeville. — Voy. *Rec. sur la mutil. du crucifix d'Abbev.*, 1776, in-12.

A Flixecourt, le jour de la Pentecôte, à l'heure de tierce, pendant qu'on chantait le *Veni creator*, on faisait descendre de la voûte sur l'autel un pigeon pour figurer le Saint-Esprit, des étoupes allumées et des pétales de *pionnes* (pivoines) pour représenter les langues de feu qui parurent sur la tête des apôtres. A Bertaucourt, le même jour, on substituait au pigeon un Saint-Esprit d'argent, et on jetait du haut de la voûte du feu et de l'eau.

Abbeville au XVIIIe siècle conservait encore en bien des points l'aspect mystique du moyen âge. On rencontrait des croix, des figures de saints, des madones, des *ecce homo* dans tous les cimetières, les rues, les places, sur les remparts, sur les ponts, contre le portail des églises, les murs des couvents. Sur le Pont aux Brouettes, vis-à-vis la poissonnerie, on voyait encore, en 1750, la *Croix aux Varlets*, ainsi nommée parce que les domestiques des deux sexes, qui se trouvaient sans condition, venaient s'exposer au pied de cette croix, chacun avec les attributs de sa profession. La croix aux Varlets avait été érigée au XIIIe siècle, par les religieux de Saint-Pierre, à la mémoire de deux de leurs confrères qui avaient été assassinés en allant aux matines à Saint-Vulfran.

Durant la nuit, un homme vêtu d'une dalmatique parcourait la ville en agitant une sonnette et criant : Réveillez-vous, gens qui dormez, priez pour les trépassés (1) !

---

(1) « Supplie humblement à vous, messieurs (les maire et échevins d'Abbeville), Julian du Bos faysant chacune nuyct, en sonnant une cloche, le réveil au parmy des rues de ceste ville, pour inviter

Les cérémonies funèbres avaient conservé toute leur pompe, et cet appareil lugubre que le christianisme, aux jours de la foi la plus vive, leur avait imprimé à dessein pour agir sur les âmes. Lorsqu'un bourgeois était à l'agonie, les cloches tintaient, afin de demander aux habitants de la ville des prières pour le mourant. Cet usage s'est maintenu jusqu'à nos jours dans une des paroisses de la ville. Lorsqu'un riche bourgeois était mort, on l'exposait sur un lit de parade, dans une chambre entièrement couverte de draperies noires, et illuminée d'une grande quantité de cierges. Les parents, les amis, les religieux des différentes communautés, et le clergé de la paroisse venaient y réciter des prières, et jeter de l'eau bénite sur le défunt. Les dames de la famille se réunissaient dans une des chambres de la maison mortuaire, et y restaient en prières toute la journée. Les funérailles avaient lieu le soir, à la lueur des torches et des bougies qu'on distribuait aux assistants. On y voyait les Cordeliers avec une croix de bois noir, les enfants de l'hospice et le clergé de toutes les paroisses, puis les religieux de Saint-Pierre, les Minimes, les Jacobins, les confréries avec leurs croix et

les habitants d'icelle à prier Dieu pour les âmes des trépassés, que vostre bon plaisir lui voloit donner et aulmosner quelques deniers à vostre discrétion pour luy aydier à achepter chandelles, adfin que par la lumyère et clarté d'icelles il se puist plus seurement conduire en faisant ledit réveil de nuyct, et d'estre de plus en mieulx obligié à prier Dieu, nostre créateur, pour la prospérité de vous, messieurs. » (Reg. aux délib. d'Abbeville, année 1549.)

leurs bannières, leurs clocheteurs, leurs bedeaux, une foule de pauvres affublés d'un coupon d'étoffe pour en faire des habits, etc. En 1610, il y en avait plus de cent vêtus de noir aux funérailles de madame de Rambures-Montluc, et plus de mille paysans de ses terres : chaque membre du cortége, y compris ces paysans et ces pauvres, et toute la noblesse du pays en grand deuil, portaient un cierge blasonné. L'église, en pareille circonstance, était toujours tendue en noir, entièrement jonchée de paille, et décorée de blasons, car on tenait beaucoup à ces emblêmes, quoiqu'un grand nombre de marchands eussent, en 1696, obtenu le droit de s'en parer pour une douzaine d'écus (1). Une fosse creusée dans l'église même attendait la mort, et cet ancien et dangereux usage d'inhumer ainsi dans les églises n'a cessé d'exister qu'en 1776.

Une dame, qui était morte à Abbeville le lendemain du jour où l'on publia l'ordonnance qui défendait les sépultures dans les églises, fut enterrée dans le cimetière de Saint-André, et l'on écrivit ces mots sur sa tombe :

Ici repose,
Pour obéir à l'édit du roi du 10 mars 1776,
Le corps de dame Marguerite Lalot..., âgée de 80 ans.

Le vendredi, 21 août 1739, mourut en son hôtel, rue des Minimes, M. le vicomte de Melun, prince

---

(1) En 1614, les états généraux de Picardie avaient demandé qu'il fût défendu à tout roturier, sous peine de punition corporelle, de prendre le titre d'écuyer et de porter des armes timbrées.

d'Epinoy, lieutenant-général des armées du roi, et commandant pour S. M. à Abbeville. La mort de M. de Melun fut annoncée au mayeur par l'intendant de madame d'Epinoy, et le mayeur fut prié, de la part des exécuteurs testamentaires, de faire sonner à la ville. On convoqua les officiers de l'échevinage, et il fut unanimement résolu qu'on ne pouvait se porter avec trop de zèle à rendre honneur à la mémoire du défunt. Le dimanche 23 août, l'aide-de-camp de M. de Melun se rendit, en pleureuses, en manteau long et en crêpes pendants chez le mayeur, et l'invita à assister avec sa compagnie au convoi qui devait avoir lieu le 25, vers les quatre heures du soir. Tous les corps religieux et administratifs reçurent une invitation semblable. Des députés du chapitre de Saint-Vulfran, précédés des bedeaux et huissiers du chapitre, des échevins, également précédés et suivis des sergents à masses et de la vingtaine, se rendirent pour l'aspersion de l'eau bénite à la maison mortuaire, où le défunt était exposé sur un lit de parade. On remarquait au convoi les confrères de la charité, marchant sur deux files, les pauvres de l'hospice-général tenant chacun un flambeau blasonné; venaient ensuite les communautés religieuses et le clergé. Le cercueil était escorté par des officiers de la compagnie de jeunesse qui portaient les drapeaux. Les compagnies bourgeoises saluaient par des décharges de mousqueterie. On tira le canon, on fit des oraisons funèbres, et le cercueil fut déposé en grande pompe dans une fosse ouverte au milieu du chœur de l'église des religieuses Dominicaines. Tous les corps civils et militaires reconduisirent le deuil jusqu'à l'hôtel de Melun ; il était dix heures du soir. Le lendemain les mêmes cérémonies eurent lieu pour le service solennel. Il y eut ensuite grand dîner dans la maison de Melun où assistèrent les délégués de l'échevinage, du présidial, des juges-consuls et des compagnies de jeunesse.

Tous les enterrements n'avaient pas, on le pense bien, cette pompe et cet éclat ; mais dans les classes de beaucoup inférieures à celle de M. de Melun, les choses se passaient encore avec une grande solennité. Ce qui contribuait, même dans les rangs obscurs de la société, à l'appareil des cérémonies funèbres, c'était l'obligation imposée aux gens de chaque métier d'accompagner jusqu'à leur dernière demeure les membres de leur corporation.

Les enfants morts avant d'être baptisés étaient enterrés *dans un lieu honnête* par des laïcs, sans prière et sans l'assistance d'aucun ecclésiastique. Il était défendu de les porter dans les lieux nommés vulgairement *Répits*, sous prétexte que les enfants inhumés dans ces endroits ressuscitaient à l'effet de recevoir le baptême (1).

Les criminels, qui avaient témoigné du repentir, pouvaient être inhumés en terre sainte, après le coucher du soleil, mais sans cérémonie.

La philosophie du XVIIIe siècle avait rallié plus d'un disciple à Abbeville. Mais en général la foi avait persisté. Dans les familles qui jouissaient de quelque aisance, le

---

(1) Statuts synod. d'Amiens, 1717, in-8°, p. 25.

mari avait pour lui, sa femme et ses enfants, son banc à l'église, propriété patrimoniale dont on héritait, et qu'on vendait souvent avec sa maison.

On conservait religieusement, parmi les meubles les plus respectés, l'aiguière d'argent avec laquelle on avait baptisé les aïeux. Cette aiguière était portée aux baptêmes par une sœur des nouveaux nés; l'un des frères tenait un cierge; c'est ce qu'on appelait le *parrain à chandelle*.

Le baptême fut longtemps pratiqué dans le Ponthieu par immersion. *In nomine Patris*, disait le prêtre, et on plongeait l'enfant dans le baptistère; *et filii*, on l'y plongeait de nouveau, *et spiritus sancti*, et on le trempait une troisième fois. Cet usage fut aboli vers la fin du XVe siècle. On voit, par un arrêt du parlement de Paris, à la date du 1409, que les prêtres, après le baptême, donnaient alors du vin à boire aux petits enfants.

Les sages-femmes étaient élues, sur la demande du curé, par les plus honnêtes et les plus vertueuses femmes de la paroisse. Leur choix devait se porter sur la personne qu'elles jugeraient la plus propre à remplir cette charge, et qui surtout n'aurait jamais été soupçonnée d'hérésie ou de sortilége. La sage-femme, ainsi nommée, jurait sur les évangiles de remplir fidèlement ses devoirs, de ne point révéler le secret des familles, de procurer le salut corporel et spirituel des nouveaux-nés et de leurs mères, et de ne baptiser aucun enfant que dans le cas où il serait en danger de mort (1).

(1) *Rituel du diocèse d'Amiens*, 1687, in-4º, p. 64.

On pouvait être fiancé dès qu'on avait atteint l'âge de sept ans ; mais les enfants, qui s'étaient ainsi fait promesse de mariage en présence du prêtre, ne pouvaient demeurer ensemble sous le même toit, et il fallait qu'ils fussent mariés quarante jours après (1).

Au XVIe siècle, avant la bénédiction du lit nuptial, le prêtre bénissait le vin et le pain, faisait *trois rôties* au vin : l'une pour lui, l'autre pour les deux époux, la troisième pour les parents et les amis. Après avoir pris la sienne, il donnait celle du mari et de la femme, puis celle des assistants.

C'était un devoir pour les bons voisins d'assister de leur présence et de leurs prières leur voisin mourant ; et, lorsqu'on portait l'extrême-onction ou le viatique, les gens du quartier, les amis allaient à l'église chercher un cierge, et revenaient avec le prêtre dans la maison du malade. Au moyen âge, le prêtre, après avoir reçu la confession de l'agonisant, lui faisait une croix de cendre sur la poitrine, et lui plaçait un cilice entre les deux épaules. Cet usage s'est maintenu jusqu'en 1550.

Les pélerinages étaient encore en grande vogue. On cite au XVIIe siècle, Notre-Dame de Foi, près de Canchy. C'était une Vierge miraculeuse qui avait été placée par un jésuite d'Hesdin dans le creux d'un arbre de la forêt de Crécy. Elle avait été façonnée, il y a tout lieu de le croire, avec un morceau de l'arbre dans lequel avait été trouvée, en 1609, la Vierge de

---

(1) *Rituel du diocèse d'Amiens*, 1687, in-4°, p. 217.

la chapelle du baron de Celles, au pays de Liége, et dont les miracles faisaient tant de bruit (1). Cette vierge existe encore à Canchy, et le pélerinage n'a pas cessé. Les vierges de Mouflières, de Lheure et d'Emmi-Mont, plus anciennement connues, n'étaient pas moins célèbres.

Les nombreuses associations de piété instituées dans chaque paroisse témoignent encore de la dévotion publique. Ces associations n'avaient pas seulement pour but des pratiques mystiques, mais aussi les œuvres les plus louables de la charité chrétienne.

La confrérie de la charité avait été fondée en 1596, à l'occasion de la peste. Cette contagion causa un tel désordre qu'on ne trouvait personne pour assister et secourir les malades, et qu'on traînait les morts plutôt qu'on ne les portait au tombeau. Il y avait des porteurs jurés, espèce de manœuvres qui jettaient les cadavres dans la fosse commune, comme on jeterait des chiens à la voirie, et volaient les suaires et les linges. Les gens de bien étaient profondément affligés d'un tel scandale, et ils délibérèrent entre eux d'établir une confrérie où toute personne honnête serait admise, et dont les membres auraient pour mission principale de visiter les malades, de les consoler et de donner aux morts une sépulture décente. Cette confrérie fut approuvée par le pape (2). On attacha des indulgences aux pratiques

---

(1) Voy. *Mém. de la Soc. d'archéol. de la Somme*, 1838, t. Ier, p. 190.

(2) Plusieurs autres confréries jalouses avaient appelé comme d'abus de l'institution de la charité; mais le conseil du roi condamna

pieuses qu'imposaient les statuts, et bientôt le nombre des confrères fut assez considérable pour soulager d'une manière efficace les maux extrêmes qu'une grande contagion entraîne toujours. Les malades, que *les curés eux-mêmes refusoient d'assister*, furent consolés, les morts portés charitablement en terre sainte.

Lorsqu'un habitant était mort de la peste, la cloche, appelée cloche de la charité, réunissait les confrères à l'église. Ils se rendaient ensuite en procession à la maison du défunt. Arrivés devant la porte, ils se mettaient à genoux, chantaient des psaumes, et, les psaumes terminés, ils répétaient cette prière : « Dieu, toujours miséricordieux, nous te prions pour l'âme de ton serviteur que tu as rappelée aujourd'hui de la vie du siècle ; ne la livre pas aux mains de l'ennemi ; ne l'oublie pas à la fin des temps ; mais ordonne à tes saints anges de la recevoir et de la conduire en paradis ; elle a espéré, elle a cru en toi ; ne lui inflige pas les peines de l'enfer, mais donne lui la joie éternelle ! »

Le prevôt de la confrérie ordonnait ensuite à l'un des assistants d'entrer dans la maison en disant : « Au nom de Dieu, entrez dans cette maison ; ensevelissez ce corps pour le porter en sépulture. — Cet ordre exécuté, on se rendait au cimetière en chantant : Dieu qui as rap-

---

les appelants, et Louis XIV confirma cette institution en 1688, « vu
« les services qu'elle a rendus en 1597, lors de la peste, dit-il, et plus
« récemment encore en assistant les prisonniers, comme elle a fait
« après la bataille de Cassel ès personnes de cinq à six cents Espagnols
« et Flamands qui avoient été envoyés prisonniers à Abbeville, etc. »

pelé du sépulcre Lazare déjà fétide, accorde à ce mort le repos et une place dans ta clémence, » etc. Les confrères ne donnaient pas seulement la sépulture aux habitants enlevés par la peste, mais encore aux suppliciés. Ils distribuaient des aumônes aux indigents, aux pauvres voyageurs, aux soldats malades, les transportaient eux-mêmes à l'Hôtel-Dieu, et leur rendaient les derniers devoirs. Ils mariaient aussi chaque année deux jeunes filles, ou du moins contribuaient à leur dot. Cette institution charitable s'est conservée jusqu'à nos jours (1).

La confrérie de la miséricorde, établie dans l'église Saint-André, en 1619, était desservie par des hommes qui faisaient vœu de secourir aussi les malades, d'adoucir le sort des prisonniers, de soutenir les veuves, de ramener à la vertu de jeunes filles égarées, de pourvoir des orphelins dans le monde, en leur faisant apprendre un métier, et en leur fournissant les outils nécessaires ; de visiter les pauvres, et de leur donner des consolations morales.

Il y avait encore au XVIIIe siècle d'autres confréries, entre autres celles du Saint-Enfant-Jésus, de la Vierge, du Saint-Esprit, de la Croix, de Saint-Marcoul, de la Rédemption des Captifs, etc.

Les chefs de ces confréries, choisis parmi les habitants recommandables par leur piété, étaient désignés sous le nom de Bâtonniers. Les fonctions du bâtonnier étaient

---

(1) Voy. Institution de la confrérie de la charité érigée en l'église Saint-Georges d'Abbeville. *Paris*, 1640, in-12 de 300 pag.

annuelles. A l'expiration de sa charge, il payait l'office des vêpres, et il était déposé le lendemain au *Magnificat* aux mots *deposuit potentes* (1).

Le diable joue encore au XVIIe siècle un grand rôle dans les croyances les plus accréditées. Les formes de l'exorcisme, longuement consignées dans le rituel, attestent qu'on avait une foi robuste dans les possessions du démon. Lorsqu'un possédé était tourmenté du malin esprit, le prêtre, chargé de l'exorcisme, devait l'interroger en français, et lui demander sa vie passée; il l'aspergeait ensuite d'eau bénite, lui mettait du sel bénit dans la bouche, et lui répétait trois fois aux oreilles : *Deum qui te genuit dereliquisti et oblitus es Domini Dei creatoris tui.* Quand le démon ne répondait pas à cette première sommation, on lui en adressait de nouvelles en termes beaucoup plus impératifs.

Les exorcismes devaient se faire dans les églises, près de la porte ; les filles et les femmes ne devaient être exorcisées qu'en présence de leurs plus proches parents. On ne conjurait pas seulement les personnes, mais les animaux, les orages et jusqu'aux maisons. C'est un champ qui est ravagé par des chenilles, des sauterelles, etc., on le bénit avec injonction à ces insectes malfaisants

---

(1) On a recueilli à Abbeville un certain nombre de pièces de plomb qui étaient des mereaux ou jetons de présence employés dans les nombreuses confréries qui existaient jadis. Un de ces jetons offre les outils du maréchal ferrant et appartenait probablement à la confrérie de Saint-Eloy. Cf. M. Rigollot. *Monnaies des évêques des innocents et des fous*, p. 59.

de le quitter (1); c'est une maison qui est fréquentée par le diable, ceux qui l'habitent se confessent, jeûnent et communient. Le curé s'y rend avec deux clercs munis de cierges ; il bénit des branches de rue pour les attacher aux murailles (2). Le prêtre, ses acolytes et tous les assistants parcourent lentement tous les coins en récitant des prières et en chantant des psaumes. Lorsqu'on arrive dans la chambre *la plus infestée*, on pose une croix et des cierges sur une table préparée à cet effet. Tous les fidèles se mettent à genoux, et le curé attache des cierges bénits aux quatre coins de la chambre, il fait des onctions d'huile sur les portes, sur les fenêtres ; il allume dans chaque appartement un réchaud dans lequel il jette des parfums, etc. « Mais d'autant que le démon est bien rusé et bien opiniâtre, on réitère les choses susdites jusqu'à ce qu'on l'ait contraint de sortir et de laisser la maison en paix. »

Au mois de mai 1579, on exorcisa dans l'église des Minimes une jeune fille nommée Martaine Pluart. Les frères François Hourdel, Martin Tellier et autres du couvent étaient présents, et ils furent grandement saisis au moment où ils allaient tremper Martaine Pluart dans une cuve remplie d'eau bénite, d'entendre le diable dire qu'il ne s'en irait pas parce qu'il n'était pas dans son évêché. — Et de quel évêché es-tu donc, lui demandèrent les Pères Minimes ? — Je suis de l'évêché de

---

(1) *Rituel du dioc. d'Amiens*, 1687, in-4°, p. 386.
(2) *Ibid.*, p. 402 et suiv.

Rouen, répondit le démon. — Ce qui fut entendu de plusieurs personnes *étant lors en grand nombre en icelle église*. C'était là certes un évènement qui méritait bien qu'on en gardât le souvenir. Aussi les religieux Minimes appelèrent-ils des notaires dans leur couvent pour en rédiger le récit et en conserver légalement la mémoire avec signatures authentiques de témoins (1).

Par un fait remarquable et qui témoigne combien le moyen âge était immobile en toutes choses, toutes les prescriptions des capitulaires contre les rites païens avaient encore été renouvelées, en 1456, dans les statuts synodaux de Jean Advantage, évêque d'Amiens. On y retrouve la défense faite par Charlemagne aux sorcières de chevaucher de nuit pour se rendre auprès de la déesse Diane ; défense de transcrire des passages des livres saints pour en faire des amulettes ; défense d'observer les astres à la naissance des enfants pour en tirer leur horoscope ; défense aux faux quêteurs et aux porteurs de rogatons de voler l'argent du peuple, en l'abusant par de fausses lettres apostoliques et de fausses reliques (2).

Les couvents reçoivent encore aux XVIe et XVIIe siècles de nombreuses aumônes aux dépens de l'échevinage ; mais on voit, en 1644, le mayeur protester en plein hôtel de ville contre les dons distribués aux moines, et faire remarquer qu'il y aurait plus de justice à

---

(1) Bibliothèque particulière de l'auteur.
(2) Martène, *Ampliss. Collectio.*, t. VII, col. 1241 et passim.

secourir les habitants nécessiteux. Le mayeur avait raison, car les moines faisaient par fois un singulier usage des largesses des fidèles ; témoin les religieux de Saint-Pierre, qui, en temps d'été, allaient au XVe siècle s'attabler dans leur jardin *pour boire les charités.* Les indigents d'ailleurs étaient nombreux, et on avait été obligé, depuis longtemps déjà, de prendre des mesures contre la mendicité. Sous le règne de Henri III, un bureau de bienfaisance s'était établi à Abbeville, et l'on commençait à faire la distinction des vagabonds, malheureux par leur paresse et par leurs vices, et des indigents que des infirmités, des maladies ou le manque de travail condamnaient à des misères imméritées.

L'autorité municipale au XVIe siècle intervient d'une manière plus directe dans les affaires de bienfaisance publique. Le vendredi de chaque semaine, le mayeur se rend à l'hôtel de ville pour demander aux hospitaliers quels gens ils ont logés dans les hôpitaux ; comment les deniers et rentes des *lieux pitoyables* ont été employés ; quelles œuvres pieuses on pourrait faire avec l'argent de la ville ; quels pauvres honteux il faudrait recommander aux gens de bien (1).

Les pauvres secourus par la commune portaient une marque au bras ; il leur était défendu, sous peine d'être rayés des registres de l'aumône, de mendier aux portes des maisons. Plus tard, lorsqu'ils enfreignaient cette défense, on se vit forcé non seulement de les rayer de

---

(1) *Reg. aux délib. d'Abbeville*, année 1541.

la liste des secours publics, mais même de les bannir, et de plus, d'infliger un écu d'amende aux bourgeois qui feraient l'aumône dans les rues les jours de fêtes et les dimanches.

En 1524, les vagabonds et les mendiants étaient tellement nombreux, tellement redoutés, qu'on enjoignit aux chefs des portes et autres personnes du guet de se tenir tout le jour à leur poste, de demander aux étrangers d'où ils venaient et où ils allaient ; de les *éplucher par dedans, par dehors;* car, à l'époque où cette ordonnance fut rendue, des troupes de bandits parcouraient les provinces, mettaient le feu dans les villes où ils parvenaient à s'introduire déguisés en pèlerins ou en moines, et l'on craignait qu'Abbeville ne fût aussi brûlé. Les curés furent chargés de faire le recensement de la population ; on désigna de plus dans chaque paroisse huit ou dix personnes pour la police de nuit, et on prononça la peine de la prison contre tous ceux qui paraîtraient suspects.

Une autre ordonnance de l'échevinage, publiée en 1523, veut que tous les bourgeois *incontinent qu'ils orront* (entendront) *le son de la cloche que l'on a coustume de sonner pour noyses et débats, et qu'ils verront aulcuns débats en leurs rues.... viengnent embastonnés* (armés) *au débat et prennent les délinquants tellement que justice en soit faicte... sous peine de vingt sous d'amende.*

Un autre article dit qu'au premier coup de la même cloche, les habitants qui demeurent auprès des portes de la ville devront se réunir aux gardes de ces portes pour les soutenir contre les attaques des malfaiteurs qui tenteraient de fuir, et les aider, sous pareille peine, à s'emparer de leurs personnes.

Tous les *sujets* de la même ville sont tenus en outre de prêter main forte aux officiers de police dans les luttes qui s'engagent entre eux et les ennemis de la tranquillité publique, et d'assurer ainsi par leur concours l'exécution de la loi (1).

Une délibération de 1524 défend de porter épées, poignards, dagues, courtes-dagues, rapières, javelines, hallebardes et autres armes, et enjoint à tous les habitants de placer des baquets pleins d'eau à leurs portes, et de les y laisser nuit et jour.

Au XVIe siècle, et dans les temps antérieurs, on ordonnait, pour prévenir les incendies, d'abattre les cheminées, les fours, fournaises et *flambières* en mauvais état; mais dans le siècle suivant les secours contre l'incendie furent plus habilement organisés. En 1668, il fut enjoint à tous ceux qui étaient admis aux maîtrises et aux maîtres en exercice de fournir des seaux goudronnés; jusques là les brasseurs et les tonneliers seulement avaient toujours fourni des *tines* (2). — Nous

---

(1) Les *Edits de police de la ville de Montreuil*, renouvelés en 1419, contiennent plusieurs dispositions à peu près semblables à celles que nous venons de citer.

(2) « On commande à tous ceulx qui ont vaillant soixante livres, disent les édits municipaux de Montreuil, que chacun ayt une eschelle à sa maison pour porter au feu, si mestier est. »

n'entrerons point ici dans le détail des nombreuses ordonnances de police rendues pour la sûreté de la ville et pour le repos public; il nous suffira de dire qu'au XVIe siècle la cloche du guet, comme autrefois le couvre-feu, indiquait aux bourgeois l'heure de rentrer à leur domicile, et que, cette cloche sonnée, il était défendu de sortir sans chandelle et sans lumière. Il est également défendu d'aller la nuit sur les remparts, sous peine de douze jours de prison; de courir masqué et déguisé *avec enseignes* par les rues, sous peine de confiscation de corps et de biens; de faire des danses publiques, d'attacher aux maisons des feuillées et des branchages, de sonner des trompettes ou de battre du tambour.

En 1599, les vagabonds sont expulsés sous peine du fouet; les étrangers, sans moyens d'existence connus, sont également chassés, et la société prend encore, on le voit, des mesures rigoureuses contre tous ces truands qui avaient infesté les villes du moyen âge.

Les habitudes de taverne, répandues alors dans toutes les classes de la société, avaient, en 1586, entraîné de si graves désordres dans toutes les fortunes, que, pour y rémédier, on défendit d'aller dans les hôtelleries et cabarets, soit les fêtes et les dimanches, soit les jours ouvrables, à quelque heure que ce fût, sous peine d'un demi-écu d'amende pour la première fois; d'un écu pour la seconde, et de punition exemplaire pour la troisième.

On punissait avec non moins de sévérité les cuisiniers et pâtissiers qui vendaient *aucunes viandes ou pâtés aux enfants de famille ou qui fabriquoient tartes, gâteaux et pain d'épices, attendu qu'on y mangeoit son bien* (1).

Malgré les défenses faites aux taverniers de ne recevoir *dans leurs caves et cabarets* aucun habitant de la ville ; malgré les amendes auxquelles ils avaient été plusieurs fois condamnés, pour infraction aux règlements de de l'autorité municipale, ils continaient à donner à boire et à manger, non seulement le jour, mais encore toutes les nuits. Les ouvriers oisifs, les *artisans de débauche* qui se rassemblaient ordinairement dans les tavernes en sortaient ivres, et jurant, blasphémant, troublant le repos public, heurtant aux portes et aux fenêtres, attaquaient les passants, les volaient, les assassinaient même (2) ; et, pour mettre un terme à des excès qui compromettaient tout à la fois la sûreté publique et ruinaient les familles, défenses furent faites à son de trompe de tenir caves ouvertes, et non seulement de vendre de la bière et de l'eau-de-vie, mais même d'en boire. L'eau-de-vie se trouve pour la première fois mentionnée à la date de 1623, dans les registres de la mairie d'Abbeville.

Dans le XVIIIe siècle encore les ordonnances qui règlent la police des cabarets et des cafés sont extrêmement rigoureuses. En 1752, on défend à tous les maîtres de billards, aux cabaretiers, de donner à jouer au lansquenet, au pharaon et autres jeux de hasard,

---

(1) *Reg. aux délib. d'Abbeville*, année 1565.
(2) Ibid., années 1623, 1626, 1628, passim.

sous peine d'emprisonnement et de trois mille francs d'amende ; il leur est de plus enjoint de dénoncer les joueurs, et cependant on jouait toujours.

Au XVIe siècle surtout les cartes avaient été en grande vogue ; elles occasionnaient des querelles fréquentes ; il était urgent de les proscrire pour le repos public, et la police municipale ne toléra que les jeux d'adresse, les boules, les barres, les jeux d'armes, etc. Elle défend toutefois de jouer à la paume aux environs des églises, attendu qu'on brise à ce jeu les verrières. Les pareurs et les bouchers excellaient tellement aux barres qu'ils reçurent l'ordre, en 1498, de se rendre à Paris pour jouer devant Charles VIII et toute sa cour. Les compagnons du jeu d'armes formaient une corporation ; ils avaient le privilége d'aller, au jour des *Quaresmiaux*, dans le bois d'Abbeville, faire assaut devant messieurs de l'échevinage. Mais pour être maître du jeu d'armes, il fallait faire ses preuves et se montrer capable d'enseigner à toute personne la grande épée, la hache, la petite épée, la dague, la demi-lance et tous autres *bastons d'armes*.

Les mœurs étaient moins barbares que dans les siècles précédents ; mais elles n'avaient point encore perdu toute leur âpreté. En 1611, Gilles de Sacquepée, gendre du maire d'Abbeville, eut, en jouant à la paume, une querelle avec MM. de Belloy, de Calonne, de Courtebourne et de Londerthun, qui l'accusaient de les avoir raillés, et ils en conservaient le plus vif ressentiment. Trop lâches pour l'attaquer en face, car il était très brave, ils se mirent au guet dans la maison de l'*Ecu de Brabant*, pour l'assaillir quand il passerait en revenant du jeu (1), avec un de ses parents M. de Nouvion, contre lequel ils avaient aussi de mauvais desseins, et que Sacquepée ne quittait plus pour le défendre au besoin. Ce dernier, surpris à l'improviste, tomba frappé d'un coup mortel. De Nouvion se mit en défense, les voisins descendirent en armes dans la rue pour lui porter secours, et les assassins se réfugièrent dans l'hôtel du comte de Saint-Pol, gouverneur de la Picardie, qui les prit sous sa protection, et les fit sauver la nuit en leur facilitant le moyen de franchir les remparts. Le maire d'Abbeville sollicita la punition du crime et dépensa pour ce motif plus de trente mille francs; mais les assassins étaient nobles, et ce ne fut qu'à grand'peine, après beaucoup d'efforts et de longs délais, que la justice les condamna à être pendus en effigie (2).

Les gentilshommes semblaient se rappeler encore alors ce dicton populaire du moyen âge : « Poignez vilain il vous oindra; » et, pour s'acquitter envers leurs créanciers, au lieu de les payer, ils les battaient. En 1619, François De Huppy, bourgeois d'Abbeville, avait prêté des sommes considérables au comte d'Egmont. Le comte

(1) Le jeu de paume était situé dans un jardin de la rue des Minimes.
(2) La rédaction de ce fait est inexacte et incomplète dans notre 1re édition. — Voir pour plus amples détails le *Ms. de Wagnart*, t. III, p. 934.

lui avait abandonné une partie des revenus de sa terre
d'Auxy-le-Château. D'Egmont, fort contrarié de n'en
plus toucher intégralement le produit, rencontra un jour
son créancier à Auxy même. Il le fit saisir par ses gens;
on le conduisit au pied des fourches de la justice sei-
gneuriale, et là, le sieur De Huppy fut maltraité tout à
fait comme un serf. A son retour à Abbeville, De Huppy
se plaignit à M. de Rambures, gouverneur de Doullens.
Ce seigneur se rendit à Auxy, enleva le comte, l'emprisonna; mais le roi donna l'ordre à Rambures de
remettre d'Egmont en liberté, et de le ramener lui-
même à Auxy.

Au milieu de ces relâchements de la foi qui devaient
naître de la réforme jusque dans le sein même du catholicisme, et des débats que les jeux de hasard ou autres
suscitaient souvent, les officiers municipaux d'Abbeville s'effrayent des jurements détestables qui outragent
à chaque instant Dieu, la Vierge et les Saints. Dès l'âge
de sept ans, les enfants eux-mêmes jurent par ces mots :
Aussi vrai que Dieu qui est (1). Alors le mayeur
monte sur les plombs de l'hôtel de ville, et il enjoint
aux pères et aux mères de châtier leurs fils et leurs filles
« dont les mauvais propos attireront sans doute un
grand malheur sur la ville. » Le blasphême, en cas de
récidive, entraînera huit jours de prison et cent francs
d'amende; et si l'on en profère une troisième fois,
l'amende est de deux cents francs. La détention d'un

---

(1) Ordon. municip. du 2 octob. 1599.

mois au pain et à l'eau, et d'autres peines sévères sont également portées contre les chansons déshonnêtes.

C'était, comme on l'a vu, une habitude au moyen âge d'offrir des présents, et notamment du vin aux princes et aux personnes notables qui passaient par la ville, aux officiers du roi, aux seigneurs puissants à la cour, pour gagner leurs bonnes grâces. Cet usage, établi dans le midi de la France comme dans les villes du nord, subsiste encore à Abbeville aux XVIe et XVIIe siècles, et on offre aux personnages de marque de l'hypocras, des boîtes de dragées musquées et de confitures sèches; des coqs-d'inde, des paons (1), des cygnes, des butors, des hérons, des cailles, des saumons, des harengs et des objets d'orfèvrerie.

Le luxe des dîners était tel, que le comte de Gramont, qui avait cependant l'habitude des tables bien servies, en fut émerveillé lorsqu'à son passage à Abbeville il assista par occasion, dans la maison du maître de poste, à la noce d'un des plus riches gentilshommes du pays. Le valet du comte, en arrivant, avait trouvé six broches chargées de gibier et l'appareil d'un festin magnifique; et, séduit comme Sancho aux noces de Gamaches, il avait donné sous main l'ordre de déferrer les chevaux pour ne pas être arraché de ce lieu sans y repaître. C'est qu'il y avait en effet de quoi éveiller les appétits les plus paresseux : vingt-quatre potages et autant

(1) Lorsque Marie Stuart traversa Montreuil pour aller épouser François II, les mayeurs et échevins de cette ville allèrent en grande cérémonie lui offrir deux paons pour la divertir en route.

d'entrées ; il ne fallait pas moins pour les nombreux convives qui entrèrent dans la cour de l'hôtel, précédés de violons et de hautbois, suivis des enfants de la ville, et entourés de laquais grands comme des Suisses, et chamarrés de livrées tranchantes. La toilette des deux époux attestait, comme le dîner de noces, de grandes prétentions de luxe ; mais sans doute, en fait de modes, les Abbevillois, nos ancêtres, étaient fort en arrière de la capitale, car le comte de Gramont se moque avec bonheur du clinquant rouillé, du passement terni, du taffetas rayé des dames de la compagnie qui se seraient aussi distinguées, s'il fallait l'en croire, par de petits yeux et de grosses gorges ; il pousse même la méchanceté jusqu'à dire qu'il lui eût été difficile d'asseoir un jugement sur la mariée, attendu qu'il paraissait peu de chose de son visage, et que chacune de ses joues était cachée par quatre douzaines de mouches et dix serpentaux; le nouveau marié n'était guère plus à son goût, et il le trouva aussi ridiculement paré que les autres, à la réserve d'un juste-au-corps, de la plus grande magnificence, qui fixa son attention. Il s'approcha pour l'examiner; et le nouveau marié, qui tenait cet examen à grand honneur, lui dit avoir payé ce juste-au-corps cent cinquante louis à un marchand de Londres, qui l'avait commandé pour un lord d'Angleterre; mais le comte avait déjà reconnu que ce prétendu lord n'était autre que lui-même, et le marchand de Londres, son propre valet qui l'avait volé (1).

(1) *Mém. du comte de Gramont*, 1723, in-12, p. 375 et suiv.

Les habitants du Ponthieu, à travers la barbarie du moyen âge, avaient toujours fait preuve d'attachement au pays. Ils s'étaient montrés, la plupart du temps, étrangers à cette exaltation de fanatisme politique ou religieux qui avait occasionné ailleurs tant de désordres et d'excès déplorables ; ils avaient pris part, il est vrai, aux troubles de la ligue, aux querelles de la réforme, mais dans les temps même les plus agités ils s'étaient le plus ordinairement abstenus de ces actes de violence dont le souvenir reste comme une tache dans les annales de beaucoup de villes ; et le meurtre juridique du chevalier de La Barre est heureusement un fait pour ainsi dire exceptionnel dans notre histoire locale. Ces habitudes paisibles distinguent encore les habitants de la basse Picardie dans les XVIIe et XVIIIe siècles. L'intendant Bignon fait un éloge mérité de leur bravoure, de leur amour du travail, des principes d'ordre qui les distinguent. « Il y a peu d'hommes, dit-il, plus propres au métier des armes ; peu de provinces qui fournissent à la cavalerie de meilleurs soldats. Les Picards ont du bon sens, de l'esprit. Les fortunes sont sûres dans cette province parce que dans l'industrie et le commerce on travaille avec prudence, et qu'une certaine apathie de caractère fait que l'on préfère une aisance souvent restreinte à des bénéfices hasardeux. La principale attention se porte à acquérir un patrimoine exact et sûr (1). »

---

(1) *Mém. sur la Picardie*, 1698. Ms. fr. de la Bibl. du roi, fonds des Minimes, n° 7, in-f°.

Le P. Ignace avait porté de ses concitoyens un jugement pareil. Il aimait à vanter le courage, la dévotion, le sens sûr et discret des habitants de cette ville tranquille où lui-même avait passé une partie de sa vie si calme et si paisible. Il était fier de dire que peu de villes en France avaient souffert moins de corruption; que la noblesse y était accessible, hardie et fort adroite aux armes; il avait même remarqué la beauté des femmes; mais ce qui lui plaisait bien mieux que leur beauté, c'est qu'elles étaient modestes, charitables et ornées d'une grâce toute innocente, accompagnée d'une simplicité naïve (1). Au XVIIIe siècle, les habitants du Ponthieu ont encore gardé quelque chose de cette simplicité primitive; un peu d'apathie peut-être, mais du moins de la probité et des rapports faciles.

On conservait religieusement dans chaque famille, avec la mémoire respectée des aïeux, de sévères traditions d'honneur. La banqueroute, au XVIIIe siècle, était pour ainsi dire inconnue dans le commerce à Abbeville.

Les meubles du père, quelquefois même son habit de noce, étaient transmis au fils. Il y avait peu de luxe; on vivait sobrement et souvent même, jusques dans les familles notables, on recevait les visites à la cuisine, parce qu'on ne faisait que très rarement, et dans les grands jours, du feu dans la salle de compagnie. On dînait à midi, on soupait à sept heures, et, après le souper, on allait en négligé voir ses voisins et ses amis.

(1) *Hist. Ecclés. d'Abbeville*, p. 56.

Les repas de famille étaient nombreux, on y chantait beaucoup ; il est vrai qu'on y buvait de même ; mais cela s'excuse puisque c'était une occasion de porter des santés à chaque verre de vin. Malgré ces liaisons, cet esprit patriarcal, toutes les classes étaient tranchées et se distinguaient chacune par une mise particulière (1). Dans la moyenne bourgeoisie, on tenait à honneur d'avoir pour amis quelques moines des ordres mendiants. Dans la haute bourgeoisie, on aimait à prendre un nom de fief, et dans cette société où tous les rangs étaient distincts, les gens de métier eux-mêmes avaient leur aristocratie. Les tanneurs, les brasseurs, les marchands de vin, de draps et de toiles en gros tenaient le haut rang dans les corporations industrielles.

Les mœurs, on le voit, avaient suivi le progrès de la civilisation, mais la jurisprudence criminelle conservait encore l'empreinte des usages barbares du passé ; les faits suivants feront connaître ses nombreux abus.

Pendant la nuit du 15 au 16 juillet 1739, un jeune homme d'Abbeville, qui venait de chômer la fête du Saint-Sépulcre avec quelques-uns de ses camarades, essaya d'abattre, en passant dans la chaussée du Bois, une de ces couronnes que l'on suspend encore au milieu des rues pendant l'octave de chaque fête patronale. Il était armé d'un bâton qu'il lançait contre cette couronne, décorée d'un groupe de petites figures, représentant

---

(1) Nous devons plusieurs de ces renseignements aux souvenirs et à l'obligeance de M. de Bommy.

la résurrection du Christ, lorsqu'un armurier nommé Leduc, qui l'avait aperçu de sa chambre, menaça de le tuer s'il ne cessait à l'instant même une telle profanation. Le malheureux jeune homme méprisa cet avis, et le fanatique, qui venait de le lui donner, s'empara d'un fusil, le visa et l'atteignit d'une balle qui lui perça la tête, et l'étendit raide mort. L'assassin joignait à sa profession celle de huissier au présidial. Il sortit de sa maison, vint déposer son épée sur le corps de sa victime, et le lendemain les huissiers de la ville, ses confrères, transportèrent le cadavre à la *cour Ponthieu*. Il paraît que le but de cette cérémonie était de soustraire le coupable à l'action de la justice, qui ne pouvait plus dès lors, dit le manuscrit que nous avons sous les yeux, s'emparer de lui qu'après un délai de vingt-quatre heures. Leduc profita du délai, et se rendit à Paris. La justice informa et cessa bientôt ses poursuites, malgré les sollicitations de la mère du jeune homme que Leduc avait assassiné. Lasse d'invoquer en vain l'autorité des lois, cette malheureuse mère chargea un de ses parents, domestique à la cour, de faire intimer l'ordre aux magistrats d'Abbeville de suivre le procès. L'ordre survint et le meurtrier fut condamné à mort. Mais chaque fois qu'un nouvel évêque d'Orléans faisait son entrée solennelle dans cette ville, il avait le droit de délivrer tous les malfaiteurs qui se trouvaient ce jour là dans les prisons de la ville (1). Leduc parvint à s'y

(1) Cf. Lottin père. *Recherches sur la ville d'Orléans*, 1836, in-8°, t. II, p. 284.

introduire furtivement avec *onze cent quarante-neuf* autres criminels, et fut ainsi soustrait à l'échafaud.

En 1749, un jeune homme d'Airaines, accusé de vol, fut condamné à la potence. Plusieurs moines le conduisirent au supplice, et le pressèrent vivement de demander à Dieu le pardon de ses fautes; mais le coupable refusa et ne voulut pas même embrasser le crucifix. L'exécuteur, jaloux d'assurer son salut, lui passe la corde autour du cou, l'enlève et le retient suspendu, puis le relâche un instant après *pour tâcher de le convertir*; mais ce moyen ne lui réussit pas mieux, et le bourreau se hâta de l'étrangler. Son corps fut attaché au gibet et quelques jours après enterré dessous par des manœuvres; mais comme la fosse avait peu de profondeur, des chiens l'en arrachèrent, se disputèrent ses membres, et le narrateur nous apprend qu'on retrouva une partie de ses os *dans les marais de Menchecourt*.

S'agissait-il d'un délit grave, mais qui cependant ne comportait pas la peine de mort? On promenait le coupable nu jusqu'à la ceinture dans les divers quartiers de la ville, et on le frappait à grands coups de verges. Les filles publiques, qui contrevenaient aux règlements de police, étaient aussi fouettées et quelquefois assises sur un cheval de bois dont le dos était assez tranchant pour rendre douloureuse la position de celle qu'on plaçait dessus. Cet instrument de correction, nommé *Chevalet*, existait sur la place Saint-Pierre.

Le maire d'Abbeville, en l'absence du gouverneur, exerçait aussi la justice militaire. Les conseils de guerre, qu'il convoquait, siégeaient en son hôtel ; c'était lui qui les présidait et qui, après voir été interroger les accusés dans leur prison, prononçait leur sentence, entérinait les lettres de commutation de peine.

On fusillait les déserteurs au lieu dit *le champ Labbé*, sur l'emplacement actuel de la foire, et les rigueurs de la discipline militaire rendaient alors ces exécutions très fréquentes.

Vers 1772, un dragon du régiment de Montécler, en garnison à Abbeville, convaincu d'avoir dérobé un petit coupon d'étoffe qu'il avait remis à sa maîtresse pour en faire une paire de pantoufles, fut condamné, par le conseil de guerre, à *passer par les courroies*.

Tous les militaires du corps, rangés en bataille dans le champ Labbé, reçurent du patient des lanières qu'il portait sous ses bras. Lorsque tous les soldats furent ainsi armés, le condamné, les épaules nues jusqu'à la ceinture, placé entre quatre fusilliers, la baïonnette croisée pour l'empêcher de marcher plus vite que le pas ordinaire, reçut sur les reins une décharge de ces courroies, en parcourant la longueur des lignes.

Cette affreuse punition faillit coûter la vie à ce malheureux qui tomba comme mort ; mais les cris de *grâce ! grâce !* poussés par le peuple, touchèrent les officiers qui donnèrent l'ordre d'arrêter le supplice. La peau d'un mouton qu'on écorchait près de là, pendant l'exécution, fut appliquée chaude sur le corps déchiré de l'infortuné dragon, qui fut porté à l'Hôtel-Dieu, où il resta longtemps avant d'être rétabli.

CHAPTRE III.

État physique.

On ignore l'époque précise à laquelle Abbeville sortit des limites de l'île où s'éleva sa première enceinte, mais on a tout lieu de penser que ce fut sous le règne de Hugues Capet. Dans la première moitié du XIIIe siècle, la ville était divisée en deux circonscriptions principales : le Bourg et le Château, *Burgum et Castellum*. Le château occupait l'île où se trouve située l'église Saint-Vulfran, et cette circonscription formait ce qu'on pourrait appeler l'ancienne cité, comme à Paris, l'île où est bâtie l'église Notre-Dame. L'enceinte du Bourg décrivait un arc de cercle qui partait d'un côté de l'entrée du Rivage, en suivant à peu près dans sa courbe les rues du Pont-à-Plicourt et des Minimes. Près de cette dernière, dans la rue Saint-Gilles, se trouvait une porte appelée porte au Scel (1). Une seconde porte, la porte Comtesse, était ouverte au bout de la rue des Minimes, à l'entrée de la chaussée du Bois. Ce lieu est encore connu sous le nom de Fausse-Porte, et l'ancien pont de la ville, formé d'une large voûte en grès, existe encore sous la chaussée. L'enceinte se repliait ensuite dans la direction de l'impasse de la Commanderie, traversait le jardin de l'hôtel de ville, et venait aboutir à l'entrée de la rue des Teinturiers, entre le pont qui fait face à la rue des Carmes, et qu'on nomme encore le pont de la Ville, et le pont Taupoirée où se trouvait une troisième porte (2). Outre le Bourg dont nous venons de parler, il y avait encore autour et en dehors de son enceinte et de l'enceinte de l'île (3), divers amas d'habitations connus sous les noms de Bourg du Vimeu, au-delà du pont de Talance, près duquel existait une des portes de l'ancienne cité; de Saint-Gilles, hors la porte au Scel; du quartier Marcadé, dont les limites sont inconnues, et de Saint-Eloy au-delà de la porte Comtesse. On a tout lieu de croire que dès les premières années du XIIIe siècle, ces bourgs eux-mêmes avaient été réunis à la ville, et enfermés dans une enceinte continue. La construction du refuge de l'abbaye de

---

(1) L'égout qui, de la rue Saint-Gilles, se jette dans le Rivage, occupe encore aujourd'hui la place des anciens fossés.

(2) L'égout de la Commanderie indique encore la direction des fossés de la ville, depuis la porte Comtesse jusqu'au Scardon.

(3) La rue de l'Ile à longtemps porté le nom de rue *Hors-les-Murs*.

Saint-Riquier (1), en 1236, près de l'église du Saint-Sépulcre, doit faire conjecturer que les fortifications de la ville à cette époque avaient été reportées jusqu'à la porte du Bois, ainsi nommée à cause du voisinage du bois qui couvrait anciennement cette partie de la ville. La porte Saint-Gilles est mentionnée en 1205, dans une donation faite à Saint-Vulfran par Guillaume III, comte de Ponthieu (2); celle de Marcadé en 1284 (3); celle d'Hocquet en 1265 (4). La ville avait donc dès lors le développement qu'elle a de nos jours, et ce développement fut rapide, puisque la charte de fondation du prieuré de Saint-Pierre atteste que le bourg du Vimeu et la chaussée du Bois étaient encore, en 1100, hors de l'enceinte d'Abbeville.

Au XIVe siècle cependant le centre même de cette ville renfermait encore un assez grand nombre d'espaces vides. Il est fait mention, dans un acte de 1311, de terres vagues devant la fontaine le Comte. Le bail à cens de ces terres est de vingt sous parisis, ce qui était alors

---

(1) On nommait ainsi les maisons que les communautés religieuses possédaient dans les villes, pour s'y retirer pendant les guerres avec leurs meubles et les ornements de leurs églises. La ville en renfermait plusieurs, entre autres le refuge de Saint-Valery, rue de l'Hôtel-Dieu; le refuge de Dommartin, rue des Capucins; le refuge de Notre-Dame de Sery, rue de la Pointe; de Bertaucourt, chaussée Marcadé, etc. Cet usage des maisons de refuge avait été ordonné par les conciles.

(2) *Hist. Ecclés. d'Abbev.*, p. 90. — Cette porte a été démolie en 1843.

(3) Archiv. d'Abbev.— *Livre Blanc*, f° 87, v°.

(4) Ibid. *Livre Rouge*, f° 35.

une somme considérable, et ce fait prouve que ces terrains inoccupés devaient avoir un assez grand développement.

Il serait difficile de donner une idée exacte de la physionomie des rues dans ces temps reculés. Elles étaient étroites, courbes, mal alignées, remplies de gravois, de fumiers et de boues. Ce n'est que lorsque l'entassement de ces boues et de ces fumiers gênait la circulation que l'échevinage les faisait emporter; mais ce n'était guère que le centre de la ville (1), le voisinage des halles, la poissonnerie, le marché qu'on nettoyait aux dépens de la commune. Les habitants des autres quartiers enlevaient eux-mêmes leurs immondices et les portaient sur les remparts, sur les places publiques ou les jetaient dans les rivières (2). — On voyait dans les rues des granges, des bergeries, des étables, des puits, des abreuvoirs et des mares. On y laissait vaguer des bestiaux, et une ordonnance du XIVe siècle prescrit aux habitants qui ont des vaches dans les pâtis de la

---

(1) « A Watier de Saint-Cointin, voiturier.... pour widier et oster les boihiers (boues) qui se cœuilloient et faisoient en la ville *entre les quatre portes anchiennes,* pour un an cinquante francs. » (Argentiers, 1400, 1401.)

Aux temps des divers accroissements de la ville, on reportait les murailles plus loin, mais on laissait subsister la première enceinte avec les anciennes portes. La porte Comtesse ne fut détruite qu'en 1795.

(2) « A Jehan Goule et Jehan Lesage, voituriers, la somme de XXVIII sols pour avoir osté à leurs cars et quevaulx, deux grands fumiers qui estoient au marquié. » (Argentiers, 1431.)

ville, de les renfermer la nuit dans leurs étables. Il existait un grand nombre de jardins sur froc ; ces jardins devaient être soigneusement clos tous les ans au mois de mars. Un poirier dans la rue Frette-Langue sert de borne au terrain donné par le comte Jean à l'Hôtel-Dieu, en 1158. Dans le XVe siècle encore des arbres sont abattus sur le froc de la rue Notre-Dame, pour en faire des *affuts à trois serpentines et autres engins à pourre.*

On a tout lieu de croire que la plus grande partie des rues d'Abbeville n'étaient point encore pavées au XIIIe siècle; mais la plupart l'étaient au siècle suivant. Les anciens comptes de la mairie attestent qu'on pavait dans la chaussée d'Hocquet en 1379 ; dans la rue aux Pareurs et dans les deux chaussées du Bois et Marcadé en 1397. Il paraîtrait cependant que plusieurs rues n'étaient point encore entièrement pavées en 1533. Ce pavé se composait de galets, qu'on allait chercher à Blanquetaque, et de petits carreaux de grès, qu'on tirait de Vignacourt. Malgré cette amélioration, les rues étaient encore si sales dans les premières années du XVIe siècle, que lors du mariage de Louis XII on enleva dans la place Saint-Pierre et dans la rue Larquet seulement deux cent soixante *hellenées* (tombereaux) d'immondices.

La plupart des maisons se présentaient en pignon sur la rue. Excepté quelques hôtels, qui appartenaient aux abbayes des environs ou aux seigneurs, toutes les maisons étaient en bois et couvertes en chaume. Une ordonnance du comte et des officiers municipaux prescrivit, en 1278, de couvrir en tuiles toutes les maisons que l'on reconstruirait depuis le pont de Talance jusqu'à la porte Comtesse, et depuis cette porte jusqu'au pont Taupoirée. Cette ordonnance, appliquée ensuite au reste de la ville, ne fut pas toujours exécutée, puisqu'on renouvela souvent, jusqu'en 1538, la défense de couvrir en paille ; cependant les sergents de la Vingtaine avaient différentes fois, notamment en 1467, démoli plusieurs maisons dont les propriétaires n'avaient pas obéi à l'ordonnance municipale, et au XVIIIe siècle il y avait encore dans la chaussée d'Hocquet des maisons couvertes en chaume. Les guerres fréquentes, les incendies déterminaient les habitants à bâtir avec le moins de frais possible, afin de pouvoir au besoin abandonner les lieux.

Dans presque toutes les façades des habitations en bois des XVe et XVIe siècles, le placage remplit les vides de la charpente, mais ne la recouvre pas. Quelquefois elle est, comme le placage, placée sous des ardoises afin d'en assurer la conservation. Au XIVe siècle, les fenêtres, accouplées deux par deux, sont surmontées d'un trèfle, pris dans la baie même, comme on peut le voir encore dans une maison d'une époque postérieure rue Saint-Vulfran, n° 1 ; dans une autre maison de la rue du Moulin-du-Roi, n°s 29-31, et comme on le voyait bien mieux encore dans celle que l'on a démolie près du Guindal, il y a peu de temps.

Au XVe siècle, la forme et la construction des maisons sont encore à peu près les mêmes ; mais à cette époque les étages s'avancent assez souvent en saillie l'un sur l'autre (1).

A Abbeville, les maisons en bois et à pignon à angle aigu du XVI⁰ siècle offrent à l'extérieur, dit D. Grenier, une profusion de sculptures qui ne se trouve nulle part ailleurs en Picardie ; car la sculpture sur bois, ajoute-t-il, était alors fort en honneur dans la capitale du Ponthieu ; et, en effet, les poutres des planchers en encorbellement portent des mascarons ou têtes grimaçantes décorés de moulures gothiques, ainsi que les deux pièces de bois, formant quelquefois ogive, qui soutiennent la toiture. Ces pièces reposent sur des consoles ornées de statuettes de saints. Ces sortes de statuettes, que l'on plaçait aussi sur les poteaux corniers et les solives, n'étaient point une simple parure, mais un témoignage de vénération, une sauvegarde, à peu près ce qu'étaient pour les anciens les dieux lares, pénates ou domestiques (2). Des têtes de fous ou d'autres figures grotesques, qui faisaient rire (3), s'alliaient à à cette décoration. On y ajoutait souvent des armoiries,

(1) « Nul ne peut faire saillie en la dite ville de plus de deux pieds et demi, et convient qu'elle soit si haute qu'un homme à cheval puisse passer dessous. » (*Coutume locale d'Abbev.*) — « Aucun n'ayt fenestre à sa maison par dehors qu'on ne puisse aller à cheval par-dessous, à peine de cent onze sols. » (*Edits de police de la ville de Monstreuil.*)

(2) M. Delaquerière. *Description hist. des maisons de Rouen*, t. I⁰ʳ, p. 113.

(3) Les plus remarquables sont sculptées sur la corniche d'une maison en bois du XVI⁰ siècle, située rue de la Tannerie, n° 25, et dans laquelle logea François I⁰ʳ.

des inscriptions mystiques ou des sentences morales. Sur la place Sainte-Catherine, on lit au haut d'une maison gothique en bois cette maxime :

Rends le bien pour le mal, car Dieu te le commande.

Sur une maison en pierre de la rue de l'Hôtel-Dieu :

Stulta est sapientia sine Deo.

Dans la rue Saint-André, sur une autre maison en pierre du XVIIe siècle :

Vita hominis militia est super terram (1).

Sur l'église des Carmes on avait peint un de ces religieux indiquant un cadran solaire avec ces mots :

Has ego signo, Deus numerat, mors timet horas.

Précédemment, au lieu d'un carme c'était la mort, et on lisait :

Elle frappe à toute heure et sans égard.

Des enseignes bizarres, accrochées au-dessus des portes ou sculptées sur pierre ou sur bois au centre de la façade, servaient, comme aujourd'hui les numéros, à désigner la demeure de chaque bourgeois (2). Les boutiques, beaucoup moins nombreuses qu'à présent, n'étaient point ouvertes jusqu'au plancher du premier étage. Il y avait de petites fenêtres placées dans le haut comme impostes et défendues par des balustres

---

(1) Cette inscription vient d'être grattée.
(2) On trouve à Abbeville, au nombre de ces enseignes, le Grand Credo, la Fontaine de Jouvence, les Quatre fils Aymon, le Sagittaire,

tournées. Ces balustres existent encore au rez-de-chaussée de quelques vieilles maisons.

Les moines de Valloires avaient au moyen âge à Abbeville un hôtel ou refuge, le plus beau de la ville et de toute la province, « vrai chef-d'œuvre, dit un antiquaire abbevillois du XVIIe siècle, vrai chef-d'œuvre digne de la magnificence des comtes de Ponthieu qui avaient libéralement employé leurs finances à le bâtir pour le commerce ; mais voyant qu'on n'en faisait pas tout l'usage nécessaire, ils l'avaient donné pour refuge à l'abbaye de Valloires qui le vendit ensuite à M. de Créquy (1). »

Le refuge du Gard, rue Barbafust (entre les n°s 2 et 4), construit en 1250, devait être aussi l'une des maisons les plus remarquables d'Abbeville au XIIIe siècle. C'est la plus ancienne de cette ville ; mais sa distribution première n'est plus reconnaissable. La façade, qui n'est pas dans le pignon, présente au rez-de-chaussée une porte et des croisées en ogive, et au premier étage des fenêtres à plein cintre. Ces fenêtres, il y a peu de temps encore, étaient divisées en deux parties par une colonne en pierre et ornées de rosaces, comme celles des églises, mais on les a défigurées.

le Sanglier, la Barbe d'Or, le Dieu d'Amour, l'Ange Raphaël, la Bannière de France, le Nom de Jésus, le Roi Pepin, le Chat qui dort, la Truie qui file, etc.

(1) Cet hôtel, situé près du *Pont-Neuf* sur le vaste emplacement qui confine aux grande et petite rues Notre-Dame, fut acheté par la ville en 1608, et démoli pour établir un quai et jeter un pont sur la

Nous ne pouvons donner ici que des renseignements fort incomplets sur les monuments civils du moyen âge, car depuis cinquante ans environ la ville est presqu'entièrement renouvelée. Nous savons seulement qu'elle renfermait de nombreux hôtels, entre autres ceux des seigneurs de Gamaches, de la Grutuze, de Rubempré, de Monchy, de Rambures, d'Ailly, de Melun, de Boufflers, etc. L'hôtel de la Grutuze, dont le maréchal d'Esquerdes, gouverneur d'Abbeville, avait jeté les fondements peu de temps avant sa mort, fut acheté par Jean de Bruges, seigneur de la Grutuze, lieutenant général du roi en Picardie, qui lui donna son nom. Si cet hôtel, qui passa depuis entre les mains du roi, avait pu être achevé, « c'eut été, dit le père Ignace, un des plus beaux palais de la province (1). »

Ce n'est que dans le XIVe siècle que l'on commença d'employer le verre aux fenêtres des demeures des simples particuliers. Au lieu du papier huilé dont on se servait on fit usage de petits carreaux de vitres, placés quelquefois en losange et enchâssés dans du plomb. Aux XVe et XVIe siècles on ornait ces vitrages de médaillons coloriés représentant divers sujets, notamment des

rivière, car il n'y avait eu jusqu'alors de ce côté aucune communication entre les deux rives.

(1) L'hôtel de la Grutuze, situé sur l'emplacement actuel du Palais-de-Justice, fut incendié la nuit du 4 au 5 janvier 1795. D'Esquerdes avait acheté une partie du terrain de l'Hôpital et le Champ-l'Abbé tout entier (aujourd'hui le Champ-de-Foire), pour en faire un jardin.

sujets religieux. Les fenêtres, inégalement percées, se partageaient en forme de croix, d'où est venu le nom de *croisée* (1). Quelques-unes, garnies de volets ou contrevents, étaient formées de panneaux de bois évidés à jour, imitant les compartiments ou menaux des églises du XVe siècle, comme on le voyait, il y a peu d'années, sur une très jolie maison gothique qui existe encore rue du Moulin-du-Roi, n° 6. Le vent pénétrait dans les appartements par ces panneaux dépourvus de vitres, et, quand le temps devenait mauvais, il fallait fermer les volets pour se garantir du froid ou de la pluie.

Jusqu'au XVIe siècle les portes furent basses et étroites, même celles des bourgeois les plus notables. Les carrosses étant inventés, on donna plus de largeur et de hauteur aux portes des grandes maisons. On les agrandit encore sous le règne de Louis XV (2), surtout celles des hôtels où elles se présentaient isolées sur la rue, en avant de la cour, en forme de niche cintrée, comme on le voit dans la rue Saint-Gilles et dans la grande rue Notre-Dame, entre autres.

A l'intérieur, ces demeures étaient sombres, peu décorées. On remarquait cependant chez les riches des sculptures, des traits de l'ancien et du nouveau Testament, des médaillons d'Empereurs, etc. Si le maître avait des armoiries, il les faisait placer dans les endroits les plus

---

(1) M. Delaquerière. Loc., cit., t. II, p. 89.
(2) Ibid.

apparents, surtout aux manteaux des cheminées, presque toujours chargés de fleurons, de moulures ou d'autres ornements. Ces cheminées, partout larges et hautes, offraient encore à leur sommet d'autres sculptures qui, dans le XVIIe siècle, servaient de cadre à un tableau (1).

Dans le plus grand nombre des vieilles maisons, les escaliers, privés de repos, étaient étroits, obscurs. Une corde, placée le long du noyau, aidait à les monter ou à les descendre. Ceux des hôtels étaient placés à l'extérieur, dans des tourelles saillantes bâties exprès du côté des cours ou des jardins, ou dans des cages de bois d'une grande pesanteur. Les balustres, présentant des poires carrées ou rondes, ou de simples poteaux avec ou sans moulures, portaient une lourde rampe. Outre les tourelles destinées à contenir les escaliers, comme celles de l'abbatial de Saint-Pierre et de la *Tête-de-Bœuf*, entre autres (2), on se plut à en construire

---

(1) Nous avons à Abbeville plusieurs grandes cheminées de ce genre: dans la maison rue Saint-André, n° 23 ; dans la maison n° 23, sur le marché. On voit à l'Hôtel-Dieu et dans la salle voûtée en pierre des archives municipales, d'autres cheminées plus anciennes, et qui méritent d'être mentionnées.

(2) L'hôtel-Dieu d'Abbeville possède une de ces vieilles tourelles. L'escalier qu'elle renferme est tournant à vis et tout en briques. Celui de la haute tour hexagone qu'André de Rambures, gouverneur d'Abbeville, fit élever en 1494 dans son hôtel, rue Saint-Vulfran, existe encore, ainsi que la tour, jusqu'au premier étage de la maison de cette rue, n° 72. Le noyau, d'une seule pièce en chêne, est remarquable par sa forme et par sa dimension. L'escalier de la maison de

en encorbellement sur la rue, en signe de puissance et de richesse (1).

Les caves des hôtels ou des riches marchands étaient remarquables par leur hauteur, leur étendue ou leur belle construction tout en pierres de taille. Celles du refuge de l'abbaye du Gard et d'une maison voisine de la *Tête-de-Bœuf,* n° 48, présentent des arcs doubleaux croisés, tombant presqu'à terre, et supportés soit par un encorbellement, soit par un fût de colonne engagé dans la terre (2).

Dès le XIVe siècle, Abbeville eut une horloge publique, comme la plupart des autres grandes villes. Vers l'an 1480, on en voyait une au Bourdois dans laquelle on avait inséré des mouvements qui mettaient en jeu *deux personnages estoffés d'argent et d'autres couleurs.* Le timbre sur lequel frappaient ces personnages pour indiquer les heures était placé dans un joli clocher, percé de six fenêtres, où l'on voyait flotter des étendards. Un soleil d'or, des fleurs de lis, des écussons, une grande bannière aux armes de France, au haut de la flèche, complétaient la décoration de ce *Jacquemare,*

---

la Tannerie, n° 25, est dans une cage découpée en dentelles, et décorée de petites niches surmontées de dais gothiques, de monogrammes et d'arabesques du meilleur goût.

(1) Une de ces tourelles existe encore sur la façade de l'hôtel de ville, comme attribut de la seigneurie municipale.

(2) La cave de la *Tête-de-Bœuf,* qui se compose d'une voûte à plein-cintre, est une des substructions les plus curieuses de la ville, à cause de sa grandeur et de son élévation.

nom qui provenait de celui de Jacques-Marc, inventeur de ces horloges à machines.

C'était alors l'usage de décorer de peintures rehaussées d'or les monuments publics. Le pignon du Bourdois offrait au moyen âge une fresque représentant un comte de Ponthieu à cheval. Cette figure n'était pas la seule. Un registre de comptes, daté de 1410, porte ce qui suit : « A Colart Harchette, paintre, pour plusieurs ymages, pourtraitures et paintures, à l'entrée du Petit Esquevinage pour esquiever et chiesser (écarter, empêcher) les gens qui pissoient, dont on sentoit malvaises ondures (odeurs). » — Ces images étaient des portraits de saints, afin qu'un religieux respect fît éloigner ceux qui souillaient le monument.

L'ancienne topographie de la ville pourrait offrir des détails intéressants, mais il serait très difficile de la reconstituer. Les plans qu'on en avait dressé n'existent plus dans les archives municipales. Plusieurs petites rivières ont été comblées (1) ; un assez grand nombre de rues, mentionnées dans les titres, ont entièrement disparu ou sont transformées en impasses. Nous citerons entre autres celles de *Famechon*, de *Canteraine*, *Cou-*

(1) Ces rivières, qui faisaient tourner plusieurs moulins, coulaient alors dans la direction du Lillier et dans celle de la rue du Pont à Plicourt, savoir : la rivière de *Penne*, celle des *Herbillons*, celle des *Pêcheurs d'eau douce* et celle de *Taillesac*. La plupart tombaient dans la Somme, près du Pont-d'Amour. La rivière de Taillesac descendait de la Tannerie, coulait de la porte au Scel jusqu'à la porte Comtesse, et de là jusqu'au Scardon. On l'appelait aussi *Ranète*, nom dérivé de *Renelle*, *Reneau*, qui en vieux patois signifie ruisseau.

lerue (1), à *Gobes*, au *Sac*, aux *Chiens*, à *le Cauch*, des *Jeux de Paume*, des *Gantiers*, de *Paris*, des *Herbillons*, du *Tourniquet*, des *Espagnols*, de la *Fonderie*, etc., etc. Un très grand nombre d'autres ont changé de noms, et il serait très difficile de les reconnaître toutes ; ainsi la rue Saint-Vulfran s'appelait la *Cauchie du Castel*, la Boucherie *le Maschacre*, la rue des Lingers la *Grande rue du Bourg*, etc.

Quelques rues empruntent leurs noms aux corporations, car on sait qu'au moyen âge chaque métier avait d'ordinaire son quartier ; ainsi on trouve la rue aux *Jongleurs*, dont le nom s'est conservé jusqu'à nos jours ; la rue *aux Pareurs*, habitée par les ouvriers qui apprêtaient les draps, est mentionnée dès l'an 1281. Les rues de la *Tarterie*, de la *Chavaterie*, de la *Hucherie* et de la *Harenguerie* indiquaient encore il y a peu de temps où demeuraient les pâtissiers, les savetiers, les menuisiers qui faisaient des *huches* (coffres), et ceux qui vendaient des harengs (2).

Bon nombre de ces rues tiraient leurs noms des églises ou des couvents situés sur leurs parcours, telles que les rues *Notre-Dame*, *Saint-Jean-des-Prés*, du *Béguinage*, des *Cordeliers*, des *Carmes*, des *Minimes*,

(1) Cette rue, qui conduisait de la chaussée du Bois dans la rue Millevoye, était destinée à la prostitution.

(2) On trouve à Saint-Riquier les rues aux Pareurs, aux Maréchaux, aux Tanneurs, aux *Maschecriers*, la rue de la Poissonnerie, la Ruelle des Halles ; dans la ville de Montreuil une rue des Cordonniers.

etc. (1). D'autres de quelques familles notables, telles que les rues *Barbafust*, d'*Argonne*, *Padot*, *Postel*, *Chasserat*, la ruelle d'*Ailly* et la chaussée d'*Hocquet*. Quelques autres encore des enseignes suspendues aux maisons des marchands, telle que la rue du *Vert-Soufflet*, etc.

La rue des *Poulies* emprunte sa dénomination des machines qui servaient, comme aujourd'hui les rames, à étendre les draps en longueur et en largeur; la rue *Larquet*, appelée depuis rue Millevoye, probablement de l'*Archet*, vieux mot qui veut dire porte, parce qu'à l'extrémité de cette rue se trouvait une ancienne porte de la ville, ou plutôt une poterne appelée porte *aux Recrans*; la rue *Canteraine*, de sa situation dans un lieu marécageux (la chaussée Marcadé) où l'on entendait crier des grenouilles, en picard *canter des raines*.

Le *Lillier*, corruption de *l'Islet*, la petite île, fut ainsi nommé parce que ce quartier était entouré d'eau; le pont *aux Brouettes* parce que c'était sur ce pont que se plaçaient les manœuvres qui ne faisaient usage que de cette voiture à main.

La rue des *Changes* indique où les changeurs tenaient leurs comptoirs, la rue *à Borel* où demeurait le bourreau; le *Guindal* où se trouvait le cabestan nommé *Windas* ou *Guindal*, à l'aide duquel on débarquait les mar-

---

(1) La rue des Minimes ne fut entièrement percée qu'en 1609, à travers des jardins sur lesquels on éleva des maisons.

chandises avant l'établissement d'un quai près du Pont-Neuf. La rue du *Moulin-du-Roi* désigne l'ancien moulin banal des comtes de Ponthieu, qui depuis la réunion de leur fief à la couronne passa dans le domaine du roi (1). La rue *des Pots* fut ainsi nommée à cause de la maison n° 15 qui fait le coin de la chaussée Marcadé, et qui avait pour enseigne *deux pots* comme on peut le voir encore (2).

On trouvait à Abbeville, comme dans la plupart des autres villes, quelques uns de ces noms au moins étranges qui ont disparu avec la grossièreté des mœurs, et, qu'on nous passe la citation, c'étaient entre autres la rue *Jette-Bran*, la rue *Blanc-Cul*, la place des *Bordeaulx*. D'autres noms ne sont que ridicules, comme ceux des rues *Pou-Volant* à Montreuil, *Coq-Chéru*, *Cache-Cornaille*, *Dangouche*, à Abbeville.

Des recherches plus étendues sur la vraie dénomination des lieux publics tireraient sans doute de l'oubli des traits intéressants; mais comment éclaircir la question si souvent obscure et contestable des étymologies?

---

(1) Les moulins du *Comte* et de *La Baboé*, sur le Scardon, furent établis en 1195, en vertu d'un traité fait entre Guillaume III, comte de Ponthieu, et le prieur de Saint-Pierre. Les titres mentionnent en outre les moulins de *Talance*, de *l'Ile*, *Clapet*, *Penne*, *d'Arragon*, *Riquebourg*, *Sotine*, *Novion*, *Maillefeu*, des moines de Dommartin à Rouvroy, de *Valouvrech*, hors de la porte Saint-Gilles, de la Bouvaque et autres sur des rivières maintenant comblées. En 1763, il y en avait encore vingt-cinq dans la ville et dans la banlieue.

(2) Cette maison était le siége de la vicomté du pont aux Cardons, et ses habitants, en vertu d'anciens titres, étaient tenus d'y recevoir

La plupart des rues d'Abbeville, surtout celles qui se trouvaient au centre et dans les parties les plus anciennes de la ville, étaient et sont encore fort étroites. Nos pères, qui ne se servaient presque point de voitures à cause du mauvais état des chemins, et qui ne circulaient dans leurs villes qu'à cheval ou montés sur des mules, n'avaient pas besoin de rues larges. La direction oblique de ces rues, dont les ouvertures ne correspondent d'ailleurs presque jamais les unes aux autres, devait faciliter la défense de la place lorsque les murs avaient été escaladés ; et probablement le besoin de se retrancher en temps de troubles ou de guerre avait déterminé cette disposition. L'*Etroit* de Saint-Gilles, près de l'ancienne porte au Scel, la *Hucherie*, près de la rue Saint-André, comme les rues transversales du *Moulin-du-Roi*, de *Laucques*, des *Minimes*, la petite rue *Notre-Dame* et autres, qui avaient leurs entrées beaucoup plus étroites que leur parcours, pouvaient se barricader en un clin d'œil.

Ces rues furent longtemps malsaines et pénibles à parcourir. En 1651, la chaussée d'Hocquet et le faubourg de Rouvroy étaient tellement défoncés par le charroi, que la circulation était devenue impraticable ; ce qui occasionnait de nombreux accidents. Les charges de la ville excédaient alors de plus de moitié les recettes ; on n'avait pu faire aucune réparation, et, pour subvenir

---

chaque année les officiers municipaux pour y *garder les droits, justice et priviléges de la commune* pendant la prevôté de Saint-Vulfran.

aux frais de pavage, on fut obligé d'établir un impôt extraordinaire sur les voitures et sur les chevaux.

On ne voyait plus de ces incendies qui, au moyen âge, dévorèrent à plusieurs reprises une partie de la ville ; mais les inondations étaient fréquentes pendant l'hiver, lors de la fonte de neiges ou dans les hautes marées. La Somme alors faisait irruption dans cette ville et dans les faubourgs, et les submergeait entièrement.

En 1767, un grand nombre de maisons et de masures étaient inhabitées, ruinées ou démolies. Ces masures, éparses en différents quartiers, présentaient un aspect fort triste, ou laissaient entre les autres maisons des vides couverts d'ordures et d'immondices. Les libertins et les vagabonds se retiraient nuitamment dans les habitations que l'on avait abandonnées, et s'y livraient à leurs déréglements ou s'y mettaient en embuscade pour insulter ceux qui passaient. Les magistrats municipaux ne pouvant, malgré leur vigilance, faire saisir les coupables, qui s'échappaient à la faveur de ces retraites obscures (1), demandèrent l'autorisation de donner à rente foncière toutes les maisons et emplacements abandonnés depuis vingt ans.

On ignore l'époque précise à laquelle Montreuil sortit des limites de l'enceinte élevée par le comte Helgaud ; mais on a lieu de penser que ce fut au Xe

---

(1) L'établissement des réverbères ne date que de 1785 ; encore faut-il remarquer que beaucoup de rues n'étaient pas éclairées et que le service cessa bientôt.

siècle, quand Arnoul, comte de Flandre, s'empara de cette ville, et voulut la mettre à l'abri des attaques du duc de Normandie. Elle se trouva dès lors agrandie de l'espace qui renferme une partie du Thorin, la rue du Plat-d'Etain, le grand Marché, la place de la Halle, la place Saint-Jacques, les rues du Rincheval, de la Pie, du Wicquet, des Cordonniers, etc. Une des portes, avant cette adjonction, était défendue par le château du seigneur de Heuchin et de la Porte. Ce château, situé sur l'emplacement actuel de l'*Hôtel-de-France*, dans la rue qui porte encore le nom *d'Heuchin*, resta pour protéger à l'intérieur la vieille enceinte, que l'on conserva en état de défense jusqu'à la fin du XIVe siècle ou au commencement du XVe.

Les constructeurs de voitures habitaient la rue du *Paon* dans toute sa longueur, y compris les prolongements nommés dans la suite rue *des Carmes* et rue de *Valloires*. Les forgerons résidaient dans les rues de *Clape-en-Bas* et de *Clape-en-Haut*, aujourd'hui *Claquembas*, *Claquenhaut*; les selliers dans le *Rincheval*, ancien nom d'un objet de sellerie. Une maison de cette même rue, qui portait encore en 1789 le nom de *Riche-Cheval*, était au moyen âge le lieu de réunion de la confrérie des selliers. — Les tourneurs étaient établis au *Val-Saint-Josse* (basse ville); et, à la même époque, c'est-à-dire dans les temps les plus reculés, les sergers avaient, dit-on, leurs usines à l'est de la ville, dans le marais même où s'élevait le vieux manoir d'Escingnecourt. Les drapiers habitaient deux rues qui ne font plus partie de l'enceinte actuelle, à l'exception de la rue des *Galices* (*Gallitium*), qui signifiait au moyen âge un moulin à foulon.

Montreuil n'a plus une seule vieille maison ; presque toutes ayant été détruites en 1537.

LIVRE SEPTIÈME.

CHAPITRE I.

ORGANISATION MUNICIPALE.

Nulle tradition, nul titre n'indique l'existence d'une administration populaire à Abbeville avant l'an 1130; mais la teneur de la charte d'affranchissement suppose une organisation communale déjà établie, puisqu'il est question d'un maire, d'échevins, de jurés. A dater de la concession de cette charte, la municipalité d'Abbeville est régulièrement constituée comme pouvoir politique et administratif, et la ville forme un gouvernement complet où les comtes n'apparaissent que comme autorité secondaire. Tout ce qui concerne les intérêts de la cité, les finances, la police, est réglé par des magistrats électifs qui sont désignés, sous les noms de mayeurs, d'échevins et de mayeurs de bannières.

LE MAYEUR (1). — Le mayeur occupait le premier rang. Il était choisi d'ordinaire dans les familles bourgeoises les plus notables, dans la magistrature et quelquefois dans la noblesse ; mais alors il était obligé de prendre le titre de bourgeois, de se faire inscrire dans un corps de métier, et de contribuer à toutes les charges auxquelles les roturiers habitants de la ville étaient astreints. Placé à la tête d'une administration collective, le mayeur n'était en réalité que le premier échevin. Il présidait les assemblées municipales et les convoquait avec ses collègues ; mais tous les membres du corps de ville avaient avec lui concurrence d'action. Les fonctions du mayeur étaient tout à la fois des fonctions de judicature et de police industrielle et administrative ; il exerçait de plus un commandement militaire.

Comme chef militaire, il marchait à la tête des milices bourgeoises ; la garde de la ville lui était confiée ainsi que la surveillance et l'entretien des fortifications, et il commandait même les troupes royales en l'absence du gouverneur : c'était de lui qu'elles prenaient le mot

---

(1) Ce mot exprime la qualité d'intendant.

d'ordre ; c'était chez lui que siégeait le conseil de guerre (1).

Comme juge, il présidait les assises de l'échevinage qui connaissait, on le sait, des matières civiles et criminelles, et il assistait aux exécutions de la haute justice.

Comme magistrat de justice, on voit qu'au XVIe siècle il se rendait chaque jour à l'hôtel-de-ville pour entendre les rapports des échevins sur les abus qui pouvaient se commettre dans les métiers ; recevoir les plaintes des bourgeois et regarder tout ce qui était nuisible en général et en particulier à la chose publique pour y mettre ordre (2). Il avait en outre la garde des sceaux, l'inspection supérieure des finances municipales, convoquait le conseil et réglait les dépenses.

Quelquefois les mayeurs étaient punis dans leurs personnes pour les délits de la commune. En 1415, on éprouve des difficultés, des refus de la part des bourgeois pour le paiement des subsides et deniers royaux ; le maire et les échevins sont retenus prisonniers au château d'Abbeville, et menacés d'être conduits à Rue ou au Crotoy, jusqu'à l'entier recouvrement des impôts.

Les fonctions du mayeur étaient annuelles ; il arrivait cependant quelquefois qu'elles étaient prorogées pour

---

(1) Arch. d'Abbev. — Liasses intitulées : *Privilèges de la commune et de ses magistrats*. — Mém. en exécution de l'art. X de l'édit du mois d'août 1764.

(2) *Rég. aux délib. de la ville*, année 1541, f° 192, v°.

un an. Ces mêmes fonctions étaient aussi gratuites (1) ; mais il convient de faire remarquer que le mayeur recevait quelques indemnités en dédommagement des frais dans lesquels l'entraînait sa charge ; ainsi on lui donnait vingt-quatre torches de six livres de cire par an et une livre de bougie par semaine ; une bourse, un chapeau, et chaque fois qu'il allait en voyage pour les affaires de la ville, on lui fournissait trois chevaux et huit sous par jour pour la nourriture de chaque cheval (2).

Charles V, en 1369, anoblit le maire et les échevins d'Abbeville ; mais Louis XIV, en 1667, anéantit ce privilége « parce que, dit l'ordonnance, la plupart de ceux qui parviennent aux dites charges ne pouvant satisfaire à la dépense qu'il convient de faire pour soutenir cette dignité, étant de médiocre condition et n'ayant que peu de biens, sont obligés d'abandonner leur commerce et profession ordinaires et de quitter les villes pour résider à la campagne, qu'ils peuplent de quantité de pauvres nobles à la surcharge de nos sujets taillables. » — Cette ordonnance fut révoquée au mois de novembre 1706, et les priviléges de noblesse continués aux magistrats municipaux d'Abbeville et à leurs descendants.

---

(1) En 1692, elles devinrent vénales, Louis XIV ayant créé pour Abbeville comme pour les autres villes du royaume des mairies à titre d'office. La charge de maire fut vendue cinquante mille francs.

(2) Arch. d'Abbev. — *Livre Rouge*, fᵒˢ 4 et 42.

Au moyen âge, au temps de leur plus grande puissance, les mayeurs de cette ville allaient à cheval dans les cérémonies publiques, et huit sergents portant des masses d'armes les précédaient comme les licteurs précédaient les consuls. Au XVII⁰ siècle, quand le mayeur marchait par la ville, il était ordinairement accompagné de deux sergents revêtus de robes *mi-parties*. Dans les occasions solennelles, le nombre de ces sergents s'élevait jusqu'à seize, les uns portant bâtons à tête d'argent, aux armes de la ville, les autres des épées et des hallebardes. Lorsqu'il mourait pendant l'exercice de sa charge, la ville payait les frais de ses funérailles qui se faisaient avec une grande pompe.

Au XVIIIe siècle encore, quand la femme du mayeur accouchait d'un fils, les échevins en costume, précédés et suivis de sergents à masses et de la vingtaine, en armes et en uniformes, allaient offrir à cette dame les présents de la ville, c'est à savoir, douze boîtes de confitures sèches avec dix livres de dragées, et à l'enfant une épée d'argent doré. Le nouveau-né était tenu sur les fonts au nom du corps de ville, et on ajoutait souvent à ses prénoms le nom d'*Abbeville*. Pendant le baptême, les sergents placés à la porte de l'église jetaient de petites pièces de monnaie aux pauvres; puis le parrain, la marraine et tous les officiers municipaux allaient dîner aux dépens de la commune (1). Ils recevaient ensuite

---

(1) Arch. d'Abbeville, *Mémoires produits par le corps de ville sur ses affaires*, reg. in-f⁰, p. 54.

une livre de dragées chacun. Quelques jours après, les femmes des échevins et des autres magistrats de la ville allaient faire une visite à l'accouchée.

Dans les réjouissances publiques, le mayeur allumait les feux de joie ou les feux d'artifice ; et à la reception des princes, dans toutes les circonstances d'apparat, il occupait la place d'honneur. Faible dédommagement de la décadence toujours progressive de son pouvoir ! Le cérémonial seul était maintenu. La royauté avait grandi, et le gouvernement républicain de la cité municipale s'était effacé devant elle. En 1677, on vit le mayeur et les échevins d'Abbeville forcés par le duc d'Elbeuf, lieutenant-général du roi en Picardie, de demander pardon à la noblesse pour avoir voulu, *contrairement à ses priviléges sacrés,* l'obliger à loger des soldats. On était loin du temps où les grands officiers de la cour d'Angleterre venaient au nom des Edouards faire serment, la tête découverte, aux obscurs bourgeois du Ponthieu, qu'ils respecteraient leurs franchises !

Les chanoines de Saint-Vulfran et les moines de Saint-Pierre jouissaient du singulier privilége d'élire parmi eux un maire qui, sous le nom de *Prevôt*, s'emparait de l'autorité la veille de la Saint-Pierre et le surlendemain des fêtes de la Pentecôte. Le prevôt des chanoines excerçait tous les actes de cette magistrature pendant cinq jours, et celui des bénédictins pendant trois jours seulement. En 1328, ces moines vendirent leur prevôté à la commune, et cette charge éphémère passa alors à l'un des échevins, élu par ses collègues. Les deux prevôtés, que l'on appelait aussi *franches fêtes*, devaient être annoncées par les maire et échevins au son de leurs cloches; mais ces cloches, un instant après, devaient cesser de se faire entendre, car le gouvernement civil disparaissait devant celui des prêtres auxquels les chefs de la commune eux-mêmes ordonnaient d'obéir.

Il paraît cependant que les officiers municipaux conservaient encore une partie de leur pouvoir, puisque, durant la prevôté de Saint-Vulfran, ils se rendaient avec une escorte dans la vicomté du *Pont-aux-Cardons* pour garder les droits, justice et priviléges de la ville.

LES ÉCHEVINS. — Les échevins formaient à Abbeville, sous la présidence du maire, le conseil exécutif de la commune. Ils administraient les propriétés foncières, surveillaient la construction et l'entretien des édifices publics, régissaient les corps d'arts et métiers, et jugeaient aux assises civiles ou criminelles de la ville (1). Ils avaient de plus à s'occuper du logement des gens de guerre, et à veiller au maintien de l'ordre.

En qualité d'officiers de police, les échevins devaient prendre des mesures sévères à l'égard des vagabonds et des bannis, prescrire des précautions pour prévenir ou arrêter les contagions, les incendies, régler tout ce qui concerne les voies publiques et leur libre passage.

---

(1) Au XVII° siècle, les échevins de service étaient tenus d'assister aux audiences, sous peine de huit sous d'amende.

Ils avaient en outre la surveillance des foires et marchés, de la vente des vivres et des boissons, etc.

Leur nombre, la forme de leurs élections ont varié plusieurs fois. En 1388, on trouve vingt-quatre échevins divisés en trois séries : *Les Quatre, les Huit, les Douze.* En 1596, leur nombre est réduit à huit, quatre anciens, quatre nouveaux (1). Leurs fonctions duraient deux ans, et, à toutes les époques, elles étaient électives. Les étrangers ne pouvaient être échevins qu'après un séjour de dix ans dans la ville, et, jusqu'en 1660, les célibataires étaient exclus de cette charge.

On choisissait pour échevins des gens notables au-dessus de l'âge de 30 ans. Il fallait, autant que possible, savoir lire. En 1530, un échevin, le jour des élections, déclare ne pas savoir signer, et propose de remplacer son nom par sa marque sur le registre municipal ; son élection est annulée à la requête du procureur du roi, attendu que les échevins étant tous juges, doivent savoir lire et écrire. Dans l'origine, le choix pouvait se porter indistinctement sur tous les bourgeois lorsqu'ils offraient, sous le rapport de la probité et de la capacité, les garanties suffisantes ; mais une ordonnance royale du 10 août 1748 prescrivit de ne prendre que la moitié des échevins dans le corps des marchands, et les autres dans les rangs de la haute bourgeoisie, de la noblesse ou de la robe.

(1) Dès 1282, il est question des *Vieux* et des *Nouveaux* échevins. Liv. Rouge, f⁰ˢ 13 et 18.

Les échevins en exercice ou sortant de charge ne pouvaient être nommés mayeur ou réélus comme échevins qu'après être restés étrangers trois ans aux fonctions municipales. Ils étaient tous égaux entre eux et payaient, en 1457, chacun quatre livres pour leur bien venue et vingt sous pour les dépenses de bouche et pour l'aumône. Ils jouissaient pendant un an, entre autres privilèges, de l'exemption de gens de guerre, c'est ce qu'on appelait *l'année de repos*.

Un des devoirs les plus importants que leur confia dans l'origine la loi municipale, ce fut d'intervenir avec le mayeur dans les actes de la vie civile et d'imprimer, par leur présence et l'apposition du scel échevinal, un caractère d'authenticité aux contrats d'aliénations, aux actes concernant les héritages, aux dispositions entre-vifs ou testamentaires, aux hypothèques, etc. (1). C'était une tradition directe de l'insinuation aux registres municipaux de la curie romaine. Les échevins interprétaient et appliquaient en outre les dispositions de la coutume. Les actes qui se passaient devant eux étaient ordinairement rédigés en latin. Ils sont tous remarquables par leur brièveté et leur précision. Voici la formule d'un contrat de vente.

« Nous, Jean Barbafust, maire, et les échevins d'Abbeville, faisons savoir à tous ceux qui verront ces présentes lettres, que N..., a vendu à N..., un tènement (suit l'indication sommaire des bouts et côtés) ; lequel acheteur, constitué en notre présence, a reconnu tenir à per-

---

(1) Dans les actes civils du XIIIe siècle, les bourgeois prennent souvent le titre de croisé, *cruce signatus*.

pétuité ledit tènement, moyennant la somme de.... L'acheteur et le vendeur ont déclaré par serment que la somme une fois payée, ils n'auraient rien à réclamer l'un de l'autre, et que la sûreté de leur marché, vis-à-vis leurs hoirs, serait placée sous la garantie de la ville, à l'arbitrage de laquelle ils auront recours en cas de contestation. En foi de quoi nous avons mis notre sceau à ces présentes; l'an du seigneur 1250, au mois de décembre, le mardi (1). »

On voit, par un de ces contrats, que les officiers municipaux d'Abbeville avaient le droit de prescrire aux parties contractantes les obligations qu'ils jugeaient convenables pour assurer à chacun ses droits (2).

C'était aussi devant le maire et les échevins que se passaient les *assurements*, c'est-à-dire la promesse faite avec serment par deux habitants de la ville, qui avaient de mutuels motifs de haine, de ne point se nuire réciproquement dans leurs biens, et de ne se porter envers l'un l'autre à aucun acte de violence. L'assurement offrait pour les inimitiés privées les mêmes garanties de paix que la trève de Dieu pour les guerres générales; seulement la trève de Dieu n'était que temporaire, tandis que l'assurement engageait les parties jusqu'à la mort comme un traité imprescriptible. Les peines étaient sévères contre ceux qui violaient l'assurement (3) qu'ils

---

(1) Archiv. d'Abbeville, *contrats, transactions*, etc., *passés entre personnes privées devant les officiers municip.*

(2) Arch. du Pas-de-Calais. — *Cartul*, côté D. France 1666, f° 120.

(3) « Personnes soupçonnées de meurtre et purgées par loi sont contraintes de faire trève devant le bailli jusqu'à la présence de l'autre partie pour faire assurance. »

avaient juré. En cas de parjure, on brûlait les femmes vives, et les hommes étaient pendus. En 1231, les comtes interviennent aussi dans ces sortes de traités (1).

LES MAYEURS DE BANNIÈRES. — Au troisième rang de la hiérarchie municipale, on trouve les mayeurs de bannières, au nombre de soixante-quatre (2). Eclairer la discussion dans les procès, dans les questions relatives aux finances de la ville et aux impôts; collationner les comptes des argentiers, fixer le prix des amendes, assister à l'ouverture et à la fermeture des portes, veiller à ce que les clés de ces portes fussent exactement remises au mayeur, choisir parmi les personnes les plus probes le receveur des deniers communs et des octrois, les sergents de la vingtaine; veiller à la conservation des archives et des grands sceaux, telles étaient les attributions que leur conférait la loi municipale. C'étaient eux qui portaient les bannières des corporations à la guerre et dans les assemblées publiques; qui dressaient la liste des jeunes gens appelés au service militaire, et présentaient cette liste aux officiers municipaux. Leurs fonctions étaient annuelles, électives et gratuites; mais on leur accordait une certaine somme à titre d'indemnité,

---

« Nouveau débat mu entre les assurés depuis qu'ils ont bu et mangé ensemble ou depuis qu'il y a eu mariage entre eux ne viole pas l'assurance. » — (Marnier, *Anc. coutumier de Picardie*, 1840, in-8°.)

(1) Archiv. d'Abbev. *Regist. aux assurements.* — *Livre Rouge.* — *Créations de la loi*, passim.

(2) Voir aux corporations des arts et métiers.

et un pot de vin trois fois l'an. Ils jouissaient en outre de divers priviléges qui leur donnaient dans la cité une position supérieure ; ainsi on ne pouvait les mettre en prison si ce n'était pour crime de lèse-majesté, ou par ordre exprès du souverain. Dans les cas de suspicion pour des délits ordinaires, ils restaient libres sous la foi du serment (1).

Tous les quinze jours ils se réunissaient dans une salle particulière là où *le Ave Maria estoit écrit*, pour conseiller le mayeur et les échevins ; et s'ils avaient eux-mêmes besoin de conseils, ils pouvaient appeler avec eux leurs soixante-quatre confrères de l'année précédente.

Les échevins pouvaient décider que le collége des mayeurs de bannières ne serait pas renouvelé s'ils le jugeaient convenable, et quelquefois les mayeurs de bannières eux-mêmes offraient, pour conserver leurs charges encore une année, de l'argent applicable aux nécessités de la commune. En 1506, ils proposent de payer une partie de l'artillerie récemment achetée au roi, pourvu que l'on consente à les laisser encore en exercice pendant une année. On accepte ; ils payent cent quarante livres, et sont maintenus. Ils se fondent, en 1522, sur les grandes dépenses qu'entraînent les élections ; en effet, ils donnaient à dîner à ceux qui les nommaient, et payaient de plus dix sous à l'hos-

(1) Ces détails sont extraits des registres aux délibérations de la ville, des comptes des argentiers, du livre rouge et de diverses notes Mss. relatives à l'histoire municipale dans les archives de la mairie.

pice des Lépreux. Ils font souvent encore valoir d'autres motifs. Aujourd'hui c'est la guerre ; ils craignent que les agents de l'ennemi ne viennent se mêler au collége électoral, influencer les choix, et faire arriver aux charges publiques des gens peu sûrs pour le pays (1); c'est la cherté des vivres et la rareté du vin; car il en faut beaucoup pour la bien venue des nouveaux magistrats ; c'est encore la peste, car en temps de contagion les assemblées de peuple sont dangereuses pour la santé publique. En 1531, la reine avait fait son entrée à Abbeville ; les mayeurs de bannières avaient acheté robes et vêtements honnêtes ; on les conserve en exercice pour les dédommager de cette dépense. Ils se fondèrent un jour sur leur bonne conduite en alléguant que les choses n'en iraient pas mieux avec de nouvelles élections; que c'était au contraire jeter le désordre dans la ville. On leur donna gain de cause, malgré les avocats du roi parlant au nom des habitants pour soutenir leurs droits et priviléges.

En vertu d'un édit municipal de 1683, il fut interdit aux mayeurs de bannières de se réunir et de délibérer sans la permission des officiers municipaux.

ÉLECTIONS MUNICPALES. — Chaque année, le 24 août, dès la pointe du jour, les cloches de l'hôtel-de-ville annonçaient *le renouvellement de la loi*. Les gens des corporations, que les sergents de ville avaient

(1) Registres ayant pour titre : *Création de la Loi*, années 1467, 1508, 1517, 1518, 1519, 1520, 1521, 1522 et 1523.

été quelques jours auparavant semoudre individuellement et à domicile, devaient se rendre à cinq heures du matin au grand échevinage, sous peine de trois livres d'amende. Chaque corps entrait séparément dans la chambre du conseil. Le procureur du roi fiscal, qui était un officier à vie de la municipalité, faisait prêter aux membres de chaque métier le serment de procéder loyalement à la nomination de leurs chefs ou mayeurs de bannières. Ces mayeurs, après leur élection, se rendaient dans la chambre de l'hôtel-de-ville pour entendre la messe et le sermon. Cette messe terminée, ils élisaient deux *auditeurs de voix* et un greffier. Pendant tous ces préparatifs, on se précautionnait avec une défiance souvent exagérée contre les brigues et les cabales. Ainsi, par exemple, quand les gens des métiers avaient élu leurs chefs, on les faisait sortir de l'hôtel-de-ville et on fermait les portes. On tenait alors sous clé pendant plusieurs heures le collége des mayeurs de bannières, et, pour plus de sûreté, on plaçait une sentinelle à la porte de la chambre dans laquelle ils étaient renfermés. Comme les formalités préalables étaient fort longues, et que personne ne pouvait sortir, les membres les plus notables du corps électoral dînaient ensemble dans la grande chambre, et plus anciennement devant l'autel dans la salle même où l'on avait chanté la messe (1).

(1) L'évêque d'Amiens avait pour ce motif interdit le dîner; mais les officiers municipaux en appelèrent au pape Clément VI, qui, par une bulle datée de 1347, leur donna l'autorisation de continuer le banquet et de rétablir l'autel.

Après le dîner, les officiers municipaux en charge et les mayeurs de bannières se retiraient chacun dans une chambre particulière, puis on se réunissait de nouveau en pleine assemblée, et là les échevins nommaient au greffier les trois candidats qu'ils avaient choisis pour les fonctions de maire; c'est ce qu'on appelait *faire le port*. Ces candidats ne pouvaient être parents au degré prohibé ni parents des échevins. Le port approuvé et signé par les anciens mayeurs, par le greffier et les échevins, était aussitôt présenté aux chefs des corporations qui venaient dire successivement au greffier le nom de la personne dont ils avaient fait choix pour mayeur, et les noms des deux échevins que la loi leur donnait le droit d'élire. Ces noms étaient inscrits à la vue et sous le contrôle des deux auditeurs de voix, et le votant quittait immédiatement la chambre (1). Les voix, ainsi recueillies, les échevins et les autres officiers municipaux présentaient le port au mayeur sortant, et les candidats qui avaient réuni le plus de suffrages étaient aussitôt proclamés.

Le premier échevin et le procureur fiscal, accompagnés de quatre sergents, allaient annoncer sa nomination au mayeur nouvellement élu. On l'amenait à l'hôtel-de-ville au bruit de toutes les cloches; la grande porte s'ouvrait; le mayeur sortant se présentait alors

---

(1) Les mayeurs de bannières ne pouvaient sortir de l'hôtel de ville qu'après avoir voté, sous peine de payer chacun dix livres d'amende, et d'être retranchés à l'avenir de la liste des électeurs.

à la vue du peuple sur le grand balcon de l'hôtel de ville ; il faisait en peu de mots sa harangue de sortie, proclamait le nom de son successeur, recevait son serment, lui remettait son épée, et attachait à sa ceinture une *tasse*, espèce de bourse de velours violet, aux armes de la ville et à fermoirs d'argent, dans laquelle le chef de la commune déposait le sceau échevinal, les dépêches du gouvernement ou les placets.

Le nouveau maire faisait à son tour sa harangue d'avènement, et les sergents, en *signe d'obéissance et de soumission*, venaient déposer sur le bureau leurs masses, et les portiers leurs clés, qu'ils reprenaient après avoir été *admonétés* sur leurs devoirs.

Le lendemain 25 août, les échevins procédaient dans l'hôtel-de-ville à la nomination de deux nouveaux collègues qu'on désignait sous le nom d'*échevins de Recueil*. Les officiers municipaux se rendaient ensuite au prieuré de Saint-Pierre. Les religieux venaient au-devant d'eux dans la cour, où le cortége s'arrêtait sur un point désigné. Là, le nouveau mayeur complimentait les moines et promettait de respecter leurs priviléges.

Quatre *maîtres* ou députés de toutes les corporations étaient élus le même jour par le collége des mayeurs de bannières, et ces *maîtres* avaient le droit d'assister aux assemblées délibérantes de la commune.

Au moyen âge, le maire et les échevins, avant d'entrer en exercice, juraient, le premier sur les choses saintes dans l'église Saint-Vulfran, les seconds sur l'évangile (1), de remplir avec exactitude et loyauté les devoirs de leurs charges ; ils allaient ensuite, escortés des archers, des arbalétriers et des sergents, *chevaucher* autour des murailles de la ville pour en examiner l'état et les faire réparer. Ils s'arrêtaient à chaque porte, y recevaient le serment de fidélité des portiers, puis ils procédaient à l'inventaire des armes et des munitions de guerre, envoyaient des présents aux officiers du roi, et les invitaient à dîner.

Aux XVIe et XVIIe siècles, après la nomination du mayeur et des échevins, le greffier de l'hôtel-de-ville proclamait du haut d'une galerie la rénovation de l'échevinage. Il rappelait ensuite aux habitants qu'en vertu des anciennes ordonnances il leur était défendu de jurer, de blasphémer, de se promener les dimanches et les fêtes sur les places publiques ou dans les églises pendant le service divin ; d'aller ce jour là au cabaret, de jouer à la paume ou à d'autres jeux, et de sortir le soir sans lumière après la cloche sonnée.

Malgré la prévoyance sévère des officiers de la commune pour déjouer les cabales, le renouvellement de la loi devenait souvent une occasion de scandale, d'intrigues et de désordres de toute espèce. Les ambitions, les rivalités s'éveillaient. On avait vu en 1535 des échevins, des mayeurs de bannières courir les tavernes, les assemblées publiques pour gagner *par boissons* les voix des électeurs. L'échevinage, qui

(1) *Livre rouge*, f° 41, v^o.

tenait à garder sa dignité, arrêta que tous ceux qui auraient pris part à ces cabales seraient exclus du corps municipal (1). Pour remédier au mal, il fallut même l'intervention des officiers du roi.

Mais c'était peu que les cabales. Les esprits s'échauffaient dans la lutte; on en vint quelquefois aux voies de fait. M. de Dourlens, mayeur de 1692, voulait perpétuer sa charge : il avait des créatures parmi les mayeurs de bannières, qu'il tenta de faire renommer pour se faire réélire lui-même; mais les opposants furent nombreux. Sans autre forme de procès, on en mit quatre en prison. Le cas était grave, car cette arrestation arbitraire frappait les mayeurs de bannières en exercice. Le lieutenant-général se rendit à l'échevinage. On ferma les portes; il les fit enfoncer à coups de hache. M. de Dourlens n'eut que le temps de se sauver. Le lieutenant-général fit délivrer les prisonniers; il n'y eut point d'élections, et M. de Dourlens ainsi que les échevins qui avaient pris son parti furent suspendus pendant un mois.

Pour mettre un terme à toutes intrigues, on eut souvent recours à des mesures rigoureuses. Le procureur du roi, qui veillait au maintien des priviléges et des coutumes, protestait souvent. En 1653, ordre fut donné par lui d'informer contre ceux qui se mêlaient de cabales et d'intrigues, et il fut décidé que si, par

---

(1) Regist. intitulé : *Création de la loi* de 1460 à 1665.— *Regist. aux délib. de la ville* de 1426 à 1460, f° 137, r°.

les voies ordinaires, on ne pouvait découvrir les coupables, on lancerait un monitoire qui serait publié dans toutes les églises de la ville. Le roi lui-même avait été quelquefois obligé d'intervenir. M. de Bellejame, intendant de Picardie, était venu à Abbeville en 1638 pour asssister aux élections municipales et les surveiller. Il était porteur d'une lettre du roi, et, dans cette lettre, Louis XIII disait qu'il savait les manœuvres coupables tentées par certains bourgeois pour parvenir aux charges de mayeur au préjudice de la liberté des suffrages ; que cette magistrature ne devait être confiée qu'à la vertu et au mérite. Jusque-là le roi avait raison ; mais à la fin de sa lettre il avait sans doute oublié les premières lignes, car il terminait en disant : Je veux et j'entends que le sieur d'Acheby, maître particulier des eaux et forêts en Ponthieu, soit élu et établi mayeur, et le sieur Hermant premier échevin. M. de Bellejame, après lecture, fit un long discours, et les Abbevillois se soumirent humblement à la volonté du monarque.

Ce n'était pas la seule fois d'ailleurs que la commune avait eu à défendre le principe de l'éligibilité de ses magistrats. Elle l'avait défendu contre Edouard II, roi d'Angleterre, contre les ducs de Bourgogne, contre Louis XI.

Le 24 août 1468, on allait procéder aux élections municipales, lorsqu'un héraut de Charles-le-Téméraire apporta au corps de ville l'ordre de suspendre le renouvellement de la loi jusqu'à son arrivée. On pria le duc de faire connaître ses motifs. Il répondit que les mayeurs et échevins sortant devaient rester en exercice parce qu'ils étaient gens de bien, en d'autres termes parce qu'ils lui étaient dévoués. Deux ans plus tard, il ordonna aux habitants, sous peine d'encourir son indignation, d'élire pour mayeur l'échevin Jean Caru, et cet ordre brutal ne l'empêche pas d'ajouter qu'il ne prétend nuire en rien aux priviléges de la ville. Louis XI ne respecte pas davantage les coutumes politiques de la cité. Il les confirme lui-même en 1463 ; il les confirme encore en 1476, et les viole en 1477. L'office de mayeur est conféré sous son bon plaisir ; mais s'il s'attribue l'élection; c'est, dit-il, pour éviter aux bourgeois toute occasion de débats (1).

Charles VIII en revient aux formes consacrées ; mais plus tard, dans les troubles de la Ligue, la royauté intervint encore, et si elle n'imposa point les candidats d'une manière formelle, elle les désigna du moins de telle sorte qu'il était difficile aux bourgeois de ne pas les choisir sans faire suspecter leur fidélité.

Henri IV apporta un notable changement dans la constitution du corps municipal. Par lettres de cachet du 17 août 1596, il réduisit le nombre des échevins de vingt-quatre à huit, « attendu, dit-il, que les propositions faites en grandes assemblées de personnes n'engendrent ordinairement que confusion, rendent les délibérations vaines et occasionnent des retards fâcheux. »

(1) Voy. Création de la loi, années 1477, 1478, 1481.

Les huit échevins, choisis parmi les personnes les plus notables, de quelque condition qu'elles fûssent, devaient se renouveler par moitié d'année en année. Les mayeurs de bannières considérèrent la réduction du nombre des échevins comme une atteinte portée à leurs droits politiques et protestèrent. Leur plainte fut portée par appel de la sénéchaussée de Ponthieu au parlement qui ordonna, par arrêt du 20 janvier 1598, l'exécution des lettres de cachet.

Depuis longtemps, on le voit, le principe de l'élection était subordonné au contrôle de la royauté. Louis XIII ordonne de maintenir en charge les mayeurs dont il est satisfait, et, comme toujours en pareil cas, il proteste de son respect pour les priviléges de la ville. Sous la régence d'Anne d'Autriche, ce sont les mêmes exigences. En 1646, M. de Launoy, maréchal de camp, commandant d'Abbeville, se rend à l'échevinage pour enjoindre aux mayeurs de bannières de réélire le mayeur en charge et de nommer les échevins qu'il désigne; les mayeurs de bannières refusent d'obéir aux ordres de la cour; M. de Launoy les fait arrêter, et il écrit au roi pour demander qu'ils soient privés de nommer les magistrats municipaux, attendu qu'étant la plupart de basse condition, ils suscitent des brigues et monopoles pour boissons et à prix d'argent. Les mayeurs de bannières déclarèrent à plusieurs reprises qu'ils ne pouvaient faire aucune nomination du moment où on leur désignait des candidats; plusieurs fois ils refusèrent d'obéir. Ils envoyèrent même des députés à la cour pour réclamer la liberté des suffrages, et *s'éclaircir auprès du roi de sa volonté;* mais le roi se montra d'autant plus impératif qu'ils semblaient moins dociles à ses ordres, et, après plusieurs années de débats, il fallut céder (1).

A Montreuil, les élections municipales étaient faites, chaque année, par les magistrats municipaux sortant de charge (2). On procédait d'abord à la nomination des échevins. Cette nomination faite, le maire en donnait connaissance aux nouveaux élus, et, quand les magistrats anciens et nouveaux étaient réunis, et que personne d'entre eux ne contredisait les choix, les échevins et le mayeur sortant de charge se rendaient dans la salle de l'échevinage pour procéder à l'élection de trois personnes parmi lesquelles on devait choisir plus tard un mayeur principal et deux aides pour exercer la mairie pendant l'absence du mayeur principal. Ces formalités remplies, les électeurs se rendaient au *Plaidoir;* là, l'ancien mayeur recevait du clerc de la ville une *blanque vergue longue;* il faisait signe avec cette verge au nouveau mayeur et aux deux autres élus de le suivre. Il les conduisait à l'entrée de l'échevinage, et les faisait asseoir sur un banc *chacun en son degré;* puis le mayeur retournait avec ses collègues à l'échevinage. De retour dans l'échevinage, le mayeur disait

(1) Regist. aux délib. de la ville, XVII⁰ siècle, *passim.*
(2) Livre de la fourme ordinaire que ont à faire tenir et maintenir messeigneurs les maire et échevins de la ville de Monsteroeul, l'an mil quatre cens trente chincq.

à ses collègues : « Beaux seigneurs, nous avons à adviser de ces trois esleus duquel nous ferons mayeur. Je vous en demande comment vous y procéderez. »

Chacun des électeurs était tenu de dire son opinion : on donnait le vote par écrit. Après le dépouillement des votes, on envoyait deux échevins à l'abbaye de Saint-Saulve. Quand les religieux avaient été prévenus, le mayeur faisait sonner la cloche et se présentait au peuple en lui annonçant le nom des élus. Les nouveaux magistrats prêtaient ensuite serment sur la place *au Carbon*. Le mayeur sortant de charge plaçait la main du nouveau mayeur sur le livre (1) en disant : *Ce oe Diex* (Dieu écoutez cela !). Le nouveau mayeur répétait la formule. Cette formalité remplie, le mayeur sortant de charge ou le clerc de la ville disait : « Des drois de le commune que vous n'en mentirez ne pour peur, ne pour crémeur, ne pour amy, ne pour ennemy, ne pour loier, ne pour promesse, que vous n'en faichiez droit à vo essient, au poure come au riche, tout partout lau vous le saréz, et que vos compaignons vous enseigneront. »

Après s'être rendu à l'offrande au grand autel de l'église Notre-Dame, on allait entendre les vêpres à Saint-Saulve, et là, les religieux venaient recommander leur église aux magistrats municipaux ; ensuite on soupait, l'ancien et le nouveau mayeur, chacun en son hôtel, aux dépens de la ville. — Le jour suivant avaient

(1) Il n'est point dit quel était ce livre.

lieu les élections des argentiers, du maître des ouvrages et autres officiers subalternes de l'échevinage. Le même jour., les gardes des portes, des marques d'argent, d'étain, etc, rapportaient les clés et marques à l'échevinage ; et, après enquête sur les services de ces différents agents, on les maintenait dans leurs fonctions, s'ils étaient jugés *ydoines et souffisans*, et dans le cas contraire, on les remplaçait. Les prevôts des *Ghildes*, les *mères Aleresses* (1) venaient ensuite prêter serment, ainsi que les couvreurs de tuiles qui s'engageaient à n'employer que de bonnes tuiles.

La ville donnait aux mayeurs, aux vingt échevins, au clerc, aux sergents, au maître artillier, au maître de l'horloge, au *cappier*, c'est-à-dire à celui qui portait chape dans la chapelle de l'échevinage, au maître charpentier, etc., du vin en plus ou moins grande quantité, selon l'importance de leurs fonctions.

Il y avait chaque année à l'échevinage de Montreuil trois plaids : à l'issue de ces plaids, le mayeur ou le clerc de la ville annonçait au peuple que messeigneurs de la ville

---

(1) On trouve aussi à Abbeville, en 1409, des *mères Aleresses* (alere, *nourrir*). Nous ignorons quelles étaient leurs fonctions. Nous pensons cependant qu'on désignait ainsi les femmes chargées de nourrir et de soigner les orphelins ; car on sait que la tutelle de ces enfants appartenait aux échevinages. A Montreuil, dans le XVe siècle, les mères Aleresses habitaient la rue du Paon. Cent ans après, la ville acheta, dans la même rue, une maison située près du refuge de Valloires, pour y loger les femmes chargées du soin des enfants devenus orphelins par suite de la contagion. C'est dans cette maison même que l'hôpital des orphelins prit son commencement, en 1640.

allaient publier leurs édits, et que si quelques habitants de la ville avaient quelque remontrance à faire ils eussent à donner leur avis, qu'on y ferait droit s'il y avait lieu.

Quand les édits de l'échevinage avaient été publiés, tous les vicomtes des seigneurs, qui avaient vicomté dans la ville et banlieue, étaient tenus de venir renouveler leurs serments entre les mains du mayeur, et ils ne pouvaient exercer leur office avant d'avoir rempli cette formalité, sous peine de soixante sous d'amende au profit de la ville.

Les élections municipales de Montreuil furent modifiées en 1451 par une ordonnance de Charles VII.

Deux jours avant la fête de Saint-Simon-Saint-Jude, les sept gueuldes (1) assemblées séparément nommaient chacune quatre électeurs. La section des portiers (2) en choisissait neuf, et celle de Saint-Martin de son côté deux autres, ce qui faisait trente-neuf. Ces trente-neuf électeurs nommaient, sous la foi du serment, douze échevins de probité et de réputation, et parmi eux le mayeur, un second mayeur, un troisième mayeur. Immédiatement après cette nomination, les trente-neuf électeurs choisissaient, pour compléter le corps municipal, douze conseillers qui devaient lui venir en aide et l'assister de leurs lumières et de leur coopération (3).

(1) Voir sur les gueuldes ou ghildes M. Aug. Thierry, *Récits des temps mérovingiens*, introd, ch. V.
(2) On les appelait ainsi parce qu'en temps de danger la garde des portes de la ville leur était spécialement confiée.
(3) Cf. ordon., t. XIV, p. 178. — En 1789, il y avait à Montreuil un maire, un lieutenant de maire, deux échevins, deux assesseurs,

A Montreuil, comme à Abbeville, la royauté eut plus d'une fois l'occasion d'intervenir. En 1464, et plusieurs fois encore précédemment, on avait nommé des *géns mécaniques*, de *petite façon et de petit état*, qui n'avaient su ni se conduire eux-mêmes ni gérer les affaires publiques. La ville était endettée, ses dépenses excédaient ses recettes de près de treize cents livres ; elle devait à Louis XI douze cents livres parisis de rente, et mille livres tournois à la recette des Aides. Les habitants surchargés d'impôts allaient s'établir ailleurs. Louis XI, qui tenait au recouvrement de ses finances, envoya des commissaires à Montreuil pour visiter les registres, et s'enquérir auprès des notables habitants des réformes devenues indispensables. Sur le rapport des commissaires, le roi rendit une ordonnance qui régularisa les élections, et régla d'une manière plus sévère l'administration des finances. L'ordonnance royale, entre autres dispositions, défendit aux échevins de dépenser en dîners aucune somme excédant douze livres parisis. Louis XI se réserva en outre pendant trois ans la nomination de douze conseillers chargés de surveiller en son nom l'administration locale (1).

un procureur fiscal, un trésorier receveur et un secrétaire greffier. Deux sergents à verges, huit hallebardiers, un canonnier et un pompier composaient le corps des bas-officiers de l'échevinage.

Les magistrats municipaux gardaient les clés de la ville, commandaient le guet, donnaient le mot d'ordre à la milice bourgeoise, ainsi qu'aux troupes royales, qui devaient leur obéir pendant l'absence du lieutenant de roi et du major.

(1) Cf. *Ordon.*, t. XVI, p. 234, 241 et suiv.

Le maire et les échevins de Crécy, élus chaque année à la Saint-Jean-Baptiste, avaient les mêmes attributions civiles et militaires que les officiers municipaux d'Abbeville.

A Saint-Valery, c'était le bailli du seigneur qui choisissait annuellement, la veille de la Circoncision, le maire de la ville parmi trois candidats que présentaient les capitaines d'escouades et les chefs des métiers. Le mayeur de Gamaches était aussi nommé par le seigneur (1).

Nous avons indiqué ailleurs (liv. II, ch. 4) les formalités des opérations électorales dans plusieurs communes du Ponthieu. Il y a lieu de croire que ces formalités devaient être à peu près les mêmes dans le reste du comté.

CONSEILLERS-PENSIONNAIRES. — Des officiers à vie, rétribués par la commune, et plus ou moins nombreux selon les temps, faisaient partie intégrante du corps municipal. Ces officiers étaient à Abbeville, au XIVe siècle, le siéger, le sous-siéger, le procureur fiscal, son substitut et le greffier. Ils devaient éclairer de leur avis les échevins, hommes souvent illettrés, étrangers au droit ou peu habitués à la pratique de l'administration.

Le siéger, qui prenait rang dans l'hôtel de ville après les échevins, avait voix délibérative dans le conseil. Il

---

(1) Une charte de commune, conforme à celle de Saint-Quentin, fut octroyée, en 1230, aux habitants de Gamaches, par Annora, comtesse de Dreux, veuve de Bernard de Saint-Valery.

connaissait de toutes les causes de police municipale, suggérait les mesures à prendre, rédigeait les actes administratifs, les délibérations, les jugements, la correspondance, et allait en voyage pour les affaires de la commune. Il remplissait en outre les fonctions de greffier dans les procès portés devant le maire, et n'avait pour tout droit que ce que les parties voulaient bien lui donner.

Au XVIe siècle, il se rendait à l'échevinage les lundi, jeudi et samedi de chaque semaine, pour conseiller les officiers municipaux, s'enquérir des affaires qui devaient être soumises à sa juridiction, et procéder aux interrogatoires. C'était lui qui recevait le serment des maîtres des métiers et celui de tous les artisans admis à la maîtrise. Ceux-ci, dans cette circonstance, lui payaient vingt sous de droit. Le conseiller siéger devait être avocat. Nommé par le corps de ville, à la pluralité des voix, il touchait au XVe siècle quarante livres parisis de gages. Son office, qui remontait à l'affranchissement de la commune, fut supprimé par un édit de 1765.

Le procureur fiscal et son substitut, officiers permanents, élus comme le siéger par les officiers de la commune, avaient mission de défendre ses droits et ceux des habitants, et remplissaient dans la justice de l'échevinage les mêmes fonctions que les procureurs du roi dans les justices royales (1). Ils poursuivaient les

---

(1) Dans toutes les procédures soumises au jugement de l'échevinage, on ne pouvait s'excuser qu'une seule fois pour cause de maladie, comme par devant les officiers royaux.

crimes, toutes les affaires où les bourgeois et les enfants mineurs étaient intéressés, et veillaient en outre à la conservation du fisc. On leur distribuait chaque année une robe de drap noir et un *quartier de drap violet* pour mettre sur l'une des manches. Le greffier recevait aussi de quoi faire une robe. Quand le procureur *alloit au dehors pour les besognes de la ville*, on lui donnait deux chevaux et douze sous de gages par jour.

L'échevinage avait de plus un avocat et un procureur à la cour du parlement pour soutenir ses causes et lui donner conseil ; un autre procureur à la cour spirituelle de l'évêque d'Amiens, et à la cour du roi dans la même ville. Ces officiers étaient payés par la commune.

Les argentiers ou trésoriers de la ville et de la maison du Val-aux-Lépreux étaient préposés aux recettes et aux dépenses des deniers municipaux, sous l'inspection du maire et des auditeurs des comptes. Les auditeurs des comptes, dont les fonctions étaient d'examiner aussi les registres des confréries industrielles, étaient, avant la fin du XVe siècle, désignés sous le nom de *Clercs*.

DÉLÉGUÉS-MUNICIPAUX.—Des échevins ou des bourgeois étaient encore élus ou délégués pour surveiller les travaux publics, pour munir la ville d'artillerie et de provisions de guerre, acheter et distribuer les présents qu'elle offrait aux princes, aux grands seigneurs, aux officiers royaux, et pour administrer l'hospice du Val.

Les maîtres des ouvrages devaient au XVIe siècle rendre compte, chaque lundi, de tous les travaux qu'ils avaient fait exécuter la semaine précédente, et réclamer les mesures nécessaires pour éviter toute suspension préjudiciable aux intérêts de la ville.

D'autres officiers, également délégués, devaient exercer une surveillance active sur la vente du pain, de la viande de boucherie, de la bière, du vin, des harengs, des tripes, du fromage, du beurre, de la moutarde, des poules et de la pâtisserie. Il y avait en outre des commissaires pour vérifier les poids et mesures (1), l'aunage des pièces d'étoffes et les marquer du sceau échevinal ; d'autres encore chargés de veiller à la conservation des cygnes qu'on entretenait, aux frais de la commune, dans les fossés de la ville, et que les loups venaient dévorer.

OFFICIERS-SUBALTERNES. — Parmi les bas-officiers de l'échevinage on remarque les portiers, les sergents, le forestier du bois, le geôlier, le bourreau. Les portiers sont nommés par les magistrats municipaux ; ils reçoivent des gages et des robes de couleur aux dépens de la commune (2).

Les fonctions de la police subalterne étaient confiées

---

(1) La livre d'Abbeville ne pesait que quinze onces au poids de marc, en sorte que cent livres ne rendaient que quatre-vingt-treize livres trois quarts de celle de Paris. Le pied de Ponthieu portait onze pouces de roi. Le pot contenait un peu moins de deux pintes, mesure de Paris ; la pinte se divisait en quatre brocs et le broc en deux demi-brocs. L'aune se composait de deux pieds six pouces six lignes.

(2) Voir l'organisation militaire.

à des agents désignés à différentes époques sous les noms de sergents à masses, à verges et de la vingtaine.

Le forestier du bois portait une longue robe verte sur laquelle était un cornet de drap noir.

En 1369, une ordonnance de Charles V permit aux officiers municipaux d'Abbeville d'établir un garde pour veiller à la conservation des récoltes et des propriétés de la maladrerie du Val de Buigny. Ce garde pouvait recevoir, pour chaque dégât, des amendes jusqu'à concurrence de trois sous (1).

Le geôlier, qu'on désignait sous le nom de *chépier*, portait des verges comme les sergents de la vingtaine.

Le bourreau était souvent un étranger fort pauvre que la ville logeait et habillait (2). Au XVe siècle, il avait le titre d'officier en haute justice et plusieurs aides portant sur leurs habits les armoiries de la ville. Il recevait dix sous d'émoluments chaque mois, et la commune lui fournissait un lit garni. Il lui était dû, vers le même temps, pour le supplice d'un meurtrier, vingt sous; pour celui d'un voleur, dix sous; autant quand il en fouettait un autre par les carrefours, et de plus une paire de gants blancs, pour chaque exécution ou bannissement.

On lui devait en outre une amende de deux deniers

---

(1) *Ordon.*, t. V, p. 197.
(2) La ville habillait non seulement tous ceux qui occupaient quelque office dans l'échevinage, mais encore le paveur, le charpentier, le maçon et les autres ouvriers auxquels elle donnait de l'ouvrage. Il en était de même à Montreuil.

pour chaque pourceau qu'il trouvait errant dans les rues ; il prélevait encore deux deniers de toute personne atteinte et convaincue d'avoir pissé contre une église ; deux deniers des lépreux rencontrés dans la ville, sauf les mercredis et vendredis, jours où ces lépreux avaient droit de quête.

ADMISSION DANS LE CORPS-MUNICIPAL. — « Les officiers municipaux d'Abbeville, dit une ordonnance de Charles VI (1), peuvent, par leur loi, faire bans, édits et statuts, » et ils avaient usé de ce droit dès l'origine en decrétant que, pour faire partie du corps de ville, être apte à remplir auprès de lui quelque office, même celui de sergent, il fallait être *né en légitime mariage*, sans reproche (2), et s'engager à partager toutes les charges de la bourgeoisie, c'est-à-dire payer la taille et faire le guet (3). Il fallait s'engager également à garder le secret des délibérations de l'échevinage quand les circonstances l'exigeaient. En 1282, l'un de ses membres en est exclus à toujours pour avoir révélé à différentes personnes ce qui s'était passé dans le conseil, et en outre parce qu'il avait été convaincu de parjure (4).

Les officiers royaux ne pouvaient entrer dans l'échevinage (5) ; mais l'un d'eux, le sénéchal, avait à

(1) *Ordon.*, 1399, p. 335.
(2) Archiv. d'Abbev. *Livre Rouge*, fos 6 et 7.
(3) Regist. aux délib., 24 août 1459, fº 126.
(4) Livre Rouge, fº 13, vº.
(5) Regist. aux délibérat., 1er septembre 1463, fº 175, vº.

Abbeville mission de veiller aux droits et aux prérogatives du roi, en qualité de son mandataire. D'après un autre édit municipal, quiconque est rétribué par la commune ne peut-être porté mayeur, échevin ou mayeur de bannières (1). Ce principe a été consacré par la législation moderne.

Nous avons vu dans les élections qu'on essayait, par des moyens illicites, d'arriver aux charges municipales, et combien ces charges étaient ambitionnées. Cependant, à travers les temps difficiles du moyen âge, elles imposaient souvent des devoirs tellement pénibles, que les questions d'intérêt personnel et le désir du repos l'emportaient sur les questions de vanité. On invoquait, entre autres prétextes, pour les décliner, la qualité de clerc; mais cette résistance à la participation des charges publiques fermait pour toujours l'accès de l'échevinage.

ASSEMBLÉES DU CORPS DE VILLE. — Les assemblées du corps municipal étaient, selon l'urgence des affaires et le nombre des assistants, *ordinaires*, *composées* et *générales extraordinaires*. Dans l'assemblée ordinaire siégeait au XVIIIe siècle le mayeur, les huit échevins, le siéger, le procureur du roi fiscal, son substitut, le greffier et le receveur des deniers patrimoniaux. On y examinait les affaires qui n'avaient pas encore été entamées, et lorsque ces affaires présentaient

---

(1) Regist. aux délibérat., 5 mai 1566, f° 183, v°.

quelques difficultés, qu'il y avait discussion, partage de voix, on convenait d'une seconde réunion. Cette réunion s'appelait l'*assemblée composée*. On y convoquait les anciens mayeurs qui avaient rang, séance et voix délibérative dans le conseil. Quand les embarras se prolongeaient, quand la discussion n'était pas terminée, le mayeur donnait l'ordre de réunir l'assemblée générale extraordinaire. C'était une sorte d'assise solennelle dont les décisions étaient soumises en dernier ressort soit au parlement, soit au conseil d'état. Les doyen et chanoines de Saint-Vulfran, les prieur et religieux de Saint-Pierre, les officiers du présidial et de la sénéchaussée, de l'élection, du grenier à sel, de la juridiction consulaire, le collége des soixante-quatre mayeurs de bannières y assistaient par des délégués en habits de cérémonie. Ces assemblées générales extraordinaires auxquelles une *grande partie du commun* était anciennement appelée (1) n'étaient du reste convoquées que fort rarement, dans les circonstances sérieuses, lorsqu'il s'agissait de délibérer sur les plus graves intérêts de la ville, de payer de lourds impôts, de prendre dans les temps de contagion ou de famine des mesures de police qui intéressaient directement la cité tout entière, et, dans ces circonstances, le sénéchal et son lieutenant assistaient au conseil.

Au moyen âge, avant que le pouvoir central fût régulièrement constitué, quand les affaires de la com-

---

(1) Voir les *Regist. aux délib.* du XVe siècle, passim.

mune donnaient lieu à quelques discussions entre les officiers municipaux et les pouvoirs co-existants, on en appelait à l'arbitrage des villes d'Amiens, de Saint-Quentin et de Corbie : c'était d'elles que l'on prenait conseil dans les questions embarrassantes.

Lorsqu'un débat s'élevait entre les divers échevinages du Ponthieu, les maires et échevins étaient évoqués pour réglement de l'affaire aux assises du bailliage d'Amiens. Au XIIIe siècle, ces assises se tenaient avec une solennité extrême. Les juges étaient pris parmi les abbés de Saint-Lucien de Beauvais et des abbayes les plus célèbres du ressort du bailliage, magistrats royaux et municipaux. C'était en quelque sorte une convocation judiciaire des trois ordres de la province (1).

Il paraît aussi que les bourgeois se secouraient alors mutuellement, car, en 1407, Mlle de Dreux et ses officiers ayant voulu mettre des impôts sur la ville de Saint-Valery, les habitants de cette ville demandèrent l'intervention de ceux d'Amiens qui leur donnèrent assistance.

---

(1) Assises de 1275. Mss. de dom Grenier, 14me paq., n° 3, — 337.

CHAPITRE II.

JUSTICE MUNICIPALE.

Sous le régime de la féodalité, la justice en matière civile et criminelle était exercée par les seigneurs ou par leurs délégués. Lors de l'affranchissement des communes, des attributions judiciaires, plus ou moins étendues, furent transmises aux magistrats que la révolution nouvelle avait investis du droit d'administrer la cité, sous la réserve toutefois que ces magistrats ne connaîtraient que des délits commis par les bourgeois dans l'étendue de leur banlieue.

Les officiers municipaux d'Abbeville étaient propriétaires, à titre patrimonial, de la justice haute, moyenne et basse sur toute la ville et son territoire ; mais il faut en distraire les fiefs qui s'y trouvaient enclavés, l'enclos et le pourpris des églises et des monastères.

La haute justice comprenait toutes les forfaitures capitales, les attentats contre la sûreté de la commune, l'homicide, le vol, les blessures *à sang courant et à plaie ouverte*, le viol, l'incendie, etc. La haute justice, dans le Ponthieu comme dans le reste de la France, donnait le droit à ceux qui l'exerçaient d'avoir des fourches patibulaires, des piloris, des prisons, un bourreau.

La moyenne justice connaissait à peu près de tous les délits attribués de nos jours à la police correctionnelle ; la basse justice évoquait devant elle les faits peu graves dont la répression n'entraînait que quelques sous d'amende.

Les plus notables jugements de l'échevinage d'Abbeville sont consignés, de 1280 à 1516 environ, dans un registre qui existe encore aux archives de cette ville. On ne voit pas que dans l'espace des deux siècles compris dans ce registre, appelé le *Livre Rouge* (1), la puissance juridique des officiers municipaux ait subi d'importantes modifications. Ces magistrats connaissent constamment de l'homicide, du vol, des blessures. Ils jugent sans appel, souvent à mort, et l'exécution suit de près la sentence. (2) Les jugements les plus anciens sont formulés en deux ou trois lignes. Les circonstances du

---

(1) Ce livre forme un volume petit in-f° ancien, écriture tantôt cursive, tantôt posée, et comprend deux cent soixante-cinq feuillets parchemin d'une conservation parfaite.

(2) Les gens du peuple disent encore aujourd'hui à ceux qui montrent de mauvais penchants : *Tu seras marqué dans le Livre Rouge.*

crime n'y sont que très rarement relatées et se résument par cette simple formule : « Un tel navra ou ochist un tel en le mairie de N.... et pour ce fut condamné à..... »

Tous les monuments qui nous restent de la législation barbare de l'échevinage d'Abbeville accusent dans les officiers municipaux une singulière ignorance des notions les plus simples du droit. On les voit souvent embarrassés pour la solution des questions les plus faciles, demander conseil aux villes de Saint-Quentin et d'Amiens. Cet embarras se conçoit facilement ; aucun code n'était tracé. Les magistrats appelés à rendre la justice ne s'étaient préparés à l'exercice de leurs fonctions par aucune étude. Sauf quelques points réglés par la charte de commune et la coutume locale, tout était remis à l'arbitraire. Les détails suivants feront du reste suffisamment connaître l'esprit qui présidait à l'administration de la justice municipale.

Les voies de fait étaient punies par l'amende, le bannissement à temps ou à perpétuité, la confiscation des biens, la mutilation d'un membre, la démolition de la maison du coupable ou la peine capitale, selon la gravité de la blessure.

A Abbeville, l'amende est de vingt sous pour un coup de poing ; de neuf livres pour un coup d'épée, de bâton ou de couteau (1). A Feuquières, on paye

---

(1) Charte de commune, art. 8. — D'après la coutume locale d'Abbev., art. 43, il devait en coûter quatorze livres pour une blessure avec effusion de sang.

soixante sous pour le meurtre et le même prix à Saint-Valery pour toute blessure faite avec effusion de sang ; mais la punition ne se bornait pas à l'amende ; la peine du bannissement était infligée pour des blessures faites à sang courant, et en outre la maison de l'accusé était quelquefois abattue.

Quand la victime avait été mutilée, quand la mort avait suivi la blessure, le coupable subissait à son tour la mutilation ou payait de sa tête. *Membrum pro membro, caput pro capite.*

Quand le bannissement avait été prononcé contre un habitant de la ville, et que cet accusé était sous la main de la justice, on l'amenait, aussitôt le jugement rendu, dans la salle des échevins, les mains liées derrière le dos ; là on lui signifiait sa sentence. Le maire se présentait avec lui devant le peuple, que les cloches avaient rassemblé, dans la cour de l'échevinage : « Nous bannissons un tel, disait le mayeur, pour tel motif, et nous allons le mener à la banlieue (1). » On donnait ensuite au banni deux œufs avec un morceau de pain, et les officiers municipaux à cheval le conduisaient sous l'escorte des archers, des arbalétriers et des sergents, à l'extrémité de la banlieue, quelquefois sur le chemin de Lheure, mais le plus souvent du côté d'Epagnette.

Les bannissements étaient d'un an à dix, ou à perpétuité. Les bannis à temps ne pouvaient rentrer dans la ville, sous peine d'encourir un exil plus long (2).

(1) *Livre Rouge*, f° 55, r°.
(2) *Ibid.* f° 51, r°.

Lorsque le bannissement était perpétuel, et que le condamné rompait son ban, il subissait la peine de mort. Quelquefois on lui faisait grâce de la vie, et on se bornait à lui couper un membre tel que les échevins voulaient (1). Un agent de prostitution, que les magistrats avaient banni, rompit son ban et reparut dans la ville. On lui coupa un pied, et on le bannit de nouveau sous peine de mort. Plus tard, la pénalité s'adoucit, et une infraction de ban n'entraînait plus que la perte d'une ou deux oreilles. Lorsque les bannis, après un exil plus ou moins long, témoignaient de leur repentir, ils pouvaient obtenir quelquefois de rentrer dans la ville.

Chaque année, le jour de la Saint-Maclou, dont les reliques avaient été transférées, à cause des guerres, dans l'abbaye de Saint-Saulve de Montreuil, les criminels et les bannis pouvaient entrer dans cette ville, et en sortir sans crainte, parce qu'il y avait alors foire et franche fête (2).

Au XIII⁰ siècle, on bannissait fréquemment *oultre mer;* en ce cas les condamnés devaient jurer sur des reliques que dans le délai prescrit ils partiraient *pour ne jamais revenir* (3). En 1295, un chevalier, Hugues

---

(1) *Livre Rouge*, f⁰. 57, r⁰.
(2) Chron. Ms de Rumet, liv. II.
(3) « Uns homs qu'on aploit Waleri le Pessonnier, navra d'un coustel Jehanet Vaudine, et sauloit (semblait) que il n'eust nul péril en se plaie, et portoit sen mestier à val le vile, et amaladit et par besoing de vivre ala à Saint-Nicolas (l'Hôtel-Dieu), et morut au

le vicomte, ayant causé de grands dommages à l'abbaye de Saint-Riquier, est condamné à faire le voyage de la Terre Sainte, et à ne rentrer en France qu'avec l'assentiment du roi (1). C'était alors la pénitence qu'on infligeait le plus ordinairement aux personnes d'un certain rang. En les exilant ainsi, on les obligeait à servir pendant un certain nombre d'années sous les bannières de la croix (2).

Quand une grande forfaiture entraînait la perte d'un membre, ce membre était coupé en plein échevinage (3). Il arrivait néanmoins que le coupable parvenait à à se sauver de la mutilation lorsqu'en se constituant volontairement prisonnier, il exposait son poing à la miséricorde des échevins. A toutes les époques d'ailleurs, la mutilation se rachetait par l'amende. Au XIVe siècle, elle est encore maintenue dans la loi, mais ce n'est plus qu'une formalité fictive, et dont on obtient facilement dispense pour une somme de seize sous au moins et de quarante sous au plus (4).

Lorsqu'on avait prononcé la démolition d'une maison, la commune tout entière était convoquée. Le corps de

---

XXIIe jour; et nous et nos consaus ensanle a chou nous sounasmes le cloque, et à le veue du kemun (peuple), nous le mesimes hors de no prison; et le fesimes jurer sur sains qu'il wideroit le vile, et mouveroit dedans XV jours à aler outre-mer sans jamais revenir. » (*Livre Rouge*, f°. 33.)

(1) *Inventaire des titres de l'abbaye de Saint-Riquier*, f° 48, v^o.
(2) Hallam, *l'Europe au moyen âge*, 1837, t. 1er, p. 50.
(3) *Livre Rouge*, f° 96, v^o.
(4) Argentiers. XIVe siècle, rôles des amendes.

magistrature revêtait le costume d'apparat, la milice bourgeoise prenait les armes, et, enseignes déployées, on se rendait au son des cloches devant la demeure du coupable. Le maire frappait un coup de marteau contre cette demeure, et des ouvriers, requis pour service public, procédaient à la démolition qu'ils poursuivaient jusqu'à ce qu'il ne restât plus pierre sur pierre.

Divers jugements nous font connaître que les femmes des accusés avaient le droit de faire suspendre la démolition jusqu'après leur décès, dans le cas où elles prouvaient qu'*elles avoient douaire sur les maisons que on voloit abattre* (1). La coutume de détruire ainsi *tout au net* les demeures des malfaiteurs fut maintenue à Abbeville jusqu'au 1394 ; mais à cette époque on s'aperçut enfin que cet usage ne faisait qu'enlaidir et ruiner la ville (2), et il fut décidé que l'on se contenterait à l'avenir d'enlever l'encadrement de la porte et les fenêtres, et de les brûler devant la maison du cou-

(1) En l'an mil ccc et deus, le jour de le Trinité, par nuit, en le franke feste Saint-Ouffran, Alardin li Carpentier, ochist Villart Poile-Haste, et pour chu fait on doit abattre le maison dudit Alardin.... après le dechès de Jehane d'Auxi se feme, qui douée en est. Lequel douaire ledite Jehane prouva bien souffisamment par-devant le maieur et les eskevins en plain eskevinage. (Livre Rouge, f° LVI, v°, § 2.)

(2) Par charte de 1212, Guillaume, comte de Ponthieu, décide qu'attendu le dommage que cause à la ville de Doullens la destruction des maisons, pour les cas de meurtre et de blessures, il sera loisible aux maire et échevins de cette ville de remplacer la démolition de la maison par une peine quelconque. (Mss de dom Grenier, 26ᵉ pag., n° 2, IIIᵉ cote.)

pable. Enlever ainsi le seuil, les portes et les fenêtres, n'est-ce pas une de ces cérémonies symboliques bien rares dans la pénalité du moyen âge, qui signifiaient que la loi municipale avait cessé de garantir l'inviolabilité du domicile des coupables, et qu'ils étaient en quelque sorte livrés pour leur punition à la merci de tous?

On appliquait à Abbeville pour les condamnations capitales quatre espèces de supplices. On pendait, on tranchait la tête, on brûlait, on enfouissait tout vif ; mais plus ordinairement on pendait.

Les exécutions avaient rarement lieu dans l'enceinte de la ville, car cette enceinte eût été souillée. Les condamnés étaient conduits avec une grande solennité hors des portes (1), et fréquemment pendant la nuit (2). Le bourreau, avant d'exécuter le condamné, lui présentait un gobelet rempli de vin, et les magistrats municipaux, par un reste de pitié, lui accordaient, dès le XIIIe siècle, un prêtre pour l'assister dans ses derniers moments. Cette circonstance mérite d'être signalée, car on sait que ce fut seulement en vertu d'une ordonnance de Charles VI de 1396, que les condamnés à la peine capitale obtinrent la liberté de

---

(1) Les fourches patibulaires étaient alors placées sur le chemin de Drucat; on les transporta ensuite au sommet de la côte où passe aujourd'hui la grande route de Calais. C'est ce qu'on appelait la *Justice de la Ville*, et c'est là que les femmes étaient enfouies toutes vives. (*Livre Rouge*, f° 197, v°.) On pendait aussi quelquefois au gibet d'Epagnette ; mais on brûlait toujours à la *Barre-aux-Quevaux*, près de la porte du Bois, dans les environs du cimetière public.

(2) *Livre Rouge*, f°s 50, 51 et *passim*.

réclamer les secours de la religion (1) ; mais le sacrement de l'Eucharistie leur était encore refusé, à Abbeville comme ailleurs, dans le dernier siècle. Nous ferons remarquer aussi que les supplices n'étaient pas les mêmes pour les hommes et pour les femmes : les hommes étaient pendus, les femmes étaient brûlées ou enterrées vivantes; « car la pudeur ne semblait point permettre qu'on les fît mourir à la potence (2). »

Après le supplice des criminels, on se rendait à leur domicile pour délivrer les meubles aux agents du seigneur, et on démolissait ensuite la maison (3).

La peine de mort et le bannissement, sous pareille peine, entraînaient la confiscation des biens, meubles et immeubles. Cette confiscation, prononcée par la coutume du Ponthieu, était faite dans l'origine au profit du comte, et plus tard au profit du roi, après la réunion du comté à la couronne.

On voit rarement dans le *Livre Rouge* les rois intervenir pour soustraire les criminels, par des actes de clémence, aux jugements de l'échevinage d'Abbeville. Les condamnés pouvaient cependant quelquefois se sauver au moment même du supplice, mais à quel prix ! En épousant une fille publique, car les filles, dans le moyen âge, où les plus grandes choses étaient toujours parodiées, avaient comme la royauté le droit de grâce,

(1) M. Floquet. Histoire du parlement de Normandie, t. 1er, p. 177 et 178.
(2) *Ibid.*, t. 1er, p. 173.
(3) *Liv. Rouge*, fo 52, vo.

en réclamant pour mari le malfaiteur qu'on allait pendre. Henri Estienne rapporte l'aventure suivante dont le héros, si l'on en croit la tradition du pays, aurait été du village de Hautvillers.

« Cestuy ci (conte) est fort commun du Picard auquel jà estant à l'eschelle, on amena une poure fille, qui s'étoit mal gouvernée, en luy promettant qu'on luy sauveroit la vie, s'il vouloit promettre sur sa foy et sur la damnation de son âme, qu'il la prendroit à femme : mais entre autres choses, l'ayant voulu voir aller, quand il apperçut qu'elle estoit boiteuse, se tourna vers le bourreau et luy dict : attaque, attaque, alle cloque (1). »

L'infanticide était puni de mort. Un crime de cette espèce, en 1383, donne lieu à une enquête assez singulière. Un enfant nouveau-né est retiré vivant de l'abreuvoir du pont aux Poissons. On commence par le baptiser ; puis on assemble les filles de la ville, et *pour savoir et attaindre le vérité du cas*, c'est-à-dire pour reconnaître celle qui était mère depuis peu de temps, on leur *fist sacquier* (mettre à nu) *leurs mammelles*. La coupable fut découverte et brûlée vive (2).

L'homicide involontaire et par imprudence était soumis à la même peine que l'homicide avec préméditation ; ce que témoigne un arrêt de 1290, dans lequel il est dit qu'un ouvrier ayant été tué par la chûte d'une pierre, au pied d'un mur que l'on démolissait, le maçon qui travaillait à ce mur, et qui

---

(1) *Apologie pour Hérodote*, 1566, in-8°, p. 176.
(2) *Livre Rouge*, f° 146, r°.

avait été la cause bien innocente de l'accident, fut obligé de fuir, et qu'après l'avoir appelé à trois cloches, on le bannit comme meurtrier (1).

La bestialité, dont on trouve deux cas au *Livre Rouge* dans le cours du XIVe siècle, emporte également la peine capitale. En 1316, un homme est pendu *tout vif pour avoir esté bien d'une vake* (2). En 1348, un autre individu est brûlé près du gibet d'Epagnette *pour avoir esté bien d'une lisse* (3).

Cette justice inflexible ne frappait pas seulement les vivants ; on faisait, en certains cas, le procès aux cadavres ; on les brûlait, on les pendait, on les traînait sur la claie. Ces exécutions posthumes étaient surtout réservées aux corps des suicidés. Une femme s'étant tuée à Montreuil, les officiers municipaux de cette ville la font apporter à l'échevinage, et, après l'avoir montrée au peuple, ils ordonnent qu'elle sera brûlée (4). En 1329, en 1349, mêmes exécutions à Abbeville (5). On invoque quelquefois le droit d'asile pour ces cadavres que la loi proscrit. En 1404, le corps d'un suicidé, que des parents veulent soustraire à la honte du bûcher et de la voirie, est déposé par eux dans l'église Saint-Jacques. Les officiers municipaux réclament le mort ; les prêtres s'opposent à l'enlèvement ; les sergents de ville vont

---

(1) *Ibid.* f° 91, r°.
(2) *Ibid.*, f° 52, r°.
(3) *Ibid.*
(4) *Ordonn.*, t. V, p. 619.
(5) *Livre Rouge*, f° 49, v°.

cerner l'église ; mais l'autorité ecclésiastique leur défend d'en approcher à plus de quinze pas, et donne ordre d'éteindre les *chandelles qui ardoient en icelle église, afin que les dits sergents et officiers ne vissent point.* Les débats furent longs; le corps était devenu *très puant,* et les fidèles qui se rendaient aux offices en étaient infectés. Le maire et les échevins, voulant soutenir leurs priviléges en fait de judicature, le firent mettre dans un baril plein de chaux en attendant que l'évêque, qui devait juger la cause en dernier ressort, eut fait connaître sa décision. Il tarda peu et fulmina contre les magistrats municipaux une sentence d'excommunication pour avoir essayé de violer le droit d'asile et de priver de la sépulture un homme que le clergé de sa paroisse en avait jugé digne, malgré les décisions canoniques qui refusent la terre sainte aux suicidés (1).

Quatre sergents et le bourreau gardent, en 1492, dans son domicile, le corps d'un boulanger qui s'était pendu, car on craignait que ses amis ne l'enlevassent pour l'inhumer secrètement. L'exécuteur de la haute justice le tire par un trou pratiqué exprès au-dessous du seuil de la maison, et on le traîne à la queue d'un cheval aux fourches patibulaires (2). Les officiers municipaux le suivent jusqu'à la potence avec les mayeurs de bannières, les sergents de ville, et quand l'exécution est terminée, ils vont selon la coutume boire et manger ensemble.

(1) Devérité, *Hist. du comté de Ponthieu*, 1767, in-12, t. Ier, p. 283.
(2) Livre Rouge, f° 236, r°.

Les animaux comparaissent aussi au ban de l'échevinage d'Abbeville. Le 15 décembre 1414, on pend un pourceau pour avoir mangé le visage d'un enfant. Un autre pourceau, coupable du même fait, avait subi, en 1323, un supplice semblable (1). Tout se passait du reste à l'égard de ces condamnés dans les formes de la justice ordinaire. Ils étaient arrêtés, écroués à la cour Ponthieu ou à l'échevinage, selon la juridiction dans le ressort de laquelle ils avaient été saisis; puis jugés solennellement, et lorsqu'ils avaient mérité la mort, ils étaient conduits au supplice dans une charrette, sous l'escorte des sergents à masses, à verges et de la vingtaine. Le bourreau qui procédait à l'exécution recevait soixante sous pour sa peine. On ne voit pas dans le *Livre Rouge* si les cochons étaient exécutés en habits d'hommes comme cela se pratiquait ailleurs (2).

L'incendie était puni de mort (3). Le simple soupçon de vol ou de tout autre crime était puni du bannis-

---

(1) « Uns fais avint en cheste vile que uns vers (verrat) ochist un effant, fil Guiffroy Lenglès... en le rue Saint-Gille; pour lequel fait et par grant délibération de conseil on trayna et pendi ledit ver, et fu pendus par les pies, et en sonna-on les trois clokes, le Vigille Saint-Vinchent el mois de janvier l'an mil ccc. xxiii. Jehan Clabaut adoncqs majeur. » (Livre Rouge, f° 53, v°, § 5. — Voir aussi f°s 140, 194 et 242.)

(2) M. Berriat-Saint-Prix, dans son *Rapport sur les procès relatifs aux animaux*, Paris, 1829, in-8°, cite un procès qui fut intenté, en 1600, à une vache à Abbeville; mais il ne dit point pourquoi ni quelle peine on lui infligea. (Voir le *tableau chronologique*, à la suite de ce rapport.)

(3) *Livre Rouge*, f° 49, v°.

sement et de la peine capitale lorsque le délit était constaté. En 1310, une femme, accusée d'avoir acheté de la fausse monnaie, est citée devant le maire. *La cose ne fut mie prouvée*, dit le jugement, mais cette femme n'en fut pas moins bannie *sur le pic et sur la pelle*, c'est-à-dire sous peine d'être enterrée vivante (1).

Voici comment on procédait à l'éxécution d'un voleur. Quand l'accusé s'était avoué coupable, le maire et les échevins se retiraient pour délibérer dans une pièce voisine. Si la peine de mort était prononcée, on appelait le vicomte ou son lieutenant, on mandait le voleur dans la salle des échevins, et le maire lui disait : *Mon ami, pour raison de tes meffaits, tu es condempné à mourir;* et il le livrait au vicomte qui le conduisait sous escorte au siége de sa justice. Pendant ce temps, le mayeur ordonnait de sonner trois coups de cloche, et, quelques instants après, on le voyait paraître sur les plombs de l'échevinage pour proclamer le jugement en présence du peuple; puis le corps municipal montait à cheval, et se rendait à la vicomté pour reprendre le voleur des mains du vicomte. Le mayeur, en arrivant à la porte, y trouvait le condamné, lui plaçait une corde au cou, et l'accompagnait jusqu'au Pilori, construction destinée à exposer les malfaiteurs aux yeux du publics et qui existait sur la place de ce nom. Le mayeur saisissait le

---

(1) Voy. dom. Carpentier, *Gloss.* v°, fossa. — « Pierres Le Cuvelier, de Haiding... est banis sur le hart pour souspechon de larrechin, et pour chele meisme souppechon on li caupa une orelle en le mairie Renaut Boisset. » (Livre Rouge, f° 96, r°.)

patient par la tête et l'attachait au Pilori. Les sergents du vicomte s'en emparaient ensuite, et le conduisaient aux fourches patibulaires. Là, ils remettaient le coupable au maire et aux échevins qui faisaient *parfaire l'exécution* jusqu'à ce que *le larron fût pendu et mort* (1).

Les attentats contre les mœurs étaient sévèrement réprimés, le viol puni de mort. Les femmes de mauvaise vie, au XIIIe siècle, sont fustigées et bannies au son de la cloche; et, lorsqu'elles rompent leur ban, on leur coupe un membre. Les sujets du roi des ribauds étaient nombreux, et ils avaient souvent de graves démêlés avec la justice municipale, qui se montrait toujours peu disposée à tolérer des industries suspectes. Une femme, qui hébergeait et attirait chez elle des hommes mariés et femmes mariées, est punie, en 1310, de la peine du bannissement. En 1478, cette peine est encore appliquée aux délits de ce genre; mais il y a de plus des cérémonies infamantes. Une autre femme qui avait travaillé à séduire une jeune personne, est condamnée, avant d'être bannie, à parcourir tous les quartiers de la ville dans un tombereau; on l'attache ensuite au Pilori, et on lui brûle les cheveux (2).

La bigamie fut considérée, la plupart du temps, comme un cas de conscience plutôt que comme un délit social, et les magistrats municipaux laissèrent aux ecclé-

---

(1) Livre Rouge, f° 200, r°.
(2) *Ibid.*, f° 242, v°.

siastiques le soin de la punir; cependant on trouve au XVe siècle un individu condamné pour ce crime à être mitré, mis au Pilori, et banni à toujours sous peine d'*être battu au cul d'une charrette* (1).

La barbarie de la pénalité de l'échevinage était en rapport, on le voit, avec la barbarie des mœurs; mais les lenteurs de cette justice si sévère, de vaines formalités dans les enquêtes et l'instruction des causes assuraient souvent l'impunité aux coupables. Le fait suivant nous en fournit une preuve bizarre. En 1452, on fut obligé de défendre à tout habitant de la ville de donner du travail et de procurer aucun secours à un tapageur, qui mettait en défaut tous les agents de police, sous peine de détention, de soixante sous d'amende et de perdre le métier pendant un an et un jour (2).

Lorsqu'un délit du ressort de la haute justice avait été commis dans la ville, et que l'accusé n'était point arrêté, on le sommait solennellement, avant de le juger par contumace, de se rendre à la barre de l'hôtel-de-ville. Cette sommation se pratiquait ainsi : deux échevins, le procureur de la ville et un sergent à verges se transportaient sur les lieux où le délit avait été commis ; ils assemblaient les voisins ou d'autres personnes, faisaient appeler le coupable par trois fois, le sommaient de se rendre dans les prisons de l'échevinage pour y *attendre droit et loi*, et déclaraient que, faute par lui

(1) *Comptes des Argentiers*, année 1498.
(2) *Livre Rouge*, f° 205, v°.

de comparaître, il serait banni. Cette sommation était suivie de trois autres appelées *tierchaines*, parce qu'elles se faisaient chacune au bout de trois jours au coucher du soleil (1); et c'est probablement cette même formalité qui est désignée dans le *Livre Rouge* sous le nom d'*appel à trois cloches*.

Trois jours après la troisième sommation, au soleil couchant, les mêmes officiers judiciaires se transportaient à la porte de l'hôtel-de-ville, appelaient des témoins, faisaient constater l'heure, et le sergent, après avoir frappé trois coups de sa verge sur la porte, criait d'une voix forte : « Un tel, pour blessure faite à un tel, qui en est mort, si vous aimez la paix de la ville et de messeigneurs les maire et échevins, obéissez à l'ordre qu'ils vous donnent de comparaître ! » Ces paroles étaient répétées trois fois, et si le malfaiteur ne se présentait pas, il était condamné au bannissement (2); car la peine de mort n'était ordinairement prononcée que dans le cas où les coupables étaient sous la main de la justice ; quand ils étaient contumaces, on se contentait de les bannir ; mais celui-là était toujours convaincu qui, accusé de crime, ne comparaissait pas aux jours qui lui étaient assignés par le juge ; et le criminel qui se sauvait de prison devait être pendu s'il était repris (3). Du reste,

---

(1) V. *Coutume de Ponthieu*, tit. XIV.

(2) *Liv. Rouge*, f° 166, r°. — Ces formalités furent abrogées par une ordonnance criminelle de 1670.

(3) *Anc. coutumier inédit de Picardie*, publié par M. Marnier, 1840, in-8°.

les inculpés s'échappaient la plupart du temps, grâce aux conflits de juridiction qui s'élevaient sans cesse entre les justices ecclésiastiques et les justices féodales. On en voit quelques uns décliner la compétence du mayeur et des échevins en invoquant la qualité de clerc, c'est-à-dire de prêtre, et se faire tonsurer exprès pour se placer ainsi sous la juridiction exceptionnelle des officiaux. Dans ces luttes où l'amour propre et l'amour du pouvoir avaient plus de part encore que le sentiment et le respect du droit, chacun tend à exagérer sa puissance et à diminuer la puissance qui lui fait ombrage. L'échevinage d'Abbeville bannit un clerc. L'évêque d'Amiens excommunie les échevins; le parlement intervient dans la querelle, et l'évêque est condamné, par arrêt de la cour souveraine, à absoudre les magistrats. En 1302, un homme est blessé pendant la franche fête et meurt le lendemain. Le chapitre de Saint-Vulfran qui, pendant cette fête, avait toute justice, réclame l'exécution du fait, parce qu'avec l'exécution il avait l'héritage du malfaiteur. La ville à son tour veut connaître du crime, car si le crime a été commis *pendant les jours du chapitre*, la victime est morte le jour où la mairie est rentrée dans ses droits. Comment juger dans cet embarras ? On se conseille aux trois villes qui se prononcent en faveur de l'échevinage (1). Mais les franches fêtes deviendront souvent encore une occasion de débats semblables.

---

(1) *Livre Rouge*, f° 40, r°.

Les juges ecclésiastiques ne réclament pas seulement les vivants pour les punir, mais aussi les morts pour les enterrer. Le 28 avril 1347, un individu coupable d'homicide *était allé de vie à trépas* dans les prisons de l'hôtel-de-ville. L'official réclame le cadavre au mayeur, parce que le défunt était clerc; le mayeur refuse de le rendre : le roi prend part à la querelle, et donne ordre aux officiers municipaux de remettre le mort à l'official d'Amiens, qui le demandait pour lui donner une sépulture convenable.

Les églises, les cimetières, les couvents étaient devenus, en vertu du droit d'asile, des retraites assurées où le crime pouvait défier impunément la justice. A Abbeville, lorsqu'un criminel se réfugiait dans une église, le maire, accompagné de plusieurs échevins, se présentait devant le portail, le sommait *à se bouke* par quatre fois, c'est-à-dire lui donnait l'ordre, en l'interpellant en personne, de sortir de son asile (1). Des gardes étaient placés aux issues du lieu saint. Il ne lui était plus permis d'en sortir sans être pris. Cependant sept jours lui étaient donnés pour se rendre aux magistrats, et subir jugement ou pour sortir de la province après qu'il aurait fait serment sur l'évangile de n'y plus rentrer jamais. En effet, les sept jours expirés, s'il n'avait point encore opté, défense était faite publiquement de lui donner à manger et à boire jusqu'à ce qu'il eût quitté le pays ou qu'il se fût livré à la justice

---

(1) *Livre Rouge*, f° 84, r° et *passim*.

(1). On conçoit facilement que l'accusé se gardait bien de comparaître. On entendait alors les témoins, et, si l'accusé était reconnu coupable, on sonnait *hideuse* et les autres cloches de l'échevinage, et, faute par lui de répondre à ce dernier appel, on le condamnait au bannissement sous peine d'être pendu. Que devenait-il par la suite? Les moines le gardaient-ils jusqu'à sa mort dans leur couvent? Comment vivait-il dans l'église? Nous l'ignorons. Toujours est-il que les moines et le clergé des paroisses se montraient fort jaloux de leur droit d'asile, et toujours trop disposés à soustraire les coupables à la punition de leurs crimes. En 1385, deux malfaiteurs, qui s'étaient réfugiés sur le seuil de l'église des religieux de Saint-Riquier, sont arrêtés par les échevins de cette ville. Les moines invoquent leurs priviléges, et les officiers municipaux sont condamnés à ramener les coupables sur la pierre où ils les avaient pris, parce que la terre des moines est *sainte et franche*; que la commune n'y a pas de justice; que la pierre susdite est sur cette terre, et que les criminels peuvent s'y placer, même quand la porte est close, car ils y sont *en terre bénite*, comme dans l'intérieur, et ils y doivent attendre en toute sécurité l'ouverture de l'église (2).

Quand les droits de l'échevinage d'Abbeville avaient été méconnus; quand des agents étrangers à la com-

---

(1) Cf. Floquet, *Hist. du parlement de Normandie*, t. 1er, p. 182.
(2) *Invent. des titres de l'abbaye de Saint-Riquier*, fo 73, vo.

mune avaient indûment instrumenté contre ses justiciables, les magistrats municipaux exigeaient une sorte d'amende honorable de la part des officiers de judicature qui avaient empiété sur leurs attributions. Il y avait alors une sorte de cérémonie symbolique qui se nommait acte de *rapportissement*.

Pierre de Boubers, sergent du roi, réclame en 1345, à l'échevinage, Jean de Mellessart, voleur et assassin. Boubers, qui agissait en vertu d'un ordre du bailli d'Amiens, conduit Mellessart à Saint-Riquier, le juge et le fait pendre quelques jours après. Plainte est portée par le mayeur et les échevins au bailli d'Amiens. On a, disent-ils, méconnu leurs droits, et ils demandent réparation. Il fut reconnu que Pierre de Boubers s'était mis en défaut, et on le contraignit de restituer le criminel *par figure*, en présence de tout le corps de ville, c'est-à-dire de venir à la mairie avec un homme de paille, *cauchié et vestu fait à le saulanche* (à l'image) au plus près du condamné Jean de Mellessart (1). On trouve au *Livre Rouge* plus d'un fait de ce genre, et l'on y voit que ces hommes de paille étaient menés au supplice avec tout l'appareil qu'exigeait la coutume lorsqu'on exécutait réellement un criminel.

Lorsque des affaires obscures et difficiles étaient portées devant la justice, et que l'accusateur ne pouvait prouver suffisamment son dire ; lorsque l'accusé de son côté ne pouvait, par les preuves ordinaires,

---

(1) *Livre Rouge*, f° 88, v°.

établir suffisamment son innocence, on avait recours au duel, parce qu'on pensait que Dieu se déclarerait pour la bonne cause. Cette coutume, qui n'était que la consécration légale des usages des Francs, se retrouve dans toute la France, et il en a été tant de fois parlé que nous devons nous borner ici aux usages que nous croyons purement locaux (1).

Avant d'en venir au duel, il fallait l'autorisation des magistrats. Le duel avait lieu à Abbeville dans un emplacement situé du côté du Champ-de-Mars, et qu'on appelait *le camp de Saint-Georges* (2). La coutume obligeait les parties à se battre devant le sénéchal et les officiers du vicomte. Quand les parties appelées en duel devant le vicomte voulaient faire la paix, le comte s'y opposait à moins qu'on ne lui donnât de l'argent. Lorsque les parties adverses persistaient dans la querelle, le vicomte, agissant au nom du comte, les ajournait à quelques jours. L'ajournement expiré, il les conduisait devant des reliques, et là on leur donnait l'ordre de se prendre par la main *sans estraindre ni faire injure*, et on les exhortait à la paix. Si elles persistaient à se battre, les officiers municipaux, qui intervenaient aussi dans ces sortes de causes, fixaient le jour du duel. Il arrivait souvent que les adversaires reculaient devant le combat : ils étaient alors tenus de

(1) Cf. Mém. de l'acad. des inscript., t. XV, p. 617 et t. XXXIX, p. 585.

(2) Le camp de Saint-Georges était un des fiefs du vicomte, et la ville lui devait chaque année pour ce fief deux muids d'avoine.

présenter des champions qui se battaient à leur place ; ces champions à leur tour étaient amenés devant des reliques en présence du vicomte, du maire et des échevins ; ils se donnaient la main, et s'adressaient cette question l'un à l'autre : « Qui es-tu, homme que je tiens par la main ? — Je te fais appeler pour la querelle dont tu as donné gage contre moi, répondait le champion de la partie adverse ; et j'en ai le droit par celui qui m'a confié son droit et sa défense. Je ne porte sur moi aucun charme, je n'ai pas recouru au sortilége, ni à aucun moyen qui puisse te nuire et m'aider, hors le secours de Dieu, mon corps et mes armes, et, si Dieu et ses saints m'aident, tu seras vaincu (1). »

Par un usage tout à fait exceptionnel observé à Abbeville, l'une des parties pouvait prouver son dire par un seul témoin, et la partie adverse avait alors le droit d'appeler ce témoin en duel ; en conséquence l'affaire était portée devant l'official d'Amiens, ou devant le doyen d'Abbeville, ou devant d'autres cours d'église. Nul ne pouvait porter témoignage devant le vicomte s'il n'était *tex* (tel) *qu'il puisse pourporter loi de bataille* (soutenir sa déposition par les armes). L'accusé n'avait-il pu tenir devant son accusateur, ou était-il mort dans le combat ? C'était la preuve de son crime ; on le traînait en hâte, mort ou vif au gibet, et ses meubles étaient confisqués.

---

(1) *Livre Rouge*, f⁰ˢ 28, 29 32. Cf. aussi M. Marnier, loc. cit. p. 15, 56, 72.

Les délits politiques, les attentats contre la commune, les paroles offensantes pour les officiers municipaux sont punis avec rigueur. On prononce, en 1309, la peine du bannissement contre un individu coupable de rebellion envers les sergents de la mairie. Un homme, qui avait parlé contre l'honneur des chefs de la commune, en les accusant de vouloir livrer la ville aux Anglais, est condamné, en 1418, à faire publiquement amende honorable en ces termes : « Vous tous, messieurs, qui êtes assemblés ici, je déclare que je n'ai jamais vu en vous que loyauté et honneur ; que vous avez toujours été bons, vrais et loyaux sujets du roi de France ; et, en vous accusant d'avoir voulu livrer les clefs des portes à l'ennemi, *j'en ai mauvaisement et faulsement menti*. Le malheureux, après cet acte de réparation, fut tourné trois fois au Pilori, et eut la langue percée (1).

En 1468, un ménestrel, qui avait également tenu des paroles injurieuses contre le maire, fut condamné à une amende honorable qu'il exprima à peu près dans les mêmes termes, mais dont les formalités furent beaucoup plus solennelles. Il se mit à genoux, tête nue, un cierge à la main, un premier jour au Bourdois, en présence du peuple, un second jour en la sénéchaussée de Ponthieu, les officiers étant sur leurs siéges, et le dimanche suivant, à l'heure de la grande messe, vis-à-vis le portail de Saint-Jean de Rouvroy,

---

(1) *Livre Rouge*, f° 195, r°.

là où les paroles outrageantes avaient été dites. Le cierge qu'il portait à la main fut ensuite déposé dans l'église Saint-André, parce que c'était la paroisse du maire (1).

On retrouve beaucoup plus tard des faits de ce genre. Au XVIIe siècle, pour insultes proférées contre le maire, un habitant de cette ville est encore condamné à l'amende honorable. Le bourreau le conduit nu, en chemise, la corde au cou et une torche à la main, devant le portail de Saint-Vulfran et devant la maison du maire ; il est fustigé, marqué à l'épaule, banni du royaume, et ses biens confisqués. Les plus petites communes elles-mêmes ne gardaient pas moins sévèrement que la capitale du Ponthieu l'honneur de leurs magistrats. En 1301, un homme d'Ergnies dit au maire et à un échevin de ce village : « *Vous avez la gueule mauvaise et envenimée.* » Plusieurs jurés furent témoins de cette insulte. Les officiers municipaux décidèrent que la maison du coupable serait renversée, et qu'il serait banni du pays après avoir fait amende honorable en ces termes. « *Je dis ches paroles comme faux et musars, et de ches paroles que je adoncques dis, je mentis parmi mes dents.* » Il fut en outre résolu que son rappel échéant il ne pourrait jamais faire partie du conseil de la commune (2).

Le droit coutumier n'était pas le seul que suivait l'échevinage d'Abbeville. On appliquait encore les dispositions des ordonnances royales. Ainsi la pénalité

(1) *Livre Rouge*, f° 234, r°.
(2) *Ibid.*, f° 103, r°.

du blasphême était réglée par les ordonnances de Saint-Louis et par celles de ses successeurs, qui ne firent du reste que les confirmer.

En 1420, un Abbevillois est condamné au Pilori et a la langue percée par le bourreau *pour avoir dit de Dieu, de la Vierge Marie et de Saint-Marc des paroles fausses, mauvaises et deshonnêtes*, et pour avoir mal parlé aussi du maire et des échevins.

Au XVIe siècle, des enfants, qui se sont rendus coupables de vol, sont battus de verges, quelquefois devant la prison, quelquefois dans la salle des échevins. A la même époque, un faussaire est marqué au front, et des coupeurs de bourses ont les oreilles tranchées.

Aucun acte ne mentionne la torture ; mais elle était infligée aux accusés, car des lettres de rémission furent données vers 1355 aux mayeur et échevins d'Abbeville qui avaient détenu dans leurs cachots, et appliqué à la question Jean de Doullens, lequel avait volé un crucifix d'argent dans l'église Saint-Georges, et qui, à cause de sa mauvaise santé, disent ces mêmes lettres, était mort quelques jours après.

On ne voit pas non plus si les accusés étaient défendus par des avocats ; mais on a tout lieu de le croire, car une décision de l'échevinage, en date de 1300, porte que Renaut de la Valkerie, le savetier, ne pourra être admis à plaider devant le maire et les échevins, parce qu'il a dit qu'ils opprimaient le peuple (1).

(1) *Livre Rouge*, f° 39, v°.

A Montreuil, les officiers municipaux avaient, en vertu de leur loi, toute justice civile et criminelle dans la ville et dans la banlieue, et, comme à Abbeville, lorsqu'il y avait une exécution, ils faisaient sonner les cloches pour que le peuple pût y assister. Cependant le roi d'Angleterre, comme comte de Ponthieu, prétendait avoir la connaissance des cas criminels, surtout de ceux commis contre ses gens, dans la commune de Montreuil. Le roi de France, par charte du 8 octobre 1286, déclare que la juridiction de cette commune appartient à lui seul roi de France (1). Il y avait aussi à Montreuil, outre la juridiction de l'échevinage, celles de la vicomté de Ponthieu et de la vicomté de Saint-Saulve, ce qui donnait lieu à de nombreux conflits (2).

Tels sont les faits les plus saillants qui sont arrivés jusqu'à nous; il eût été intéressant de compléter le tableau de la juridiction municipale pour les autres villes du comté où les bourgeois jouissaient également de la haute et de la moyenne justice; mais les registres criminels de ces villes sont perdus. Du reste, il y avait une analogie parfaite, surtout dans les localités régies par la charte d'Abbeville. Nous n'avons pu retrouver qu'une ordonnance contre les adultères, promulguée à Saint-Valery, vers l'an 1533, et dont voici la teneur :

« Considérant la justice tant ecclésiastique que temporelle que nostre Seigneur-Jésucrist est journel-

---

(1) Mss. de D. Grenier, 30me paq., n° 4, 1286.
(2) *Ordon.*, t. V, p. 619.

lement offensé en ceste paroisse de plusieurs crimes et énormes vices qui se y perpetrent, et principallement au péché d'adultère par plusieurs personnes, hommes et femmes mariés, qui sont tous publicques et manifestes, pour lesquels crimes et villains péchés sommes appertement menachés de l'ire de Dieu, a esté advisé et conclud, tant de monseigneur l'official que par les bailly et mayeur de ceste ville qu'il sera faicte déffense générale, tant en l'église que ès lieux publicques que nulz hommes ne femmes mariés, ne aient plus à commettre adultère à paine de estre mis en une brincqueballe (1), qui sera faicte et mise sur ung des flos de ceste ville, et illec tombés et plongés testes et corps : assavoir pour une première fois que il sera trouvé et sceu que ils auront adultère ou pourront estre en lieu suspect de tel vice par trois fois dedens ledit flos, et de soixante sols parisis d'amende pour estre donnée pour Dieu aux poures et aux dénunciateurs de tels crimes; et pour la seconde fois de estre fustigés par les carfours par la main du bourreau, et bannys de ladite ville, et leurs biens confisqués : espérant que moiennant telles pugnitions l'ire de Dieu nostre seigneur sera appaisée (2).... »

La législation municipale, dans le rayon de l'extrême nord, s'était inspirée des traditions du droit germanique,

(1) Levier qui sert sur les vaisseaux à faire jouer le piston des pompes.
(2) Archiv. municip. de Saint-Valery. Registre en parchemin, petit in-f° du XVI° siècle, belle écriture, 27 feuillets.

et dans toutes les villes de commune c'est la même barbarie, et souvent la même disproportion entre la faute et le supplice. En examinant les monuments qui nous restent de la législation municipale d'Abbeville, on est frappé de l'absence complète de toutes théories élevées; l'arbitraire tient toujours une grande place. A défaut de formules précises, de principes nettement posés, chacun juge selon le sens individuel, selon sa conscience. Quand les lumières font défaut, on en appelle à l'expérience des habitants les mieux famés pour leur sagesse et leur probité, aux traditions, aux coutumes locales, aux villes arbitres de la commune. Pendant près de trois siècles, on ne songe nullement à combler les lacunes de la législation, et ce n'est que vers la fin du XVe siècle qu'un plus juste rapport commence à s'établir entre les délits et les peines ; qu'on cherche et qu'on admet des circonstances atténuantes.

On sait qu'en 1565, l'ordonnance de Moulins réunit la justice des villes à la justice royale ; cependant les magistrats municipaux d'Abbeville conservaient encore au XVIIe siècle une partie de leur autorité judiciaire, puisqu'un religieux espagnol, qui avait assassiné un de ses compatriotes dans l'auberge du *Géant*, fut condamné à mort par l'échevinage, et pendu le 7 octobre 1616.

CHAPITRE III.

ORGANISATION FINANCIÈRE.

Dans le Ponthieu, les revenus municipaux étaient divisés en *deniers communs* et en *deniers patrimoniaux*. Les deniers communs ou d'octroi étaient ceux que les villes prélevaient sur elles-mêmes, et qu'elles employaient, dans l'intérêt de tous les besoins et de la royauté même, à leur défense et à l'entretien des fortifications. Les deniers patrimoniaux provenaient des rentes ou redevances que la ville tirait de ses propriétés, de la pêche de sa rivière, de la location de ses fossés, de la coupe du bois, etc. Quand la dépense excédait le revenu, le maire et les échevins avaient le droit de créer des impôts, lesquels ne pouvaient être perçus à Abbeville sans le consentement des mayeurs de bannières (1). La perception de ces impôts était donnée à ferme. Les maire et échevins devaient payer de leur bourse à la ville le montant du fermage quand les fermiers n'acquittaient point le prix de leur bail. Cette disposition semble un souvenir des lois romaines qui chargeaient les magistrats des villes de l'affermage des contributions, et les rendaient responsables envers le fisc impérial, en cas de non payement de la part des fermiers.

Pendant une très longue suite d'années, les revenus proviennent toujours à peu près de la même source, et particulièrement des droits établis sur le vin et la

(1) Les échevins et les marguilliers des paroisses faisaient le rôle des deniers royaux, des aides, subsides, etc. En pareil cas les bourgeois déclaraient, sous la foi du serment, la somme exacte de leur fortune; les échevins recevaient leur déclaration, dressaient les rôles, et les contribuables juraient d'acquitter fidèlement leur quote-part. Les clercs, exempts de ces sortes d'impôts, refusaient quelquefois de payer ceux des villes. En vertu d'un arrêt du parlement daté de 1278, les clercs de Saint-Riquier furent contraints de contribuer aux charges de la commune, lorsqu'ils y avaient des héritages. Philippe-Le-Bel, en 1289, déclara que les clercs de Montreuil seraient astreints, de même que les laïcs, aux tailles et impôts perçus par le mayeur sur les héritages et les marchandises au profit de la ville. Défense fut faite à l'évêque d'entraver par l'autorité spirituelle l'autorité municipale.

Lorsqu'on levait des aides pour soutenir une dépense utile à l'état, pour le mariage des filles du roi, etc., on stipulait que le payement de l'impôt ne pourrait d'aucune manière préjudicier aux droits de ceux qui promettaient de l'acquitter. Ainsi les habitants du Ponthieu accordent, en 1381, une aide à Charles VI, à condition que cette nouvelle charge ne pourra porter aucun préjudice à leurs franchises et libertés.

bière et autres objets de consommation. Il y a également peu de variation dans les divers chapitres des dépenses où figurent toujours en première ligne l'entretien des fortifications, le payement des rentes perpétuelles et viagères, les frais de justice, la garde et la sûreté de la ville, les dons et courtoisies, les présents de vin à divers seigneurs ou autres, et les dépenses de bouche des officiers municipaux.

Au XVe et au XVIe siècles, on afferme le courtage des draps, des vins, des cuirs, des laines, des chevaux, des poissons de mer et d'eau douce ; on afferme en outre l'aunage et le scellage des draps, le jaugeage des vins, le *boistelage* du sel, les étaux à merciers, aux fruits, aux tripes, etc. Mais il n'existe à Abbeville aucune trace d'une imposition municipale réelle ou personnelle.

Il fallait l'autorisation du roi pour que les impôts municipaux, qu'on désignait sous le nom *d'aides* ou *d'assis*, fussent exigibles. La royauté s'en attribua une partie, et fit deux parts du reste qu'elle *octroya* à la ville (1). L'une de ces parts alla se joindre aux *biens patrimoniaux* insuffisants pour subvenir aux besoins particuliers de la cité ; l'autre, concédée à titre de régie, dût être employée aux besoins des fortifications (2).

---

(1) Voy. *Ordon.*, t. IV, p. 285 ; t. V, p. 284.
(2) Archiv. d'Abbeville, liasses cotées : *Deniers communs et patrimoniaux, anciens octrois, aides, nouvel octroi,* etc.

Les aides, qui d'abord avaient été annuelles, furent ensuite prolongées pour plusieurs années. Telle fut l'imposition sur les vins accordée en 1309 aux Abbevillois par Edouard, roi d'Angleterre et comte de Ponthieu, pour les aider à relever leur ville de *grandes obligations et charges*. Cette imposition fut perçue pendant dix ans consécutifs (1). Telle fut encore l'aide de quatre deniers pour livre sur toutes les marchandises vendues et achetées dans la ville, que Philippe de Valois accorda aux habitants de la même ville en 1353. Ce prince, est-il dit dans l'acte, en aura la moitié et les bourgeois l'autre moitié pour leurs besoins (2). Philippe, en considération des pertes que les habitants de Saint-Valery avaient éprouvées, et des dépenses occasionnées par une longue résistance, leur permet, en 1345, de lever pendant trois ans un impôt sur les vins.

En 1594, Henri IV autorise les officiers municipaux d'Abbeville à établir un octroi pour acquitter les dettes que cette ville avait contractées pendant les troubles de la Ligue.

On trouve un grand nombre de lettres patentes portant autorisation pour les villes de lever à leur profit de semblables impôts; nous ne les rapporterons point

---

(1) En 1283, ce prince avait également permis aux maire et échevins du Crotoy de lever pendant cinq ans un impôt sur les vins et autres marchandises. (Kalendars of exchequer by F. Palgrave, t. I, p. 143.)

(2) *Ordon.* t., IV, p. 282.

ici, car elles se ressemblent toutes. Nous ferons remarquer seulement qu'on les accordait, soit à titre de privilége pour récompenser les villes de leur fidélité pendant la guerre, soit pour réparer des désastres causés par l'intempérie des saisons ou pour construire des édifices publics.

Les villes du Ponthieu percevaient également des droits de pesage, de mesurage, d'étalage, de courtage et de *kainage* (1); elles en levaient encore lorsqu'on les traversait ou qu'on venait à leurs marchés; lorsqu'on se faisait admettre au nombre des bourgeois. Elles touchaient de plus divers droits féodaux et le produit des amendes prononcées par les magistrats en qualité de seigneurs hauts-justiciers.

Lorsque la recette était insuffisante, on avait recours à des emprunts. L'intérêt de l'argent était au XVe siècle de dix pour cent. Abbeville avait un grand nombre de rentes à servir, et il arrivait souvent qu'elle ne pouvait pas même payer les arrérages. Les magistrats municipaux, ainsi que les bourgeois, étaient responsables comme individus des dettes de la commune. Les magistrats promettaient en leur nom de payer exactement ces dettes « sur la foi de leurs corps et par leurs serments, sur l'obligation et ypothèque de tous leurs biens et des biens de la communauté; de leurs

---

(1) Impôt mis par la ville d'Abbeville sur les guèdes pour la perception duquel une chaîne avait été tendue en travers de la rivière de Somme. La ville d'Amiens réclama contre cette entreprise et son opposition eut plein succès.

hoirs et de leurs successeurs et des biens de chacun d'eux (1.) » A Saint-Valery les habitants étaient libres d'offrir en garantie de leurs emprunts les maisons tenues à cens du seigneur. Du reste, il fallait ordinairement pour créer des rentes une autorisation royale ; ainsi, en 1401, Charles VI autorise les maire et échevins d'Abbeville à créer trois cents livres de rentes à vie applicables aux fortifications, pourvu que les prêteurs soient âgés de quarante ans et au-dessus (2).

Quand les finances étaient prospères, ce qui arrivait rarement, les villes prêtaient aux villes voisines, à des possesseurs de fiefs, aux rois eux-mêmes. Il y avait ainsi échange de bons services entre les diverses communes. L'échevinage d'Arras avait emprunté de l'argent à celui d'Abbeville ; mais l'intérêt n'étant pas payé, les Abbevillois arrêtent un marchand d'Arras avec ses chevaux et le retiennent prisonnier (3) ; car c'était dans le nord une coutume générale au moyen âge que les bourgeois, comme nous venons de le dire, répondissent individuellement des dettes de leur ville, et qu'ils fussent contraints au payement *par voie d'arrêt*. En 1279, les habitants de Montreuil prêtent au seigneur de Vignacourt XI livres parisis, et c'est pour eux une nouvelle occasion d'étendre leurs priviléges

(1) Archiv. d'Abbev. — Liasses cotées : dettes de la ville du XIIIe au XVIe siècle.
(2) On voit qu'il s'agit ici d'emprunts contractés sur émission de rentes viagères. Cf. *Coutumes du bailliage d'Amiens*, notice, p. 45.
(3) Archiv. d'Arras, chartes de cette ville, t. 1er, liv. 2, ch. 1er.

commerciaux, car le même seigneur, reconnaissant du service rendu, leur accorde franchise pleine et entière pour eux, leurs valets et leurs bêtes de somme à Vignacourt, Flixecourt, Létoille, Favières et Villers-Boccage. Il leur suffira de déclarer par serment que les marchandises ou denrées sont à leur usage. Il s'engage à ne les molester en rien, et s'ils souffraient par hasard quelque avanie, il les dédommagera sur leur première demande (1). Vers 1292, on voit les maire et échevins d'Abbeville emprunter à Arras quatre mille livres parisis pour les prêter ensuite en leur propre nom au roi d'Angleterre.

A Abbeville l'année financière, comme l'année administrative, commençait à la fête de Saint-Barthélemy (24 août). Les recettes et les dépenses étaient inscrites sur des registres particuliers déposés dans les archives municipales, et désignés sous le nom de *Comptes des Argentiers;* on désignait ainsi les agents comptables de la commune. Ces registres, qui ont été à Abbeville conservés jusqu'à nos jours, présentent un double intérêt : d'une part ils reproduisent d'une manière à peu près complète l'organisation financière de la cité, et de l'autre ils gardent la mémoire d'une foule de faits intéressants, et qui ne sont consignés que là, attendu que le motif des dépenses est toujours exprimé et souvent avec détail. Nous en avons extrait pour l'histoire générale les faits qui nous ont paru le plus saillant;

(1) D. Grenier, 30e paq., n° 4, 1279.

nous devons donc nous borner ici à rappeler exclusivement ce qui concerne les finances (1).

En 1365, il y avait quatre argentiers. Au XVe siècle on n'en trouve que deux, et dans les derniers temps un seul. Ces argentiers étaient élus, soit par les maire et échevins, soit par les mayeurs de bannières, parmi les personnes les plus notables et les plus probes. Leurs fonctions étaient annuelles. Des lettres de Charles VI, en date du 15 février 1381, les obligent à rendre leurs comptes en présence des commissaires nommés par le roi.

Vers 1430, on lit en marge, en tête de chaque budget, une note ainsi conçue : « Le... jour de... l'an.. un tel pour lui et pour un tel, argentiers, a présenté ce compte aux maire et échevins, qui l'ont reçu, ainsi que les commis à l'audition des comptes, pour le voir et le vérifier. »

Et à la fin de l'état des recettes et des dépenses : « Les maire et échevins, les mayeurs de bannières et autres habitants de la ville pour ce ordonnés, ont recolé et reçu le présent compte et icelui clos comme bon et valable (2). »

Les créanciers de la ville assistaient souvent eux-mêmes à la vérification des registres, et les procès-

---

(1) Les comptes des argentiers commencent en 1340, et se composent de soixante-seize registres in-f°, parchemin et papier ; chaque registre comprenant plusieurs années. Celui de 1340 est incomplet.

(2) Les comptes municipaux étaient aussi rendus à Montreuil, *devant le commun* et le corps de ville.

verbaux de clôture des différents budgets attestent que des exécuteurs testamentaires, des veuves ou des tuteurs et curateurs y étaient appelés pour la sûreté des intérêts de leurs ayant cause.

Au XVIe, siècle on voit que les comptes étaient soumis par l'argentier aux officiers municipaux, en présence du sénéchal de Ponthieu, des élus, des procureurs et avocats du roi, et autres auditeurs à ce commis, et par eux vus et clos.

Parmi les auditeurs des comptes, on remarque au XVe siècle les quatre premiers échevins et plusieurs bourgeois élus à cet effet par le collége des mayeurs de bannières.

D'après le budget de 1340, le premier en date, les recettes s'élevaient à *six mille cinquante-quatre livres trois sous dix deniers* (trois cent vingt-cinq mille francs environ de notre monnaie actuelle). La dépense à la somme de *cinq mille neuf cent soixante-dix-sept livres deux sous dix deniers*; mais la ville était déjà endettée de trois mille livres environ.

On voit par le budget de 1441, que la recette de ce budget monte à la somme de *cinq mille deux cent douze livres onze sous dix deniers*; plus une poule, un bouquet de violettes et deux verres à boire; les dépenses à *cinq mille cent douze livres dix-sept sous sept deniers*.

En 1789, les revenus montaient à *vingt-six mille quatre cent cinquante-six livres sept sous huit deniers*; les dépenses s'élevaient à *trente mille deux cent neuf livres*. La ville devait en outre huit mille sept cent quarante-six livres.

Le maire jurait, en entrant en charge, de ne laisser à l'expiration de ses fonctions aucune dette à solder. C'était lui qui scellait les mandats de payement, lesquels ne pouvaient cependant être acquittés qu'après avoir été registrés et scellés de nouveau par le clerc de l'argenterie. A l'expiration de ses fonctions, le mayeur devait rendre compte à son successeur (1), et, après un examen sévère, lorsqu'il y avait lieu à de justes réclamations, il était puni selon la gravité du délit. Ainsi, en 1320, Jean de Bourbon, clerc du roi de France, et Gilebert de Wignetone, clerc du roi d'Angleterre, vérifient comme commissaires extraordinaires les comptes de Jean Faffelin, ex-maire d'Abbeville, et ils le condamnent à l'amende pour avoir trop largement rétribué plusieurs agents de l'autorité royale et communale, et retenu à son profit diverses sommes appartenant à la ville (2). A Fontaines-sur-Somme, les échevins, avant de quitter leurs charges, rendaient à la commune, au seigneur et aux nouveaux échevins un compte exact de leur gestion, et produisaient l'état écrit des recettes et dépenses, et la situation de la caisse municipale.

Les officiers royaux surveillaient aussi les finances des autres villes du Ponthieu; ils assistaient à la reddition des comptes. C'était le bailli d'Amiens qui inspectait les comptes de la ville de Montreuil (3).

(1) *Livre Rouge*, f°. 42, r°.
(2) *Archiv. d'Abbev.* Portefeuille coté : *Priviléges et confirmations de la commune.*
(3) *Ordon.*, t. XVI, p. 241, art. 10.

CHAPITRE IV.

Priviléges des villes.

Les franchises et libertés concédées dans les chartes de commune furent successivement confirmées par la couronne dont la bourgeoisie invoquait toujours l'autorité comme une garantie souveraine (1). Ces confirmations se bornent d'ordinaire à la ratification pure et simple de la charte d'affranchissement (2). Mais les rois accordèrent en outre divers priviléges, tantôt gratuitement pour récompenser la fidélité des villes, et souvent aussi moyennant finance pour augmenter les

---

(1) Voir à ce sujet le *Recueil des Ordon. du Louvre*, t. XI, préf. xxx.
(2) Nous nous bornerons à indiquer, chacune à sa date, celles que nous avons trouvées.
ABBEVILLE. — 1288. Edouard 1er, roi d'Angleterre, et sa femme Eléonore, comtesse de Ponthieu. — 1337. Isabelle, reine d'Angleterre, comtesse de Ponthieu. — 1350. Jean, roi de France. — 1361. Edouard

revenus du trésor. Ces priviléges, pour les villes du Ponthieu, furent nombreux, étendus et respectés. C'était la récompense d'un patriotisme éprouvé dans ces

III, roi d'Angleterre. — 1369. Charles V, roi de France. — 1380. Charles VI. — 1424. Henri VI, roi d'Angleterre, « en considération, dit-il, de la grande loyauté et bonne obéissance qu'il avait trouvées en ses bien amez les maire, échevins et bourgeois d'Abbeville. » — 1436. Charles VII, roi de France, pendant son séjour à Abbeville au mois de février. (*Ordon.*, t. XVI, p. 154.) — 1463. Louis XI, « pourvu, dit ce prince, que ce soit sans préjudice au traité fait à Arras, entre le duc de Bourgogne et lui. » — 1476. Louis XI. — 1483. Charles VIII. « Les Abbevillois ont instamment demandé cette confirmation parce qu'ils doutent, dit le roi, que sans avoir de nous confirmation nouvelle d'iceux priviléges, qu'ils n'en puissent si facilement joyr ne iceux faire entretenir, comme ils ont fait ci devant. » — 1498, Louis XII. — 1514. François Ier. — 1559. François II. Il ne spécifie rien et reste dans les termes généraux. — 1575. Henri III. Ses lettres ne contiennent aucune formule précise ; elles s'en tiennent aux termes généraux, franchises, libertés, etc. — 1610. Louis XIII. — 1654. Louis XIV, l'exemption des francs-fiefs, nouveaux acquêts et foires, est principalement spécifiée au nombre des priviléges. — 1718. Louis XV. — 1779. Louis XVI.

MONTREUIL.. — 1188. Philippe-Auguste. — 1483. Charles VIII.

DOULLENS. — 1211. Guillaume de Ponthieu. — 1221. Philippe Auguste. (*Ordon.*, t. XI, p. 311.)

RUE. — 1483. Charles VIII. (*Ordon.*, t. XIX, p. 185.)

MAÏOC. — 1346. Philippe de Valois. (*Ibid.* t. V, p. 180, 183, 688.) — 1369. Charles V. (Ibid., t. V, p. 180.)

WABEN. — 1345. Philippe de Valois. — 1488. Charles VIII. (*Ibid.* t. XX, p. 121.)

AIRAINES. — 1233. Simon, comte de Ponthieu.

BERNAVILLE. — 1394. Charles VI. (*Ibid.*, t. VII, p. 694.)

DOMART. — 1247. Jean, comte de Dreux. (Duchesne. *Preuves de la maison de Dreux*, p. 275.) — 1394, Charles VI. (*Ordon.*, t. VII, p. 689.

temps difficiles; c'était aussi de la part des princes étrangers, qui ont possédé momentanément le comté, un acte de bienveillance et de politique par lequel ils espéraient s'attacher leurs nouveaux sujets.

ABBEVILLE. — 1270. Henri III, roi d'Angleterre, à la sollicitation de sa belle-fille Eléonore, comtesse de Ponthieu, accorde aux bourgeois d'Abbeville et de Montreuil, le droit de trafiquer en toute sécurité dans l'étendue de ses terres, *debitis et antiquis acquietationibus persolutis*, sans qu'ils puissent être arrêtés pour dettes. Tous les habitants du Ponthieu jouiront également de ce droit; si quelques uns d'entre eux meurent dans ses états, Henri déclare que ni lui ni ses héritiers ne pourront confisquer leurs biens, et que ces biens reviendront aux héritiers naturels.

1272. — Edouard Ier, roi d'Angleterre et comte de Ponthieu, délivre aux Abbevillois, que ses officiers avaient lésés dans leurs privilèges, des lettres de non préjudice, et déclare que leurs chartes auront la même force et *vigour* que par le passé (1).

En .... ce prince arrête que les mayeur, échevins et bourgeois d'Abbeville ne pourront être en rien inquiétés eux ou leurs employés de police lorsqu'ils auront tué ou blessé, soit en le poursuivant, soit en l'attaquant, tout malfaiteur banni qui, bien convaincu

---

(1) Arch. d'Abbev. — Portefeuille coté : *Priviléges et confirmations de la commune.*

d'un crime, chercherait à s'échapper ou refuserait de se laisser justicier selon la loi et coutume de Ponthieu (1).

Dès l'an 1318, les magistrats municipaux et la communauté d'Abbeville se trouvent placés sous la sauvegarde du roi qui a chargé des officiers spéciaux, nommés *Gardiateurs*, de les maintenir contre tous dans leurs biens, libertés et usages. — Un marchand de cette ville voyageant pour son commerce, avait été saisi, ainsi que l'argent qu'il portait, et retenu par les gens du comte de Ponthieu, sous prétexte qu'il se trouvait hors des limites de la banlieue. Les mayeur et échevins le réclamaient vivement ; les gens du comte refusaient de le rendre. Philippe-le-Bel décide que les maire et échevins devront avoir recours à lui dans le cas où ils ne pourraient obtenir la délivrance du bourgeois arrêté et la restitution des marchandises.

1337. — Philippe de Valois enjoint au bailli d'Amiens et au gouverneur du Ponthieu de faire respecter les franchises de la ville, et de les rétablir dans leur plénitude si quelques unes ont été méconnues (2).

1349. — Les habitants sont dispensés de donner caution lorsqu'ils iront chercher des vivres ou autres denrées à Amiens, à Corbie, et ailleurs. Cette même année Philippe charge les sergents du bailliage d'Amiens de défendre contre tous les biens, libertés et usages des

---

(1) Archives d'Abbeville. Liasse cotée : *Juridiction des officiers municipaux*.

(2) *Liv. Rouge*, f° 64, v°.

bourgeois (1). Charles V à son tour étend au royaume entier leurs franchises commerciales. En 1369, le roi déclare que le comté de Ponthieu et la ville d'Abbeville ne seront jamais séparés du domaine de la couronne.

Les marchandises et denrées que les Abbevillois feront venir pour leur usage seront exemptes de l'impôt qui se paye au Crotoy; il ne sera point bâti de château ou forteresse à Abbeville, et il ne sera fait aucune ouverture aux murailles, afin que l'on ne puisse entrer ou sortir que par les portes.

Les habitants d'Abbeville pourront commercer dans tout le royaume, et y acheter des marchandises sans être tenus de payer d'autres impôts que ceux qui sont anciennement établis (2). — En 1369 encore Charles V déclare qu'il ne levera d'impôts et de subsides sur le comté qu'au profit des villes, à la requête des maire et bourgeois, et de leur consentement (3). Il fait remise aux Abbevillois des amendes qu'ils ont encourues pendant que leur ville était au pouvoir des Anglais; il dote la chapelle de l'échevinage, et, pour les récompenser, il leur accorde la permission d'ajouter à leurs armes, qui étaient les armes pleines du Ponthieu (4), un chef d'armes de France, c'est à savoir d'azur semé

(1) *Ordonn.*, t. V, p. 269.
(2) *Ibid.*, p. 177.
(3) Ordon., t. V, p. 176, 689. — Isambert. *Rec. des anc. lois franc.* t. V, p. 330.
(4) D'or à trois bandes d'azur. Voy. t. 1er, p. 392.

de fleurs de lis d'or, en leurs bannières et dans leurs sceaux (1).

Dans une charte de 1370 il ordonne aux employés des gabelles de laisser toute liberté aux habitants du Ponthieu pour la vente et l'achat du sel.

Charles V montre partout, dans ses rapports avec la bourgeoisie picarde, un sentiment juste des droits de chacun, un grand respect des libertés publiques, une sollicitude active pour la liberté du commerce, une sagesse enfin qui justifie son surnom. — Bientôt Charles VI, par charte de 1384, proclame en faveur des Abbevillois ce principe que *nul ne sera soustrait à ses juges naturels,* et que personne, *pour être jugé, ne doit être trait hors de la chastellie, bailliage ou prevôté de sa résidence.* Les successeurs de ce prince témoignent aux habitants du Ponthieu la même bienveillance.

En 1594, Henri IV, pour récompenser les Abbevillois, déclare qu'ils auront à toujours échevinage et mairie, et qu'ayant suffi par eux-mêmes à résister à toutes les attaques des ennemis de la France et des siens, ils seront perpétuellement exemptés de gouverneur militaire et de garnison. Henri promet de ne faire bâtir aucune forteresse dans l'intérieur de la ville et de la banlieue, confirme tous les priviléges et proclame l'oubli et le pardon du passé (2).

---

(1) *Ordon.*, t. V, p. 196.
(2) Donné à Saint-Germain-en-Laye au mois d'avril.

De 1493 jusqu'au règne de Louis XIV, les Abbevillois furent exemptés de la taille et du taillon, pour les clos et parcs de leurs maisons de campagne, et tous les biens qu'ils possédaient dans la ville et banlieue. Ils étaient également dispensés de ban et d'arrière-ban, et ils jouissaient de plus du droit de chasse sur l'étendue de leur banlieue et de l'exemption de *franc-fief*, c'està-dire qu'ils pouvaient acquérir et garder des fiefsnobles dans tout le royaume sans être jamais contraints, eux ou leurs successeurs, à payer aucune finance au roi. Cependant cette exemption de toute finance ne fut quelquefois qu'un privilége fictif. En 1693, il fallut payer, pour le conserver, une somme de trente-sept mille quatre cents livres, et malgré toutes leurs démarches, les habitants en furent définitivement dépossédés en 1772.

Les Abbevillois avaient en outre le privilége de se garder eux-mêmes et de garder les rois à leur passage.

MONTREUIL. — 1196. Le pape Célestin III affranchit par une bulle les habitants de Montreuil de la dîme de sang pour les animaux qui s'élèvent en ville.

1209. — Le roi de France Philippe-Auguste accorde le droit de tourbage, dans ses marais. Les habitants prendront telle quantité de tourbes qu'il sera nécessaire pour leur ménage, s'ils ne la consomment pas, ils pourront la vendre (1).

(1) Les priviléges accordés à Abbeville par Henri III, roi d'Angleterre, sont également accordés à Montreuil.

1279. — Edouard Ier, roi d'Angleterre et comte de Ponthieu, prête serment à la commune, et octroye divers impôts dont le produit est affecté à l'entretien des remparts, aux urgentes nécessités municipales.

1283. — Charte royale qui autorise les bourgeois à lever par chaque tonneau de vin vendu en détail dix sous parisis au profit de la ville.

1289. — En considération des charges qu'ils ont à supporter, les mayeur et échevins sont autorisés par le roi à prélever un droit de douze sous parisis pour tous les actes qui seront passés devant eux.

1315. — Louis-le-Hutin accorde aux habitants des lettres de sauvegarde. (*Ordon.*, t. IV, p. 8.)

1372. — Charle V, qui traite si favorablement la bourgeoisie picarde, accorde encore plusieurs priviléges, entre autres, l'autorisation pour huit ans de rentrer les foins et les récoltes avant le lever et après le coucher du soleil.

1463. — Louis XI délivre de nouvelles lettres de sauvegarde et autorise les habitants à repousser par la force les outrages et les violences. (*Ordon.*, t. XVI, p. 108.)

1480. — Louis XI permet d'imposer des droits sur les marchandises qu'on vendra dans la ville ou dans la banlieue, à condition qu'on lui payera mille livres tournois et qu'on employera le reste à l'entretien des fortifications de la ville. (*Ordon.*, t. XVIII, p. 553.)

Les bourgeois de Montreuil étaient exemptés de la taille et de la gabelle, et six villages, enclavés dans la banlieue, jouissaient du même privilége.

RUE. — 1369. Charles V, en confirmant les priviléges de cette ville, autorise les habitants à commercer dans tout le royaume. Ils pourrout y acheter des marchandises sans être tenus de payer d'autres impôts que ceux qui sont anciennement établis (1).

1369. — Charles V réunit la ville de Rue au domaine de la couronne.

1476. — Louis XI confirme les priviléges et coutumes des habitants de Rue pour les récompenser du serment qu'ils lui ont prêté entre les mains du sire de Torcy. Il leur accorde en outre des lettres d'abolition pour les crimes et délits qu'ils auraient commis, soit en ayant *adhéré* avec ses adversaires en guerre ouverte ou autrement, soit en ayant proféré des paroles déshonnêtes, pris, pillé, rançonné ou autrement pendant les divisions. (*Ordon.*, t. XVIII, p. 238.)

1477. — Louis XI considérant que grâce au Saint-Esprit, il est heureusement venu à bout de ses entreprises, en dépit des trahisons, machinations et conspirations de ses ennemis, affranchit de toutes impositions pour les guerres les habitants de la ville de Rue, dans laquelle le Saint-Esprit est vénéré. (*Ibid.*, p. 267.)

1483. — Charles VIII confirme leurs priviléges.

CROTOY et **MAÏOC.** — 1369. Charles V voulant récompenser les maire, consuls et communautés des villes et châtellenies du Crotoy et de Maïoc, membres

---

(1) *Ordon.*, t. V, p. 178.

du comté de Ponthieu, et anciennement du domaine de la couronne, qui l'avaient reconnu pour leur souverain, et qui s'étaient soumis à lui, ordonna que ces villes seraient unies inséparablement au domaine de la couronne sans pouvoir en être séparées par frérage, partage, etc. (*Ordon.*, t. V, p. 688.)

SAINT-VALERY. — 1493. Angilbert de Clèves, comte de Nevers et d'Eu, seigneur de Saint-Valery, concède quelques priviléges aux habitants de cette dernière ville (1); ces habitants à la même époque, jouissaient de la franchise de l'impôt du sel; ils étaient exempts de ban et arrière-ban, et chargés seulement de la garde de la ville.

Le 10 janvier 1636, le roi les confirme dans les priviléges et franchises de tailles et autres impôts dont ils avaient toujours joui (2).

Les habitants de Crécy avaient le droit exclusif de faire paître gratuitement leurs bestiaux dans toute l'étendue de la forêt de ce nom; le droit d'y ramasser des glands, des faînes, des pommes sauvages, et de percevoir au profit de leur commune des droits de tonlieu, de mesurage, de pesage et d'étalage.

Nous ne savons rien de plus sur les priviléges du Crotoy, de Saint-Valery, de Rue et des autres villes du Ponthieu. Les archives de ces anciennes villes ont été

(1) Dom. Grenier, 16e paq., n° 2.
(2) Arch. du royaume., sect. adminis. E. 128.

détruites, et le détail de leur administration n'a laissé que peu de souvenirs. On voit seulement par les ordonnances du Louvre qu'elles furent quelquefois comprises par extension dans les priviléges accordés à la capitale du comté (1). Il est également fait mention dans ce recueil d'un impôt octroyé par Philippe de Valois, en 1345, aux habitants de Saint-Valery, pour les dédommager des pertes qu'ils avaient éprouvées en navires et en marchandises, et les indemniser des frais qu'ils avaient faits pour fortifier Cayeux et quelques autres points de la côte (2).

(1) Cf. *Ordon.*, t. V, passim.
(2) Ibid., t. XII, p. 82— . T. XVI, préf. 80.

CHAPITRE V.

Milices bourgeoises.

On ignore à quelle époque les milices bourgeoises du Ponthieu furent régulièrement organisées. Dès l'an 1084, les paroisses de la Normandie paraissent sous la conduite des prêtres à l'armée du roi. Tout porte à croire que les troupes communales du Ponthieu, sans remonter à une époque aussi reculée, ne tardèrent point, aussitôt l'affranchissement communal accompli, à recevoir une organisation légale ; le droit de se garder et de se réunir pour la défense commune étant une conséquence nécessaire de la révolution du XIIe siècle.

A Abbeville, les bourgeois et habitants non privilégiés étaient soldats-nés de la commune qui se gardait par elle-même. Chaque année, les échevins avec les mayeurs de bannières faisaient la *recherche*, c'est-à-dire le recensement des bourgeois pour dresser les rôles de la milice, et tous les habitants portés sur ce rôle étaient distribués en différentes catégories. Il est à présumer que la milice comptait alors un petit corps de cavalerie, puisqu'on trouve à Abbeville des *dizainiers de cheval*. A cette même époque on trouve des *pavaisiers*, ainsi nommés parce qu'ils portaient pour arme défensive un bouclier nommé *pavois;* des archers, des arbalétriers, des soldats de jour et de nuit, ou hommes du guet.

On avait vu les milices communales d'Abbeville payer vaillamment leur dette au pays sur le champ de bataille de Bouvines (1). Au mois de septembre 1304, Philippe-le-Bel, roi de France, les invite à se rendre à l'armée, soit à pied, soit à cheval, chacun selon son état, pour porter secours à la ville et château de Lille menacés par les Flamands. En 1319, Gaucher de Châtillon, connétable de France, annonce aux officiers municipaux et aux bourgeois d'Abbeville que le comte de Flandre est à Cassel avec son armée; il leur ordonne de par le roi de prendre les armes aussitôt que sa lettre leur parviendra, et de se mettre en marche

---

(1) Le roi était enveloppé d'Allemands... Les milices volent à son secours :

> Après reviennent les communes
> Dont l'ost n'est pas trop assorbie (affaiblie),
> Comme Amiens, Arras et Corbie,
> Compiengne, Noion, Abevile,
> Saint-Quentin et mainte autre ville.

Ces communes, qui étaient armées de piques, comme toutes les autres communes de la Picardie, avaient des bannières blanches et brunes. (Guil. Guiart, *Branche des royaux lignages*, vers 6,602, édit. Buchon, t. VII, p. 272. — D. Grenier, Mss. *Introd. à l'hist. de la Picardie.*

pour Térouane, afin de défendre le territoire français, et comprimer la révolte des Flamands (1). En 1354, le bailli d'Amiens fait annoncer dans le ressort de sa juridiction que chacun se dispose à marcher au commandement du roi, et que nul ne soit si hardi de quitter le royaume, sans autorisation spéciale, pour aller guerroyer au loin, sous peine de voir confisquer ses biens.

En 1414, Charles VI dispense les nobles, chevaliers, écuyers et vassaux d'Abbeville de le suivre à la guerre, attendu que ce serait exposer cette ville aux attaques de l'ennemi. C'est une place importante, dit le roi, mais *petitement peuplée*, et il convient d'y faire *grant guet et garde* (2). Et, en effet, vers 1405, la mortalité y avait été si considérable que les gens d'église furent appelés à faire partie de la milice bourgeoise, et qu'il y avait pour chaque homme plusieurs créneaux à garder. En 1419, cette milice ne suffisait pas encore à défendre les remparts puisque cette même année les magistrats municipaux d'Abbeville passèrent un marché avec Pierre Dufresne, arbalétrier de Lille, par lequel marché Dufresne s'engage à venir garder Abbeville avec 19 de ses concitoyens aux gages de sept livres par mois pour chaque homme.

Les archers et les arbalétriers, dans les guerres fréquentes qui désolèrent le pays, eurent souvent l'occa-

---

(1) Arch. d'Abbev. Liasse cotée : *Hist. des guerres de* 1319 *à* 1541.
(2) Ibid.

sion de signaler leur adresse et leur courage, car ils ne devaient pas seulement leur service à la ville, ils le devaient encore au roi, si le roi le réclamait. En 1406, ils repoussèrent une attaque des Anglais contre la porte d'Hocquet; en 1410 ils allèrent à Paris, au secours de Charles VI; on les retrouve en 1412 à Waben, dans les années 1416 et 1421 à Saint-Riquier et au Crotoy; en 1424 à Picquigny. Ils se distinguèrent encore près de Rambures, à Saint-Valery, au Pont-Remi en 1433, et l'année suivante à Abbeville en chassant les différents partis qui s'avançaient jusqu'à la porte Marcadé; en 1436 à Gamaches dont ils assiégèrent le château; en 1441 à l'attaque du Crotoy; en 1443 ils vont rejoindre le dauphin à Dieppe pour défendre la fameuse bastille; en 1447, ils secoururent Saint-Valery, etc.

Les archers recevaient une solde régulière, qui était en 1477 à Abbeville de cinq francs par mois. Il faut donc les distinguer, ainsi que les arbalétriers, du reste de la milice communale qui ne recevait aucune paye. Ces deux compagnies portaient l'arc, l'arbalète et la dague; pour arme défensive une cotte de maille, et pour coiffure des *caperons de drap vert et blanc*. Elles avaient à Abbeville deux jardins qui servaient à leurs exercices (1). Le premier dimanche de mai de chaque année, elles s'y réunissaient pour tirer le *gai*. C'était

(1) Le jardin des archers était situé sur l'emplacement qu'occupe aujourd'hui l'hospice des enfants trouvés et sur une partie du collége; le jardin des arbalétriers, au bout de la rue Millevoye, près de la salle de spectacle.

un oiseau de bois, *historié et armoirié*, qu'on attachait au bout d'une longue perche, et qui servait de but au plus adroit tireur. Le mayeur, les personnages les plus notables avaient le privilége de décocher la première flèche, et, quand l'oiseau avait été frappé, l'archer qui l'avait atteint était proclamé roi ; on le décorait d'une trousse de flèches d'argent ; on lui donnait en outre un prix qui consistait en un joyau, et on le conduisait ensuite avec solennité dans l'église Notre-Dame de la Chapelle. Comme toujours, après toutes les cérémonies publiques du moyen âge, les archers allaient boire ensemble, et c'était la ville qui payait le vin.

Les jeux de l'arbalète jouissaient d'une si grande vogue, que les compagnies des villes voisines venaient faire assaut d'adresse avec les archers d'Abbeville. Ces derniers à leur tour faisaient de longs voyages pour aller gagner des bijoux. En 1398, ils allèrent tirer le geai à Bapaume et à Douai ; en 1401 à Avesnes ; en 1406 à Oudenarde ; en 1409 à Provins ; en 1410 à Montreuil où ils passèrent douze jours ; en 1413 à Arras ; en 1444 à Bruxelles où ils gagnèrent deux vases d'argent (1).

Les archers étaient placés sous l'invocation de Saint-Sébastien ; les arbalétriers sous l'invocation de la Vierge. Ces deux corps de milice faisaient célébrer une messe chaque semaine, un office solennel le jour de la fête patronale, et le lendemain un service funèbre pour tous

---

(1) *Regist. aux délib. d'Abbev.*, année 1444, f° 71.

les trépassés. Ils nommaient annuellement leurs officiers en présence du mayeur. Après ces élections, il y avait un repas auquel on invitait les magistrats municipaux ; puis on déposait entre les mains des *maîtres* ou capitaines une couronne d'argent. Cette couronne pouvait passer à juste titre pour une pièce d'orfèvrerie remarquable. En 1589, outre huit beaux fleurons, elle présentait en bosse ou en demi-bosse une Notre-Dame, un Saint-Guillaume, un Saint-Jacques, un Saint-Gilles, un bouclier de Saint-Adrien et les statuettes de douze autres saints (1).

Le 17 juin 1493, Charles VIII étant à Abbeville octroya des priviléges aux compagnons archers de cette ville. Le roi veut que dans les quatre fêtes de l'année, auxquelles ils ont coutume de s'assembler, ils puissent boire entre eux quatre tonneaux de vin. Il veut de plus qu'ils reçoivent chaque dimanche, aux frais du domaine de Ponthieu deux *canes* (cruches) de vin pour les aider à entretenir le jeu de l'arc, et il les exempte de l'aide et de toute imposition. Il veut en outre qu'ils jouissent des mêmes prérogatives que leurs confrères d'Amiens et de Paris.

A cette époque, les archers d'Abbeville étaient au nombre de cinquante ; et, afin que la compagnie soit toujours au grand complet, le roi leur accorde le privilége d'élire vingt-cinq surnuméraires qui remplaceront immédiatement ceux qui viendront à mourir (2).

---

(1) *Regist. aux délib. d'Abbev.*, aux XVIe et XVIIe siècles, passim.
(2) *Ibid.*, année 1493, fos 26-45.

L'arc et l'arbalète armaient encore sous le règne de François 1er une partie de la milice d'Abbeville ; mais l'usage des armes à feu s'étant généralement répandu, les arquebusiers et les couleuvriniers remplacèrent les archers et les arbalétriers qui se maintinrent néanmoins en société jusqu'en 1745, et continuèrent à s'exercer dans leurs jardins.

Ces confréries militaires obligeaient chacun de leurs membres à se lier par un serment d'union ; de là le nom de *serments* qu'elles portaient elles-mêmes. Les compagnies des arquebusiers et des couleuvriniers, de cinquante hommes chacune, devaient en cas d'alarme se réunir promptement sous les ordres de leurs chefs et sous leurs enseignes, sous peine d'amende. Comme les archers du moyen âge elles avaient encore des jeux annuels. Celui qui abattait le *gai* obtenait un gobelet d'argent, et le privilége de boire et de manger gratuitement avec ses camarades tous les dimanches jusqu'à la fin de l'année. Les statuts des couleuvriniers et des arquebusiers leur imposent l'obligation d'escorter avec leurs officiers le vainqueur jusqu'à son domicile. Le lendemain, à l'issue de la messe chantée en actions de grâces, le roi faisait distribuer à chaque homme du serment une *pilleville*, c'est-à-dire une galette; il payait en outre une somme pour sa bien venue, et fournissait un prix d'argent qu'on attachait à la couronne. On tirait de nouveau sur un but placé à une grande distance, et celui qui avait approché le plus près de ce but recevait du maître ou capitaine une verge d'argent.

On tirait encore le premier jour de mai ; celui qui avait montré le plus d'adresse obtenait le *mai*, c'est-à-dire l'arbre orné de festons et de rubans sur lequel était placé le but, et on allait le planter devant sa maison au bruit du tambour, des trompettes et de la mousqueterie, après avoir encore admis gratuitement le vainqueur à un dîner.

« Quiconque, disent les statuts de ces compagnies, jurera le sang Dieu en présence de ses confrères, ou nommera le diable, ou dira aultres vilaines paroles, ou se fâchera, ou ne gardera pas le silence pendant les jeux, sera tenu de mettre son bonnet ou son soulier contre le but, et chaque soldat présent pourra tirer un coup sur l'un ou l'autre, selon la décision des chefs, à moins que le délinquant ne préfère payer trois deniers au profit de la chapelle (1). »

Les *serments*, toujours aux ordres de l'autorité communale, devinrent peu à peu des corps soldés n'ayant plus pour principale obligation que d'escorter les échevins dans les cérémonies publiques.

Dans les derniers temps, tel était en effet le seul service des deux compagnies connues sous le nom de *Cinquanteniers*. Chaque année, le jour de Saint-Sébastien, ces compagnies privilégiées se présentaient en armes devant les officiers municipaux assemblés à l'hôtel de ville, et leur faisaient hommage d'un grand gâteau, accompagné d'un cochon de lait de *bonne taille et bien rôti*, que l'on appelait le *rôt à couenne*, et qu'on donnait aux sergents de ville ou que l'on envoyait à quelque maison de moines.

(1) Archiv. d'Abbev., layette cotée : *Milice bourgeoise*. — *Statuts des couleuvriniers et des arquebusiers*, année 1551.

L'uniforme des cinquanteniers se composait d'un habit bleu avec doublure, parement, collet et veste rouges, brandebourgs et boutons d'or pour les officiers; culotte bleue, bas rouges et chapeau bordé.

Le capitaine sortant de charge devait fournir au maire quatre plats de viande, quatre pots de vin, quatre douzaines de pains, et le même nombre de pains, de pots de vin et de plats à chacune des compagnies d'archers, d'arbalétriers et d'arquebusiers qui se maintenaient toujours en société. Le receveur de Ponthieu devait avoir un demi-plat pour sa part.

Les compagnies ordinaires de la milice bourgeoise étaient divisées en sections correspondantes aux portes de la ville. Les possesseurs de fiefs et d'arrière-fiefs, exempts du service du ban et de l'arrière-ban depuis le règne de Charles VI, et confirmés dans ce privilége par plusieurs autres rois, faisaient, en 1405, partie de cette milice, ainsi que les gens d'église, les officiers royaux et autres. Les chefs, nommés par le mayeur, ont le titre de *connétables*. Celui qui commande à la milice d'un quartier a le nom de *quartinier*; il a sous lui les *dizainiers* qui commandent à dix hommes. Cette organisation subsiste encore au XVIIe siècle. — En 1590, il y avait dans la milice bourgeoise d'Abbeville des mousquetaires armés d'un plastron, des arquebusiers morionés, des arquebusiers sans morions (1); des piquiers et des hallebardiers. Les officiers, choisis

---

(1) Armure de tête plus légère que le casque.

parmi les habitants les plus notables, avaient pour armes défensives le casque, la cuirasse, la rondache et le corselet; et pour armes offensives l'épée et le coutelas. Les sergents portaient une hallebarde. Il y avait en outre une compagnie de jeunesse, partagée en diverses escouades; des bourgeois pauvres manquant d'armes, d'autres n'ayant qu'une épée.

Huit nouvelles compagnies de milice furent créées en 1631 ; il y en eut alors vingt-quatre au lieu de seize, ce qui faisait six par section, non compris les différentes escouades de la jeunesse, et les canonniers et leurs aides qui recevaient dix livres de gages.

Une ordonnance municipale de 1612 enjoint aux hommes de la milice de se pourvoir de bonnes armes et de munitions suffisantes, s'ils ne veulent pas qu'on en achète à leurs dépens, et qu'on les condamne à l'amende (1). En 1613, ils sont tenus de se trouver en armes à l'ouverture et à la fermeture des portes, et de rester au corps-de-garde sans pouvoir s'absenter, même pour dîner ou pour tout autre motif, sans l'autorisation des magistrats municipaux (2). Cette ancienne consigne subsistait encore en 1670, car les statuts des cuisiniers, révisés cette même année, portent que des cabaretiers seront désignés par l'échevinage, et placés à chaque porte pour y vendre à boire et à manger aux hommes de garde (3).

(1) *Regist. aux délib. d'Abbev.*, année 1612, f° 284.
(2) *Ibid.*, année 1613.
(3) *Ibid.*, année 1670.

Louis XIII étant à Abbeville en 1638 pour défendre cette place contre les Espagnols, ordonna que les bourgeois de garde ne pourraient quitter leur poste sans être condamnés à l'amende et à la prison, et, en cas de récidive, au bannissement.

Le jour du mardi gras et le premier lundi de mai, les officiers municipaux passaient en revue les divers corps de la milice bourgeoise, et, à l'occasion de ces revues, les joueurs d'armes faisaient assaut, les bouchers, les pareurs et les broutiers luttaient les uns contre les autres ou jouaient aux barres; la ville en récompense leur distribuait des chausses.

Les compagnies des bourgeois et de la jeunesse tiraient également le *gai*, et les plus adroits recevaient en prix, aux XVIe et XVIIe siècles, soit deux coupes d'argent, soit un mousquet avec bandoulière de velours à franges d'or, soit une épée ou un poignard (1).

Les officiers et les soldats de la compagnie de jeunesse obtinrent, en 1588, le privilège de ne point monter la garde après leur mariage, les premiers pendant deux ans, les seconds pendant un an (2). La garde bourgeoise était obligée de prêter main forte à l'autorité municipale, et de lui obéir sous peine de vingt livres d'amende. En 1658, les habitants qui se disaient

---

(1) *Regist. aux délib. d'Abbev.*, années 1604, 1607, etc. — *Argentiers*, années 1614, 1622.

(2) Au XVIIe siècle, les compagnies de jeunesse et des cinquanteniers avaient des enseignes tricolores de taffetas rouge, blanc et vert, avec une croix au centre.

nobles ayant refusé différentes fois de monter la garde, on ordonna que les nobles feraient le service comme tous les autres bourgeois, service actif et continuel pendant la guerre. S'il y avait quelquefois lassitude et relâchement lorsque le danger n'existait plus, on ne manquait pas de zèle en présence de l'ennemi. Les citoyens qui remplissaient le devoir patriotique de défendre leur ville n'y voyaient point une charge, un assujétissement. Ils étaient tellement fiers de se garder eux-mêmes et de garder les rois à leur passage, qu'il fallut souvent recourir à l'autorité souveraine pour qu'ils cédassent les postes aux troupes de ligne. Pleins du même dévoûment, ils demandaient encore en 1789, dans les cahiers de leurs députés, la continuation de cet honorable privilége dont beaucoup de villes avaient rejeté le fardeau depuis le règne de Charles IX.

La milice bourgeoise de Montreuil se divisait au moyen âge en sept ghildes ou gueuldes (1). Une huitième ghilde, dite des *Portiers*, gardait le château, les portes et les tours de la ville, qu'elle ne quittait jamais, même lorsque la commune allait en guerre. indépendamment de cette milice, commandée par des officiers nommés *prévôts*, et qui étaient élus annuellement le lendemain du renouvellement de la loi, il y avait à Montreuil une compagnie d'archers, dont l'origine, suivant D. Ducrocq, remontait au IXe siècle.

(1) Voy. le chapitre intitulé : *Corporations des arts et métiers.*

« En 828, dit ce chroniqueur, la Picardie fut affligée d'une peste terrible. Les reliques de Saint-Sébastien, renfermées dans le trésor de l'abbaye de Saint-Médard de Soissons, étoient alors célèbres par la confiance qu'elles inspiroient aux populations décimées par la peste. Plusieurs villes de la Picardie, Montreuil, Boulogne, Amiens, etc., envoyèrent de nombreuses députations déposer leurs offrandes sur la châsse de Saint-Sébastien. L'offrande de Montreuil consistait en une bannière ornée en relief d'un cerf-volant, couronné d'arcs et de flèches. Au bas était écrit : *Monsterevl.* »

Au retour des pèlerins de cette ville, la cinquantaine des *chevaliers du noble jeu de l'arc* fut instituée à l'instar de celle qui existait à Soissons pour veiller jour et nuit sur les reliques du saint (1). Cette compagnie s'exerçait au tir tous les ans, le dimanche avant la mi-carême, dans un jardin situé entre la rue de *la Pie* et celle de *Coquenpot*. Ceux de ses membres qui s'étaient le plus distingués par leur adresse portaient les titres d'*Empereur,* de *Roi*, de *Roi de la Couronnette*. L'art. 8 des statuts prescrivait de reconnaître l'abbé de Saint-Médard, de Soissons, comme grand maître et juge souverain de la Cinquantaine, et l'on s'engageait par serment à se soumettre aux arrêts de ce prélat.

Sous Philippe-Auguste, les bourgeois de Montreuil fournirent pour la guerre cent quarante sergents et

---

(1) Voy. M. Leroux, *Hist. de la ville de Soissons*, 1839, in-8°, t. II, p. 125.

trois charriots. Le 6 mars 1297, ordre leur fut donné par une charte de se faire remplacer près de leur seigneur dominant, et de consacrer sans réserve le service personnel au roi de France et au pays. Ils obéirent, et deux mois plus tard on les trouve en armes à Arras.

Indépendamment des trois compagnies spéciales d'archers, d'arquebusiers et d'arbalétriers qui existaient encore dans les derniers temps à Montreuil, comme à Rue et à Saint-Valery, il y avait sept à huit compagnies de milice bourgeoise de quarante hommes chacune, et de plus, un corps d'élite dit de *la Jeunesse*.

Il y avait en outre, à la même époque, sur tous les points du littoral, de nombreux canonniers habillés uniformément, bien exercés et faisant un service actif. Ces canonniers, fournis par la population des côtes, formaient depuis la Somme jusqu'à la Canche plus de quarante compagnies. Nous ignorons le nombre de celles que l'on avait organisées depuis Saint-Valery jusqu'à la Bresle.

Pour préserver la ville de Rue de toute surprise, un factionnaire était placé sur le sommet d'une tour qui dominait la mer.

CHAPITRE VI.

Organisation militaire

On a dit qu'Abbeville avait été fortifiée par Hugues Capet, mais ainsi que l'a remarqué M. de Caumont, à propos des moyens de défense entrepris par Charlemagne pour s'opposer aux pirates normands, il est probable que les travaux exécutés par les ordres de Hugues Capet dans l'île de la Somme n'avaient pour but que de repousser un danger momentané, et qu'ils ne reçurent ni la solidité ni le développement des fortifications régulières. Hariulfe d'ailleurs dit expressément que de son temps, vers le milieu du XIe siècle, il n'y avait point de cités dans le Ponthieu, mais seulement des stations fortifiées, et on a tout lieu de croire que les villes de ce comté ne furent mises en état régulier de défense qu'au moment de l'affranchissement communal.

Lorsque les Danois firent invasion dans le comté de Ponthieu, dit Rumet dans son Histoire Ms. de Picardie, Montreuil seul était fortifié et pouvait servir de retraite à nos comtes. Ils commandaient le château, qui était fort, et se disaient indifféremment *capitaines* ou *comtes* de Montreuil.

Nous avons déjà dit que, vers les premières années du XIIe siècle, une enceinte plus étendue avait été construite à Abbeville, et que ses remparts avaient encore été bientôt reculés une troisième fois. Au XIVe siècle, cette ville avait une ceinture de murailles continue, crénelée et défendue par des tours rondes engagées dans les murs. Ces tours étaient surmontées de terrasses garnies de plomb, et portaient chacune un nom particulier, ordinairement un nom de saint. L'enceinte était en pierres blanches dans la partie supérieure, en grès à sa base. Un large fossé rempli d'eau en défendait l'approche. Chaque porte, flanquée de grosses tours, et surmontée de mâchicoulis et de guérites munies de cloches pour sonner l'alarme au moindre danger (1), formait comme une forteresse particulière peinte en vermeil, parsemée de fleurs de lis et décorée de l'écu de France, des armoiries de la ville, des statues dorées de la Vierge Marie, de plusieurs images de saints et quelquefois de figures de lions (2).

(1) Il y avait également une cloche dans chaque tour de l'enceinte. (*Regist. aux délibérations de la ville*, année 1554.)

(2) *Comptes des Argentiers*, années 1477 et 1497 entre autres. — C'était pour constituer protecteurs et gardiens de la cité, les

Des ouvrages avancés en terre ou en bois, désignés sous le nom de *Chastelets*, *Bastilles*, *Manteaux*, *Bailles*, *Barbacanes*, etc., complétaient avec les ponts-levis et les barrières le système de défense. Un chemin de ronde régnait à l'intérieur, autour des murs. On barrait la Somme avec de grosses chaînes ; les ponts construits sur la ligne de l'enceinte étaient flanqués de tours, et les arches de ces ponts fermées avec des herses. Il y avait en outre à l'entrée des principales rues des chaînes qu'on tendait dans les temps d'alarme et qui, en cas de siége, pouvaient servir de barricades, et arrêter dans la ville les progrès de l'ennemi.

Les portiers ne pouvaient ouvrir ni fermer les portes de la ville qu'en présence d'un échevin et d'un mayeur de bannières auxquels on avait confié les clefs. Ces deux officiers étaient tenus de les leur apporter chaque jour renfermées dans un petit coffret qu'ils reprenaient aussitôt l'ouverture et la fermeture des portes pour les garder sûrement dans leurs maisons. En 1427, les gens chargés d'ouvrir les portes étaient pris parmi des hommes de confiance ; on leur donnait le nom de *Sires*, et on les choisissait même quelquefois parmi les anciens mayeurs.

saints les plus révérés du pays que nos ancêtres plaçaient les images de ces saints au-dessus des principales portes de leurs villes et sur les murs de leurs forteresses.

Et vigilant nostra semper in urbe lares. (Ovide.)

(M. de la Quérière, Description des maisons de Rouen.)

Montreuil, Saint-Riquier, Rue, Saint-Valery, le Crotoy, « qui estoit comme place imprenable, » dit Pierre Leprêtre, Gamaches, Crécy, Domart, Hiermont, Waben, Oisemont, avaient à cette même époque une enceinte continue. Quelques unes de ces forteresses avaient de plus un château qui servait de citadelle (1). Le château de Montreuil joue un grand rôle dans les guerres féodales du Xe siècle. L'histoire a gardé le souvenir des sièges que ce château soutint en 929, contre Herbert, comte de Vermandois ; en 939, contre Arnoul, comte de Flandre ; en 947, contre Louis d'Outre-Mer ; en 981, contre Hugues Capet. Les siéges fréquents soutenus par la ville et le château de Saint-Valery, que Charles VII appelait la *clef du Vimeu*, témoignent également de l'importance de cette forteresse ; nous renvoyons à l'histoire politique pour le détail de ces siéges.

Le château du Crotoy, composé de quatre grosses tours de grès et d'un donjon, avait été bâti par les Anglais en 1366 (2). Il fut détruit en 1674. Ce château, à la marée haute, était entièrement entouré d'eau.

Rue avait également une citadelle. Cette place était d'une grande force, et dans le XVIe siècle on la citait encore au rang des principales forteresses du nord de la France. L'ambassadeur vénitien Marc-Antoine Bar-

---

(1) En 1366, Jacques de Cambron, seigneur de ce village, fonde une chapelle dans le château de Saint-Valery.

(2) Le 7 novembre 1366, Edouard III, roi d'Angleterre, donna ordre de fortifier les châteaux, manoirs et autres lieux du comté.

baro la met, en 1563, à côté de Rocroi et de Saint-Quentin (1). Au XVIIᵉ siècle, d'Infreville, inspecteur maritime, la cite comme une place importante et de situation forte; aussi la destruction de ses murailles et de sa citadelle fut-elle imposée à Richelieu comme condition *sine quâ non* du traité d'Aix-la-Chapelle, et cette destruction opérée peu de temps après.

Plusieurs autres localités du Ponthieu, qui ne sont aujourd'hui que des bourgs ou de simples villages, étaient autrefois closes de murailles et munies d'un château. Le château d'Hiermont, construit en 1412, était quadrangulaire. Ses murs en pierres de taille portaient trente-six toises de longueur sur chaque face et trente-deux pieds de hauteur. Une grosse tour les flanquait aux angles. Dans l'intérieur s'élevait le donjon, entouré d'une seconde muraille et de fossés. Cette forteresse, l'une des plus importantes du pays, servit de refuge en temps de guerre aux populations voisines. Elle fut détruite en 1636 par les Espagnols.

Domart avait été muré et fortifié sous Hugues-Capet; le village de Ponches était fortifié au XIIIᵉ siècle, et, dans un acte de la même époque, il est parlé de l'enceinte des fortifications d'Estruval. En 1471, Maïoc était place de guerre, et dans le XVIIIᵉ siècle on voyait encore à Oisemont, à Crécy (2) et à Gamaches des restes fort apparents des enceintes murales. Il existe

(1) Relations des ambassadeurs vénitiens, trad. par Tommasco, 1838, in-4°.

(2) Le château de ce bourg fut détruit vers 1590.

encore aujourd'hui à Montreuil, au Crotoy, à Saint-Valery, à Saint-Riquier, quelques débris des anciennes fortifications. Cette dernière ville avait trois portes, celles de Saint-Jean, de Saint-Nicolas et du Héron. Waben en comptait deux, celles de La Barre et de Verton. Cette place, entourée de murs et de fossés, avait également un château dont les derniers vestiges ont disparu il y a peu d'années. La citadelle et les fortifications de Montreuil ont été construites par Vauban. On lisait l'inscription suivante, gravée en très grosses lettres sur le mur d'enceinte, qui fait face au Boulonnais :

Fidelissima Picardorum natio.

Ce qui témoigne de l'importance militaire des villes du Ponthieu au moyen âge, c'est qu'elles avaient la plupart un gouverneur qu'on désignait sous le nom de capitaine de ville. En 1413, Charles VI, dans une ordonnance générale pour la police du royaume, fixe les gages des capitaines de Crécy, du Gard-lès-Rue, du Titre, d'Airaines et d'Hélicourt (1). Abbeville avait aussi son capitaine. Cette charge, à la nomination du roi, était confiée d'ordinaire à un militaire habile qui concourait avec le mayeur à la défense de la cité. Le capitaine, qui avait le commandement des troupes royales, s'engageait en entrant en charge, sous la foi

---

(1) *Ordon.*, t. X, p. 80. — Les habitants de Montreuil payaient à Louis XI, chaque année, cent livres tournois pour le traitement du capitaine que ce prince y avait établi.

du serment, à maintenir les franchises et priviléges, à ne mettre dans la ville aucune garnison plus forte que les bourgeois. Lorsqu'un habitant manquait au guet ou à la garde des portes, ou se battait sur le terrain des fortifications, le capitaine avait le droit de l'arrêter, et de le faire conduire à l'échevinage; mais la connaissance du délit, lors même qu'il avait été commis en armes, appartenait aux officiers municipaux, et l'amende restait à la ville. Le capitaine était payé par la commune. Cet office fut rempli à différentes époques par des personnes d'une grande noblesse qui s'étaient acquis un nom dans les armes. On trouve entre autres, aux XVe et XVIe siècles, le maréchal d'Esquerdes et Jean de Bruges, seigneur de la Grutuze.

Les gouverneurs succédèrent aux capitaines (1), et le dernier de ces gouverneurs fut à Abbeville M. le comte de Mailly, qui avait obtenu ce titre en 1747. Promu au grade de maréchal de France, en 1783, en récompense de ses brillants services, M. de Mailly, après avoir échappé au massacre du 10 août, était venu se réfugier avec la maréchale à Mareuil, près Abbeville; mais arrêté le 26 septembre 1793, il fut transféré à Arras, et décapité le 25 mars 1794, à l'âge de 86 ans. Il monta sur l'échafaud en criant *vive le roi!*

---

(1) En 1698, le duc d'Elbeuf, en qualité de gouverneur de Montreuil, était en possession de faire payer au passage de cette ville trois livres sur chaque poulain acheté dans les foires du Boulonnais. C'était là en quelque sorte les dernières traditions des exactions de la féodalité.

Les places aujourd'hui démantelées conservaient encore au XVIIIe siècle une certaine importance, puisqu'on trouve des gouverneurs militaires, des lieutenants de roi et des majors à Saint-Valery, à Rue, au Crotoy et au Pont-Remi (1).

Sous Louis XIV, la garnison d'Abbeville se composait ordinairement d'un bataillon d'infanterie et de douze compagnies de cavalerie (2); la garnison de Rue de deux compagnies de cavalerie; celle du Pont-Remi de cent cinquante hommes de pied; mais en 1660, après la paix des Pyrénées, il ne resta plus dans cette place que trente soldats commandés par un sergent.

Les travaux de défense étaient au moyen âge dans le Ponthieu, comme dans le reste de la France, à la charge des villes de commune. Les habitants contribuaient à l'érection ou à la réparation des ouvrages soit par un impôt, soit par des corvées personnelles. Lorsque l'argent manquait ou que des menaces de guerre faisaient craindre un danger sérieux, on s'adressait au roi qui autorisait les magistrats municipaux à prélever une aide dont le produit était employé aux fortifications. Cette imposition extraordinaire était le plus souvent

---

(1) Les marquis de Gamaches, qui commandaient à Saint-Valery, prenaient aussi le titre de gouverneurs du *pays et roc de Cayeux*.

(2) On logeait les chevaux de la cavalerie dans un vaste bâtiment, nommé les *Ecuries du roi*, qui existait alors dans la rue du *Haut-Mesnil*, près de la porte du Bois, car les casernes n'existaient pas encore : on n'en posa la première pierre, sur la place du *Préer*, que le 4 septembre 1780.

perçue sur les vins ou sur les autres objets de consommation soumis à l'octroi à l'entrée des portes. Les habitants privilégiés, les gens d'église eux-mêmes étaient tenus de contribuer aux travaux de la place. Le clergé essayait souvent de se soustraire à l'impôt sous prétexte qu'il devait rester étranger aux choses de la guerre ; sa résistance était même si vive qu'il était besoin quelquefois de l'intervention royale, et qu'il fallait contraindre par voie de justice les prêtres qui refusaient de payer (1). Ils gagnaient cependant quelquefois leur cause. En 1360, les moines de Saint-Riquier, qui avaient la moitié des cens, rentes et revenus de la ville du Crotoy, objectent qu'ils ne doivent payer aucune part d'imposition pour les travaux de défense de cette ville ; les officiers municipaux du Crotoy font saisir l'argent et les divers objets en nature, entre autres des chapons acquis aux moines en vertu d'anciens titres ; mais ceux-ci se plaignent à Jacques de Bourbon, comte de Ponthieu, qui leur fait restituer chapons, cens et revenus, et les déclare exempts de tout impôt de cette nature (2).

On avait recours, suivant l'urgence, à des réquisitions d'hommes, de voitures et de chevaux dans un rayon de quatre à cinq lieues (3) ; et l'on trouve même, en 1512, une ordonnance de Jean de Bruges, lieu-

---

(1) Archives d'Abbev. Liasse cotée : *Hist. des guerres*, de 1319 à 1341.

(2) Invent. des titres de l'abbaye de Saint-Riquier, f° 138, v°.

(3) Arch. d'Abbev. *Hist. des guerres* de 1331 à 1566.

tenant-général du roi en Picardie, qui enjoint aux habitants d'Abbeville et des villages à trois lieues à l'entour, « soit gens d'église, soit nobles, ou autres, de venir vider les fossés de la place ès lieux, selon les jours et en tel nombre qu'il sera statué (1). » En 1631, il leur est ordonné de travailler depuis le matin jusqu'au soir et sans désemparer, à la construction des demi-lunes des portes du Bois et Marcadé ; de se munir à cet effet des outils nécessaires, et cet ordre s'applique aux habitants de toutes les paroisses à cinq lieues à la ronde. Quatre ans après, comme l'argent manque, on prescrit aux bourgeois les plus riches de venir par compagnie curer tous les fossés de la ville (2). On reconnaît, en 1636, l'urgente nécessité de la fortifier encore, et tous les habitants, y compris les prêtres, iront, en qualité de pionniers, remuer la terre aux lieux qui leur seront indiqués. Les citoyens les plus aisés y *commettront en outre un homme à leurs dépens, et seront de plus admonestés d'y envoyer aussi leurs domestiques* (3).

Les rois allégeaient quelquefois les dépenses en accordant soit de l'argent, soit du bois. Ainsi, en 1430, Henri, roi d'Angleterre, donne, en *qualité de roi de France*, cinq cents livres aux bourgeois d'Abbeville pour être employées aux fortifications de leur ville. En 1557, Henri II donne deux cents chênes dans la

---

(1) —Ibid., *Ibid.* de 1319 à 1541.
(2) Au moyen âge, bien que les brouettes fussent connues, on se servait de hottes pour emporter les terres.
(3) *Regist. aux délibér. d'Abbev.*, années 1631, 1635, 1636.

forêt de Crécy et huit journaux de bois taillis pour réparer les ponts de la Portelette et de la porte d'Hocquet, et faire des gabions et des claies (1).

L'achat des armes, comme les travaux de défense, étaient payés sur les budgets municipaux. On trouve aux registres des Argentiers un grand nombre de comptes qui attestent avec quelle prévoyance on garnissait l'arsenal de l'échevinage de toutes les munitions nécessaires. Il y avait des engins pour lancer de grosses pierres ou des dards de différents poids et de différentes dimensions, qu'on distinguait sous les noms de *Vindas*, de *Mangoneaux*, etc. On fabriquait même de la poudre, et dès 1415 il y avait sur les remparts d'Abbeville douze canons *à trois boistes* qui pesaient trois mille trois cents livres. Ces canons avaient été achetés à Bruges et à l'Ecluse.

Malgré la loi municipale qui confiait la défense des villes aux bourgeois, les seigneurs voulaient quelquefois intervenir. Ainsi, en 1275, l'abbé de Saint-Riquier réclamait toute justice sur les foires de cette ville. Les maires, pendant ces foires, faisaient fermer de jour toutes les portes de la ville. L'abbé voulait que ces portes restassent ouvertes. Le roi se prononce en faveur de l'abbé, et condamne les maire et échevins à laisser la ville ouverte de jour et de nuit. Les moines de Saint-Riquier contribuaient cependant pour leur part à la sûreté de la ville, car ils étaient tenus de fournir

(1) *Regist. aux délibér. d'Abbev.*, de 1551 à 1566.

chaque jour à la garde des portes trois hommes ; pour le guet de nuit cinq hommes ou cinq sous parisis au choix.

Un remarquable esprit d'association pour la résistance commune se révèle au moyen âge dans notre histoire. En 1295, la ville de Provins envoye à Abbeville une compagnie d'arbalétriers avec armes et bagages (1). En 1415, les officiers municipaux de Boulogne écrivent aux Abbevillois pour les prier de leur envoyer également des arbalétriers, car les Anglais menacent leur ville d'un siége, et il leur faut du monde pour la défendre (2). Les villes du Ponthieu entreprennent souvent des siéges à leurs frais; elles entretiennent des coureurs pour épier l'ennemi ; elles se préviennent mutuellement de ses retraites et de ses approches (3). Lorsqu'on ne réussit pas à déloger l'ennemi par les armes, on achète sa retraite à prix d'argent. C'est ainsi que le château de Poix, reconnu imprenable, fut, en 1359, payé vingt florins d'or; et les communes trouvent toujours en elles-mêmes des ressources suffisantes pour ces résistances opiniâtres et ces guerres sans relâche.

(1) M. Bourquelot. *Hist. de Provins.*
(2) « A Jehan Petit, messagier de Sainct-Riquier... Pour avoir apporté lettres de par les maire et échevins d'icelle ville... Contenant que Jehan du Clau, cappitaine de gens d'armes, avoit menacié de assaillir icelle ville, et de la piller tellement qu'il en seroit mémoire quatre ans après son partement, et que on leur volsist envoier en aide et secours des arbalétriers de le ville... IIII sols. » (*Comptes des Argentiers*, 12 avril 1416.)
(3) *Comptes des Argentiers*, passim.

De grandes mesures étaient prises en cas de danger pour préserver de toute surprise. On murait et fermait les portes. Les habitants des villages voisins étaient tenus de venir chaque nuit *faire les écoutes* avec ceux des faubourgs ; et les lieutenants de cette garde *extra-muros* obligés, sous peine de vingt livres d'amende, de transmettre au commandant de la place leurs avis d'heure en heure (1).

En 1638, à l'époque où les Espagnols s'avançaient jusqu'aux portes d'Abbeville, un ordre de Louis XIII, qui se trouvait alors dans cette ville, porte que les canons seront chargés sur le rempart, que tous les corps-de-garde seront occupés par de nombreux postes de troupes royales et de milice bourgeoise ; qu'il y aura des sentinelles à chaque barrière et à chaque porte, et que la herse sera coupée à la moindre apparence de danger. Huit cavaliers sortiront tous les soirs : trois iront vers le Titre et Forêt-l'Abbaye ; trois vers Lheure et Saint-Riquier ; les deux autres le long de la Somme jusqu'à *Blanquetaque*. Ils reviendront tous au soleil levant dire à chaque porte, au *travers du fossé*, ce qu'ils auront vu dans la campagne. Les hommes de garde, dans les ouvrages avancés, seront également tenus d'envoyer trois ou quatre d'entre eux, avant que l'on ait ouvert les portes, pour annoncer ce qui se passe à l'extérieur. On ouvrira ensuite la poterne, et le chef du premier corps-de-garde enverra quatre hommes

---

(1) *Regist. aux délibér. d'Abbev.*, années 1631 et 1635.

pour s'assurer si les autres ont dit vrai. On ne laissera entrer dans la ville que six charriots ensemble, après avoir eu soin de les sonder avec une verge de fer.

En cas d'alarme, chacun se rendra en son quartier, suivant l'ordre établi, et la nuit chaque bourgeois mettra une chandelle à la fenêtre de son logis.

Défense est faite aux habitants de la ville et de la banlieue de semer des chanvres aux abords de la place.

Les murs d'Abbeville, déjà redoutables avant l'usage de l'artillerie, et que l'ennemi n'osa jamais escalader, reçurent une nouvelle force du temps de Louis XI et de François Ier. En 1550, Henri II étant venu dans la capitale du Ponthieu pour veiller à la sûreté des frontières, s'occupa spécialement des fortifications de cette place. En 1585, le maréchal de Retz fit élever la courtine du Mail, ainsi que l'éperon placé en avant de cette courtine, auquel il a donné son nom. En 1636, Louis XIII, voulant compléter le système de défense, fit abattre aux abords des portes Saint-Gilles et du Bois une quantité de maisons sur l'emplacement desquelles on construisit des contrescarpes, des demi-lunes et des glacis, et on acheva en même temps les bastions de Saint-Paul, de Longueville et de Rambures, commencés sous Henri IV, ainsi que ceux du Château et de Marcadé. La demi-lune des Noyers, qui couvre la porte du Bois, et l'ouvrage à cornes désigné sous le nom de Champ-de-Mars, datent également du temps de Louis XIII. Cependant, malgré ces différents travaux exécutés lentement, les fortifications d'Abbeville étaient encore bien incomplètes lorsque Vauban vint visiter cette place (1).

« Abbeville, dit ce grand homme, a une enceinte très faible, très basse et en si mauvais état que l'on peut dire sans se tromper qu'il y en a beaucoup plus en brèche et disposé à tomber qu'il n'y en a de solide et en état de soutenir un rempart. »

Les dehors ne valaient pas mieux. Pas de chemin couvert, de mauvais fossés, nulle écluse ni un seul bâtardeau ; les portes et les ponts menaçaient ruine, peu ou point de magasins. Cependant il y avait à la même époque cent trente mille setiers de blé, ce qui peut suffire à la subsistance de plus de quarante mille personnes un an durant.

Mais continuons de citer Vauban pour faire connaître Abbeville sous le rapport militaire.

1° « Le premier de ses avantages, dit-il, est qu'étant fort grande, et le peuple fort nombreux et assez bien armé, si l'on y joignait trois ou quatre mille hommes de troupes réglés en cas de besoin, cela obligerait infailliblement l'ennemi, quelque puissant qu'il pût être, à une circonvallation et contrevallation considérable, et qui lui donnerait de l'ouvrage pour longtemps.

---

(1) Un Abbevillois, Jean de Gaudebout, qui avait reçu, en 1659, le brevet d'ingénieur géographe du roi avec quatre cents livres de gages par an, en considération de sa capacité et de son expérience dans la géographie et l'art des fortifications, obtint peu de temps après, des magistrats municipaux d'Abbeville, la permission de faire construire sur le vieux bastion du château de cette ville un moulin à vent « pour y façonner, au moyen de certaines machines, plusieurs ouvrages de mathématiques très utiles au service du roi et au bien de ses sujets. » (*Reg. aux délib. d'Abbev.*, année 1659.)

2° « C'est la grande étendue de cette circonvallation, divisée en trois quartiers séparés, dont la communication lui serait très difficile et l'obligerait à trois ponts considérables et à bien des digues et fossés.

3° « Que le pays étant très fertile en fourrages de toute espèce, il serait aisé d'y faire subsister un grand corps de cavalerie, ce qui me paraît d'autant plus considérable que les ennemis, que l'on pourrait avoir à craindre ici, vraisemblablement en auraient peu.

4° « C'est qu'on peut rendre la place inattaquable sur les deux tiers de son circuit; et ce, par le moyen des eaux, et que le surplus se peut aisément fortifier.

5° « Qu'en approfondissant les fossés, on pourrait y faire entrer des courants considérables, soit de la Somme ou de la petite rivière de Saint-Riquier.

6° « Qu'il se trouve assez de souterrains dans cette place, abandonnés et la plupart inconnus, pour loger quatre cent mille livres de poudre en toute sûreté; que l'effet des bombes serait peu considérable, à cause des marécages et des grands vides qui sont dans la place, et qui font que les maisons sont séparées et la ville fort grande. »

L'illustre maréchal conclut en disant qu'on pourrait la mettre à couvert et en sûreté contre toutes les attaques de l'ennemi, même contre un siége réglé et des plus opiniâtres, l'armée fût-elle de quarante mille hommes (1).

---

(1) Arch. d'Abbev., Mémoire sur cette ville, par Vauban, mai 1689. — Voy. les *Plans et mémoires des places de Picardie et d'Artois*. Arsenal., Mss., histoire, n° 333, in-4° oblong. On y trouve un plan d'Abbeville et un plan de Montreuil de l'exécution la plus soignée.

CHAPITRE VII.

Commerce. — Foires et Marchés.

Une rivière d'une navigation facile, le voisinage d'Arras et d'Amiens, dont le commerce était florissant dès les premiers temps de la domination romaine; des voies de grande communication, qui liaient le midi de la Gaule et de l'Italie aux Iles Britanniques, en aboutissant à Boulogne, ont dû favoriser de bonne heure le mouvement commercial dans le Ponthieu. Sous la première race, Quentovic, *Vicus*, était avec Rouen et Amiens l'un des trois principaux entrepôts du nord de la France. Un intendant particulier, *præfectus emporii*, présidait à son commerce : on y battait monnaie (1).

---

(1) Cette monnaie avait pour emblême un vaisseau. On voit par un capitulaire de 864 qu'à cette date on fabriquait déjà, *ex antiqua consuetudine*, de la monnaie à Quentovic. (*Caroli calvi capit.* Sirmundus collegit, 1623, in-8°, p. 306. — Mém. sur le commerce des premières races, par l'abbé Carlier, collect. Leber, t. XVI, p. 99, 119.)

Ses foires célèbres par toute la France attiraient un nombre considérable d'étrangers; mais les invasions barbares ne tardèrent pas à mettre un terme à sa prospérité. Quentovic, on l'a vu, avait cessé d'exister dès le IXe siècle. On ne sait rien d'ailleurs sur l'histoire du commerce dans le Ponthieu avant le règne de Philippe-Auguste. L'affranchissement communal, en assurant des garanties aux habitants de ce comté, favorisa comme partout l'essor de leur industrie. Les rois et les seigneurs consacrèrent par l'octroi de divers priviléges le droit de trafiquer avec sécurité, comme les chartes communales elles-mêmes avaient consacré le droit d'acquérir et de posséder.

On sait d'ailleurs que les rois de France n'eurent longtemps dans leur souveraineté propre d'autre territoire maritime que la Picardie, et encore les ports de Boulogne, de Saint-Valery et du Crotoy appartenaient à des seigneurs particuliers (1). Cette circonstance devait donc influer sur la prospérité du pays.

En 1199, Philippe-Auguste accorde aux marchands d'Abbeville la liberté de naviguer sur la Somme, et défend de les arrêter eux et leurs marchandises, pourvu toutefois qu'ils acquittent les péages légalement dûs : tout acte de violence, toute exaction devant être considéré comme un attentat contre le roi lui-même, c'est-à-dire un crime de lèse-majesté. (2).

(1) M. Pardessus. *Lois maritimes*, t. IV, p. 223.
(2) On sait qu'au moyen âge un grand nombre de droits onéreux pour les marchands entravaient la liberté du commerce ou nuisaient

Les armateurs d'Abbeville, dit M. Pardessus, éprouvaient quelquefois des obstacles par les prétentions des seigneurs de Saint-Valery, d'assujétir les navires à des droits de passage, et ces contestations, jugées en faveur d'Abbeville, constatent l'importance de son commerce (1).

En 1220, Robert de Dreux et Guillaume Talvas s'engagent à laisser librement les équipages des navires qui fréquentent les côtes du Ponthieu, aborder sur tel point qu'ils jugeraient convenable sans employer, comme par le passé, la *violence ou les prières*, et c'était là pour le temps un notable progrès, car jusqu'alors ces seigneurs riverains se disputaient les arrivages et

au développement des relations internationales. Tel était l'usage qui dans certains pays, rendait les commerçants d'un état solidaires de tout engagement contracté par quelqu'un de leurs compatriotes. Cet usage, ou plutôt cet abus profitable parfois aux particuliers, avait en général pour le commerce des effets désastreux. On conçoit que la crainte continuelle d'être saisis pour le fait d'un autre devait rendre les marchands étrangers très circonspects. La charte de Philippe-Auguste établit qu'à l'avenir les marchands naviguant sur la Somme ne pourront être arrêtés que pour les dettes qu'ils auront eux-mêmes contractées ou dont ils se seront expressément porté caution. Cette charte fut sans doute favorable aux étrangers qui trafiquaient avec la Picardie, mais elle ne fut pas moins avantageuse aux habitants de cette province. » (Voy. Rec. des monuments inédits de l'hist. du Tiers-État, t. Ier, p. 119.)

(1) M. Pardessus, loc. cit., t. III, cxvji. — En 1708, le marquis de Gamaches réclamait encore des droits de travers et péages sur les marchandises passant à Saint-Valery, la Ferté, le Hourdel, Cayeux, etc. Il fut ordonné par le conseil d'état que le marquis justifierait de sa possession. (*Arch. de la Somme*. Liasse intitulée : *Péages*.)

s'efforçaient de les attirer chacun dans son fief, afin de percevoir des droits onéreux. Les habitants de Montreuil, en 1256, avaient aussi obtenu du roi d'Angleterre le droit de trafiquer librement sur ses terres sans être arrêtés pour dettes. Des actes royaux défendent ainsi contre les abus de toute sorte, contre les vexations des seigneurs, des officiers du roi et même des villes, les bourgeois d'Abbeville, de Rue, du Crotoy, de Waben, qui se livrent au négoce dans l'intérieur de la France et même à l'étranger.

En 1377, Charles V enjoint aux officiers municipaux de la Rochelle de ne prendre aucuns droits ou aides sur les vins ou autres denrées que les habitants d'Abbeville font conduire dans le comté de Ponthieu, et qui ne doivent, suivant leurs priviléges, que les coutumes anciennes. Mais ces actes témoignent quelles difficultés ces bourgeois rencontrent dans leur trafic. Plusieurs fois leurs marchandises avaient été saisies, quelques uns même avaient renoncé à leur commerce par suite des vexations qu'ils essuyaient jusque dans Paris.

Philippe-de-Valois, Charles V tentent vainement de remédier aux abus. Ils donnent aux Abbevillois toute franchise pour les marchandises ou les vivres qui doivent être conduits dans le comté de Ponthieu; mais comment constater la destination réelle de ces vivres et de ces marchandises? Les receveurs des aides et des péages exigent des cautions, ce qui entraîne chaque jour les négociants en plusieurs *granz fraiz*. Il faut sans cesse invoquer les franchises, recourir au roi ; mais le mal n'en persiste pas moins, et les priviléges et l'autorité royale son souvent méconnus (1).

Les étrangers, qui venaient trafiquer ou résider à Abbeville et dans les autres villes du comté, avaient aussi des priviléges particuliers, octroyés par ordonnance royale. Les exemptions de tailles, de guet, d'impositions foraines et de toutes autres charges onéreuses leur étaient généralement accordées (2). Il est souvent question des Espagnols, des Hollandais, des Portugais qui demeuraient à Abbeville et au Crotoy ; et, vers le XVe siècle, les Hollandais sont même assez nombreux, assez directement intéressés à la prospérité du pays pour faire redresser à leurs frais le cours de la Somme aux environs de Picquigny ; mais un acte de 1389 atteste que les dépenses nécessitées pour l'entretien de la navigation de cette rivière étaient ordinairement supportées par les villes d'Amiens, de Corbie et d'Abbeville (3).

Le commerce d'exportation du Ponthieu s'étendait, dans les XIIIe et XIVe siècles, en Hollande, en Angleterre, en Portugal, en Suède et surtout en Espagne. La draperie formait la branche la plus importante de l'industrie des Abbevillois, et la fabrication des étoffes

---

(1) Archiv. d'Abbev. — Lettres d'Edouard III, 31 octobre 1337. — Ibid. de Philippe-de-Valois, 26 février 1349 ; — de Charles V, 9 novembre 1370.

(2) *Ordon.*, t. III, p, 166, 504. — Isambert, *Anc. lois franc.*, t. V, p. 489.

(3) Archiv. du royaume, sect. judic., parlement de Paris, reg. 36, f° 205, v°. — Un réglement pour les mariniers de Corbie,

était de la part des magistrats municipaux de cette ville l'objet de la surveillance la plus active, comme le témoignent de nombreuses ordonnances (1).

Toute pièce défectueuse était brûlée à l'échevinage au son des cloches, et l'ouvrier qui l'avait faite banni pour un an et un jour (2). « *Que le drap fait pour les Espagnols soit bon et loyal*, dit un réglement du XIVᵉ siècle, *et qu'il ne soit mie de trop grosse laine de cuisse, car s'il estoit ainsi fait... la lisière lui seroit ostée d'un bout à l'autre* (3). » Et, pour prévenir le dol, les statuts de la draperie furent, en 1362, remis sous le scel aux causes de la commune aux négociants d'Espagne et de Portugal (4). Mais les précautions prises contre la fraude n'assuraient pas toujours un débouché facile; la concurrence était redoutable, et, comme les communications étaient très rares entre les provinces, qu'on ne savait presque rien de ce qui se passait au dehors, on envoyait quelquefois des messagers à Paris ou ailleurs pour connaître les prix courants des marchandises (5).

---

d'Amiens et d'Abbeville, du mois de juillet 1255, nous apprend que le commerce de ces villes se faisait alors en grande partie par la Somme. (Cf. M. Dusevel. *Lettres sur le département*, 1840, in-8°. p. 433.)

(1) Arch. d'Abbev., Regist. des métiers.
(2) *Livre Rouge*, fᵒˢ 60 et 256, rᵒ.
(3) *Livre des métiers*, fᵒ 22, rᵒ.
(4) *Ibid.*, fᵒ 27, vᵒ: Cf *Ordon*, t. VIII, p. 334.
(5) *Comptes des Argentiers*. — Vers la fin même du dernier siècle, on voyageait encore si peu que deux voitures seulement faisaient le

Abbeville, *assise en un reculet de mer* (1), était agrégée à la hanse teutonique, qui avait Londres et Hambourg pour ses principaux entrepôts (2). Montreuil faisait aussi partie de cette vaste association, et tout semble indiquer que le commerce de cette ville était alors d'une certaine importance. Ses habitants suivent assidûment les foires de Brie et de Champagne, et on les retrouve, ainsi que les Abbevillois et les habitants de Doullens et de Gamaches, à la célèbre foire de Saint-Denis.

Les rois d'Angleterre, en leur qualité de comtes de Ponthieu, modifient, pendant tout le temps que ce comté leur est assujéti, les droits de douanes en faveur d'Abbeville, comme ils avaient fait en faveur des habitants de l'Aquitaine (3).

Il existe, vers le même temps, un entrepôt pour la guède dans le port du Crotoy. Ce port paraît avoir été au moyen âge le centre d'une grande activité. On a lieu de croire cependant que, dès le XIVe siècle, les guerres avec les Anglais avaient porté un coup funeste à sa prospérité. *Le Crotoy*, dit une ordonnance de Charles VI, en date de 1397, *est de présent en très*

---

service d'Abbeville à Paris chaque semaine; l'une partait le jeudi à cinq heures du matin et arrivait le dimanche; l'autre partait le vendredi a midi et arrivait le samedi soir. Leur retour s'effectuait avec la même lenteur.

(1) *Ordon.*, t. VIII, p. 334.
(2) M. Tailliar. *De l'affranch. des communes dans le nord*, 1837, in-8°, p. 377.
(3) M. Pardessus, loc. cit.

petit état (1). En effet, la marine marchande du Ponthieu, qui avait fourni un nombreux contingent en hommes et en navires au combat de l'Ecluse, devait se ressentir encore, même après un demi-siècle, des tristes suites de cette journée célèbre. Abbeville, pour sa part, avait équipé douze *barges* portant mille quatre cent soixante-dix-neuf matelots et cent quatre-vingt-douze arbalétriers ; ce qui assignerait à cette ville le quatrième rang parmi les cités maritimes, si l'on jugeait de son importance par son contingent (2). « Les ports d'Abbeville et de Boulogne, dit M. Pardessus, fournissaient une marine qui fut souvent redoutable à l'Angleterre. Unis à celui de Dieppe, ils ravagèrent les côtes de ce royaume en 1335 et 1336 (3). »

Au moyen âge, le commerce arme de la sorte pour soutenir le roi dans ses guerres, pour protéger les côtes contre les débarquements ou la piraterie, et, dans plusieurs circonstances, on le voit armer encore pour défendre les expéditions marchandes contre les corsaires ennemis. Les villes supportent les frais de ces armements. C'est ainsi que Montreuil ayant contribué, en 1327, par une imposition extraordinaire, à la levée et à l'entretien d'une petite flotte destinée à agir sur le littoral, Charles-le-Bel donne à cette occasion des lettres de non préjudice.

(1) *Ordon.*, t. VIII, p. 186.
(2) Notice sur le commerce de mer d'Abbev., par M. Traullé, 1809, in-8°.
(3) *Lois maritimes*, t. III, cxvij.

En 1478, le roi ordonne aux Abbevillois d'équiper et d'entretenir un bâtiment du port de quatre-vingts tonneaux pour donner la chasse aux Flamands et aux Hollandais.

Abbeville faisait alors par la Somme avec l'intérieur de la France un commerce important qui consistait en draps, cuirs, métaux, armures, bois de construction, vins du midi, toiles, cires, épiceries, graines, fruits secs, pelleteries, etc. Les nombreux arrivages de poissons de toute espèce dans le port d'Abbeville prouvent que sa population maritime et celle des côtes était considérable. Il y avait longtemps du reste que les habitants du Ponthieu trouvaient d'abondantes ressources dans la pêcherie de mer et d'eau douce. Il est déjà question, dans le partage des biens de l'abbaye de Saint-Denis par Louis le Débonnaire, des plies et des anguilles de la Somme, qui donnaient alors un revenu d'une certaine importance (1). Un édit de Charles VII de 1451 règle l'achat des poissons de mer sur le marché d'Abbeville pour l'approvisionnement de Paris (2). Parmi les poissons le plus en usage figurent la lamproie, le saumon, le maquereau, l'esturgeon et particulièrement l'anguille, le hareng frais et saur, dont le peuple faisait alors une prodigieuse consommation. On voit les comtes en accorder à milliers aux monastères de leurs domaines. Ils leur donnent en outre

(1) D. Grenier, Mss., 16e paq., n° 2, v°. *Leuconaus*.
(2) Archiv. d'Abbev. Liasse cotée : Actes relat. au commerce, de 1198 à 1764.

de grandes quantités de sel, et les aumônes de cette espèce provenaient des salines de Waben, dont il est parlé dès l'an 988, et de celles de Rue, de Noyelles, de Mers, de Sallenelle et de divers autres lieux du Vimeu et du Ponthieu. Ces salines, qui subsistèrent jusqu'au règne de François 1er, durent aussi contribuer à répandre l'aisance dans le pays.

Au nombre des autres denrées les plus usuelles, on trouve l'ail, que l'on mettait dans tous les aliments et dont on frottait le pain. Abbeville en exportait un grand nombre, car, dès le XIIe siècle, les marais des environs d'Abbeville étaient déjà exploités pour le jardinage et l'extraction de la tourbe. Il paraît même que les tourbières de la vallée de la Somme sont les plus anciennement exploitées de toute la France (1).

Abbeville exportait également des fromages du Marquenterre, dont nos pères étaient friands, et qu'on avait coutume de présenter aux rois et grands officiers dans les entrées solennelles. Les Amiénois en envoyaient souvent au chancelier de France, au premier président et au procureur général du parlement, *afin que leurs besognes en fussent mieulx recommandées.*

L'exportation des blés n'était pas non plus sans importance ; mais ce commerce avait des dangers pour la tranquillité publique ; ainsi, en 1408, Guillaume, duc de Bavière, fait conduire à Saint-Valery cinq cents

(1) *Journal des Mines,* an III, n° 1, p. 52.

muids de blé que des marchands Hollandais avaient achetés à Abbeville. Huit cents bourgeois en armes se rendent aussitôt à Saint-Valery, s'emparent des blés qu'ils revendent, avec l'autorisation du maire, aux habitants, et appliquent aux besoins de la commune le montant de la vente; un procès s'engage entre les Abbevillois et les marchands qu'ils ont dépouillés; mais ces derniers perdent leur cause.

On voit par les registres aux délibérations de l'échevinage (1) que ceux qui avaient des grains à faire passer dans la ville étaient tenus d'y laisser le quart de ces grains pour la consommation des habitants, suivant le cours, et sans pouvoir les renchérir. Il fallait encore céder aux bourgeois la même quantité de blé, sous les mêmes conditions, avant de pouvoir en faire sortir des magasins. En 1448, il survint à cette occasion de vifs débats entre les officiers municipaux d'Abbeville et les marchands de Castille et de Léon (2).

Les intérêts du commerce, placés sous la sauvegarde des officiers municipaux, étaient de leur part l'objet d'une sollicitude active. Ils cherchaient, par l'octroi d'importants priviléges, à fixer dans leur ville des ouvriers étrangers, à introduire des industries nouvelles; ils défendaient, en toute circonstance, l'extension des franchises commerciales de la cité; mais des contagions fréquentes, des guerres continuelles, la rareté du nu-

---

(1) Année 1446, entre autres, f° 79.
(2) Liasse cotée : Actes relat. au commerce, de 1198 à 1764.

méraire opposaient à l'essor de l'industrie de nombreux obstacles.

L'argent était si rare alors qu'on était contraint de tolérer l'usure et même de l'encourager; mais, en 1261, il faut pour s'y livrer une autorisation du corps municipal (1). En 1378, Charles V délivre des lettres-patentes qui autorisent Mache et Pierre Guaret à s'établir à Abbeville, et à y faire le change, c'est-à-dire la banque. Ils pourront, disent les lettres royaux, passer toutes sortes de contrats, prêter de l'argent à deux deniers pour livre par semaine, et, pour sûreté du prêt, prendre des gages, à condition toutefois que ces gages ne seront ni des reliques, ni des instruments de labourage, ni des fers de moulins, ni des effets appartenants au roi et aux princes du sang (2). Les priviléges de ces étrangers leur sont concédés pour six ans et ils auront, s'ils le désirent, la liberté de les transmettre à d'autres *chrétiens*. C'était ordinairement à Abbeville, comme dans le reste de la France, les Lombards et les Juifs qui avaient le monopole de l'usure. Il leur était expressément défendu, par ordonnance municipale, de prendre en gage des armures, des pièces de draps (3), des laines filées ou non, teintes ou écrues.

Vers la fin du XVe siècle, le commerce maritime du Ponthieu prend un nouvel essor. On construit sur les

(1) D. Grenier, Mss. 15e paq., p. 314.
(2) *Ordon.* t., VI, p. 335.
(3) Chaque pièce avait vingt-quatre aunes de longueur; celles qu'on fabriquait à Montreuil, vingt-cinq aunes.

chantiers d'Abbeville des bâtiments de soixante-dix à cent tonneaux moins chers et plus estimés que ceux des ports voisins. Les étrangers louaient ou achetaient ces bâtiments, ce qui rendit le bois de construction si rare, qu'une ordonnance de l'échevinage défendit aux charpentiers de navires de construire des bateaux excédant le port de trente à trente-six tonneaux ; et on leur enjoignit de ne les vendre qu'aux habitants de la ville, attendu que les maisons et édifices tombaient en ruines, à cause de l'extrême cherté du bois, et que, s'il se déclarait un incendie, *l'on ne saurait où recouvrer des chênes et gros mariens sinon ès lieux lointains et à grands frais.*

On comptait alors à Abbeville deux cents charpentiers de marine et cent maîtres capitaines de navire qui faisaient le cabotage ou naviguaient, les uns dans le nord, les autres sur les côtes d'Espagne ; ceux qui passaient le détroit de Gibraltar montaient de grosses barges, afin de résister aux Algériens, et les armaient de canons que leur prêtait l'hôtel-de-ville.

Les marins du littoral de la Picardie fournirent aussi leur contingent aux plus aventureuses expéditions des XVIe et XVIIe siècles. Jean de Béthencourt, qui découvrit les Canaries, était né dans le Ponthieu, et tirait son nom de la terre de Béthencourt-sur-Mer, qui lui appartenait. En 1401, il vendit une partie des biens qu'il avait dans le Vimeu, et plusieurs marins d'Abbeville et du Crotoy s'embarquèrent avec lui.

En 1541, François de la Roque, sire de Roberval et de Bienfay, que François Ier nommait *le petit roi de*

Vimeu, partit avec cinq vaisseaux et se rendit au Canada, où il fonda la colonie du cap Breton. En 1604, un Abbevillois, Jean de Biencourt, sieur de Poutrincourt, alla former dans ces mêmes régions un autre établissement au Port-Royal, et jeter à l'aide de ceux qui suivaient sa fortune les fondations de Québec (1).

En même temps qu'ils cherchaient les périls des entreprises lointaines, les habitants du Ponthieu se créaient de nouveaux éléments de prospérité, en associant leur industrie aux progrès des arts et aux grandes découvertes. Dès 1486, Pierre Gérard et Jean Dupré impriment à Abbeville *la Cité de Dieu*, de Saint-Augustin, traduite par Raoul de Presles; un *psautier*, la *Somme rurale* de Boutillier et le *Triomphe des Neuf Preux* (2). Ces livres ont gardé parmi les bibliographes une juste célébrité, et on les cite encore comme un des plus parfaits monuments de la typographie française (3).

Abbeville fabrique également des horloges et des montres hexagones dès que leur usage commence à se répandre. La fabrique des armes à feu y prit aussi dès l'origine une grande extension (4). Cette industrie y

---

(1) Cf. M. Estançelin. *Recher. sur les voyages des navigat. Normands*, 1832, in-8°, p. 320.

(2) Tous ces ouvrages furent imprimés dans l'ancien refuge de l'abbaye du Gard, rue Barbafust.

(3) Cf. M. Brunet. *Manuel du Libraire*, aux mots Saint-Augustin, Boutillier et Triumphe.

(4) Sous le règne de François 1er, un office d'artillier fut créé à Abbeville par le roi. Il avait pour mission de fournir d'arcs les archers

était même si développée, en 1596, qu'elle fournit à Henri IV d'un seul marché deux mille arquebuses, cinq cents mousquets garnis de leurs bandoulières, chargés de cuir et fourchettes, et mille piques de guerre.

Suivant un état dressé en 1524, pour la répartition de la taille, la population industrielle d'Abbeville se composait de quarante-huit boulangers, trente-huit pâtissiers, trente-deux taverniers, trente-quatre cordonniers, cinquante-un savetiers, cent vingt-cinq pareurs de draps, vingt-un tisserands de toiles, trente-deux tisserands de draps, soixante-quatre jardiniers, trente-sept maçons, vingt-deux serruriers, quinze orfèvres, treize armuriers, dix charpentiers de maisons, seize charpentiers de navires, douze tonneliers, cent deux merciers, treize bonnetiers, trente-cinq pelletiers, quarante-huit chausseteurs, quatorze hostelains, treize conducteurs de marée, soixante-trois couturiers, douze maréchaux, quatorze taillandiers, treize chaudronniers, dix-huit barbiers, etc. — Cette statistique donne lieu de croire que la ville était alors plus peuplée que de nos jours, car le chiffre de certains métiers, et il ne s'agit ici que des maîtres, se trouverait tout à fait hors de proportion avec notre population moderne.

Chaque genre d'industrie avait son quartier et sa rue. Ainsi, par exemple, les capitaines de navire étaient établis dans la chaussée d'Hocquet, à Rouvroi et à Sur-

---

de ses ordonnances, ce qui ferait supposer que c'était la fabrique de cette ville qui fournissait les arcs de la garde du roi.

Somme. Les charpentiers de marine et les matelots dans la Pointe et le quartier Saint-Jacques ; les tanneurs dans la rue de Cache-Cornaille, etc.

Au XVIe siècle, le mayeur et le bailli d'Abbeville goûtaient le vin contenu dans chaque tonneau avant la mise en vente, et ils en fixaient le prix d'après sa qualité. On taxait aussi le pain, la bière, le foin, l'avoine, le bois à brûler, les chandelles, etc. Un tarif, légalisé par le greffier de la commune, était placé à la porte de chaque hôtellerie, et les voyageurs étaient libres de ne point payer dans les auberges où ce tarif n'était point placardé. On devait trois deniers pour une nappe blanche, un seul denier pour une serviette. Les aubergistes, traiteurs ou taverniers, ne pouvaient fournir à leurs hôtes que de la viande de boucherie, des œufs, du beurre, du fromage et des fruits ; et, en fait de poissons, de la morue, des plies, des harengs et des flets. Les esturgeons, les marsouins, les saumons frais et autres poissons fins ne se débitaient qu'à la poissonnerie ; la volaille et gibier dans le marché seulement.

Les louagers étaient tenus de se munir de bons chevaux valant au moins dix à douze livres, ferrés et harnachés convenablement, et de ne prendre que trois sous par journée pour le louage de ces chevaux (1).

Dans les premières années du XVIIe siècle, l'industrie et le commerce d'Abbeville se trouvent encore à peu près dans le même état que dans le siècle précédent. On y

(1) *Regist. aux délib. de la ville* de 1523 à 1536, f° 405, r°.

compte, en 1610, quarante établissements de tannage, et cent trente ateliers d'armes qui fabriquaient des arquebuses et des pistolets aussi remarquables par la bonne qualité que par l'ornement et la gravure.

La draperie continuait d'être une des branches les plus importantes de sa prospérité manufacturière ; mais un mémoire présenté par la commune d'Abbeville, en 1664, atteste qu'à cette époque l'industrie de cette ville avait souffert, et qu'elle était en voie de décadence. Les marchands de l'Artois et du Boulonnais avaient déserté ses marchés. Un grand nombre d'artisans s'expatriaient faute de travail. La plupart des fabriques étaient fermées, et personne dans le pays n'était en mesure d'en établir de nouvelles. On avait même oublié les procédés de fabrication. Quelle pouvait être la cause de ce malaise ? C'était la suite des troubles civils et religieux du siècle précédent, des contagions et du taux élevé des octrois.

Des impôts hors de toute proportion avec les ressources contributives du sol et de l'industrie ; la position d'Abbeville sur l'extrême frontière, et les dévastations des gens de guerre, ennemis ou français ; le droit de primogéniture consacré par la coutume locale, et la révocation de l'édit de Nantes, contribuèrent également à tarir dans le Ponthieu les sources de la prospérité publique. Le sot orgueil qui s'emparait des riches marchands, et leur faisait abandonner le commerce pour acheter des titres, et vivre en gentilshommes, doit aussi être signalé parmi ces causes de décadence. Cependant Sanson et le P. Ignace disent que la population d'Abbeville, vers 1636, s'élevait encore à près de quarante mille âmes (1). Un mémoire de Vauban sur l'état de cette place, en 1689, et dont nous avons déjà parlé, porte qu'il y avait alors « *environ six mille feux, ville et faubourgs compris, et cinq mille hommes portant les armes.* » On ne retrouve du reste dans les archives de l'hôtel-de-ville aucun renseignement précis sur le chiffre de la population à cette époque ou pendant le cours du moyen âge. Nous y voyons seulement que, vers 1610, un président de la cour des Aides ayant demandé au maire un rôle des habitants, le corps municipal refusa de livrer ce rôle attendu « *que le nombre desdits habitants a toujours été secret pour l'inconvénient qu'en pourroit apporter la connaissance. La ville étant frontière, on ne doit pas dire la force qui est dedans* (2). »

Le mémoire de l'intendant Bignon, rédigé en 1698 (3), fait connaître d'une manière précise l'état du commerce et de l'industrie à cette époque dans le Ponthieu, et particulièrement à Abbeville. On comptait alors dans cette ville vingt négociants du premier ordre et cent du second. Le salaire des ouvriers variait de dix à quinze sous par jour (4). La fabrique des bouracans, des pluches et des toiles occupait une partie de la population manu-

(1) *Britannia*, p. 2; *Hist. ecclés. d'Abbev.*, p. 54.
(2) *Regist. aux délib. de la ville.*
(3) Mss. français de la Bibliot. du roi, fonds des minimes, n° 7, in-f°.
(4) Aux XIV° et XV° siècles, les ouvriers employés par la ville

facturière (1). Les bouracans, dont il se fabriquait mille quatre cents pièces, terme moyen, produisaient quatre-vingt-quatre mille livres, et les toiles trois cents mille livres environ. On faisait aussi des serges, des étamines, des basins et droguets, et diverses autres étoffes pour lesquelles on employait des laines fines de France, d'Angleterre et les laines du pays, que l'on filait avec une très grande perfection dans la ville et dans ses alentours, à dix ou douze lieues à la ronde. Des teintureries importantes étaient établies le long des rivières. Les étoffes bleues d'Abbeville étaient célèbres au moyen âge, et dans le XVIIe siècle encore, les marchands d'Amiens, de Paris et de Beauvais y envoyaient teindre leurs étoffes. On excellait surtout dans la couleur écarlate.

Il y avait encore, comme par le passé, des fabriques de bijouterie qui se distinguaient par le goût et la perfection du travail ; des fabriques de cordages et de ficelles, de poterie d'étain, de cardes, de passements, de parchemins, de chapelets, de savons gras. On y trouvait aussi de nombreux ateliers de clouterie et de serrurerie. Les chaudronniers d'Abbeville expédiaient non seulement dans les villes voisines, mais à Meaux, à Versailles et surtout à Paris.

Quelques industries cependant avaient disparu, et notamment l'une de celles qui avaient jeté le plus d'éclat au moyen âge, l'imprimerie. Sur la demande du pro-

gagnaient deux sous par jour (quarante-deux sous environ de notre monnaie actuelle).

(1) Cf. Savary. Dict. du commerce, v° réglement, t. III, p. 530.

cureur fiscal, il fut, en 1671, arrêté que la ville payerait pendant trois ans une somme de quatre-vingt-dix francs à Jean Musnier, libraire et imprimeur à Amiens, et qu'on supplierait le roi de lui permettre de venir s'établir à Abbeville, attendu qu'on sent impérieusement le besoin d'avoir une imprimerie.

En 1675, un autre imprimeur, André Dumesnil, est autorisé à venir aussi s'établir en cette ville, à condition qu'il aura des livres suffisamment pour la commodité des habitants, et on l'exempte à cet effet de logements de guerre, de guet et de garde.

On faisait aussi à Abbeville une grande quantité de bière dont la qualité égalait, dit-on, celle d'Angleterre, et un commerce très actif en vins, en drogueries, en épiceries et notamment en blés; car les propriétaires ne recevaient point alors leurs revenus en espèces; on les payait avec des grains et d'autres denrées qui se vendaient ensuite sur le marché d'Abbeville. Cette ville d'ailleurs servait de dépôt à tous les blés de la basse Picardie et d'une partie de l'Artois.

Le commerce maritime continuait d'être florissant; car la plupart des capitaines de navire Anglais, Suédois, Hollandais, Hambourgeois, qui avaient chargé pour des négociants de Paris, préféraient débarquer à Saint-Valery-sur-Somme plutôt qu'au Hâvre (1), la baie de Somme présentant beaucoup moins de dangers que l'embouchure de la Seine. Dans les grandes marées, il

---

(1) Bignon, Ms. cité, p. 36.

montait à Saint-Valery trois pieds d'eau de plus qu'au Crotoy, et les bâtiments pouvaient venir en un jour jeter l'ancre à Abbeville.

La côte de l'ancienne province de Picardie qui s'étendait, on le sait, jusqu'à Calais, comptait à la fin du XVIIe siècle deux mille six cent soixante-sept marins, dont cent soixante-trois officiers, quatre-vingts novices et trois cent quatre mousses. La pêche du poisson frais se faisait par des bateaux nommés *drageurs*, de cinq ou six tonneaux. On en comptait huit à Saint-Valery et douze *costiers*; au Crotoy cinq *costiers*; à Saint-Quentin-en-Tourmond quatre. Ces divers ports avaient en outre plusieurs bateaux de vingt tonneaux pour la pêche du maquereau.

En 1665, le commerce de draps reprit une nouvelle activité (1) : au mois d'octobre de cette même année, Josse Van-Robais, habile manufacturier de Middelbourg, vint à Abbeville avec cinquante ouvriers Hollandais, pour y établir une fabrique de draps fins qui répandit bientôt son nom dans toute l'Europe (2). Louis XIV lui accorda douze mille livres pour le transport de ses meubles, métiers et ustensiles, lui avança des sommes considérables, défendit d'imiter ses draps et d'en établir aucune fabrique dans la ville et à dix lieues de distance, à peine de quinze cents livres d'amende au profit des hôpitaux d'Abbeville; de la confiscation des

---

(1) Les draps de Gamaches sont mentionnés dans un réglement de 1669. Voir Savary. Loc. cit., t. II, p. 120.

(2) Sur les draps de Van-Robais, voy. Savary, t. II, p. 125.

marchandises et des métiers. L'entrepreneur privilégié obtint, ainsi que ses ouvriers, des lettres de naturalisation, avec le droit de professer son culte sans pouvoir néanmoins établir aucun prêche ; et on lui permit d'associer, s'il le jugeait convenable, des gentilshommes à ses travaux, sans que pour ce motif ceux-ci fussent réputés *avoir dérogé à noblesse sous prétexte de marchandise.*

On sait quelle perfection Josse Van-Robais parvint à donner aux draps fins qu'on tirait auparavant de Hollande et d'Angleterre. Sa manufacture prit un accroissement considérable : de nouveaux ateliers, disséminés dans toute la ville, occupèrent bientôt cent métiers battants et douze cents ouvriers (1).

En 1667, une industrie nouvelle, la fabrication des moquettes, fut introduite dans le pays par un Hollandais appelé Philippe Leclerc, qui obtint le privilége de vendre exclusivement des moquettes et des mocades, façon de Flandre, dans toute l'étendue du royaume, *à la réserve de la ville de la Rochelle et de quinze lieues autour d'icelle.* Ce privilége, dont la durée était de vingt ans, lui permettait de teindre chez lui les fils de laine ou de lin qu'il employerait dans sa fabrication ; défendait d'imiter pendant dix ans les dessins de ses

---

(1) Les vastes bâtiments qu'on admire aujourd'hui, et dont la construction coûta plus de six cent mille francs, ne furent élevés par son fils que vers les premières années du XVIIIe siècle. (Voy. la description de cette fabrique, qui avait un portier aux livrées du roi, dans le Dictionnaire de Savary, t. II, v^o manufacture, p. 1220.)

tapis, sous peine de mille livres d'amende et de confiscation; l'autorisait à les marquer d'un plomb aux armes de France avec ces mots : *Manufacture Royale*, et son nom de l'autre; l'exemptait ainsi que sa veuve, ses enfants et ses associés de logement de guerre, et le dispensait en outre de guet et de garde, de tutelle curatelle ou autres charges, soit publiques soit privées (1).

Dans les premières années du XVIIIe siècle, presque toutes les anciennes fabriques d'Abbeville qui employaient la laine et le coton avaient suspendu leurs travaux. Depuis l'établissement de la manufacture des *Rames* ou de Van-Robais, on ne leur permettait plus de filer au *grand rouet*, moyen d'exécution plus sûr et plus expéditif, et cette interdiction les ruina complètement (2). Les ouvriers qu'elles occupaient abandonnèrent la ville en si grand nombre, qu'en 1727 on

(1) Malgré ces faveurs l'établissement languissait, lorsque M. Jacques Homassel en devint propriétaire, et se fit céder les priviléges que le fondateur avait obtenus. M. Jacques Hecquet, son gendre, lui succéda vers l'an 1716, et fut remplacé par son fils qui fabriqua de nouveaux tapis. Cet établissement passa ensuite à M. Pierre-Hecquet d'Orval, que ses lumières, sa bienfaisance et son patriotisme recommandent au souvenir de ses concitoyens. M. Hecquet d'Orval, en appliquant à l'art de la teinture ses connaissances chimiques, ajouta ncore à la réputation de sa manufacture, l'une des plus anciennes et des plus considérables qui existent en France.

(2) Les laines propres à la tapisserie étaient filées à Abbeville et aux environs, et à Rosières auprès d'Amiens, par des ouvriers nommés *Houppiers*. Il s'en faisait des envois en Allemagne, en Pologne et dans tout le nord. (Savary, au mot *laine*.)

n'évaluait plus sa population qu'à dix-sept mille neuf cent quatre-vingt-deux âmes. Une telle atteinte portée à la prospérité publique éveilla la sollicitude des officiers municipaux, et ils s'opposèrent vivement à la prorogation des priviléges que Van-Robais avait obtenus, et que ses successeurs, en 1767, réclamaient encore (1). Débarrassés de toute concurrence, ces manufacturiers firent de grands bénéfices, et menèrent train de princes (2). Malgré les pertes qu'ils firent lors du fatal système Law, le renouvellement de leurs priviléges favorisait tellement leurs entreprises, qu'ils ne tardèrent pas à prêter des fonds au gouvernement pour l'aider dans la guerre. Ils se chargèrent même de pourvoir à la subsistance d'une partie de l'armée, et parvinrent, pendant l'extrême disette de 1713 et 1714, à se procurer, par la puissance de leur crédit, sur les marchés d'Allemagne et de Hollande, jusqu'à cent mille setiers de blé froment, dont la distribution dans les halles de Paris y fit en moins de quinze jours baisser de moitié le prix des grains.

Le temps des priviléges allait bientôt finir; mais on leur accordait encore quelques délais par un reste

---

(1) Dans un Ms. intitulé : *Accensements faits par la ville* (21 avril 1767), les Van-Robais sont formellement accusés d'avoir causé la dépopulation de la ville.

(2) Le partage de leur fortune entre diverses branches d'héritiers nécessita la vente de leur établissement. MM. Lemaire et Randoing, qui le possèdent et le dirigent maintenant, occupent six cent cinquante à sept cents ouvriers, et fabriquent année commune soixante mille

d'égards. Ceux qu'on avait concédés au fondateur de la manufacture de moquettes avaient été prorogés de vingt ans en vingt ans jusqu'en 1770. A cette époque, le privilège exclusif de fabrication fut supprimé. Les lettres de prorogation de 1767 portent que « c'est entre les mains de J. Homassel et de son gendre, J. Hecquet, que cette manufacture a été portée à ce haut point de perfection où elle est parvenue, et que sa renommée s'est étendue dans toute l'Europe (1). »

En 1727, la manufacture royale des glaces de France avait, à Cayeux, un établissement qui fut brûlé avec une grande partie de ce bourg, le 26 septembre de cette même année(2).

Le commerce d'exportation d'Abbeville consistait au XVIIIe siècle en draps fins de sa belle fabrique, expédiés pour l'Espagne, le Portugal, toute l'Italie, la Russie, les Etats-Unis d'Amérique et même l'Angleterre; en bouracans (3), serges de Rome, serges de Minorque, turquoises, camelots, tiretaines, pluches

---

aunes de draps. En 1697, Josse Van-Robais en avait fabriqué trente-deux mille aunes, ce qui représentait alors un capital de quatre cent quatre-vingt mille livres. Ses successeurs, au XVIIIe siècle, employaient cents métiers et un très grand nombre de fileuses.

(1) Elle a été acquise en 1824 par M. Vayson, maire d'Abbeville, qui fait un usage heureux des métiers à la Jacquart, et qui a su y introduire des genres nouveaux très remarquables.

(2) *Journal de Verdun*, 1727, t. II, p. 449.

(3) D'après Savary, il se fabriquait alors chaque année dix huit cents pièces de bouracans à Abbeville, et deux mille cinq cents pièces dans les environs. (*Dict.*, t. IV, p. 26.)

ordinaires, serges drapées pour l'Espagne et le Portugal, tous les états d'Italie et l'Allemagne ; en moquettes, tripes rayées pour les mêmes contrées et pour la côte d'Afrique, où les tapis de cette espèce étaient un objet d'échange pour la traite ; enfin pour l'Autriche et la Russie, où les Anglais obtinrent ensuite la préférence ; en laines toujours filées comme autrefois d'une manière parfaite, et que les Hollandais venaient acheter pour les besoins de leurs fabriques (1); en toiles et fils à voiles, en toiles à matelas et autres pour l'Espagne et le Portugal ; en verres à vitres et bouteilles, particulièrement pour la Hollande ; enfin en cordages, ficelles, chanvres, lins, savons verts pour divers pays, et en nombreux transports de blés dans le port de Saint-Valery pour l'Angleterre, la Normandie et la Bretagne. Ce port, fréquenté par les Hollandais, les Suédois, les Hambourgeois et les Anglais, et qui possédait en 1767 cinquante-cinq navires, était un des deux seuls ports de France qui, par divers arrêts du conseil d'état du roi, et particulièrement par ceux du 8 novembre 1687, et du 3 juillet 1692, avaient été désignés pour l'entrée dans le royaume des tissus provenant d'Espagne, d'Angleterre et de Hollande. Il y avait un inspecteur du roi pour les manufactures étrangères (2). Deux cent soixante-dix-neuf navires français ou étrangers y étaient

---

(1) *Ibid.* — Vers 1724, il y avait à Abbeville trois mille fileurs ou fileuses ; les Van-Robais en occupaient sept cents environ, et les autres manufactures cinq à six cents.

(2) Savary, t. IV, p. 32.

entrés en 1766 ; il en était sorti deux cent soixante-trois. L'année suivante il en entra trois cent trente-quatre.

A cette époque, Abbeville expédiait aussi pour Lyon, Bordeaux, Marseille et autres villes de l'intérieur, et pour les grandes foires, telles que celle de Beaucaire.

Son commerce d'importation consistait en laines, en épiceries, en bois, et drogues de teinture ; en huiles de toute espèce, en eaux-de-vie, vins, cuirs d'Espagne et de Portugal, en fer et acier de Suède ; en brai, goudron, potasses du nord, en charbons de terre, en étoffes de laines et de coton d'Angleterre, etc.

Un acte de l'échevinage atteste qu'il y avait alors à Abbeville soixante-deux gribannes et huit diligences d'eau appelées *picotins*, qui occupaient au moins deux cents familles, et fournissaient annuellement au roi quatre cents matelots (2).

En 1789, Abbeville et ses faubourgs employaient journellement dans leurs corderies au moins six cents ouvriers dont la moitié fabriquait des cables, des fils à voiles, fils de carets, fils à sennes, lignes de pêche, lignes de sondes, etc., pour l'Amérique.

Vingt-cinq villages voisins s'occupaient de la fabrication des toiles pour sacs à café, de toiles en 3/4, 7/8 et 15/16 de large, qui s'expédiaient pour les colonies. Ces villages étaient entre autres : Ailly-le-Haut-Clocher, Mouflers, Ville-Saint-Ouen, Vauchelles, Villers-sur-Ailly, Berneuil, Domart, Ribeaucourt, Gorenflos,

---

(2) *Mém. fait et arrêté en l'hôtel-de-ville, le... mars* 1764.

Brucamps, Cramont, Mézicourt, Hiermont, Donqueur, Conteville, Bernatre, etc.

Fabriques de coutils à lits et de linges de table communs : Liercourt, Hallencourt, Saint-Ellier, Wanel, Sorel, Allery, Dreuil, Frucourt, Hocquincourt, Ergnies, Domvast.

Fabriques de toiles à voiles, quatre fils simples, quatre fils doubles pour l'Amérique : Citernes, Wiry, Vergy, Mérélessart, Airaines, Fontaines-sur-Somme, Ercourt.

Fabriques de toiles à matelas de diverses largeurs et qualités : Chepy, Feuquières, Nibas, Tully, Valines.

Fabriques de serrures, de fiches, de cadenas, etc., pour les colonies : Huchenneville, Acheux, Aigneville, Saint-Marc, Houdan, Moyenneville, Huppy, Grébaut, Saint-Blimont, Saucourt, Fressenneville, Meneslies, Ysengremer, Bourg-d'Ault, Onicourt, Allenay, Friaucourt, Bourseville, Arrest, Escarbotin, Bethencourt, Friville, Buigny-les-Gamaches, Gamaches, Tilloy-Floriville, Beauchamp, le Quesnoy, Mons-Boubers.

Abbeville fabriquait de la chapellerie, des satins turcs et d'autres étoffes dont nous avons déjà parlé.

Avant l'année 1765, époque à laquelle l'exportation des blés fut permise, ce qui en augmenta le prix, les ouvriers, sans s'excéder de travail, avaient plus d'aisance. Depuis l'augmentation des denrées, causée par la liberté indéfinie du commerce des blés, les ouvriers pouvaient à peine, en travaillant sans relâche, se procurer le pain devenu leur unique aliment. Ils étaient mal chauffés, demi-nus, et n'avaient plus chez eux le moindre gage de subsistance en cas de maladie ou de chômage.

Voici le budget d'un ouvrier, père de famille ayant deux enfants de huit à dix ans, depuis 1740 jusqu'en 1764.

Recette par semaine.

Le mari........................	6 livres.
La femme......................	1 livre 10 sous.
Total............	7 livres 10 sous (1).

Dépense par semaine.

Pour le mari, deux pains de huit livres, à huit sous six deniers.............................	17 sous.
Pour la femme, un pain...........	8 sous 6 deniers.
Pour les enfants, deux pains.......	17 sous.
Total............	2 livres 2 sous 6 deniers.
Deux livres et demie de viande à cinq sous................................	12 sous 6 deniers.
Légumes.......................	4 sous.
Trois quarts de beurre salé à douze sous la livre.......................	9 sous.
Douceurs de la vie, œufs, fromage, fruits, un sou six deniers par jour; pour six jours, le septième étant réservé pour la viande.........................	9 sous.
Une livre une once de sel............	15 sous 9 deniers.
Total............	2 livres 10 sous 3 deniers.

(1) L'ouvrier et sa femme ne gagnaient encore en 1787 que sept livres dix sous par semaine.

Loyer par an, trente livres ; par semaine, environ douze sous..................................	12 sous.
Chauffage, une pile et demie de tourbes à vingt-quatre livres la pile, par an trente-six livres ; par semaine......	14 sous.
Une demi-pinte d'huile à brûler.....	2 sous 6 deniers.
	1 livre 8 sous 6 deniers.
Total des dépenses......	6 livres 1 sou 3 deniers.
Balance de la recette....	1 livre 8 sous 9 deniers.
	7 livres 10 sous.

Restait de la recette pour l'entretien de quatre individus par semaine une livre huit sous neuf deniers.

L'augmentation soutenue du prix du blé, effet de la libre exportation (1), avait, depuis 1765, changé le sort de l'ouvrier au point qu'en supprimant totalement la viande, et réduisant le chauffage de 6/10mes, il ne restait plus pour l'entretien que six sous trois deniers par semaine (2).

À une époque très reculée, le commerce de Montreuil avait une importance considérable. La sergerie, la draperie, la fabrication des voitures, la sellerie, la tannerie, la poterie d'étain, la pelleterie et les blés en

---

(1) Les terres furent alors louées près de moitié plus cher.

(2) Mém. des commerçants de la ville d'Abbeville sur le traité de commerce avec l'Angleterre, etc. (Par M. Hecquet d'Orval). Abbeville, 1789, in-4° de 34 pages. — Les commerçants s'élèvent contre ce traité.

formaient les principales branches. Au XIV⁰ siècle, la fabrication des voitures a déjà disparu ; il en est de même de la sergerie ; mais dans le siècle suivant on voit paraître le commerce des vins, et ce commerce, qui avait enrichi les bourgeois qui s'y livraient, fut pour la plupart d'entre eux une cause d'anoblissement. Les négociants en vins de Montreuil approvisionnaient la Flandre par le port franc d'Etaples. Les marchandises arrivaient par eau au port de *la Poulie*, sous les murs de la ville, qui a été détruit en 1537, lors du siège entrepris par le comte de Bures. Ce siège porta au commerce de Montreuil une atteinte dont cette ville ne se releva jamais, et dès lors on voit disparaître toutes les industries du moyen âge. Le commerce des vins, la tannerie, la poterie d'étain et la poterie de terre persistent seules.

Telle est, depuis les temps les plus reculés jusqu'au moment où la révolution de 1789 va constituer une société nouvelle, l'histoire succincte, mais pourtant complète de l'industrie et du commerce dans le Ponthieu. Ce comté, dans ses limites étroites, subit comme les états puissants de rapides vicissitudes. Rue, le Crotoy, Saint-Riquier, Waben, après avoir vécu de l'industrie, vivent aujourd'hui de la culture ou de la pêche. Ces anciennes villes ne sont plus que des bourgs; et ce n'est pas seulement la guerre ni même les révolutions commerciales qui ont contribué à leur décadence; c'est aussi, pour quelques unes de ces localités, les révolutions même du sol; ainsi Waben avait un port au XIII⁰ siècle (1), et Rue, vers le même temps, recevait encore des navires dans ses murs (2).

FOIRES ET MARCHÉS

Les fêtes du christianisme furent dans l'origine, et pour toute la France, la première occasion des grandes réunions commerciales et des franchises attachées à ces réunions. Il en est de même dans le comté de Ponthieu. Ainsi les plus anciennes foires se tenaient à Abbeville à l'occasion de quelque solennité religieuse, et sous le patronage d'une église ou d'un couvent. Au XIII⁰ siècle, on trouve dans cette ville la foire de l'église Notre-Dame-du-Chastel. Cette foire, appelée aussi Franche-Fête de la Sainte-Croix, commençait le 13 septembre

(1) Le vicomte de Ponthieu y percevait sur chaque navire Anglais un droit de *siège* de huit *esterlins*; sur chaque navire normand huit petits tournois; sur chaque navire flamand huit deniers parisis. (*Regist. des cens dûs au comte de Ponthieu à Waben*, fin du XIII⁰ siècle.)

(2) C'est une opinion généralement adoptée sur les lieux mêmes, et qui a pour elle une tradition constante, que les navires arrivaient anciennement à Rue dans un bassin où l'Authie venait se jeter. Ce bassin, situé près du moulin de Rue, et dans lequel tombe aujourd'hui la rivière dite *Rivière de Bas*, s'appelle encore *la Morte Authie*. (Voy. *Esquisse géologique du département de la Somme*, par M. Buteux, 1833, in-8°, p. 131.)

à midi et finissait deux jours après. Les marchands étrangers qui la fréquentaient étaient accompagnés d'une foule de jongleurs dont les tours de passe-passe, les bouffonneries et le charlatanisme attiraient les acheteurs et les oisifs. Pendant la durée de la foire, le curé de Notre-Dame s'intitulait *roi des ribauds*, parce que ces jongleurs et ces baladins étaient sous sa juridiction immédiate, et qu'il leur prêtait souvent son église pour les représentations de leurs farces. Mais en 1295, un de ces curés, plus scrupuleux sans doute que ses prédécesseurs, vendit la foire et tous les droits qui y étaient attachés au maire et aux échevins d'Abbeville, parce que cette charge l'obligeait à se mettre, dit-il, dans le contrat de vente, *entre les jets des espées et des corps des larrons et des ribauds;* qu'il y avait pour lui *péril du corps et de l'âme*, et qu'une semblable mission est tout à fait incompatible avec son ministère (1). Dès lors la foire fut transférée près du pont de Talance, autour et dans l'enceinte de l'hôpital de la Madelène. Elle s'ouvrit dès lors le 22 juillet et se prolongea jusqu'au 10 août. Elle se tint ensuite jusqu'en 1781 sur la Placette et dans les rues adjacentes, puis au Pont-Neuf, près de la place Notre-Dame, où elle avait eu lieu primitivement. Dans le XVIIIe siècle encore, les marchands, sous peine de cinquante livres d'amende et de confiscation de leurs marchandises, qui ne consistaient guère alors qu'en soieries et en bijouterie, ne pouvaient étaler

(1) Arch. d'Abbev. *Livre Blanc*, f⁰ 27.

et vendre que dans l'île formée par la Somme. C'est là qu'ils doivent se rassembler, parce que hors de ces limites ils ne pouvaient au moyen âge jouir d'aucune franchise. La foire de Notre-Dame, dite depuis de la *Madelène*, subsiste encore aujourd'hui dans le vaste local entouré de murs et garni de plantations qu'on lui a consacré depuis 1828.

On trouve de plus à Abbeville, au XIIIe siècle, la foire franche de la Pentecôte, désignée depuis sous le nom de foire de la prevôté de Saint-Vulfran. Elle commençait le premier mercredi après la Pentecôte, à midi sonnant, et finissait le lendemain de la Trinité, au lever du soleil. Abbeville avait à la même époque une autre foire franche depuis la veille de la Saint-Pierre jusqu'à l'octave. Les marchands qui s'y rendaient étaient exempts de tout droit et de toute imposition, soit pour l'achat soit pour la vente. Pendant la tenue de ces foires, et en vertu des ordonnances de police, publiées à leur ouverture, il était défendu de jouer aux dés, de loger des hommes et des femmes de mauvaise vie ; chaque habitant devait garder son feu et sa chandelle, et nul banni ne pouvait pénétrer dans la ville.

L'origine du marché qui se tient le samedi à Montreuil n'est pas connue. On peut dire que ce marché est aussi ancien que la ville même. On en trouve des traces partout dans les anciens titres. Quoiqu'il soit encore un des plus considérables du pays, il l'a été bien davantage autrefois. C'était au moyen âge une véritable foire où l'on étalait une foule d'objets qui ne se vendent plus aujourd'hui. On y exposait toute espèce de bestiaux ; ainsi le marché aux moutons avait lieu dans une rue adjacente à la Grande-Place, qui a conservé nom de rue des *Brebiettes*, ou des *Clochettes a Brebis*.

La foire, dite de Saint-Maclou, date de la translation des reliques de ce saint à l'abbaye de Saint-Saulve ; c'est-à-dire du temps d'Helgaud ; elle fut établie par l'abbaye, et à son profit, à la porte de l'église.

Il y avait encore à Montreuil, outre cette foire, le *landit* de Saint-Maclou, qui se tenait à Beaumerie, dans un champ de l'abbaye, nommé le *Markiet-Saint-Maclou*. L'origine est la même sans doute, mais la foire dure encore, et l'on ne saurait assigner d'époque à la suppression du *landit*.

Une ordonnance du 6 mai 1838 confirme la foire de Saint-Maclou pour huit jours, et en établit une autre de trois jours le 28 novembre.

La foire de Rue, qui se tient encore à la Saint-Remi, subsistait dès l'an 1362 (1). Louis XII, en 1500, accorde trois autres foires à la même ville (2).

Le Crotoy, Saint-Riquier, Crécy jouissaient également du droit de foire ou de marché, soit en vertu d'antiques usages dont l'origine est inconnue, soit à titre de concessions royales ou seigneuriales. Ces foires et marchés francs, qui paraissent dans l'origine comme

---

(1) Arch. du royaume. Sect. doman., chamb. des compt. mémor. D. f° 94.

(2) Trésor des chartes., reg., 234, pièce 28.

une sorte de privilége des plus importantes localités, se multiplient rapidement dans les localités secondaires.

Le marché du Crotoy se tenait le samedi de chaque semaine, il avait été concédé en 1366 par Edouard III, roi d'Angleterre, comte de Ponthieu. Le marché de Crécy, qui subsistait dès les premières années du XIIIe siècle, était d'abord heddomadaire, et avait lieu le jeudi. Restreint dans la suite aux premiers lundis de chaque mois, il fut en 1282, affranchi de tonlieu, droit levé sur les bestiaux ou autres objets vendus dans les foires.

Indépendamment de la grande foire, connue sous le nom de *Trotterie*, qui se tient au mois de novembre à Saint-Valery, cette ville avait au XVIe siècle une autre foire qui s'ouvrait le 15 septembre, et le francmarché mensuel dont elle jouit encore.

Sur la demande des seigneurs et des habitants, les rois accordèrent ce droit de foire ou de marché en 1463 à Dompierre, au Pont-Remi et à Senarpont (1), en dédommagement des ravages de la guerre, et afin de rappeler le commerce et la population dans les lieux dévastés ; tels sont du moins les motifs exprimés dans les actes de cession.

Ce fut sans doute pour la même cause qu'un marché franc hebdomadaire, avec une foire à la Saint-Jean, furent concédés à la ville d'Hiermont, on ne sait à

---

(1) Cf. *Ordon.*, t. XVI, p. 91, 92, 98. — La foire de Dompierre existe encore. Senarpont n'en a plus qu'une, celle du 25 septembre, et les foires et marchés du Pont-Remi ne subsistent plus depuis longtemps.

quelle époque ; mais en 1585 , cette foire et ce marché subsistaient encore (1).

Par lettres patentes du mois de juillet 1506, Louis XII accorde aux habitants d'Abbeville douze francs-marchés pour les indemniser du tort notable qu'avait fait à leur commerce l'établissement de plusieurs foires fréquentées dans les villes voisines. Le ville d'Amiens vit avec jalousie l'octroi de cet important privilége ; un procès s'engagea ; on alla même au parlement ; mais Abbeville gagna sa cause. M. Dorigny, délégué de la cour, vint exprès dans cette ville pour notifier l'arrêt qui fut publié au petit échevinage en présence de dix mille personnes qui *criaient* Noël et le *Te Deum*. La franchise de ce marché consistait en exemption de droit de *palette* ou de minage pour tous les grains qui s'y vendaient, et en exemption de droit d'entrée pour les chevaux et autres bestiaux.

Henri IV, pour récompenser la fidélité des Abbevillois, créa deux nouvelles foires en 1594. Elles duraient quinze jours chacune. L'une, appelée foire des rois, commençait le 7 janvier au soleil couchant ; l'autre, appelée franche-fête de Saint-Remi, commençait le deuxième jour d'octobre, au lever du soleil. On annonçait leur ouverture à cri public en portant par les rues les blasons de la ville et du roi. Ces deux foires existaient encore en 1778. Nous ne savons en quels lieux elles étaient établies, ni ce qu'on y vendait.

(1) D. Grenier, Mss., 24ᵉ paq., n° 17, v° Hiermont.

Au XVIe siècle, il y avait à Abbeville trois marchés par semaine, le lundi, le jeudi et le samedi. Des lieux particuliers furent affectés à chaque commerce. Certaines denrées, comme le charbon, le bois à brûler et le fourrage, devaient être vendus sur les places désignées, sous peine de confiscation, d'amende et de prison.

En 1518, la plupart des habitants de Saint-Riquier perdirent tout ce qu'ils possédaient par suite de deux violents incendies. Contraints, faute d'asile, d'aller se fixer ailleurs, ils supplièrent le roi de leur octroyer un franc-marché mensuel pour relever leur ville. François Ier, par lettres-patentes données au Plessier, au mois de juillet de la même année, fit droit à leur requête, car il importe dit-il, que la ville de Saint-Riquier soit bien peuplée à cause de sa situation sur l'extrême frontière ; il désire d'ailleurs subvenir par pitié aux pauvres suppliants et il leur accorde un marché franc le troisième mercredi de chaque mois.

CHAPITRE VIII.

Corporations des Arts et Métiers.

Quelque temps après l'affranchissement de la commune, les différents corps de marchands et d'artisans formèrent à Abbeville seize enseignes. On divisa chaque enseigne en quatre bannières, et les bourgeois qu'on choisissait pour porter ces bannières à la guerre ou dans les assemblées publiques prirent le nom de mayeurs de bannières. Cette organisation subsistait encore en 1764 avec les modifications que le temps avait nécessairement apportées. Voici à cette date la distribution des enseignes et le nombre des mayeurs que chaque corps avait le droit de nommer :

	Enseignes.	Bannières
Boulangers.	1	4
Taverniers.	} 1	2
Brasseurs.		2
Bouchers.	1	4
Drapiers, chaussetiers.	1	4

Teinturiers, tondeurs et pareurs.	1	4
Tisserands.	1	3
Tonneliers.		1
Marchands merciers.	1	4
Maçons, chaufourniers, briquetiers, charpentiers, scieurs d'ais, couvreurs, plaqueurs, menuisiers, monteurs d'affûts et tourneurs.	1	4
Tanneurs.	1	2
Cordonniers et corroyeurs.		2
Serruriers, arquebusiers, chaudronniers, taillandiers, fourbisseurs, cloutiers, couteliers, étimiers et meuniers.	1	4
Tailleurs d'habits.	1	4
Pelletiers, mégissiers, mannequiniers.	1	4
Jardiniers.	1	4
Laboureurs, charrons, selliers, éperonniers, joueurs de violon et maréchaux.	1	4
Sergers, bouracaniers, cordiers, vinaigriers.	1	4
Alevaux-cuisiniers, gribanniers, sueurs de vielles et brouteurs.	1	4
	16	64

Chaque corporation avait son code particulier et ses officiers électifs (1), désignés selon les temps et la nature de leurs fonctions, sous les noms d'eswars, de mayeurs de bannières, de syndics, etc. Les statuts, rédigés en assemblée publique par les commerçants notables, le maire, les échevins et les officiers du roi,

(1) Cf. *Regist. des corporations*, in-f° 1370 — 1670, ap. Arch. d'Abbeville.

étaient publiés au son des cloches sur les plombs de l'échevinage, et dès ce moment ils devaient être exécutés tant qu'il plairait aux magistrats municipaux.

En 1463, ces statuts furent confirmés par Louis XI qui s'occupa, comme on le sait, de l'organisation politique des métiers. On avait peint en tête du livre de ces métiers les officiers municipaux à genoux lui présentant ce livre, avec les vers suivants au bas :

> Pour par raison nous contenir
> Et vos sujets en paix tenir,
> Est ce livre fait et dité
> Sire, par vostre auctorité.

Le roi répondait par cet autre quatrain :

> Soient gardés et maintenus
> Par vous ces édits et statuts;
> Par cette charte (je) les conferme
> A toudis pour estre plus ferme.

Les statuts des corporations d'Abbeville règlent tout à la fois l'apprentissage, les conditions de la maîtrise, l'emploi des matières propres à la fabrication, la police des ventes, la visite des marchandises, les attributions des chefs des métiers, les priviléges des maîtres et des veuves, et les obligations religieuses.

Tout apprenti devait être sujet du roi. L'apprenti demeurait ordinairement dans la maison du maître. Il ne pouvait la quitter sans une permission expresse; cependant lorsqu'il était marié il avait le droit, dans certaines corporations, de s'absenter la nuit pour se rendre auprès de sa femme.

La durée de l'apprentissage était d'un an pour quelques métiers, de deux ou trois ans pour la plupart, et particulièrement pour les entailleurs d'images, historieurs sur parchemin, verriers, brodeurs et tapissiers ; de quatre ans pour les orfèvres et de huit ans pour les apothicaires.

A Abbeville, comme dans la plupart des villes jurées, l'usage et la loi, à très peu d'exceptions près, défendaient aux maîtres de prendre plus d'un apprenti à la fois.

Le chef-d'œuvre qui conférait la maîtrise devait être fait, soit en présence des anciens et nouveaux mayeurs de bannières du métier, soit en présence des gardes et quelquefois même dans leurs maisons (1). Le chef-d'œuvre admis, le nouveau maître prêtait serment par devant le mayeur qu'*il feroit bon et loyal ouvrage* et qu'il *ne vendroit que des denrées marchandes* (2).

Après la réception, on payait à la boite du métier un droit de maîtrise. Ce droit, de cinq à soixante sous, selon l'importance de la profession, était partagé entre les maîtres et compagnons pour leur profit particulier, ou dépensé en offrandes dévotes, en messes ou en *beuveries*, comme l'eût dit Rabelais. Les fils de maîtres obtenaient une forte réduction sur ce droit ; quelquefois même ils obtenaient la remise entière, sous la réserve qu'ils offriraient à l'autel de la confrérie une livre de cire.

---

(1) *Statuts des huchiers*, art. X, année 1487, f° 189.
(2) *Statuts des bonnetiers*, art. VI, année 1447, f° 213.

Dans certaines corporations les veuves étaient autorisées à continuer le métier pendant le veuvage, et même à prendre un apprenti, pourvu qu'elles pussent lui enseigner suffisamment l'état qu'exerçait leur mari. Si d'autres réglements leur refusent la même faveur, ils leur permettent du moins d'*avoir un valet capable de conduire leur marchandise*.

Il n'était pas donné à tous les artisans d'arriver jusqu'à la maîtrise; bien des gens, qui n'avaient ni la capacité suffisante ni assez d'argent pour acquitter les droits, restaient toute leur vie valets gagnants ou compagnons, c'est-à-dire ouvriers salariés. Les valets étaient soumis à certaines conditions de police consacrées de nos jours par la législation des *livrets*; ainsi nul ne pouvait changer d'atelier qu'après avoir acquitté tout ce qu'il devait au maître. Celui qui l'employait était passible d'une amende, et de plus il payait la dette. Ainsi encore les charpentiers de navire ne pouvaient passer à un autre maître avant d'avoir achevé le bateau pour la construction duquel ils s'étaient loués, à moins toutefois qu'on ne les eût laissés deux jours sans ouvrage.

On distinguait parmi les valets ou compagnons ceux qui étaient de la ville et les étrangers qui ne faisaient que passer. Tout compagnon venant du dehors pour travailler à Abbeville était obligé de faire sa déclaration par devant les mayeurs de bannières, et de justifier dans un délai de deux mois d'un certificat de bonne vie et mœurs (1). Les compagnons orfèvres devaient

---

(1) *Stat. des maréchaux ferons et serruriers*, art. XIII, ann. 1468, f° 311.

se faire cautionner jusqu'à concurrence de dix marcs d'argent, par une personne solvable. Les charpentiers, maçons, tailleurs de pierres, couvreurs ne pouvaient exercer leur état dans la ville que pendant trois mois. Passé ce terme, il fallait prendre la maîtrise et payer les droits.

On exerçait constamment sur la fabrication la surveillance la plus active. Les gardes jurés, chargés de cette surveillance, étaient élus ou par les mayeurs de bannières, après le renouvellement de la loi à la Saint-Barthélemi, ou par les officiers municipaux, ou par la corporation réunie en assemblée publique. Ces commissaires, accompagnés d'un officier municipal ou d'un sergent de ville, selon l'urgence, se transportaient toutes les fois qu'ils le jugaient convenable chez les gens du métier, et là ils procédaient à l'examen des marchandises, des outils, des poids et mesures, et constataient les contraventions (1).

Les orfèvres ne devaient employer que de l'or fin et ne se servir de laiton et de cuivre doré que dans les travaux des églises ou dans les harnais de chevaux. Les cordonniers étaient tenus de mettre des semelles rouges aux souliers de basane; les armuriers teignaient également en rouge les fourreaux des épées faits avec le même cuir. On proscrivait de la boutique des lingers

(1) Il y a lieu de croire que les gardes, anciennement eswars, à Abbeville comme à Amiens, étaient placés sous la surveillance des mayeurs de bannières, à qui le droit de correction et de répression appartenait exclusivement.

ou fripiers les toiles empesées ou lustrées, et les étoffes tarées par des trous ou déchirures portaient à chaque trou un *fil pendant*. On poussait même la précaution jusqu'à obliger certains fabricants *à ouvrer sur rue tellement que l'on puisse voir et oïr leurs ostilles* (1). Les marchands de vin étaient soumis surtout à toutes les défiances de la police. Les taverniers qui avaient du vin *Français* et du vin *de Saint-Jean* ne pouvaient placer ces vins que dans deux caves séparées l'une de l'autre à la distance de trois maisons au moins, afin de prévenir le mélange.

Les ordonnances renouvellent si souvent la défense de frauder, qu'il faut croire que malgré tous les soins employés par l'autorité publique et par les corporations elles-mêmes, on ne se faisait pas faute de tromper souvent.

On appliquait aux contraventions, et selon la gravité des cas, l'amende, la prison, la confiscation et la destruction de la marchandise, la privation à temps ou à toujours du métier.

On écrasait les pots de cuivre, les plats et vases d'étain défectueux; on brûlait les cierges et les bougies qui n'avaient point leur poids; les pourpoints faits contre les réglements (2); les ficelles, les cordages, les draps de mauvaise qualité, etc. Ces exécutions des marchandises condamnées avaient lieu, tantôt sur le

---

(1) *Stat. des sayeteurs*, art. XXI, année 1518, f° 360.
(2) *Stat. des pourpointiers*, XVe siècle.

marché, tantôt devant la maison des fabricants chez lesquels on les avait saisies. Lorsqu'une denrée était reconnue bonne et loyale, les gardes y apposaient un sceau de plomb ou un signet. La matrice de ce sceau était déposée à la ville, et lorsqu'on trouvait une marque contrefaite, le maître qui s'était rendu coupable de ce faux était privé du métier et puni corporellement à la volonté des officiers municipaux.

En 1286, un certain Jean d'Omâtre, convaincu d'avoir contrefait l'empreinte des draps de la ville, fut marqué au visage du fer de la rue aux Pareurs, dont on marquait ces draps, et banni à toujours.

La police communale d'Abbeville, tout en punissant la fraude, s'appliquait aussi à prévenir le vol, à maintenir la sévérité des mœurs et l'union parmi les artisans.

Il était expressément défendu aux serruriers d'apprendre à qui que ce fût, et particulièrement à leurs enfants et serviteurs, à crocheter des serrures. Les maîtres qui auraient enfreint cette prescription devaient être arrêtés, mis en prison et perdre leur état. Quant à ceux qui auraient crocheté pour voler, on les obligeait à payer cent sous au profit de la ville, et ils étaient bannis pendant cinq ans. Il était enjoint aux orfèvres d'arrêter les voleurs qui viendraient leur offrir des bijoux. S'ils ne pouvaient s'emparer d'eux, ils étaient obligés du moins de retenir les objets volés et de les remettre au mayeur.

Les statuts des barbiers, qui avaient au moyen âge le monopole des honteux trafics, portent que celui qui sera convaincu de prêter la main à la débauche et de tenir maison de prostitution, n'aura plus le droit d'exercer son état.

Les broutiers-porteurs, en entrant dans leur confrérie, juraient solennellement devant le maire de rendre *bon et loyal compte* des grains ou marchandises qui leur seraient confiés et de les transporter avec exactitude et sans aucun délai, partout où besoin serait.

S'il survient une querelle entre deux compagnons de la même confrérie, qu'il s'en suive des voies de fait ou seulement des injures, il faut en avertir le maire pour qu'il sévisse contre le coupable. Aucun broutier, pendant huit jours, ne peut aider celui qui insulte un de ses camarades; on veut que le délinquant charge seul son fardeau et le décharge de même (1).

La législation industrielle d'Abbeville prend aussi des précautions pour la sûreté de la place et du royaume. Ainsi, défense est faite aux armuriers de fourbir des épées, des lances, etc., pour le compte de l'ennemi (2); aux maréchaux, serruriers, taillandiers ou autres, d'acheter soit des boites à canon, soit d'autres armes, avant de les avoir apportées au maire pour qu'il puisse les prendre, s'il le juge convenable (3).

Les fêtes et dimanches la vente était entièrement suspendue. Deux auberges seulement restaient ouvertes à

---

(1) *Stat. des broutiers*, 1461, f° 298.
(2) *Stat. des armuriers*, XV° siècle.
(3) *Ibid. des maréchaux*, année 1468, f° 311.

tour de rôle aux voyageurs (1). Les cordonniers, chaussetiers et patiniers pouvaient également, avec la permission du maire, fournir des marchandises aux étrangers; mais tout trafic leur était interdit avec d'autres personnes. Les merciers avaient aussi le droit de vendre de la moutarde, du vinaigre, de l'épicerie et des éteufs; mais avec l'ordre formel de ne débiter aucune autre denrée. Chaque fois qu'une fête tombait le jeudi, jour de marché, la défense était levée sans restriction.

Les barbiers, en rasant aux jours solennels, encouraient une amende de cinq sous; mais il leur était toujours loisible de peigner et de saigner. Si quelque seigneur ou tout autre forain notable avait à commander, par urgente nécessité, un ouvrage de sellerie les dimanches ou les fêtes d'apôtres, les ouvriers ne pouvaient le faire qu'avec la permission expresse du maire ou des gardes du métier. Tel était même le respect qu'on portait aux jours fériés, qu'on cessait de bonne heure le travail dès le samedi, comme pour se préparer au dimanche, et rendre d'avance hommage à la solennité du lendemain.

Le matin et le soir la cloche nommée *Maubeuge* donnait le signal de l'ouverture et de la fermeture des ateliers. Le repos commençait généralement pour les artisans à l'heure du couvre-feu, vers sept heures du soir. Dans les métiers difficiles, qui demandent des soins

---

(1) *Registre des métiers.* — *Ordon. municip.*, e 1452, f° 234.

plus attentifs, il n'était pas permis de travailler à la lumière.

La police des ventes n'était pas moins sévère. L'étalage était obligatoire, et la plupart des transactions commerciales se faisaient publiquement dans les halles et sur les étaux établis en grand nombre sur divers points de la ville. Il était défendu d'aller au devant des marchands hors des portes, et les pauvres et les bourgeois avaient les premiers accès dans les marchés de la ville.

Les halles et les étaux étaient des espèces de fiefs appartenant, les uns aux comtes de Ponthieu, les autres aux religieux de Saint-Pierre et aux chanoines de Saint-Vulfran qui en retiraient un loyer. Les métiers les plus importants avaient chacun leur halle. Celle aux draps écrus, qui contenait cent vingt-huit étaux couverts, était située vis-à-vis l'église Saint-Vulfran (1) : elle n'existait plus en 1573. La halle aux merciers, mégissiers et braioliers était établie sur la place du *Pilori*; elle contenait cinquante-quatre étaux, et fut détruite en 1538. On ignore la situation de la halle à la *chincherie* (viéserie) et aux tanneurs qui formaient alors une des plus riches corporations de la ville. Quatorze changeurs tenaient leurs comptoirs près de la halle aux draps; car on sait que chaque seigneur ne permettait

(1) L'abbaye de Saint-Maurice de Provins avait treize livres de rente sur la halle d'Abbeville. (M. Bourquelot, *Hist. de Provins*, t. Ier, p. 418.)

sur sa terre d'autre monnaie que la sienne, en sorte qu'on était obligé de changer de numéraire de province en province et de perdre sur chaque change.

Au XIVe siècle, lorsqu'un étranger arrivait dans la ville pour acheter des draps, les courtiers, avant de le conduire dans la rue aux Pareurs où se trouvaient les principaux magasins d'étoffes apprêtées, devaient en avertir le maire, qui faisait à l'instant même sonner la cloche de l'hôtel-de-ville, afin que les fabricants des autres quartiers pûssent profiter de l'occasion.

Les précautions sanitaires les plus minutieuses n'étaient point omises dans les statuts des corporations. Défense était faite aux bouchers de mettre en vente des pourceaux achetés chez les barbiers, les maréchaux ou le bourreau, car on craignait sans doute que ces pourceaux n'eussent été nourris avec du sang d'animaux malades ou même du sang humain.

Les échevins allaient chez les brasseurs goûter chaque cuve de bière nouvelle, et quand ils la trouvaient malsaine, ils la faisaient répandre, et condamnaient le brasseur à dix livres d'amende et à la prison pour la première fois, et pour la seconde fois à cinquante livres d'amende et à la privation du métier pendant un an et un jour (1).

Un article du réglement des barbiers, qui, comme on le sait, exerçaient autrefois les fonctions de chirurgiens, leur enjoint *d'enfouir en terre aux champs avant*

---

(1) *Regist. aux délib. d'Abbeville*, année 1599, f° 432, v°.

midi le sang qu'ils auront tiré dans la matinée aux malades, au lieu de le jeter dans la rivière comme ils le faisaient ordinairement (1). Ces mêmes barbiers ne pouvaient ni raser aux étuves, ni saigner les lépreux, ni vendre à boire et à manger, attendu que *ce n'est pas chose honneste ni qui se doive souffrir quand on manie les visages et les barbes du peuple* (2). On poussait même la précaution jusqu'à mettre dans le texte de la loi cette précaution bizarre : *Que nul magnier* (meunier) *qui maine ferine ne monte sus ne meche* (mette) *sen cul sur le sac.*

La corporation des marins d'Abbeville, dont l'origine remonte aux temps les plus reculés, jouissait depuis l'année 1255 du droit exclusif de transporter par bateau sur la Somme toutes les marchandises ou denrées qui arrivaient à Saint-Valery pour Amiens et *vice versa.* Un arrêt du conseil privé du roi, rendu le vingt-huit septembre 1696, reconnaît ce droit et le confirme, mais il le resserre entre la ville d'Amiens et la capitale du Ponthieu.

Tous les matelots d'Abbeville, *serviteurs nés de la marine du roi,* étaient exempts de diverses charges

---

(1) « Aucun barbier ne laisse son sang devant son huys après midi, sur peine de V sous. — Aucun barbier ne pœult tenir en sa maison ny ailleurs porcz, hases et connins sur peine de X sous. — Item. que aulcuns barbiers ne saignent mezel ne mezelle sur peine d'estre desmis de leur mestier et perdre tous leurs outilz. » (*Stat. des barbiers de la ville de Montreuil,* 1419.)

(2) *Stat. des pareurs et tisserands,* art. 36, f° 211.

publiques, entre autres de guet et de garde, de logement de guerre, d'ustensiles, de corvées, de tutelle, curatelle, etc., mais les pêcheurs ou tendeurs de basse eau, non classés, ne jouissaient point de ces privilèges.

Les statuts des corporations que nous venons d'analyser furent plusieurs fois modifiés, et, dans le cours du XVe siècle, on les renouvela en grande partie à la demande des artisans eux-mêmes, « *pour obvier aux fraudes et malices qui se faisoient chaque jour, pour l'honneur du métier et de la ville, et le profit commun de la chose publique.* »

Les registres aux délibérations de la mairie d'Abbeville contiennent un certain nombre de ces nouveaux statuts et diverses ordonnances qui se rattachent à l'exercice des professions industrielles : mais, malgré des progrès déjà sensibles, les grands principes du commerce n'étaient pas encore connus; au lieu de laisser à l'activité des esprits le soin de perfectionner, on leur impose des lois gênantes. Les dispositions louables et les mauvaises coutumes sont la plupart indistinctement maintenues. On confisque encore les marchandises; mais on ne les détruit plus. On s'attache toujours à combattre la fraude, mais comme l'amende et la confiscation n'empêchaient pas de tromper; qu'il importait surtout de ne pas laisser déchoir le commerce des étoffes, l'un des plus considérables de la ville, on imagina de *noter de quelque sorte de honte et marque d'infâmie* les teinturiers, les marchands ou fabricants de tissus qui enfreindraient les réglements : en conséquence, on arrêta qu'il serait dressé dans la halle de l'hôtel-de-ville un poteau de neuf pieds de hauteur sur lequel seraient exposées, pendant deux jours, avec les noms des marchands, fabricants et teinturiers, toutes les étoffes défectueuses qui auraient été confisquées ou coupées par morceaux (1).

Pour être admis au nombre des maîtres, il faut avoir un brevet d'apprentissage, passé par devant notaire, et nul ne peut être reçu marchand s'il ne professe la religion catholique.

Défense est faite aux ouvriers des manufactures d'aller au cabaret, et aux cabaretiers de les recevoir chez eux, sous peine d'amende au profit de la ville et du dénonciateur. La délation est encore invoquée pour d'autres infractions aux réglements, et Colbert lui-même approuve cette disposition.

Tous les corps de métiers avaient en outre une organisation religieuse et militaire; ils s'associaient pour prier, pour dîner et boire, pour combattre, et la même bannière les guidait à la procession et à la guerre. Cette bannière était ornée de l'image du patron que chaque corps avait adopté. Les marchands de vin avaient choisi Sainte-Marie-Madelène, les charpentiers de maisons Saint-Christophe, les meuniers Saint-Victor, les savetiers Saint-Vincent, les constructeurs de bateaux Saint-Jean-Baptiste, les portefaix le Saint-Sacrement, les fileuses de laine Sainte-Christine, etc.

(1) *Regist. aux délib. d'Abbev.*, année 1670.

Une grande partie des habitudes et des coutumes industrielles du moyen-âge subsistent encore dans le XVIIIe siècle. Les gens de chaque métier assistent, comme par le passé, aux noces et aux enterrements de leurs confrères. Ils ont leurs registres, leurs caisses particulières, leurs repas de corps, leurs messes d'anniversaires et même leurs guerres intestines. Les questions de préséance au banc-d'œuvre soulèvent encore de graves procès. Ainsi, en 1789, il est décidé au parlement, après de longs débats judiciaires, que le sieur Meurice, d'Abbeville, en sa qualité de mercier, aura le pas dans l'église de sa paroisse et dans les cérémonies publiques sur le sieur de Ribeaucourt, orfèvre; et les priviléges honorifiques des merciers avaient même paru à la cour chose tellement sérieuse qu'il est défendu au sieur de Ribeaucourt d'y porter désormais la moindre atteinte, à peine de cinq cents livres d'amende et de tous dommages et intérêts.

A chaque communauté était attaché un sergent de ville portant habit bleu, épée et hallebarde. Ce sergent convoquait les assemblées de la corporation, accompagnait les chefs dans leurs visites, leur présentait les aspirants, invitait à l'office patronal, aux funérailles des maîtres et de leurs veuves, y conduisait tous les confrères et venait déposer leur bannière à la porte du mort.

Sauf quelques dispositions particulières et toutes locales, les statuts des métiers d'Abbeville ne s'écartaient pas, on le voit, de l'esprit général qui préside à la législation industrielle du moyen-âge; c'est la même sévérité pour des délits souvent fort minces, le même respect du monopole et du privilége, la même loyauté d'intention. On s'applique moins à favoriser le développement commercial qu'à prévenir la fraude; on veut avant tout que le consommateur ne soit pas trompé. Cette probité sévère tenait évidemment à l'esprit religieux du temps; et les pieuses habitudes, la stricte observation des devoirs de piété, imposés par les règlements, n'étaient pas sans influence sur la probité commerciale. L'industrie était une affaire de conscience qui s'exerçait sous la foi du serment. On n'appliquait pas seulement les produits du travail à son profit personnel, mais aussi aux pauvres, aux veuves, aux orphelins du métier; à la prière pour les morts, aux églises. Les broutiers, les parmentiers, les couteliers, les pourpointiers avaient leur caisse de prévoyance, appelée boîte de l'aumône. On distribuait sur les fonds de cette caisse des secours aux indigents, aux vieillards, aux infirmes, à tous les pauvres de l'enseigne, maîtres ou compagnons. On s'appliquait surtout à maintenir « les bonnes gens en paix et en union. » Les abus étaient nombreux, les entraves multipliées, mais il est juste néanmoins de reconnaître que cette législation, toute bizarre qu'elle fût, assurait aux artisans une existence plus stable et moins exposée aux crises qui frappent l'industrie moderne.

La population commerciale de Montreuil était divisée en sept ghildes (1). Chaque ghilde avait pour chefs

(1) Vid., supra, p. 261.

deux prévôts qui étaient tout à la fois chefs militaires de la corporation, gardiateurs des priviléges et officiers de police industrielle.

Sous le règne de Philippe-Auguste, les ghildes de Montreuil reçurent du roi de France d'importantes prérogatives, et voici à quelle occasion. — On sait qu'Alix, sœur de Philippe-Auguste, fut séduite pendant son séjour en Angleterre par le roi Henri II, et qu'elle eut à subir d'indignes traitements de la part du prince qu'il l'avait outragée. Des marchands de Montreuil, que le commerce des laines avait appelés dans la Grande-Bretagne, vinrent généreusement à son aide, et la tradition rapporte que la sœur du roi de France n'eut pendant quelque temps d'autres moyens d'existence que les secours qui lui furent donnés par ces marchands. Alix, à son retour, se montra reconnaissante. Le roi son frère et le comte de Ponthieu, dont elle fut depuis la femme, accordèrent aux gueuldons de Montreuil des priviléges qui ne furent prescrits qu'en 1789. Les titres des ghildes étaient conservés à l'échevinage dans un registre appelé le *Livre aux noires Aisselles*. Il résulte d'une sentence du bailli d'Amiens, en date du 13 octobre 1389, que la connaissance des causes de la ghilde appartenait en premier ressort aux officiers royaux et non à ceux de l'échevinage de Montreuil. C'est qu'en effet la ghilde, et Charles V le déclare expressément dans un édit, était de fondation royale; et, en reconnaissance de la suzeraineté de la couronne, les marchands qui en faisaient partie devaient présenter aux rois de France, à leur première entrée dans la ville, un drap d'or ou de soie ou cent sous parisis.

Les gueuldons, dans le XIVᵉ siècle, étaient au nombre de soixante-dix, et comptaient au premier rang des habitants notables ; ils se réunissaient pour les affaires du commerce dans une maison nommée la *Guyhalle*, qui appartient encore à la ville, et dans laquelle se vendaient les laines et d'autres marchandises.

L'organisation de la ghilde de Montreuil est tout à fait exceptionnelle. Cette ghilde n'est point, comme les corporations, accessible à tous les bourgeois par l'apprentissage, les droits de maîtrise et sous la simple garantie de la capacité et de la moralité. Elle forme une sorte d'aristocratie qui paraît s'être occupée du commerce et non de la fabrication. Le titre de *Gueuldon* ne peut être aliéné ni vendu ; il se transmet par *succession héréditaire*, de mâle en mâle, à l'exclusion des femmes, et il est dévolu de préférence au dernier né des enfants. A défaut de descendants directs, le titre de *Gueuldon* passait en ligne collatérale au plus ancien cousin. Le nouveau Gueuldon payait quarante sous de relief au profit de la ghilde, et cette association percevait dans la ville et la banlieue de Montreuil, pour se défrayer de ses charges, des droits de pesage sur toutes les marchandises. Les familles de *Gueuldons* tombées dans l'indigence étaient soutenues par tous les membres de la ghilde *sur les biens communs* ; et, en cas d'insuffisance, au moyen d'une taille imposée par les prévôts. Souvent entravée dans ses priviléges, soit par les officiers royaux, soit par les magistratures urbaines, la ghilde de Montreuil les défendit toujours avec obstination, et ces priviléges se maintinrent jusqu'en 1789 (1).

(1) Ces détails sont extraits : 1° d'une sentence de Bertrand des Baus, bailli d'Amiens, 1356; 2° d'une autre sentence du bailli de la même ville, 1383; 3° d'un arrêt du parlement du 14 août 1386; 4° d'un arrêt de la cour des aides du 14 août 1682. — Ces diverses pièces sont en la possession de M. Charles Henneguier.

CHAPITRE IX.

Justices royales et administratives.

La sénéchaussée de Ponthieu et le présidial d'Abbeville, les bailliages d'Airaines, de Rue, de Crécy, de Waben, de Montreuil, les prévôtés de Saint-Riquier et du Vimeu, telles étaient les justices royales du Ponthieu. Il y avait en outre divers tribunaux qui connaissaient spécialement des affaires administratives, et qui jugeaient les débats survenus entre les contribuables et les agents du gouvernement en matière d'impôts directs ou indirects. Ces tribunaux étaient l'élection, la maîtrise des eaux et forêts, l'amirauté, le grenier à sel, l'office des traites.

La sénéchaussée de Ponthieu, où la justice se rendait primitivement au nom du comte (1), fut érigée en justice royale en 1369. Cette même année, Charles V

(1) Voy. *Lettres des rois, reines*, etc., t. 1er, p. 225 et 226, dans la Collect. des documents inédits, etc.

ordonna que les procès mus dans le comté, même pour les cas privilégiés dont la connaissance appartient au roi, ne seraient plus portés au bailliage d'Amiens, mais jugés par les baillis royaux, ensuite par le sénéchal de Ponthieu, avec les pairs et les hommes jugeant aux assises d'Abbeville, et qu'ils iraient en dernier ressort au parlement de Paris. Il ordonna de plus qu'on ne pourrait obtenir qu'un seul délai dans une même affaire.

Les appels des bailliages prévôtaux, ainsi que ceux des échevins d'Abbeville, du Crotoy, de Rue, du Marquenterre, Airaines, Crécy, Long, etc. étaient portés au siége de la sénéchaussée (1). Les crimes de lèse-majesté divine et humaine et de fabrication de fausse monnaie, commis dans le comté d'Eu, ressortissaient pareillement à la sénéchaussée de Ponthieu (2), qui ressortissait elle-même au parlement de Paris. Le siége de cette sénéchaussée, justice royale du second ordre, était établi en 1506 à Abbeville dans l'hôtel de la Cour Ponthieu, et dans les derniers temps à la Grutuze.

Le présidial, tribunal créé dans les villes importantes pour juger en dernier ressort les causes civiles, de quelque qualité qu'elles fussent, lorsqu'elles n'excédaient

---

(1) Voir sur ces divers siéges, *Ordon.*, t. V, p. 173; t. XIII, p. 141; t. XIX, p. 185.

(2) Voir la table des lieux du comté d'Eu ressortissants à la sénéchaussée de Ponthieu dans les *Coutumes génér. de ladite sénéchaussée*, publiées par M. Délegorgue, en tête du t. II.

pas la somme de deux milles livres (1), fut établi en 1552, et réuni depuis à la sénéchaussée. Les officiers de ces deux siéges étaient un sénéchal d'épée, deux présidents, un lieutenant-général, un lieutenant-particulier, un assesseur criminel, un chevalier d'honneur, deux conseillers honoraires, treize conseillers ordinaires, deux avocats du roi, un procureur du roi, un substitut et un greffier.

La sénéchaussée de Ponthieu était divisée en cinq bailliages prévôtaux ou justices royales du troisième degré, savoir : Abbeville, Rue, Crécy, Waben, Airaines. En 1740, son ressort s'étendait sur deux cent soixante-onze villages et hameaux réunissant ensemble quatorze mille cinq cent cinquante-trois feux.

Le bailliage d'Abbeville, qui subsistait en 1200, fut réuni au présidial. Le bailliage prévôtal d'Airaines, dont le siége avait été successivement établi à Liomer et à Arguel, avait pour officiers un président, un lieutenant-criminel, un lieutenant particulier, un assesseur criminel, deux conseillers, un avocat, un procureur du roi, un substitut et un greffier.

Les bailliages de Rue, de Crécy et de Waben (ce dernier transféré à Montreuil vers le milieu du XVIIe siècle, à cause des guerres) avaient le même nombre d'officiers.

(1) Antérieurement deux cent cinquante livres en principal ou dix livres de rente, et, par provision nonobstant appel, les causes dont le fonds n'excédait pas cinq cents livres en principal ou vingt livres de rente. (Cf. *Mém. de l'Acad. des inscript.*, t. XXIV, p. 752.)

Le bailliage prévôtal de Montreuil, avant le démembrement de l'Artois par le traité de Madrid, sous François Ier, avait dans son ressort Saint-Omer, Hesdin, Saint-Pol, Guines, Boulogne, Aire, Térouane (1). Ses officiers élevaient même des prétentions jusque sur les châtellenies de Lille, Douai et Orchies ; mais ces prétentions trouvèrent une résistance invincible dans les officiers du Boulonnais et des châtellenies de Flandre (2).

Les appellations du bailliage de Montreuil allaient directement au parlement de Paris, excepté les cas présidiaux qui allaient à Amiens. En 1428, le lieutenant du bailli d'Amiens avait son siége à Montreuil.

Les prévôtés de Doullens et de Saint-Riquier, distraites du Ponthieu en 1225, furent jointes au ressort de la coutume d'Amiens.

La prévôté royale du Vimeu, dont le siége était établi à Oisemont, se composait d'un président, d'un prévôt, d'un procureur du roi, d'un substitut et d'un greffier. Cette prévôté, qui relevait du bailliage d'Amiens, décidait les affaires en première instance. Elle jugeait en outre, le samedi de chaque semaine, les procès entre les marchands. C'était à proprement parler un tribunal de commerce où tout se traitait de la manière prescrite par l'édit de création des consuls de Paris ; même simplicité, même brièveté dans la

---

(1) Les habitants du comté de Saint-Pol ressortissaient à Abbeville, Amiens et Montreuil, à leur choix et élection. (Cf. *Papiers d'état du cardinal de Granvelle*, t. III, p. 140.)

(2) Klimrath, *Etudes sur les coutumes*, p. 37.

procédure ; même autorité dans les jugements. — En 1465, Louis XI avait cédé la prévôté de Vimeu au comte de Charolais. La juridiction de cette justice s'étendait sur soixante-dix paroisses environ.

La prévôté royale de Saint-Riquier avait le même nombre d'officiers, moins le président.

La coutume de Ponthieu servait de code à la sénéchaussée et aux diverses juridictions de son ressort. Le bailliage de Montreuil, les prévôtés de Vimeu et de Saint-Riquier jugeaient conformément à la coutume d'Amiens.

La maréchaussée connaissait en dernier ressort des crimes et délits commis par les vagabonds et gens sans aveu ; des vols faits sur les grands chemins ; des excès des gens de guerre, etc. Cette juridiction, composée d'officiers de la maréchaussée, comptait à Abbeville, en 1698, un lieutenant-criminel, un assesseur, un procureur du roi, un exempt et un greffier ; et à Montreuil, à la même époque, un lieutenant-criminel, un procureur du roi, un greffier de robe courte.

Tout voyageur était mis sous la protection spéciale des rois, et le moindre attentat contre sa sûreté était puni d'une manière terrible. Le malheureux qui vous avait extorqué un écu sur la grande route était saisi par la maréchaussée et roué vif dans les vingt-quatre heures.

L'hôtel des maréchaux de France, établi en 1693, jugeait toutes les questions relatives au point d'honneur qui pouvaient s'élever entre les gentils hommes à l'occasion des chasses, des droits honorifiques des églises, de la prééminence des fiefs et seigneuries et des querelles privées. Cette juridiction, qui siégeait à Abbeville, rue Millevoye, vis-à-vis le collége, se composait d'un lieutenant des maréchaux de France, d'un conseiller rapporteur du point d'honneur, d'un secrétaire greffier et d'un garde de la connétablie.

La justice consulaire, établie à Abbeville, en 1567, se composait de cinq marchands dont le doyen portait le nom de grand juge et les quatre autres celui de consuls. Les fonctions du grand juge étaient annuelles, celles des consuls duraient deux ans ; mais ils se renouvelaient chaque année par moitié. Elus le 13 janvier par les anciens juges-consuls, ils devaient, avant d'entrer en exercice, prêter serment entre les mains du sénéchal, et le jour de leur installation donner un repas pendant lequel on jouait des contre-danses.

Les juges-consuls d'Abbeville connaissaient des affaires commerciales dans toute l'étendue de la sénéchaussée de Ponthieu, et des justices royales et seigneuriales y ressortissant.

Abbeville faisait partie de la *généralité* d'Amiens, c'est-à-dire de l'étendue de pays soumise à la juridiction du bureau des finances établi dans cette dernière ville. L'élection de Ponthieu, administrée par un *subdélégué*, qui résidait à Abbeville, était une des plus importantes subdivisions de cette généralité. L'élection se divisait en *paroisses*, et le subdélégué, qui remplissait des fonctions à peu près semblables à celles des sous-préfets actuels, veillait spécialement à la perception des impôts alors appelés tailles, aides, gabelles, subsides, etc.

L'élection de Ponthieu, comme toutes celles du royaume, jugeait les différents qui concernaient les tailles, les affaires contentieuses des communes, les aides et deniers d'octrois. Elle connaissait également des contraventions à la ferme des tabacs, à la marque de l'or, de l'argent, de l'étain et des cas de rebellion contre les officiers des aides, les collecteurs des tailles et autres préposés au recouvrement des impôts. La juridiction de ce tribunal, qui avait son siége à la Grutuze, et dont les appellations ressortissaient à la cour des aides, s'étendait sur cent quatre-vingt-huit paroisses. — On trouve dans le ressort des juridictions administratives la même confusion que dans le ressort de la coutume générale. Un assez grand nombre de paroisses du Vimeu et du Ponthieu étaient partie élection d'Abbeville et partie élection d'Amiens ou de Doullens. L'élection de Ponthieu se composait, en 1698, d'un président, d'un lieutenant-criminel, d'un greffier et de six élus.

La maîtrise des eaux et forêts siégeait également à Abbeville et connaissait de la chasse, de la pêche, du fonds et de la propriété des bois et des rivières, tant au civil qu'au criminel. Cette juridiction se composait d'un maître particulier, d'un lieutenant, d'un garde-marteau, d'un procureur du roi et d'un greffier.

Le grenier à sel jugeait en première instance les

affaires relatives à l'impôt du sel et à la vente de cette denrée. Ce tribunal était composé d'un président, d'un grainetier, d'un procureur du roi et d'un greffier. Les appellations de ses jugements ressortissaient à la cour des aides. — Abbeville, Rue, le bourg d'Ault, Forêt-Montier, Saigneville avaient des greniers à sel. Celui d'Oisemont datait de 1413. Les officiers de ces siéges étaient appelés juges des gabelles.

L'amirauté, qui connaissait de tous les crimes et délits commis dans les vaisseaux et bâtiments, et de toutes les affaires concernant la marine et la navigation, avait trois siéges sur la côte du Ponthieu, savoir : Abbeville, Saint-Valery, Ault. Chaque siége se composait d'un lieutenant, d'un procureur du roi, d'un greffier et d'un substitut.

L'office des traites, tribunal composé d'un premier juge, d'un procureur du roi et d'un greffier, jugeait les fraudes et contraventions relatives aux droits d'importation ou d'exportation, ou même de transit d'une province à une autre. Abbeville, Montreuil, Saint-Valery, Ault, avaient un siége des traites.

Abbeville avait en outre un bureau ou magasin général de tabacs, où les entrepôts de Saint-Valery, Montreuil, Doullens, Vignacourt et Albert venaient s'approvisionner.

LIVRE HUITIÈME.

ORGANISATION ECCLÉSIASTIQUE.

§ 1. Archidiaconé de Ponthieu.

Le comté de Ponthieu formait, sous le titre d'archidiaconé, une des subdivisions ecclésiastiques du diocèse d'Amiens, qui relevait lui-même de la métropole de Reims. On sait qu'on désignait sous le nom d'archidiaconé le territoire soumis à la juridiction spirituelle d'un prêtre qui avait droit de visite sur les paroisses et une autorité sur les curés de la campagne. L'archidiacre de Ponthieu, qui comptait parmi les dignitaires de la cathédrale d'Amiens, était à la nomination de l'évêque.

L'archidiaconé se divisait en doyennés. Cette organisation existait depuis très longtemps, mais elle subit des modifications. La carte du Ponthieu, publiée par Sanson, en 1656, et le P. Ignace (1) nous apprennent que le nombre des doyennés n'était au XVIIe siècle que de huit ; mais dans le siècle suivant le nombre des doyennés fut porté à douze (2). Ces doyennés renfermaient trois cent trente-cinq paroisses environ, vingt-deux prieurés (3) et une très grande quantité de chapellenies.

Soixante-dix églises étaient consacrées à la Vierge, cinquante-neuf à Saint-Martin ; trente-cinq à Saint-Pierre, dix-neuf à Saint-Jean. Saint-Firmin, Saint-Vaast et Saint-Nicolas ont chacun sous leur patronage neuf églises. Huit sont placées sous l'invocation de Saint-Riquier et de Saint-Denis ; six sous celles de Saint-Sulpice et de Saint-Valery. Saint-Michel et Saint-Saturnin, l'apôtre de Toulouse, président à quatre paroisses ; Saint-Vulfran, Saint-Maurice, Saint-Médard, Saint-Fuscien et Saint-Etienne, à trois. Les saints dont les

---

(1) Hist. ecclés. d'Abbeville, p. 504.

(2) Les doyennés d'Abbeville, d'Airaines, Auxy-le-Château, Gamaches, Hornoy, Labroye, Mons, Montreuil, Oisemont, Rue, Saint-Riquier, Saint-Valery.

(3) Les prieurés du Saint-Esprit (à Abbeville), de Canchy-lès-Pont-Remy, d'Airaines, de Laleu, de Boubers, de Ligny-sur-Canche, de Saint-Pierre-lès-Gamaches, de la Chaussée-d'Eu, d'Hornoy, de Dompierre, de Biencourt, de Verjolay, de Mareuil, de Maintenay, de Saint-Germain-sur-Bresle, de Senarpont, de Maïoc et du Crotoy, de Forêt-Montier, de Domart, de Contenvillers, d'Escamp-Notre-Dame et de Cayeux.

noms suivent étaient honorés chacun dans deux églises : Saint-Josse, Saint-Maxent, Saint-Quentin, Saint-Leger, Saint-Fursy, Saint-Séverin, Saint-Eloy, Saint-Germain, Saint-Jacques, Saint-Aubin, Saint-Sanson et Saint-Albin. Dans certains pays, le peuple vénère plus spécialement les saintes. Dans le Ponthieu, cinq paroisses rendaient hommage à Sainte-Madelène ; et Sainte-Geneviève, Sainte-Catherine, Sainte-Marguerite et Sainte-Austreberthe étaient seules l'objet d'un culte particulier chacune dans une église.

§ 2. Abbayes et couvents d'hommes.

Abbaye de Saint-Valery. — Cette abbaye fut fondée, comme nous l'avons dit ailleurs (1), par le saint de ce nom, et reconstruite par Hugues-Capet, après avoir longtemps souffert des brigandages de ses avoués ou défenseurs, qui s'étaient emparés de la plus grande partie de ses biens. Aux chanoines qui s'y étaient introduits, Hugues-Capet substitua des religieux de Saint-Lucien près Beauvais, de l'Ordre de Saint-Benoit, et rappela ainsi cette maison à son état primitif.

Au XIVe siècle, les avoués dont la charge était héréditaire dans la maison des sires de Saint-Valery se pré-

(1) T. 1er, p. 29.

sentaient, lors de leur avénement, devant l'autel de l'abbaye, et l'abbé leur disait :

« Vous jurez par Dieu et les saints qui cy sont et ailleurs que doresnavant porterez.... volonté et loyauté à cette église de Saint-Valery, à toutes les personnes, habitants, membres et possessions d'icelle, et que vous leur serez aideur et défenseur en bonne foy, en vostre pouvoir contre et envers tous, toutes les fois que vous en serez rebuis. » — Ainsi le jurons, répondait l'avoué, et vous serons aideur contre tous, excepté nos hommes-liges (1). »

Plusieurs avoués, qui sans doute n'avaient pas l'intention de tenir leur promesse, refusèrent de prêter ce serment, ce qui donna lieu à d'interminables procès. Pour protéger les moines, une bulle papale de 1106 fulmina l'excommunication contre tout séculier qui attenterait à leurs priviléges.

L'abbaye de Saint-Valery fut ravagée par les Normands en 859 et 881 ; par les Anglais en 1088, en 1360 et 1422 ; par les Bourguignons en 1433, et d'autres coups non moins terribles lui furent portés par les Calvinistes en 1568 et 1591. La règle, souvent relâchée au milieu de tant de revers et de vicissitudes, s'y rétablit enfin par l'introduction de la réforme de Saint-Maur, en 1644.

L'abbaye de Saint-Valery est loin d'offrir à l'historiographe les mêmes souvenirs que celle de Saint-Riquier ; mais on rencontre dans ses annales le cardinal

---

(1) Chron. Ms de Rumet, livr. 3. — Voy. *Gallia christiana*, t. X, col. 1231.

de Guise, un neveu de Sixte-Quint, deux Bentivoglio et l'immortel auteur de Télémaque.

« Personne, dit M. de Bausset, ne s'occupait des intérêts de Fénélon. Il fallut que Louis XIV s'en occupât pour lui. En 1694, ce prince nomma Fénélon à l'abbaye de Saint-Valery. Il voulut le lui annoncer lui-même, et lui fit pour ainsi dire des excuses d'un témoignage si tardif de sa reconnaissance et de sa bonté; mais le jour même où Fénélon fut nommé à l'archevêché de Cambrai, ajoute M. de Bausset, il donna un grand exemple de désintéressement. Il remit au roi la démission de son abbaye de Saint-Valery. Louis XIV refusa d'abord de la recevoir; Fénélon insista. Il paraît que cette action eut beaucoup d'éclat dans le temps, parce que les exemples d'une si rare modération étaient sans doute bien rares. Madame de Coulange en parle à Madame de Sévigné (1). »

L'abbaye de Saint-Valery avait autrefois une juridiction proépiscopale dans la ville; mais elle en fut privée par arrêt du parlement de Paris, du 8 février 1664. L'abbé jouissait de dix-huit mille livres de revenu, et les religieux de neuf mille cinq cents. Ils étaient seigneurs fonciers et universels de la ville et de ses dépendances, en vertu d'une charte de Dagobert, et possédaient des manses abbatiales à Citernes, à Favières et à Moreaucourt.

Il ne reste plus qu'une partie des bâtiments de ce monastère et quelques vestiges de sa belle église qui se composait d'une nef et de deux bas-côtés, unis entre eux par le rond-point du chœur, comme le sont ceux de l'église de Saint-Riquier (2).

(1) Vie de Fénélon, t. Ier, p. 261 et 319.
(2) Le cérémonial du monastère de Saint-Valery se trouve à la

Abbaye de Centule, dite depuis de **Saint-Riquier.** — L'histoire détaillée de cette abbaye et la description de son église exigeraient de longs développements. La partie architectonique a été traitée à fond par un homme spécial et nous y renvoyons (1). Nos lecteurs ont, de plus, rencontré dans le cours de ce livre des détails suffisants sur les origines historiques de cette abbaye, ses richesses et ses droits féodaux. Nous nous bornerons à donner ici des extraits de l'analyse du cartulaire qui n'avait point été étudié jusqu'à ce jour, et nous compléterons ces extraits par les notes qu'ont pu nous fournir encore d'autres documents.

PRÉROGATIVES SPIRITUELLES ET TEMPORELLES. — L'an 800, Angilbert, qui avait accompagné Charlemagne dans son voyage à Rome, obtint du pape Léon que l'abbé de Saint-Riquier fût le seul seigneur spirituel de Centule, et ce privilége est confirmé plus tard par Clément IV.

L'abbé pouvait lancer l'excommunication sur les hommes *grands et petits* de cette ville, et, en cas d'interdit général, les moines pouvaient célébrer la messe dans leur église les portes closes, sans sonner et à voix basse, pourvu toutefois que cet interdit n'ait point été provoqué par leur fait, et en punition de leur conduite.

Bibliothèque du roi, sous ce titre : *Ceremoniale locale monasterii S. Valarici supra-mare.* D. Grenier, 16º paq., nº 2, *Leuconaus.*

(1) M. Gilbert, *Description historique de l'abbaye de Saint-Riquier*, 1836, in-8º.

Il leur était permis de construire dans la circonscription des diocèses d'Amiens et de Beauvais des oratoires et des chapelles sur leurs domaines. Ces moines étaient les *vrais patrons* des cures de Notre-Dame et de Saint-Nicolas de Saint-Riquier (1), de la chapelle de l'hôpital de la même ville, et de tout temps ils avaient joui du droit de bénédiction des palmes ou bois bénit, des cendres et des chandelles.

Les processions générales ne pouvaient être célébrées sans leur autorisation, et, le jour de la Fête-Dieu, ils avaient seuls le droit de porter le Saint-Sacrement. Le curé de Notre-Dame ne pouvait le même jour faire aucune station dans la ville. Il devait venir seulement avec le clergé de sa paroisse, et suivi de son peuple, dans l'église de l'abbaye pour se joindre au cortége des moines et s'en retourner, comme il était venu, par la rue du *Mont-Pélerin*, et non par une autre route.

C'était une coutume ancienne qu'aux fêtes de Saint-Riquier, toutes les milices du Ponthieu vinssent à Centule former une cour solennelle au saint, « qui était le maître de leur pays, le défenseur et l'avoué de leur salut (2). »

---

(1) L'église Notre-Dame était située au centre du cimetière de Saint-Mauguille ; celle de Saint-Nicolas contre l'église de l'abbaye. Une bulle papale autorisa la construction de l'église Saint-Nicolas dans un autre lieu que celui où elle était, attendu que les hommes et les femmes passaient, pour s'y rendre, dans l'enclos des moines, ce qui n'était pas convenable.

(2) Hariulfe, loc. cit., p. 333.

Un an et quarante jours d'indulgences étaient accordés à tous les pénitents qui visitaient l'église pendant la fête de Saint-Riquier et celles de la Pentecôte et de la Vierge. On voit par une bulle du pape Clément IV, donnée l'an deux de son pontificat, que l'évêque d'Amiens avait défendu aux clercs et au peuple d'accompagner les moines à la procession du landit (1). Clément fait observer à l'évêque que, loin d'agir ainsi, il devrait au contraire exciter le peuple à se joindre aux moines. En conséquence, il lui ordonna de ne plus renouveler cette défense à l'avenir et de respecter leurs priviléges; et c'est sans doute pour garantir les moines des empiètements de l'évêque que les abbés de Saint-Denis et de Saint-Germain-des-Prés avaient été chargés de veiller à la conservation des immunités apostoliques de l'abbaye (2). En vertu de ces immunités, Saint-Riquier ne relevant que du Saint-Siége, l'évêque d'Amiens ne pouvait y venir s'il n'avait été invité par l'abbé; car rien n'était plus ruineux pour les monastères que les visites épiscopales, et l'on voit même le troisième concile de Latran, en 1180, interdire la chasse aux évêques pendant la durée de ces visites, et limiter leur suite à quarante ou cinquante chevaux.

En 1457, Pierre Leprêtre, nouvellement élu abbé de Saint-Riquier, reçoit, dans l'église Notre-Dame, la bénédiction des mains de l'évêque d'Amiens, Ferri de Beauvoir. Les cérémonies étant terminées, l'évêque

(1) Voir, sur cette fête, t. 1er, p. 286.
(2) Inventaire des titres de l'abbaye, fos 2 et 31.

accompagna le nouvel abbé jusqu'au parvis de l'église du monastère, où ce dernier devait faire les serments requis en pareille circonstance; mais toutes les portes étaient fermées, et, avant de les ouvrir, le procureur somma l'évêque de déclarer si, pour avoir béni l'abbé, et pour le repas qu'il allait prendre dans l'abbaye, selon la coutume, il prétendait y avoir droit de visite ou quelques autres prérogatives diocésaines. L'évêque fut obligé d'affirmer à haute voix qu'il n'entendait point porter atteinte aux franchises et libertés des moines; qu'il respectait leurs priviléges et qu'ils étaient placés en dehors de sa juridiction.

En 1512, un autre évêque, François de Halluin, appelé par la noblesse à Saint-Riquier, pour y célébrer les funérailles de Jean de Bruges, seigneur de la Grutuze, fut contraint, avant d'officier, de reconnaître par acte notarié, en présence de l'abbé de Saint-Josse et de plusieurs autres personnages, qu'il n'agissait, dans cette circonstance, qu'en vertu d'une autorisation de l'abbé et des moines, et, qu'en célébrant la messe des morts dans leur église, il ne prétendait réclamer à l'avenir aucun droit de sépulture ou toute autre prérogative.

Les abbés de Saint-Riquier portaient la mître, la crosse, l'anneau, la dalmatique et les sandales. Ils pouvaient même revêtir le *pontifical*, hors de leur monastère, et cette faveur paraît avoir été bien précieuse aux moines, car ils insistent fréquemment pour la défendre ou la conserver.

Affiliations spirituelles. — L'abbaye de Saint-Riquier, le chapitre d'Arras, les abbés et les monastères de Saint-Valery-sur-Somme, de Saint Laumer de Blois, de Sainte-Colombe de Sens et de Saint-Bertin étaient unis par l'affinité spirituelle, c'est-à-dire par une association qui avait spécialement pour but d'échanger des prières quand un abbé ou un moine venait à mourir.

L'affinité avec l'abbaye de Saint-Bertin remontait au Xe siècle, à l'époque où les reliques de Saint-Riquier avaient été transportées à Saint-Omer. Les liens se resserrèrent encore dans le XIVe siècle par l'élévation au titre d'abbé de Saint-Riquier de l'un des moines les plus notables de Saint-Bertin, Pierre d'Alouenges, député aux Etats-Généraux de 1358.

L'association avec l'abbaye de Saint-Valery porte que toutes les fois qu'un messager sera envoyé d'un monastère à l'autre pour annoncer la mort d'un abbé, d'un religieux ou d'un frère, il sera dit le lendemain trois messes pour le défunt.

Tous les ans, au mois de juin, il y avait service funèbre à Saint-Riquier pour tous les trépassés du chapitre d'Arras, et, le même jour à Arras, service solennel au chapitre pour tous les morts de l'abbaye de Saint-Riquier. — Quand les abbés de ce dernier monastère et ceux de Saint-Laumer de Blois allaient de l'une à l'autre maison, ils y avaient chacun autorité entière; le droit d'absolution et le droit d'amnistie pour toutes les peines disciplinaires. Les moines des deux couvents devaient y être reçus, non pas comme hôtes ou voyageurs, mais comme enfants de la même famille et du même cloître.

L'affinité avec l'abbaye de Sainte-Colombe de Sens datait du IXe siècle, époque à laquelle les moines avaient transféré leurs trésors dans cette abbaye pour les soustraire au pillage des Normands.

ELECTION DE L'ABBÉ DE SAINT-RIQUIER. — L'investiture de l'abbé de Saint-Riquier appartenait à l'évêque du diocèse, comme délégué du souverain pontife, attendu que l'abbaye ne relevait que du Saint-Siége. L'évêque, après avoir sacré le nouvel abbé, lui donnait l'investiture dans son église en l'asseyant dans la chaire abbatiale, et en lui faisant toucher les cordes des cloches et les quatre coins du maître-autel. — Voici, en 1148, la formule d'élection d'un abbé de Saint-Riquier :

« Moi, Etienne, prieur du couvent de Centule, et tous les moines de ce couvent, faisons savoir à tous les fils de la sainte église, à qui ces lettres parviendront, que nous tous, moines, par le conseil et avec l'assentiment des personnes religieuses de notre province, de nos chevaliers et de nos nobles, des clercs et des bourgeois, nous avons élu régulièrement et canoniquement N... pour notre chef pastoral (1). »

TEMPOREL. — Nous avons déjà eu occasion de parler au chapitre de la féodalité de la puissance temporelle de l'abbaye de Saint-Riquier. Voici quelques nouveaux détails sur ses richesses.

―――――

(1) Gall. christ., t. X, instrum. col. 314. Voir la liste des abbés dans le même vol. col. 1242 et seq.

Au nombre de ses biens en France ou en Angleterre, on remarque des champs, des prés, des bois, des forêts, des métairies, des étangs, des marais, des pêcheries, des viviers, des fours et des moulins. L'abbaye possédait à Chevincourt, près Compiègne, des vignobles qui lui fournissaient du vin pour toute l'année (1), des pressoirs, des rentes et des droits de seigneurie de toutes sortes. En 1399, plusieurs habitants de ce village, qui avaient pris des bûches et des fagots dans un de ses bois, furent obligés de venir au château de Drugy, résidence de l'abbé, se mettre à genoux devant lui en criant *merci;* de lui promettre de payer vingt-huit florins et de se rendre à ses plaids à Chevincourt, et d'y crier publiquement encore une fois merci.

Le plus considérable des domaines de l'abbaye au XVe siècle était à Feuquières en Vimeu. Elle possédait aussi un grand nombre de terres à Huppy, Omâtre, Rue, le Crotoy, Oneux (2), Drugy, etc. Elle avait à Maïoc une manse abbatiale où se trouvaient des serviteurs chargés de l'exploitation. Cette manse était en même temps une maison de plaisance où les abbés allaient séjourner quelquefois (3). Ils en avaient encore une autre à Willancourt. Nous avons fait ailleurs mention de leur château de Drugy.

---

(1) Chron. de Pierre Leprêtre.

(2) En 1265, les moines achetèrent sur le territoire d'Oneux cinq journaux de terre moyennant vingt livres parisis.

(3) On voit dans le cartulaire que ce n'était *ni un prieuré ni une résidence de moines;* mais une maison dont le revenu était dans le

Les moines de Saint-Riquier possédaient aussi des églises avec les droits de sépulture, d'oblations et autres qui s'y trouvaient attachés. Nous citerons entre autres celles de Chevincourt, de Brai-sur-Somme, d'Arleux, d'Ailly-le-Haut-Clocher, de Vieulaines, de Monstrelet, de Noyelles-en-Chaussée, Villers-sous-Ailly, Béthencourt, etc. Les prieurés placés sous sa dépendance, et dont elle avait la collation, étaient au nombre de quatre, savoir : en Angleterre, le prieuré de Pagrave ; en Flandre, le prieuré de Bredène près Ostende ; en France, ceux de Tully près d'Amiens et d'Escamauville près du Hâvre. Ces prieurés étaient des lieux d'obédience que l'abbaye faisait valoir par ses moines et dont elle percevait les revenus.

Les biens de l'abbaye de Saint-Riquier devinrent à différentes reprises la proie, soit des comtes de Ponthieu, soit même des comtes de Flandre. En 993, le pape Jean menace d'excommunier tous les spoliateurs de cette abbaye, s'ils ne restituent les choses qu'ils lui ont enlevées, et le même pape, en cette occasion, mande aux évêques d'Amiens, de Térouane et de Soissons de secourir l'abbé Ingelard (1) ; car le souverain pontife, on le sait, était le seul gardien, le protecteur unique des monastères contre l'avidité des rois, les vexations des seigneurs et l'ambition des évêques eux-mêmes.

partage de l'abbé, et qui par conséquent ne devait aucune subvention au Saint-Siége. Jamais archidiacre, évêque ou archevêque, dit le cartulaire, n'y avait prélevé aucun droit.

(1) Rerum gall. et franc. script., t. X, p. 429.

En effet, un autre pape, Innocent IV, met, en 1253, l'église, les religieux et toutes leurs propriétés sous la protection du Saint-Siége. Cependant le titre d'abbaye royale qu'avait obtenu l'abbaye de Saint-Riquier l'avait déjà placée sous la sauvegarde du roi, et ce titre aurait dû la mettre à l'abri de toute atteinte de la part des seigneurs particuliers, puisqu'elle devait alors être regardée comme faisant partie du fisc royal, de même que celles qui avaient été fondées par les rois (1).

L'abbaye de Saint-Riquier fut une des premières où se fit sentir la nécessité de resserrer les liens de la discipline; mais les abbés commendataires, que la faveur royale avait mis à sa tête vers 1538, donnèrent eux-mêmes l'exemple du scandale, et il fallut recourir à une seconde réforme, celle de Saint-Maur, qui y fut établie en 1659. Cette abbaye a été presqu'entièrement démolie pendant la révolution. Les bâtiments qui subsistent encore, et ceux qu'on y a reconstruits depuis quelques années, sont occupés par un petit séminaire.

Abbaye de Forêt-Montier.—Ce monastère doit son origine à Saint-Riquier, qui le construisit en l'honneur de la Vierge, et y mourut le 6 des calendes de mai, vers l'an 645. Sur la fin du VIIIe siècle, Forêt-Montier avait été soustrait à la juridiction des moines de Saint-Riquier; mais en 798 Charlemagne le leur fit restituer, afin qu'il ne formât plus avec Centule qu'un seul mo-

---

(1) Rerum gall. et franc. scrip., t. XI, préf. ccxxii.

nastère, régi par un seul abbé, comme cela avait eu lieu auparavant. En 831, il y existait trente chanoines dont le nombre fut bientôt réduit à douze pour augmenter leurs bénéfices, et trois églises qui possédaient de grandes richesses et qui étaient placées sous l'invocation de Marie, de Saint-Pierre et de Saint-Riquier.

Hugues Capet, vers la fin du Xe siècle, enleva Forêt-Montier aux moines de Centule, ce qui coïncide avec l'enlèvement d'Abbeville. En 1257, la comtesse Jeanne permit aux religieux de Forêt-Montier d'essarter les bois dans le voisinage de leur monastère, et de transformer ces bois en terres labourables. Ces religieux étaient en possession de toute justice hors le rapt, la découverte des trésors et le meurtre. En vertu d'une bulle du pape Innocent IV, l'abbé de Forêt-Montier avait le droit d'absolution sur l'abbé de Saint-Riquier, dans le cas où ce dernier encourait les censures apostoliques, et de plus le pouvoir de donner toutes dispenses qui ne porteraient point atteinte aux droits du monastère.

Il y avait affinité spirituelle entre les deux maisons ; service funèbre pour les trépassés, et inscription des morts au martyrologe. Les moines de Forêt-Montier ou de Saint-Riquier, qui se prenaient de querelle avec leurs frères, étaient exilés de l'une des deux maisons dans l'autre, et ils y résidaient jusqu'à ce que le différend fût terminé ; mais quand la querelle continuait, on les renvoyait à leurs abbés pour en faire justice (1).

(1) D. Grenier, portef. n° 10, 14me paquet. — Voy. aussi Gallia Christ, t. X, col. 1307.

Nous ne nous arrêterons pas plus longtemps sur ce monastère dont les annales n'offrent rien de remarquable. Il suffira de dire qu'il tombait en ruines, en 1646 ; que la ferveur des moines était alors fort refroidie, et qu'on n'y reconnaissait plus ni régularité ni discipline.

L'Abbaye de Saint-Josse-sur-Mer fut fondée sur l'emplacement de l'ermitage occupé par le saint de ce nom (1), qui mourut en 667. Ce n'était dans l'origine qu'une sorte d'hôtellerie, *cella*, ouverte indistinctement aux étrangers et surtout aux pélerins qui venaient visiter les lieux consacrés par de pieux souvenirs. Le monastère, fondé et doté en 793 par Charlemagne, fut ravagé par les Normands ; mais relevé de ses ruines, en 1080, et érigé en comté par Gui Ier, comte de Ponthieu (2), il s'enrichit de propriétés territoriales qui s'étendaient depuis le port d'Etaples jusqu'à la rivière d'Authie et même au delà. En 1172, Mathieu, comte de Boulogne, donna au monastère de Saint-Josse dix mille harengs à prendre tous les ans dans cette ville, et le droit de pêche sur les côtes depuis le Pas-d'Authie jusqu'à la Canche (3). Deux ans après, ce même seigneur, tué d'un coup de flèche au siége de Driencourt, fut inhumé dans l'abbaye.

---

(1) Nous avons parlé ailleurs, dans le chapitre de l'apostolat du Ponthieu, du rôle important que Saint-Josse a joué.

(2) Cf. Gallia Christ, t. X, instrum., p. 295.

(3) Cette pêche fournissait des saumons, des marsouins, des esturgeons et des baleines.

Parmi les abbés de Saint-Josse, il faut citer d'abord Alcuin, à qui Charlemagne avait donné ce monastère à titre de bénéfice, et Loup de Ferrières, l'écrivain le plus poli de la France au IXe siècle, qui le posséda au même titre qu'Alcuin.

« Loup vivait en grande partie à Ferrières, avec soixante-douze religieux, des revenus de l'abbaye de Saint-Josse, qui leur avait été donnée par Louis-le-Débonnaire, à la prière de l'impératrice Judith : mais Loup fut troublé dans la possession de Saint-Josse par Roding, qui l'avait obtenu de l'empereur Lothaire. A ce trouble se joignit la perte effective de ce monastère, car Odulfe (Rodolphe, comte de Ponthieu) engagea Charles-le-Chauve à le lui donner, et il s'en mit en possession, ce qui fut une perte très affligeante pour l'abbé Loup, parce qu'elle le mit dans l'impuissance de fournir les choses nécessaires à ses religieux... enfin ce monastère lui fut rendu (1). »

Les débats soulevés par la possession de Saint-Josse paraissent avoir vivement préoccupé l'abbé de Ferrières; car il en parle en plusieurs passages de sa correspondance :

« Le très religieux empereur Louis, dit Loup, dans sa 71me lettre adressée à Charles-le-Chauve, a donné, à la demande de la glorieuse impératrice Judith, votre mère, la celle de Saint-Josse au monastère de Ferrières, et il a confirmé ce présent par une ordonnance, afin que les moines, à l'abri de toute misère, puissent y servir Dieu dans l'état monastique, et, selon la crainte de Dieu, donner l'hospitalité aux étrangers. »

« Le monastère de Saint-Josse, que Charles-le-Grand avait donné à Alcuin pour le mettre à même de faire l'aumône aux étrangers, dit l'abbé de Ferrières à l'empereur Lothaire dans une autre lettre,

---

(1) Bulteau, Hist. de l'Ordre de Saint-Benoit, 1684, in-4°, t. II, p. 583.

nous a été donné par votre père, de bonne mémoire, dans cette intention que tous les deniers qui resteraient non employés en aumônes seraient appliqués à notre profit; mais Rhuoding nous a frustré de nos droits (1), et quand nous réclamons les bienfaits de votre père nous sommes traités d'imposteurs. Veuillez donc voir l'édit de votre père, et, par respect pour les bienheureux Pierre, Paul et la Vierge-Marie par l'entremise desquels nous prions Dieu pour vous, nous rétablir dans nos droits. Le ciel sera la récompense de cette justice (2). »

L'abbaye de Saint-Josse ayant été ruinée par les Normands, les religieux de Ferrières furent obligés de l'abandonner temporairement.

Plus près de nos jours, on trouve au nombre des abbés de Saint-Josse Adrien du Biez, religieux profès de l'abbaye de Saint-Valery-sur-Somme, et parent du maréchal du Biez; Gilbert de Lafayette, qui fut gratifié de cette abbaye par François Ier en 1530, et qui en fut premier abbé commendataire. « Dès ce moment, dit un mémoire du XVIIe siècle, l'abbaye déchoit de sa splendeur, d'autant que ces sortes d'abbés avaient bien plus soin de se divertir aux dépens des pauvres qu'à tenir la main à l'observance des règles dont ils se croyaient entièrement dispensés. Ces abbés ne résident même plus dans le monastère, leurs receveurs laissent envahir ou

---

(1) En 1123, les déprédations dont l'abbaye de Saint-Josse avait eu à souffrir de la part des grands déterminèrent l'évêque d'Amiens à lancer l'excommunication contre ceux qui attenteraient à ses propriétés.

(2) Beati Servati Lupi opera. Parisiis, 1664, in-8°, Epist. XI, p. 30.

aliéner les possessions ; les titres sont dispersés ou perdus. »

Etienne Moreau, docteur en théologie, ancien agent du clergé de France, ayant été promu à cette abbaye, en 1620, par Louis XIII, en fut le restaurateur. Il fit rentrer tous les biens aliénés, répara l'église, rebâtit le couvent, où il rappela les moines, et introduisit la réforme en 1663, à l'aide de religieux de Saint-Maur (1).

Cette abbaye n'offrait de remarquable qu'un très ancien calice dont les bénédictins ont fait dans le *Voyage littéraire* une description détaillée (2me partie, p. 178). Peu de temps avant la révolution de 1789, les religieux de Saint-Josse abandonnèrent leur cloître pour aller vivre avec les moines de Saint-Saulve de Montreuil.

Abbaye de Saint-Saulve de Montreuil. — Il est difficile de dire d'une manière précise la date de l'établissement de cette abbaye de l'ordre de Saint-Benoit, car on n'est pas d'accord sur l'époque à laquelle vivait son fondateur, Saint-Saulve (2), qui lui donna

(1) Extrait du Cartulaire de Saint-Josse ; Arras, archiv. départem. XVIIe siècle, 1 vol. in-f°.

(2) La *Gallia Christiana*, t. X, col. 1153, le place immédiatement après Saint-Honoré sur la liste chronologique des évêques d'Amiens, et avant Saint-Berchonde, ce qui donne pour date de son épiscopat de 600 à 611. Une autre liste dressée par M. Dusevel, d'après des Mss. de la Bibliothèque d'Amiens, le place le quatorzième des évêques de cette ville, et fixe sa mort à l'an 686.

son nom. Les uns placent sa mort en 615, les autres vers la fin du VIIe siècle.

Les annales de Saint-Saulve sont obscures dans leur origine, et il faut traverser plusieurs siècles avant de trouver à glaner quelques faits d'un médiocre intérêt. — En 1100, Gui, comte de Ponthieu, donne la justice aux moines sur toutes les terres de leur monastère et sur l'eau de la Canche. En 1361, il s'éleva entre l'abbé Robert, deuxième du nom, et le maire et les échevins de Montreuil, une vive querelle à l'occasion de cette même justice. Dans une procession générale, les officiers municipaux firent enlever par leurs sergents, des mains du vicomte, la verge, symbole de la juridiction de l'abbaye, et mirent ce vicomte en prison. L'affaire ayant été portée au parlement de Paris, le parlement ordonna que dans une procession nouvelle la verge serait remise par le mayeur et les échevins aux gens de l'abbaye, et que les magistrats municipaux demanderaient pardon à l'abbé.

En 1366, à la suite d'une autre dispute qui s'était élevée entre le même prélat et le corps de ville, le parlement décida qu'en raison des injures faites par les habitants aux moines et au gardien de leurs priviléges, douze de ces habitants viendraient, des cierges ardents à la main, faire amende honorable à l'abbé, et cet arrêt reçut son exécution le 11 avril 1367.

Le 15 mai 1377, l'abbé de Saint-Saulve permit aux officiers municipaux de placer une horloge publique dans la tour de l'église. Cette église fut, en 1467, complètement ruinée, et les religieux, afin de se procurer de l'argent pour la rebâtir, promenèrent dans tous les environs les reliques de leur monastère. Quelques unes de ces reliques, parmi lesquelles on remarque celles de Saint-Saulve, de Saint-Ingaud, de Saint-Valois ou Guignolé, de Saint-Malo et de Saint-Vulphy, avaient été sous le comte Helgaud transportées de la Bretagne à Montreuil, pour les soustraire aux ravages des Normands.

L'abbaye de Saint-Saulve n'est recommandable, disent D. Martenne et D. Durand (1) que par ses saintes reliques. L'hôtel-de-ville de Montreuil est construit sur son emplacement. L'église, dont le chœur et la croisée furent détruits en 1537, n'a de remarquable que la disposition en faisceaux des nervures de ses voûtes, et les chapiteaux de ses colonnes. Ces chapiteaux représentent des figures monstrueuses, enlacées dans des branches d'épines, et chaque pilier était orné d'armoiries aujourd'hui brisées ou grattées. On voit sous le buffet de l'orgue deux vieilles pierres tumulaires surmontées de statues couchées; l'une est celle d'un abbé dont on ignore le nom; l'autre représente un chevalier.

Abbaye de Saint-Josse-au-Bois, dite depuis abbaye de **Dommartin.** — Si l'on en croit la tradition, des ermites s'étant fixés dans un lieu qui porte

---

(1) Voyage Littér., deuxième partie, p. 178. — Voy. Gallia Christ., t. X, col. 1296. — Ibid. instrum., p. 283, 284, 314. — Rerum gall. et franç., t. XI, p. 574.

encore aujourd'hui le nom de Saint-Josse, Milon, évêque de Térouane, qui se trouvait au nombre de ces ermites, leur fit embrasser, en 1120, la règle récemment instituée par Saint-Norbert, et c'est là l'origine de l'abbaye de Saint-Josse-au-Bois, qui fut primitivement ainsi nommée pour la distinguer de l'abbaye de Saint-Josse-sur-Mer, qui était de l'ordre de Saint-Benoit.

En 1153, un membre de la famille des seigneurs de Beaurain donna à cette abbaye le domaine de Dommartin, à la charge pour les moines de défricher un bois dont le pays était encore presque couvert, et de garder un certain ordre dans l'assolement, l'engrais et la culture des terres (1). Divers seigneurs, tels que le sire de Huppy et le vicomte du Pont-Remi, voulant aumôner l'abbaye de Dommartin, mais sans rien débourser, avaient imaginé d'enjoindre à leurs vassaux d'aller moudre quelquefois à une distance de plus de deux lieues au moulin banal que l'abbaye possédait à Rouvroi, l'un des faubourgs d'Abbeville.

Les religieux de Saint-Josse-au-Bois furent transférés à Dommartin en 1161. Deux d'entre eux envoyés au tombeau de Saint-Thomas de Cantorbery pour s'y acquitter d'un vœu, en 1172, s'unirent d'amitié et de fraternité avec les moines de Cantorbery, et en reçurent pour gage le rochet, une partie du cilice et des ossements du saint martyr (2).

---

(1) Cf. revue du Pas-de-Calais, cinquième année, p. 110.
(2) Voy. t. 1er, p. 283.

Jean, comte de Ponthieu, excommunié pour les graves dommages qu'il avait causés aux moines, vint à Dommartin déclarer en plein chapitre qu'il était prêt à réparer ses torts. Il fit rédiger une charte par laquelle il confirma le monastère dans la possession de tous les biens situés dans le Ponthieu. En même temps il adressa à Philippe Ier une requête à l'effet d'obtenir la garantie royale des conventions qui venaient d'être arrêtées. Par lettres données à Chaumont en avril 1185, le monarque se déclara caution de la paix conclue par le comte ; de plus il le nomma avoué et défenseur de cette abbaye.

Jeanne, reine de Castille et de Léon, désirant recouvrer la santé, se rendit à Dommartin pour y vénérer les reliques de Saint-Thomas. Elle y laissa des monuments de sa munificence qu'on ne put soustraire dans les siècles suivants à l'avidité des gens de guerre qui ruinèrent l'abbaye. — En 1277, Marie de Cayeux, veuve d'Anselme de Cayeux, régent de l'empire de Constantinople, donna à ce monastère les biens qu'elle possédait à Nampont, à la charge d'un anniversaire.

A diverses époques, l'abbaye de Dommartin, enrichie par les largesses de plusieurs siècles, eut à souffrir de grands désastres. La foudre tomba en 1505 sur l'église et la consuma avec tout le mobilier, à l'exception des reliques. En 1568, les protestants, sous les ordres de Cocqueville, mirent le feu au monastère, et le détruisirent de fond en comble. L'église, reconstruite dans les premières années du XVIIe siècle, fut consacrée le

1ᵉʳ mai 1604 par l'évêque d'Amiens, en présence de cinq mille personnes ; mais en 1635, comme elle se trouvait occupée par les Espagnols, elle fut complètement ruinée par l'armée française aux ordres du maréchal de Brézé. Il ne resta à Dommartin qu'un frère convers.

En 1656, l'abbaye se releva de ses ruines. Elle renfermait quarante religieux au moment de la révolution, et jouissait d'un revenu de quarante mille livres. « Elle est très belle, disent les bénédictins auteurs du *Voyage Littéraire*, et l'une des plus florissantes de l'ordre. » L'enclos, entouré de murailles en 1675, renfermait quarante journaux. Outre la ferme abbatiale, la communauté possédait les trois fermes de Saint-Josse-au-Bois (neuf cent journaux) ; celles de Bamières et de Lambus, et le domaine de Mouriez. — La bibliothèque attirait à Dommartin des curieux et des hommes de lettres. Les éditions rares, les manuscrits et les médailles étaient l'objet de soins particuliers. L'église renfermait divers objets d'arts, des tableaux, des grilles de fer, des autels et des lambris d'un travail remarquable ; des statues, etc. Cette belle église à trois nefs, et surmontée de deux tours jumelles, a été détruite pendant la révolution, ainsi que les bâtiments claustraux. Il n'en reste plus que quelques pans de murailles, quelques baies de fenêtres, quelques arcades des cloîtres.

Le costume des religieux était blanc. Leurs constitutions avaient prohibé toute espèce de teinture ; ils portaient en voyage un manteau, un surtout et un chapeau blancs. Les armes du monastère étaient *d'azur à trois navires d'or, posés 2 et 1*, avec la mître et la crosse en dehors ; on y avait gravé pour devise : *Priez* (1).

Abbaye de Saint-André-au-Bois, de la filiation de Saint-Josse-au-Bois ou Dommartin. — Ce monastère fut établi d'abord sur les rives de la Canche, près de Maresquel et du château de Beaurain, dans un terrain marécageux qui reçut le nom d'Aulnoy, à cause des aulnes qui le couvraient. On ne sait pas précisément l'époque à laquelle cette maison fut fondée; mais dès l'année 1154 il y avait des religieux. Un des sires de Beaurain, que leur voisinage incommodait, on ne sait pourquoi, les contraignit à s'éloigner, et ils allèrent, en 1157, résider à Grémecourt sur les bords d'une forêt située entre la Canche et l'Authie. Le nom de Saint-André, patron de l'église du monastère, fut substitué bientôt au nom de Grémecourt.

Grémecourt n'était alors qu'une dépendance de Dommartin, mais une église y fut bâtie, et, en 1163, Thierry, évêque d'Amiens, vint la consacrer à la Vierge et à Saint-André, et conférer en même temps à la maison le titre d'abbaye. Dans le cours du XIIe siècle, les religieux reçurent en aumônes de différents seigneurs un grand nombre de terres et des bois. Guillaume III,

---

(1) Revue du Pas-de-Calais, Loc. cit. — *Gallia-Christ*, t. X, col. 1347.

comte de Ponthieu, leur donna un domaine situé à Beaurain, à la charge de l'hommage annuel d'un cheval et d'une rente de quarante livres parisis. Cette donation eut lieu en réparation des dommages causés à l'abbaye par la guerre qui avait regné peu de temps auparavant entre Philippe-Auguste et Richard, roi d'Angleterre, et à laquelle Guillaume avait pris part comme allié du roi de France.

L'abbaye de Saint-André fut envahie en 1584 par des calvinistes hollandais. L'un des religieux, dans cette expédition, fut suspendu par les pieds et par les mains au-dessus d'un grand feu. On l'attacha ensuite à une charrue et on le traîna sur la terre jusqu'à ce que des personnes charitables eûssent payé une somme considérable pour l'arracher à ses tortures. Deux autres moines furent traînés publiquement de cette manière, et d'autres encore livrés dans l'intérieur du monastère à de semblables tourments. En 1605, l'abbaye fut pillée par un parti hollandais qui sortit inopinément, vers le soir, d'un bois qui l'avoisinait, en força les portes et la dévasta. Ces huguenots enlevèrent les reliques de Saint-André; mais elles furent rendues cinq ans après par l'entremise du comte d'Egmont. Le 17 mars 1620, la plupart des bâtiments du monastère, toutes les chapelles et une partie de l'église furent détruits par un incendie qui survint accidentellement.

Les moines de Saint-André possédaient à Hesdin un refuge qui devint l'hôtel des commandants de cette ville. L'église, reconstruite vers 1760, et qui avait coûté plus de cent mille francs, « était encore toute belle de sa jeunesse » lorsqu'on la démolit, ainsi que les cloîtres, au commencement de la révolution. — Le hameau de Saint-André n'est plus aujourd'hui qu'une belle ferme, qui dépend de la commune de Gouy (1).

Abbaye de Valloires, de l'ordre de Cîteaux.—Elle fut en 1137-38 fondée par Gui II, comte de Ponthieu. Nous ne saurions affirmer, dit M. Bouthors, qu'elle fût établie d'abord à Bonances près de Laviers, comme le fait la *Gallia Christiana*; car la charte de fondation est conçue en des termes assez équivoques pour faire supposer que Balances, près d'Argoules, fût le siége primitif de l'abbaye (2). Cette remarque nous paraît fort juste. Il est prouvé que les moines résidaient à Balances en 1140. Trois ans après, Gui II leur concéda Valloires pour y bâtir un nouveau monastère. On ne connaît pas l'époque précise à laquelle la nouvelle maison fut construite; mais on sait que moins de vingt ans après elle était devenue le principal établissement des moines, car dans un titre de 1163, l'ancien couvent de Balances est ainsi désigné : *vetus abbatia*.

Parmi les bienfaiteurs de Valloires figurent en première ligne les comtes de Ponthieu Guillaume II, Jean (3), Guillaume III, Simon de Dammartin, la comtesse

---

(1) Revue du Pas-de-Calais, 1840, p. 201-225 et suiv.

(2) Cf. *Rapport sur le cartulaire de Valloires* par M. Bouthors, dans les Mém. de la Soc. des antiq. de Picardie, t. II, p. 181 et suiv.

(3) Avant d'être le bienfaiteur de Valloires, le comte Jean avait été

Marie sa femme, Mathieu de Montmorency et Jeanne, qui fut reine de Castille. Indépendamment de trois cents journaux de bois que Gui leur avait donnés dans la forêt de Cantâtre, des terres qu'ils possédaient à Rue, à Bonances, à Waben, à Crécy-Grange, et des biens considérables qu'ils avaient obtenus à Mésoutre d'un chevalier nommé Robert d'Ailly, complice de Hugues de Camp-d'Avesne, lorsque ce seigneur incendia Saint-Riquier, les moines de Valloires étaient propriétaires dans le seul territoire d'Argoules de plus de deux mille sept cent quarante-huit journaux, tant en terres qu'en bois, prés et marais, et dans celui de Dominois de plus de treize cent quatre-vingt-sept journaux de terre et de bois.

En 1304, divers priviléges furent octroyés par le roi de France à l'abbaye de Valloires; on lit entre autres dispositions dans les lettres d'octroi de ces priviléges : « Le roi renonce aux droits d'amortissement qui lui seront dûs au sujet des biens acquis par les moines. Lorsqu'on saisira leurs immeubles, on ne les détruira pas, et on ne les consumera point par des dépenses superflues. Si on est obligé d'y établir garnison, on ne mettra qu'un sergent dans chacune de leurs maisons, et il sera obligé de vivre des salaires qui lui seront taxés. On ne fera point de prise sur les biens de l'abbaye ni sur ceux

---

son plus ardent persécuteur. Pour mettre un terme à ses violences, dit M. Bouthors, il ne fallut rien moins que l'intervention du roi d'Angleterre et la crainte de l'excommunication dont il était menacé. (Coutumes du bailliage d'Amiens, p. 273.)

de ses sujets pour les provisions de l'hôtel du roi. Le roi nommera des auditeurs pour faire justice à l'abbaye sur les vexations qui lui ont été faites. Cette abbaye ne sera point punie pour les délits particuliers des moines, des convers ni de ses domestiques. Elle pourra faire arrêter, même à main armée, les personnes de son ordre, et saisir leurs biens mobiliers ; elle sera conservée en outre dans le droit qu'elle a d'arrêter ceux qui commettront des délits dans le monastère et dans les lieux qui en dépendent (1). »

L'abbaye de Valloires, dont Louis XI confirma les priviléges en 1467 (2), possédait une bibliothèque très riche en manuscrits liturgiques ; on ne sait ce qu'ils sont devenus. L'église, très richement décorée, fut reconstruite, ainsi que le monastère, vers le milieu du dernier siècle. Cette église et tous les bâtiments qui en dépendent ont échappé au vandalisme de 1793. Des ouvriers brabançons, soumis aux règles d'une communauté religieuse, se sont établis dans cet ancien monastère, en 1817.

Abbaye de Cercamps. — L'histoire de cette abbaye appartient à l'Artois, province dans laquelle elle était située, bien qu'elle eût fait partie de l'archidiaconé de Ponthieu.

---

(1) Ordon., t. V, p. 248.
(2) Ordon., t. XVII, p. 17.

Abbaye de Notre-Dame du Lieu-Dieu, près Gamaches, de l'Ordre de Cîteaux (1). L'abbaye de Foucarmont, fondée en 1130, avait pris tant d'accroissement que Hugues, quatrième abbé de ce lieu, prit la résolution d'envoyer des moines établir un nouveau monastère. Ces moines allèrent habiter la vallée où fut fondé le couvent du Lieu-Dieu. Bernard de Saint-Valery prit, en 1191, ce monastère naissant sous sa protection et lui donna différents biens. Détruit par les Bourguignons en 1472, le Lieu-Dieu fut rebâti dans le XVIe siècle; ruiné de nouveau par les calvinistes, et relevé l'an 1638. L'église et la plupart des bâtiments n'existent plus.

Abbaye de Notre-Dame de Sery. — Des prémontrés, appelés de Saint-Josse-au-Bois par Anselme de Cayeux, seigneur de Bouillancourt, de Friville et de Rambures, s'établirent au milieu des bois de Sery en 1127, et se transportèrent ensuite dans la vallée de la Bresle, près de Blangy, où ils avaient fait construire des bâtiments plus vastes et une église qui renfermait le tombeau de Catherine de Valois, sœur de Philippe VI, roi de France, et dans laquelle on remarquait aussi les monuments funèbres des seigneurs de Cayeux. — « Cette maison assez jolie, disent les auteurs du *Voyage Littéraire*, est redevable de son entier rétablissement à la réforme qui l'a toute rebâtie ainsi que l'église. » — Au premier

---

(1) Gallia Christ., t. X, col. 1341.

rang de ses bienfaiteurs figurent Gérard d'Abbeville, seigneur de Boubers, et deux autres chevaliers, Eustache et Robert de Frettemeule.

Un des abbés de Sery, Jean Ier, obtint en 1285 de Robert, comte de Dreux et de la commune de Blangy, le droit d'enfermer son monastère dans une enceinte de murailles. Hugues Ier, seizième abbé, acheta en 1304 de Jean de Bailleul, roi d'Ecosse, tout ce que ce roi possédait à Oisemont. Le vingt-quatrième abbé, Hugues, conseiller du roi de France, fut conduit en Angleterre par les Anglais qui brûlèrent l'abbaye. Les calvinistes la brûlèrent de nouveau vers 1565 (1).

Abbaye de Selincourt. — Cette abbaye de l'ordre des Prémontrés, en latin *Sanctus-Petrus de Selincuria, aut Selincurtis*, était située dans le village de ce nom, et fut fondée en 1131 par Gautier Tyrel, seigneur de Poix. On nommait ordinairement cette abbaye *Sainte-Larme*, à cause d'une larme de Notre-Seigneur que Bernard de Moreuil avait rapportée de la Terre Sainte, en 1206. Cette larme, qui était fluide, et se conservait dans un très beau reliquaire, attirait un grand concours de pélerins.

On apprend par une lettre de l'évêque de Noyon, écrite en 1498, que l'abbaye de Selincourt était magnifiquement construite, *mire et magnifice œdificata*; mais elle avait été brûlée depuis peu par accident, et

---

(1) Gallia Christ., t. X, col. 1362. — Ibid., instrum., col. 321.

il n'en restait plus que les murs. Les moines essayèrent de la rebâtir, mais ne pouvant la terminer, faute d'argent, l'évêque de Noyon leur vint en aide, en recommandant à ses diocésains de bien accueillir chez eux les moines qui promèneraient leurs reliques.

On conservait dans la bibliothèque des manuscrits renfermant les œuvres de divers écrivains ecclésiastiques du moyen-âge. L'église était citée comme la plus belle du diocèse après la cathédrale d'Amiens. On y gardait un bras de Saint-Pierre et un pied de Saint-André (1).

Le reliquaire de la Sainte-Larme, soutenu par des anges, avait été exécuté par Pierre Gatte, l'un des plus habiles orfèvres d'Abbeville, et l'on sait que cette ville en a produit de très distingués.

Prieuré de Saint-Pierre d'Abbeville, de l'ordre de Cluni. Il fut fondé l'an 1100 par Gui Ier, comte de Ponthieu, hors de l'enceinte de cette ville, *in castri loco juxta Abbatis-Villam*. La charte de fondation de ce monastère commence ainsi :

« Au nom de la sainte et indivisible Trinité, Gui, consul de disposition, *dispositionis consul*, par la providence de cet être très puissant sans la volonté duquel il ne tombe jamais une feuille d'arbre, à tous les fidèles bon courage et joie perpétuelle.

« Comme je sais que je dois mourir comme les autres princes, et que je dois être jugé selon mes mérites par celui à qui rien n'est caché, j'ai résolu de prévenir par quelque satisfaction l'enquête si terrible de ce juge, de peur que lui-même, ne me prévenant, ne me

(1) Gallia Christ., t. X, col. 1367. — Ibid. instrum., col. 304, 353.

trouvât semblable au figuier stérile ; que me trouvant tel il ne me jugeât ; qu'en me jugeant il ne me condamnât, et que m'ayant condamné et il ne me livrât aux flammes.

« En conséquence, qu'il soit notoire à tous les fils de la Sainte-Eglise, tant futurs que présents, que moi, Gui, averti par une inspiration divine, et persuadé par l'avertissement d'Ade, ma femme, et de mes fidèles, du consentement et de la volonté de Gervin, évêque d'Amiens et de ses clercs, j'ai construit en l'honneur de Dieu et de ses saints apôtres, Pierre et Paul, une église dans l'emplacement d'un château auprès d'Abbeville (1), que le roi Philippe a extrait de son domaine (*mancipabat*), et par le consentement duquel le tout a été fait : que j'ai, pour le salut de mon âme, donné cette même église à Saint-Pierre de Cluni, comme une habitation qu'il doit posséder à jamais, et qu'afin que les frères demeurant dans le même monastère puissent servir Dieu avec plus de soin, ayant toutes les choses nécessaires à la vie, j'ai, par le conseil de ma femme Ade et de mes hommes, abandonné auxdits frères l'usage des choses ci-dessous transcrites. »

Suit l'énumération des legs parmi lesquels on remarque un four banal qu'il possédait à Abbeville, et il leur donne, pour chauffer ce four, du bois pris en tout temps dans la forêt de Gaden, *Gaden Silva*, autant que deux ânes en peuvent apporter de ce lieu. Il leur accorde la même faveur dans la forêt de Cantâtre, et y ajoute les peaux de tous les cerfs qui seront pris dans cette forêt. Il leur donne encore de quoi se chauffer dans le bois de Bruille, près d'Abbeville, autant qu'un âne peut apporter de bois de ce lieu en toute saison. Il leur

---

(1) Ce château, que le comte avait obtenu de Philippe Ier, l'an 1075, aurait été bâti, suivant le P. Ignace, par Hugues-le-Grand, père de Hugues-Capet, vers l'an 940. Il était situé place Saint-Pierre, sur l'emplacement des Ursulines.

accorde ensuite deux mille deux cents anguilles de la pêcherie de la Somme à Abbeville, la moitié de celles qui se pêchent à Rue, dans la Maye, cinquante-deux sous de la monnaie d'Abbeville pour les cierges de leur église ; deux muids (*modios*) de vin à Noël et à Pâques ; six paires de chaussures aux mêmes époques ; le moulin de Baboth, tous ses prés sur les rives du Scardon ; la pêche de cette rivière, la moitié de celle qu'il possède sur l'Authie, la ferme et le moulin de Novion, situés près de la porte Marcadé ; soixante boisseaux de sel à Rue ; dix-huit setiers de grains pour faire de la bière, sur les brasseries de Saint-Riquier ; un grand nombre de terres cultivées et *incultes* ; des bois, des moulins, des droits fiscaux, des contributions en nature en divers lieux, maintenant inconnus. Gui permet en outre à ses hommes de donner au couvent une part de ce qu'ils tiennent de lui. Les noms de ceux qui suivirent son exemple sont inscrits dans la charte. « Et afin que ce bienfait demeure ratifié et inébranlable, dit le fondateur, j'ai eu soin de faire mettre mon sceau à cette charte, en présence de mes filles et de mes princes (*filiabus principibusque meis*) dont les noms et les signatures, souscrits dans la présente cédule, témoignent la vérité (1). »

Les bénédictins de Saint-Pierre avaient la haute, moyenne et basse justice, un bailli, un procureur fiscal, un greffier, etc. En 1298, leurs sergents pouvaient arrêter les malfaiteurs et les conduire par devant le

---

(1) Gallia Christ., t. X, instr., col. 296.

maire pour être jugés par lui. Ils pouvaient même les relâcher en obtenant d'eux une composition. — La garde des matériaux des maisons démolies pour forfaitures appartenait au prieuré, avec tous les profits de l'exécution, et le maire devait prêter main forte. — Lorsque les moines poursuivront un procès en recouvrement de rentes foncières constituées sur des biens situés dans la banlieue, ces procès seront portés devant le maire. — La justice et la seigneurie appartiennent aux moines dans toute l'étendue du monastère, mais ils ne jouissent du droit d'asile que dans leur église (1). — La justice de ces moines, on le voit, était au moyen-âge subordonnée à celle des officiers municipaux, mais il y avait concours entre elles (2).

La juridiction féodale du prieuré de Saint-Pierre s'étendait sur la chaussée Marcadé et la plupart des rues adjacentes, sur la chaussée du Bois, la paroisse du Saint-Sépulcre, la rue des Carmes, celle des Pots, etc., etc., et comprenait ainsi près de huit cents maisons sur lesquelles les religieux percevaient des cens et autres redevances. C'est ce qu'on appelait la *Vicomté de Saint-Pierre*. Ceux qui demeuraient dans ses limites étaient exempts de droit de *Palette* (3), faveur dont ne jouis-

(1) D. Grenier, portef. 14, paq. 15, n° 2, p. 315.
(2) Charles V, en 1369, décida que les procès du prieuré de Saint-Pierre seraient portés en première instance au bailliage d'Amiens. (Ordon., t. V, p. 201.)
(3) Chaque setier de grains de seize boisseaux devait au seigneur titulaire de la vicomté une *palette*, c'est-à-dire le tiers d'un boisseau,

saient pas les habitants mouvants de la *Vicomté du roi;* mais on ne s'étonnait point alors que les vassaux d'un prieuré fussent plus favorisés que ceux du souverain. Ce prieuré percevait encore des dîmes et autres droits féodaux dans plus de vingt villages, la plupart du Vimeu. Les paroisses du Saint-Sépulcre, de la Chapelle et plusieurs autres cures du diocèse lui étaient entièrement assujetties.

Chaque année, le 28 juin, la veille de la Saint-Pierre, les moines sortaient de leur église à huit heures du soir, et se rendaient au milieu de la place de ce nom où ils avaient fait planter un arbre, entouré de fagots, que le prieur bénissait ; il y mettait le feu avec une torche, entonnait le *Te Deum*, et les religieux continuaient de chanter l'hymne jusqu'à ce qu'ils fussent rentrés dans leur couvent. La foule, réunie devant ce bûcher, y dansait jusqu'au point du jour. Alors les pauvres enlevaient et emportaient dans leurs maisons les cendres et les débris de ce feu, persuadés qu'ils portaient bonheur. Cet usage, qui rappelle la fête solsticiale du soleil, s'est continué jusqu'en 1778. Les bénédictins de Saint-Pierre, pendant leurs processions, tenaient à la main de longues baguettes d'osier. Lorsque l'un d'eux mou-

---

les jours francs exceptés. Cet impôt onéreux, supprimé par Turgot, frappait tous les propriétaires des autres vicomtés de la ville, qui recevaient leurs revenus en grains, et que l'on contraignait de vendre ces grains sur le marché ; mais les chanoines de Saint-Vulfran n'y étaient point assujettis pour le produit des vingt mille gerbes qu'ils retiraient de leurs dîmes.

rait, on le revêtait de sa robe, on lui mettait des gants et des escarpins blancs, on l'enterrait la face découverte, on servait sa portion au réfectoire pendant un mois, et on la distribuait chaque jour aux pauvres, qui recevaient encore du monastère du pain tous les dimanches et toute la semaine la desserte de la table. C'était là du reste, dans les ordres religieux, un usage assez général. Les moines de Saint-Pierre faisaient un singulier hommage au chapitre de Saint-Vulfran. Il fallait qu'ils se présentassent annuellement devant les chanoines pour leur offrir deux liards dans un grand sac de toile de la contenance d'un setier.

L'église primitive de ce monastère se faisait remarquer par la légèreté et la délicatesse de son architecture, et renfermait plusieurs objets intéressants : le tombeau du fondateur, le comte Gui (1), celui du savant Claude de Vert; des stalles et des sculptures curieuses; un obélisque surmonté de la statue de Saint-Pierre à genoux, et la châsse de Saint-Foillan qui était l'objet d'un culte particulier dans ce monastère. Les maîtres teinturiers avaient seuls le droit de porter cette châsse, en forme de petite église, surmontée de son clocher, tout en argent massif, dans le style sarrasin. On prétendait que l'un deux l'avait trouvée dans la rivière, près du pont au Scardon. Chaque année, le jour de Saint-Foillan,

(1) Agnès, sa fille, fut inhumée dans le même tombeau à trois ou quatre pouces de terre au-dessus de lui. Ce tombeau, en maçonnerie de pierres blanches, ayant été détruit en 1770, on enveloppa les os dans une tapisserie et on les enterra près de l'église actuelle.

les chefs de la corporation usaient de leur privilége, et faisaient sonner par leurs garçons la grossse cloche du couvent ; ceux-ci recevaient des moines en récompense un muid de bière forte.

Le maître-autel de Saint-Pierre était, selon l'ancien usage, contenu dans une armoire fermée par des volets où l'on avait représenté les principales actions de plusieurs comtes de Ponthieu, dans le costume du temps. Ces monuments, précieux sous le rapport de l'art et de l'histoire, étaient enrichis d'or, et ont été presque tous détruits au moment de la révolution.

L'église et le couvent de Saint-Pierre tombaient en ruines lorsqu'ils furent reconstruits en 1770 et dans les années suivantes. Les bâtiments, qui ne contenaient alors que six religieux, sont maintenant occupés par la communauté des dames Ursulines qui en ont fait l'acquisition.

Templiers. — Cet ordre célèbre possédait quatre établissements dans le Ponthieu ; à Waben, en 1228, à Abbeville, à Oisemont et à Domart, où leur maison subsiste encore. On ne sait rien de ce qui concerne la maison de Waben. Quant aux templiers de Domart, ils furent condamnés à mort après avoir été longtemps captifs dans les cachots de Picquigny. La maison des templiers d'Abbeville était située dans le faubourg de Thuison. Guillaume de Mâcon, évêque d'Amiens, acheta, en 1300, cette maison au grand maître de l'Ordre pour y placer des chartreux. Les templiers avaient en outre, dans les murs d'Abbeville, deux vastes bâtiments : l'un, dont on voyait encore quelqus restes il y a peu d'années, dans l'auberge de *la Fleur de Lis,* était situé à l'entrée de la rue des Teinturiers ; l'autre, nommé successivement *Maison du Temple, Hôpital Saint-Jean de Jérusalem*, et en dernier lieu *Commanderie*, existait près de la porte Comtesse. « Le premier, dit le P. Ignace, servait pour blanchir leurs habits et leur linge, le second pour recevoir leur revenu. »

Les templiers, au nombre de douze, habitaient un de ces bâtiments lorsqu'ils furent arrêtés, en 1307, par ordre du roi de France. On ne connaît ni les noms, ni les aveux de ces douze chevaliers, ni la nature des crimes dont on les accusait. Tout ce que nous savons, c'est que trois d'entre eux furent brûlés au milieu du Marché au Blé, et les autres conduits dans les cachots de Paris.

On trouve dans la publication de M. Michelet, relative aux templiers (1), des détails complètement ignorés jusqu'à ce jour, et oubliés sur les lieux mêmes, qui se rattachent à l'instruction dirigée contre les chevaliers d'Oisemont. L'un des témoins, Mathieu de Tilloy, rapporte les diverses circonstances qui avaient lieu lors de la reception d'un templier dans cette maison.

Après avoir sollicité pendant deux ans son entrée dans l'Ordre, Mathieu de Tilloy avait enfin été déclaré

---

(1) Procès des templiers, t. 1er, p. 359, ap. Coll. des documents inédits publiés par le gouvernement.

admissible. Au moment de sa réception, il avait demandé à genoux qu'on lui accordât le pain et l'eau, et la faveur de partager la société des frères et le pauvre vêtement de leur maison. On lui dit de bien réfléchir à sa demande, et on lui fit observer que, lorsqu'il vivait de la vie du siècle, il pouvait aller où il voulait, dormir et veiller quand bon lui semblait; mais qu'une fois entré dans l'ordre du Temple il perdrait cette liberté. Ce qui l'avait séduit peut-être c'était d'avoir vu les chevaliers revêtus d'habits somptueux, et montés sur de beaux chevaux, mais qu'il ne serait pas toujours libre d'avoir des chevaux pareils, et d'aussi beaux vêtements. — Le novice répondit qu'il se contenterait de ce que Dieu voudrait bien lui donner. — Après quelques autres demandes, on lui fit jurer sur le missel, avant de lui conférer le manteau, qu'il observerait les lois de la chasteté, qu'il vivrait sans avoir rien en propre, qu'il obéirait à tous les statuts de l'ordre, et que si Dieu lui faisait la grâce de l'appeler à quelques fonctions élevées, il entretiendrait les églises et les luminaires dans un état convenable; qu'il ferait les aumônes voulues, et qu'il accomplirait tous les devoirs de l'hospitalité, selon le rang des personnes. Ces formalités remplies, on lui donna le manteau, et il le revêtit en disant : « Au nom du Père, du Fils et du Saint-Esprit, Amen; » et il lui fut répondu : « Nous te recevons et t'associons, et nous admettons, toi, ton père et ta mère et tes autres parents aux bénéfices de l'ordre en France et au-delà de la mer. » — On lui ordonna ensuite d'embrasser les frères qui étaient présents ; de s'asseoir et d'écouter les instructions, et on lui dit entre autres que partout où il se trouverait il ait à s'informer auprès des plus anciens de l'ordre des usages et des devoirs ; que tous les vœux qu'il avait faits jusqu'à présent étaient annulés, à l'exception toutefois du pélerinage de la Terre-Sainte, et qu'il devait accomplir ce pélerinage pour recouvrer le royaume de Jérusalem. Il lui fut dit également qu'il ait à s'abstenir de tout débat et de toute lutte avec ses frères, et que s'il les frappait de manière à les forcer à remuer les deux pieds ou à déchirer son manteau, il serait à la miséricorde des chevaliers de l'ordre ; que s'il sortait de la maison par dessus les murs et non par la porte, il perdrait son manteau ; que s'il jetait par dessus les murs quelque objet appartenant à l'ordre, il serait puni comme voleur. — Le témoin ajouta qu'aussitôt après sa réception trois frères le conduisirent dans la chapelle dont ils fermèrent la porte, et le chevalier qui l'avait reçu lui dit : « Venez, vous m'avez promis de m'obéir, et vous êtes dans ma dépendance. » — Ce chevalier prit ensuite une croix de bois qui était sur l'autel, et lui enjoignit de renier la figure du Christ. Le témoin, tout effrayé, joignit les mains et dit : « *Ha, sire, pour Dieu merci!* Et comment pourrais-je faire une pareille abomination? » — Le chevalier lui répondit : « Il faut obéir, car tu m'es soumis, et alors le témoin renia le Christ de bouche et non de cœur. On lui ordonna de cracher sur le crucifix, et il feignit de cracher..... Pendant que toutes ces choses se passaient, le chevalier regardait souvent de tous côtés pour voir si on ne l'observait point ; et le témoin ajouta qu'il aurait tué, s'il l'avait pu et s'il l'avait osé, celui qui le soumettait à des cérémonies pareilles, et qu'il en ressentit une telle indignation qu'il en fut triste pendant tout un mois.... Lorsqu'on lui demanda dans quel but ces cérémonies avaient eu lieu, il répondit qu'il pensait que c'était pour s'assurer de son entière soumission.

Les faits relatés par ce témoin étaient-ils exacts, et faut-il accepter comme un fait réel les sacriléges qui sont imputés aux chevaliers d'Oisemont et à leurs malheureux frères du reste de la France ? Il en était sans doute de ces accusations comme de celles qui envoyaient au bûcher les magiciens et les sorciers (1).

Chartreux, couvent situé dans le faubourg de Thuison.— Il fut fondé en 1301 par Guillaume de Mâcon, évêque d'Amiens, et par Edouard Ier, roi d'Angleterre et comte de Ponthieu. Guillaume de Mâcon donna aux chartreux la terre de Port avec les droits seigneuriaux et quelques autres biens. En 1362, le prieur et les moines s'obligèrent à inscrire sur leur martyrologe le nom d'Edouard III, et à prier pour lui et pour ses successeurs, en considération de tous ses bienfaits. L'année suivante, ce prince ajouta encore aux témoignages de sa piété par le don de quarante-huit *livrées* de terre à

---

(1) Parmi les chevaliers qui furent interrogés au temps de la condamnation on trouve Jean du Crotoy.

Abbeville, cinquante *soudées* de terre à Rouvroy, soixante autres *soudées* à Port, et vingt-neuf *livrées* au Crotoy.

Les chartreux levaient la dîme sur les salines du Ponthieu (1) et cultivaient des vignes sur le côteau qui domine leur couvent : une portion de cette partie de la banlieue se nomme encore *les vignes*, et de vieux titres attestent que Menchecourt était peuplé de vignerons.

La maison des chartreux, sous le titre de Saint-Honoré, se distinguait par son architecture gothique, ses murailles garnies de tours, et le triste aspect de ses cloîtres et de son enclos. Il ne reste de ce couvent, démoli en 1796, que les bâtiments de la ferme et la chapelle des femmes. Il venait d'être entièrement reconstruit lorsqu'il fut abattu (2).

Cordeliers. — Ces religieux établirent leur premier couvent à Abbeville dans la maison du *Roi-Louis*, vis-à-vis l'Hôtel-Dieu, peu de temps après l'institution de leur ordre. En 1239, ils prirent possession de l'hôpital de la Madelène, près du pont de Talance, et leur église conserva le titre de cet hôpital ; elle a été presqu'entièrement démolie en 1805. Le couvent possédait

---

(1) Les ruines de leur *grenier à sel* existent encore près du village de Port.

(2) La maison des chartreux d'Abbeville, à la fin du XVIIe siècle, jouissait de neuf mille livres de rente, et se composait à la même époque de quatorze moines et de quatre frères.

une école de théologie, et renfermait en 1698, seize religieux.

Les cordeliers se rendaient dans leur jardin par une galerie couverte, élevée en travers de la rue, et allant de la maison n° 5 à la maison n° 14. Leur cloître était ouvert au public qui trouvait sous ses arcades un abri commode, surtout pendant l'hiver.

Minimes. — Couvent situé à Abbeville dans la rue de ce nom, fut fondé en 1500 par André de Rambures, sénéchal du Ponthieu ; mais il y avait déjà plus de vingt ans peut-être que les minimes avaient été reçus à Abbeville, et recommandés spécialement par Louis XI aux officiers municipaux (1). Le couvent des minimes, l'un des plus anciens de l'Ordre, s'agrandit par différentes acquisitions, et, en 1504, une église y fut construite et consacrée sous le titre de l'Assomption de la Vierge. Cette église contenait les monuments funèbres, ornés de figures en marbre, d'André de Rambures, de Jeanne de Halluin, son épouse et de leurs enfants, sculptés par Blasset (2) ; une statue de Saint-François de Paule, par le même ; un portrait du même saint, d'après nature ; plusieurs autres tableaux remarquables, etc. Ces différentes productions de la peinture et de la sculpture disparurent pendant la révolution.

(1) Voy. Mém. de la Soc. roy. d'Emul. d'Abbev., 1836-1837, p. 155.
(2) Ces monuments et tous les cercueils en plomb qu'ils contenaient furent rendus en 1792, par les administrateurs du district, à madame la marquise de Sablé, l'un des derniers rejetons de la famille des Rambures ; elle vint elle-même les faire enlever.

Capucins. — Couvent situé à Abbeville, rue Saint-Eloy, près du pont au Scardon, fut fondé par les soins de deux habitants d'Abbeville, les sieurs Belle et Foullon. Le premier établissement des capucins eut lieu en 1601, dans une maison de la rue aux Pareurs, que leur céda le sieur Belle. Ils demeurèrent ensuite à l'hôtel de Ligny, près de l'église Notre-Dame, qu'ils tentèrent de s'approprier; mais leur projet ayant échoué, ils allèrent se fixer dans l'hôtel de Huppy, rue Saint-Eloy. La protection de François d'Orléans, comte de Saint-Pol, gouverneur de la Picardie et des princesses de sa famille, les mit bientôt en possession du collége, qui touchait alors à l'hôtel de Huppy.

L'église des capucins avait été construite en 1606. La maison, embellie par différentes acquisitions, possédait un jardin que le cardinal de Richelieu augmenta encore pendant le séjour qu'il fit à Abbeville en 1636.

Lorsque les capucins allaient en processsion, ils se faisaient accompagner par une vingtaine d'enfants vêtus de l'habit de leur ordre.

Montreuil avait aussi un couvent de capucins fondé en 1621.

Carmes. — Ces religieux possédaient deux maisons dans le Ponthieu, l'une à Abbeville, l'autre à Montreuil. Celle d'Abbeville, située près de la place Saint-Pierre, doit son origine au P. Ignace, carme lui-même, auteur de deux ouvrages sur Abbeville, sa patrie, et qui, zélé pour la propagation de son ordre, vint, en

1640, solliciter auprès des officiers municipaux la permission de fonder ce nouvel établissement.

« En arrivant dans cette ville, dit le naïf historien, le P. Louis et moi, nous allâmes loger chez maistre François Varlet, avocat, demeurant pour lors dans la Tannerie, qui nous reçut comme des anges, comme des hommes descendus du ciel... Nous allâmes le lendemain visiter les principaux de la ville. Les uns nous promettoient bonne issue, les autres y trouvoient bien de la difficulté, disant que c'estoit un temps fort fâcheux, qu'on estoit en temps de guerre, et qu'il n'estoit pas saison de fonder des couvents dans une ville frontière qui avoit l'ennemi proche. »

Le P. Ignace ne négligea aucun moyen pour parvenir à son but. « Nous ne fûmes pas découragés, dit-il, car c'est dans les tempêtes que se forment les plus belles perles. » Il se rendit à l'hôtel-de-ville ; un de ses compagnons fit un discours ridicule que cet auteur a conservé (1), et que le conseil municipal trouva fort beau sans doute puisque sa demande fut accueillie ; mais on y mit cette restriction que le couvent ne contiendrait que six religieux en temps de guerre et quinze pendant la paix. Ces religieux, que Louis XIII, dans une lettre du 15 novembre 1640, recommande lui-même aux magistrats municipaux, continuèrent à demeurer chez le sieur Varlet, qui, par courtoisie, alla se loger ailleurs. Avec les ressources qu'ils trouvèrent dans les âmes pieuses, ils achetèrent bientôt l'hôtel de Gamaches, place Saint-Pierre, que les Ursulines allaient quitter, et s'établirent dans cette nouvelle maison, le jour de la

(1) Hist. ecclés. d'Abbeville, p. 226.

Toussaint 1642. Ils y avaient fait construire une église assez jolie, qui fut démolie en 1811. On y conservait une relique d'une espèce rare, un autographe de Sainte-Thérèse. Les bâtiments de ce couvent subsistent encore. Ils sont devenus propriété particulière.

L'établissement des Carmes dans la ville de Montreuil remonte aux dernières années du XIIIe siècle. Le 12 avril 1477, Baude Salempin et Jean Daulé, frères du couvent de cette ville, furent arrêtés par ordre de Louis XI, et transférés à Abbeville, pour y être *sûrement gardés, jusqu'à son bon plaisir*, dans les cachots de l'échevinage. Ils y restèrent quatre cent soixante-dix jours, nourris tous deux aux frais de la ville, au prix de deux sous par jour (1). On ignore le motif de ces rigueurs. Les Carmes de Montreuil étaient tenus d'enseigner gratuitement le latin aux enfants de la ville.

Jacobins.—Le premier établissement de ces moines à Abbeville eut lieu en 1652, dans une maison de la chaussée d'Hocquet; mais s'y trouvant trop resserrés, ils allèrent occuper l'année suivante une autre maison, rue de la Tannerie, où ils avaient fait construire une chapelle. En 1664, le sieur Vaillant, mayeur, voulant leur procurer un logement plus vaste et plus commode, acquit de la collégiale de Saint-Vulfran un lieu nommé le *Nouvel Atre* (2), et, le 13 juin de la même année,

(1) Comptes des Argentiers, année 14771—478.
(2) C'était un ancien cimetière établi lors de la peste noire qui ravagea l'Europe en 1348.

on commença à y construire des bâtiments et une église. Les jacobins se transportèrent dans ce nouveau local, situé rue du *Vert-Soufflet*, et y restèrent jusqu'à leur suppression en 1790. L'église et une partie des bâtiments furent démolis peu de temps après.

§ 3. Abbayes & Couvents de femmes.

Abbaye de Sainte-Austreberthe de Montreuil. — On ne sait rien de précis sur les premiers temps de cette abbaye royale de Bénédictines fondée, dit-on, en 650, par la sainte dont elle portait le nom, à Marconne près d'Hesdin, sur un domaine que la fondatrice tenait de ses parents ; mais cette assertion ne repose sur aucun document authentique. Suivant une autre version, qui semble avoir encore moins de certitude, l'abbaye de Port, où résida Sainte-Austreberthe, aurait été le berceau de l'abbaye de Montreuil. Ce qui paraît incontestable, c'est que les reliques d'Austreberthe furent transportées à Montreuil au IXe siècle, et que le comte Helgaud leur consacra un monastère qui fut détruit, en 1032, par les Normands. Le roi Henri, désirant rétablir ce monastère, donna la même année le palais qu'il avait à Montreuil, et ce palais fut consacré sous le vocable de Sainte-Austreberthe.

Cette maison, dans laquelle on suivait les constitutions du Val-de-Grâce de Paris, avait eu pour première abbesse, en 1032, Edelburge, fille de Guillaume Ier, comte de Ponthieu. Peu de temps après, elle fut gouvernée par Agnès, deuxième fille de Gui Ier, l'un des successeurs de Guillaume, et par Marie, fille d'Etienne, roi d'Angleterre, et femme de Mathieu, comte de Boulogne, morte en 1082. Parmi les autres abbesses on remarque les noms les plus illustres de la Picardie, les noms de Mailly, de Créquy, de Monchy et de Boufflers entre autres (1).

L'abbaye de Sainte-Austreberthe est aujourd'hui occupée par le collége et des casernes.

Abbaye royale de Bertaucourt, de l'Ordre de Saint-Benoît. — Saint-Gautier, abbé de Pontoise, sur l'ordre qui lui fut donné par la Vierge, se rendit dans les environs d'Amiens pour y choisir un lieu propre à y bâtir un monastère de femmes. Il alla à Bertaucourt et y construisit dans un lieu boisé, au bord de l'eau, une petite habitation et une chapelle. Expulsé par la dame du lieu, il fut obligé de se retirer; mais cette dame étant morte, deux femmes pieuses et nobles, Godelinde et Héléguide, se rendirent, en 1095, avec leurs richesses à Bertaucourt; elles rachetèrent de la propriétaire l'église dont Gautier avait commencé la construction; elles y adjoignirent un cimetière, et obtinrent de

(1) Cf. Gallia Christ., col. 1318 et suiv.

l'évêque Gervin le droit de la posséder. Bientôt, arrachant de leurs propres mains les arbres, elles bâtirent un monastère auprès de l'église et le dotèrent richement (1). Leurs biens s'augmentèrent de nombreuses donations dans le cours du XIIe siècle, et, à cette époque, l'autel était souvent couvert de *fers à cheval*, *de deniers* et de chartes destinées à constater ces donations (2). En 1282, Marguerite de Wailly légua à chaque religieuse, moyennant un *De Profundis*, une pinte de vin qui devait être distribuée annuellement à la Toussaint. Ces religieuses recevaient de plus, chaque année, des sires de Saint-Valery, deux cents merlans pêchés au bourg d'Ault.

Lorsque l'abbesse de Bertaucourt faisait sa première entrée dans ce couvent, elle ôtait sa chaussure, la donnait à une femme veuve, et venait nu-pieds à l'église, où les prêtres et la communauté la devançaient *jusqu'aux arbres*. Le jour de Saint-Nicaise, les religieuses et le chapelain recevaient d'elle du pain, du vin, des épices et des pommes.

Au nombre des abbesses de Bertaucourt, on remarque Jeanne de Mailly, Charlotte de Fiennes, Louise de Montmorency et Angélique d'Estrées, sœur de Gabrielle.

« Un jour que Henri IV était allé faire une visite à madame Gabrielle, qui, pour plus de commodité,

---

(1) Voy. Gallia Christ, t. X, col. 1322 et instrum, col. 294.
(2) Archiv. de Picardie, 1840, in-8°, t. 1er, p. 95 et suiv.

logeait chez sa sœur l'abbesse, la belle pria le roi de mettre sa sœur à quelque abbaye plus proche de Paris. Le roi promit d'y aviser, et, sans doute dans ce rapprochement de sa sœur, madame Gabrielle pensait surtout à elle-même, et à être plus à portée de son roi cher et volage. — Et, en effet, le roi la mit bientôt en possession de l'abbaye de Maubuisson. Il eut alors deux abbayes pour voir madame Gabrielle, Bertaucourt que madame d'Estrées gardait encore, et Maubuisson plus rapproché (1). »

Par suite des guerres, les religieuses de Bertaucourt, qui avaient un refuge à Abbeville, chaussée Marcadé, vinrent deux fois habiter ce refuge. Leur abbaye, dont le roi de France était le patron, et le pape le collateur, jouissait de treize mille livres de rente.

Si l'on en croit la tradition, l'église de Bertaucourt, qui subsiste encore, et qui est un des plus curieux édifices romans de la Picardie, aurait été construite par Saint-Gautier lui-même (2).

Abbaye d'Epagne. — Elle fut fondée, en 1178, par Enguerrand de Fontaines, sénéchal du Ponthieu, qui donna aux religieuses de ce monastère tout ce qu'il possédait à Epagne, *tant en hommes qu'en terres labou-*

---

(1) M. Sainte-Beuve, Port-Royal, t. 1er, p. 80 et 84. — C'est à Bertaucourt que Jacqueline Arnauld, depuis la mère Angélique, reçut le sacrement de confirmation. L'enfant changea alors ce nom de Jacqueline en celui d'Angélique qui est devenu si célèbre.
(2) Voy. Archiv. de Picardie, t. 1er, p. 95.

rables, et qui leur donna encore, peu de temps après, ses moulins de Rouvroy, de Mautort, de Cambron, et tous les biens qu'il avait dans ce dernier lieu.

Les religieuses d'Epagne appartenaient à l'ordre de Citeaux. La vétusté de leur couvent et les dangers de la guerre les contraignirent, en 1642, à se fixer à Abbeville, et elles occupèrent le Paraclet jusqu'en 1747, époque à laquelle cette maison fut supprimée et réunie à celle de Villancourt.

Abbaye royale de Villancourt, située chaussée Marcadé, à Abbeville. — Dans un lieu nommé l'île de Senart, près de la rivière d'Authie, existait, depuis la fin du XIIe siècle, un monastère de religieuses bernardines fondé par un abbé de Saint-Riquier et quelques nobles du Ponthieu. En 1220, ces religieuses transférèrent leur domicile près d'Auxi-le-Château, à Villancourt, ainsi nommé parce que c'était le *courtil*, la propriété de Guillaume, comte de Ponthieu, *curtis Willelmi*; elles y restèrent jusqu'en 1662, et vinrent ensuite, à cause de la guerre, se fixer à Abbeville. Les ordonnances voulaient alors que les chaussées qui aboutissent aux portes des villes frontières fûssent très peuplées, afin d'avoir des secours très prompts, soit en cas de surprise de la part de l'ennemi, soit en cas d'incendie ou d'alarme; et, comme l'abbesse de Villancourt avait fait démolir sur le froc de la chaussée Marcadé, près de la porte qui regarde l'Artois et l'Angleterre, un assez grand nombre de maisons pour établir son monastère, les magistrats municipaux décidèrent qu'elle serait tenue de réédifier toutes ces maisons, à l'exception d'une seule sur l'emplacement de laquelle on pratiquerait la porte du couvent.

Béguines, et depuis **Sœurs Grises**. — Ce couvent, fondé à une époque inconnue par les sires de Boubers, était situé à Abbeville, au fond de la *Placette*, autrefois place du *Béguinage*, et dans la rue de ce nom sur l'emplacement des maisons, n°s 47 et 49. Les religieuses de l'ordre de Sainte-Gertrude, qui l'habitèrent jusqu'en 1441, soignaient les malades, ensevelissaient les morts, s'occupaient de médecine et pratiquaient certaines opérations chirurgicales.

Les filles de Saint-François, dites vulgairement *Sœurettes, Sœurs Grises*, succédèrent aux Béguines, en 1456, à condition qu'elles garderaient aussi les malades. Elles portaient la besace et demandaient l'aumône; après avoir acquis quelques rentes, elles prirent, en 1635, la résolution de garder la clôture. Ces religieuses étaient pauvres, contractèrent des dettes, et ne purent satisfaire à leurs engagements. Longtemps avant la suppression des ordres monastiques, on leur avait défendu de recevoir des novices, afin de laisser la communauté s'éteindre. Leur église, dédiée à Saint-François de Paule et à Sainte-Elisabeth de Hongrie, avait été consacrée, en 1471, par l'évêque d'Amiens, en présence du maire et des échevins, leurs administrateurs. Les bâtiments de ce monastère se faisaient remarquer par leur aspect sombre et gothique ; ils tombaient de vétusté lorsqu'ils furent démolis pendant la révolution.

Il y avait encore dans le Ponthieu deux autres couvents de Sœurs Grises ; l'un à Montreuil, fondé en 1458, presqu'en même temps que celui d'Abbeville, et l'autre à Rue, fondé en 1488, sous l'invocation de Saint-François, et dirigé par un cordelier. On y comptait douze religieuses, en 1698, et son revenu s'élevait alors à trois mille livres.

Sœurs-Blanches. — Ces religieuses, de l'ordre de Saint-Dominique, chassées de Térouane par Charles-Quint, se réfugièrent à Abbeville en 1553. Elles y vécurent d'abord dans une grande pauvreté ; enfin quelques personnes charitables vinrent à leur secours, et on leur permit d'habiter l'hôpital Saint-Julien, situé chaussée d'Hocquet, à condition qu'elles garderaient les malades. Aidées par les libéralités de la famille de Melun, elles achetèrent, en 1597, un hôtel rue Saint-Jean-des-Prés, pour y bâtir un monastère. En 1603, on commença la construction de l'église, qui fut achevée et consacrée en 1608. La réforme introduite dans ce couvent, en 1622, ne permit plus aux religieuses d'en sortir ; mais quelques unes ne voulant pas se soumettre à la clôture, restèrent dans l'hôpital Saint-Julien pour y suivre leur ancienne règle et soigner les malades.

La communauté des Sœurs-Blanches occupait l'emplacement sur lequel on a construit l'auberge *du Cygne*, et plusieurs autres maisons particulières.

Un couvent du même ordre s'était aussi formé à Saint-Valery, depuis 1520, époque à laquelle les religieuses dominicaines avaient été autorisées à se fixer dans cette ville, à condition qu'elles ne pourraient jamais être plus de douze, suivant la décision du corps municipal de la même ville, qui leur avait permis de quêter trois fois la semaine.

Minimesses.—Couvent situé à Abbeville, chaussée Marcadé, près du pont Touvoyon.—Gabrielle Foucquart, veuve Duval, née à Abbeville en 1560, ayant conçu le projet de fonder un nouvel ordre monastique en France, rassembla quelques novices en 1601, et leur fit adopter la règle de Saint-François de Paule, en dépit des Minimes qui s'opposaient vivement à cette usurpation de leur institut, et qui lui suscitèrent une foule d'obstacles; mais sa résolution n'en fut point ébranlée; elle acheta une maison qu'elle convertit en monastère. Malgré les magistrats qui vinrent lui signifier l'ordre de quitter le voile; malgré le vœu de sa famille qui murmurait de son opiniâtreté; malgré l'excommunication qu'on fulmina contre elle, et qui fut placardée sur les murs du couvent, elle persista pendant quatorze années à rester dans son cloître au milieu de ses compagnes. Une bulle du pape Grégoire XV autorisa enfin cette fondation dont nous avons déjà parlé ailleurs, et dont le P. Ignace a fait l'histoire (1).

(1) Voy. M. Leroux, *Hist. de la ville de Soissons*, 1839, in-8°, t. II, p. 268.

Ursulines. Couvent situé à Abbeville, chaussée du Bois. — Plusieurs dames, qui se réunissaient dans une maison de la rue Saint-André pour donner des soins à l'instruction d'un certain nombre de jeunes filles pauvres de la ville, appelèrent plusieurs religieuses Ursulines de Paris, qui furent, en 1613, logées dans l'hôtel de Gamaches, place Saint-Pierre. Les Ursulines étant devenues plus riches et plus nombreuses, firent bâtir dans la chaussée du Bois un nouveau couvent, l'un des plus réguliers et des plus vastes de l'ordre, dont l'une d'elles avait tracé le plan et dirigé la construction. Elles s'y transportèrent au nombre de soixante, le 10 octobre 1642, emportant avec elles les dépouilles mortelles de sept de leurs compagnes. Tous les bâtiments, ainsi que l'église, subsistent encore.

Carmélites. — Cette communauté fut fondée en 1636, à Abbeville, par un bourgeois de cette ville nommé Mallery. L'évêque d'Amiens, de Caumartin, fut aussi l'un de ses bienfaiteurs. Ce prélat envoya dix religieuses pour peupler la nouvelle communauté. Ces religieuses, accompagnées de quelques dames de distinction, de prêtres à cheval et d'une escorte de gardes du corps, arrivèrent dans trois carrosses hermétiquement fermés. — Le couvent des Carmélites était situé rue Saint-Gilles, sur l'emplacement du tribunal de commerce, et de l'hôtel qui l'avoisine.

Le Paraclet. — Les religieuses de ce couvent, qui habitaient précédemment le village d'Epagne, s'établirent en 1642 à Abbeville, rue de l'Hôtel-Dieu, dans le refuge de Saint-Valery. En 1645, elles vinrent occuper, dans la rue Saint-Gilles, des bâtiments et un jardin, à condition que les maisons qui se trouvaient autour de leur enclos, sur la place du *Préer* et sur la rue ne seraient pas supprimées, « afin que ladite rue, qui est l'une des principales de la ville, dit l'acte d'autorisation, et ladite place qui est publique et voisine du rempart et de l'une des portes de la ville du costé de l'ennemi, ne soient désertes, mais habités à l'advenir par nombre d'habitants comme elle a toujours esté, pour l'embellissement de la ville, sûreté de la place et commodité des habitants. »

Le 7 juin 1792, l'église du Paraclet, remplie de fourrages, fut détruite par un incendie.

La Visitation de Sainte-Marie. — Couvent situé à Abbeville, rue des Rapporteurs, fut fondé par les soins du mayeur Claude Becquin, qui sollicita auprès d'Anne d'Autriche la permission de l'établir. Six religieuses, tirées du couvent d'Amiens, arrivèrent à Abbeville sous escorte, le 18 août 1650, et logèrent d'abord dans la grande rue Notre-Dame, à l'hôtel de Valines. Cette communauté s'y trouvant trop resserrée, acquit dans la rue des Wets plusieurs maisons et des jardins, et y fit construire un monastère. — L'église, assez grande et soigneusement ornée, fut bâtie en 1712. Le couvent a été démoli, ainsi que cette église en 1793.

Plusieurs maisons particulières se sont élevées sur leur emplacement.

§ 4. Églises collégiales.

Saint-Vulfran. — Cette église, telle qu'on la voit aujourd'hui (1), fut commencée en 1488, sur les débris d'un autre édifice consacré au même saint, et qui avait été érigé au XI° siècle. Voulant donner à la nouvelle collégiale des dimensions beaucoup plus grandes, le chapitre invita les fidèles à concourir par leurs dons aux travaux qu'il allait entreprendre. Mais comme ces dons étaient de *bien petite valeur*, il supplia différentes fois les magistrats municipaux de lui venir en aide.

« Très honorés seigneurs, leur disait-il en 1488 dans une nouvelle adresse, vous avez estez assez advertiz et recordez que, par l'advis et délibération de Messieurs les officiers et conseil du roy, de vous et de l'église, ont estez mises bas et abattues les deux tours de nostre église ; et depuis entreprinse a esté faite de les réédifier, et ont estez ordonnez commissaires ad ce conduire et faire ; lesquelz jusques à présent en ont fait leur possible, ce que bonnement n'a peu estre fait ne se pœult parfaire sans empruns et vendicion d'aucuns calices de l'église ; pourquoy sans vostre ayde, confort et dresche ne se pœult faire. Sy vous supplions que y vœulliez eslargir et donner quelque

---

(1) Nous renvoyons pour les détails architectoniques à la *Notice descriptive et historique de cette église*, par M. Gilbert, 1836, in-8°.

somme d'argent pour acquittier l'église et drescher manière pour le temps advenir qu'elle se puist entretenir et parfaire, affin que scandale ne dérision n'en puist advenir de avoir entrepris telle et sumptueuse besogne et d'avoir encommenchié, et non povoir parfaire. (1) »

« Toutes nos ressources sont épuisées, disent les chanoines aux maire et échevins de la ville, dans une autre supplique ; accordez-nous une certaine somme, « et ferez œuvre méritoire et agréable à Dieu, et à nostre benoit patron et glorieux protecteur, et grand honneur et révérence à la ville; et prieront les dits suppliants Dieu pour vous et la manutenence et conservacion d'icelle ville. »

On croit que ce fut vers l'an 1060 que les reliques de Saint-Vulfran furent transférées de l'abbaye de Fontenelle à Abbeville. La première église qu'on lui consacra était desservie par douze chapelains dont la fondation était déjà ancienne lors de l'institution du chapitre, en 1121. Ce chapitre de vingt prébendes, augmenté de six autres en 1138, subsista jusqu'en 1790. Les titulaires des vingt premières prébendes, qu'on appelait *prévôtaux*, mieux dotés que ceux de la seconde institution, qui se nommaient *quotidiens*, refusèrent constamment le partage égal des bénéfices, ce qui devint entre eux un éternel sujet de discorde et de fâcheux débats.

En 1208, il y eut dans le chapitre une réforme ; on prit l'avis de tous les bourgeois notables ; on rédigea de nouveaux statuts capitulaires, et Pierre Le Chantre, chancelier de l'église de Paris, les approuva. Voici

---

(1) Arch. d'Abbeville, liasse intitulée : *Hist. ecclésiastique.*

leurs principales dispositions : « Les chanoines les plus âgés ou les plus savants dans les lettres auront la préséance au chœur. — On oubliait de prier pour les morts, il faut rétablir les anniversaires. — Le trésorier sera spécialement chargé de garder le sceau du chapitre. — Toutes les cérémonies seront conformes à celles de Notre-Dame d'Amiens. — Celui qui dira *marauchiam* aura six deniers. — Celui qui lira l'évangile en aura quatre. — A l'époque des grandes fêtes, lorsqu'on expose les reliques à la vénération du peuple, deux chapelains se tiendront debout près de ces reliques, etc. (1). »

Le doyen, le chantre, le trésorier et les chanoines étaient à la collation des comtes de Ponthieu (2), et, depuis la réunion à la couronne, à la nomination du roi. Ces ecclésiastiques tenaient sous leur puissance féodale une grande partie de la ville et de la banlieue. Ils y percevaient des cens, surcens et droits de champart. Ils avaient la dîme des arbres fruitiers et des légumes dans les jardins des Planches et de Rouvroy; des foins sur les territoires d'Epagnette, de Vauchelles et de Lheure ; des grains sur différents points de la banlieue. Ils recevaient aussi de quelques uns de leurs vassaux du vin, de la bière, des oiseaux de mer et de rivière, etc., et jouissaient en outre de divers droits

---

(1) D. Grenier, Mss. 26ᵉ paq., nº 2, IIIᵉ cote.
(2) Cf. Rymer, t. III, pars 2, p. 73, col. 1. — Lettres des rois, reines, etc., dans les documents inédits, t. Iᵉʳ, p. 438.

honorifiques parmi lesquels nous citerons au premier rang celui de s'emparer de l'autorité municipale pendant l'octave de la Pentecôte.

Le mayeur-chanoine, élu par ses collègues, sous le nom de prévôt, sortait accompagné des officiers de son corps, des bedeaux, des sergents, des huissiers du chapitre, pour annoncer son élection au corps de ville dont les fonctions cessaient à l'instant même. Le nouveau maire, au bruit des instruments de musique, et revêtu des marques distinctives de sa magistrature, se rendait au Bourdois pour y tenir audience, et faire subir les diverses peines qu'il infligeait pour les délits de police municipale. Lorsque le fait comportait la prison, les condamnés étaient conduits dans une grange de pierre, près de l'hôtel de Grutuze, où les chanoines plaçaient les vingt mille gerbes de blé que leur valait la dîme ; et, comme ils étaient exempts de la juridiction épiscopale de l'église d'Amiens, qu'ils « connaissaient en première instance de toutes matières et causes tant civiles que criminelles, de tous chanoines, prêtres et clercs de Saint-Vulfran (1), » cette grange de pierre, nommée *Grange du chapitre*, et siége de leur justice particulière, leur tenait lieu de prison. Lorsqu'il s'agissait de peines plus graves, les instruments de supplice de l'échevinage étaient à leur disposition, comme on le voit par un acte de 1391.

Le texte de l'arrêt suivant, rendu par un de leurs

---

(1) OEuvres de René Chopin, Paris, 1635, in-f°, t. 1er, p. 337.

officiers, fera connaître leur pouvoir suprême pendant l'octave de la Pentecôte.

« Le 17 juin 1387, par devant Huc de Sarton, bailli de l'église de Monsieur Saint-Ouffran, en présence des hommes-liges de le dite église et de le dite franquefête, fut mandé Pierre Ballet, né de le ville de Cambrai, alors borel (bourreau) d'Abbeville, prisonnier ès prisons de messeigneurs doyen et capitle, liquel de se pure volonté, deslié de tous liens, et sans aucune forche, nous confessa que depuis qu'il vint à Abbeville, il a fait les pillages et larrechins ès lieux et maisons et des biens chi après déclarés... Suit la nombreuse enumération des vols consistant la plupart en écuelles, plats et pots d'étain, nappes, etc., commis en grande partie dans des tavernes qu'il fréquentait avec sa *mesquine* (servante).

Veue lequelle confession dessus dite par ledit Ballet, nous en advis ensemble, délibération de conseil, nous conjurâmes lesdits hommes-liges par serment qu'ils doivent à l'église et à messeigneurs, qu'ils nous deissent, et par leur jugement, que considéré les choses dessus dites, confessées par devant eux, se ledit Ballet estoit disne de mort ou non : liquels hommes-liges de l'église Saint-Ouffran, jugeans en le dite église, en le franquefête présentement séante... (1) ont dit, jugié et déterminé que, veue le confession de ledit Ballet, considéré le coustume du pays en ce introduite, que icheluy Ballet est disne de rechevoir mort, si comme de estre pendu par le col et estraullé tant qu'il soit mort... A che l'ont condampné et condampnons par jugement, et nous Hue de Sarton, bailli de le dite église, etc., en tesmoins de che avons mis à cette sentence nos sceaux, etc. »

Sauf le ressort et la souveraineté, la mairie des chanoines leur transférait toute la justice et la seigneurie

---

(1) Quelques passages du protocole d'une autre sentence, rendue par les mêmes juges en 1369, et que nous intercalons ici, donnent une idée plus claire et plus précise des formes de ces procédures, et nous dispensent de donner le texte d'un autre jugement.

du roi, toutes les attributions civiles et judiciaires des maire et des échevins ; mais cette charge les obligeait à donner, lorsqu'ils entraient en exercice, un repas splendide aux principales autorités de la ville. Cet usage subsista jusqu'à la révolution (1).

En 1346, Philippe de Valois, et, en 1350, le roi Jean (2) prirent le chapitre de Saint-Vulfran sous leur sauvegarde, afin de le garantir de toute injure. En 1448, les magistrats municipaux d'Abbeville permirent à ce même chapitre d'établir le jour et la nuit de la franche-fête un autel sur le marché pour y placer la châsse de Saint-Vulfran et *canter messe*. La même année, ces magistrats donnèrent cent francs pour contribuer aux frais d'une nouvelle châsse, tout en argent, mais à la condition « qu'il y aura gens de par la ville, qui seront commis pour voir les dons qui seront faits, et comment ils seront employés (3). »

Presque toutes les cérémonies religieuses, à l'occasion des évènements heureux ou malheureux pour le royaume, étaient célébrées à Saint-Vulfran. Un accord parfait ne régnait pas toujours dans ces assemblées. Le corps de ville, les officiers du présidial, les religieux de Saint-Pierre et les chanoines se disputaient vivement la pré-

---

(1) A chaque franche-fête de Saint-Vulfran, les fermiers du chapitre devaient apporter des bouquets à tous les chanoines ainsi qu'aux enfants de chœur.
(2) Ordon., t. IV, p. 7.
(3) *Regist. aux délib. d'Abbeville*, de 1426 à 1469, f°s 64 et 87.

séance, soit dans le cortége, soit dans l'église, et ces débats soulevèrent de graves procès.

Le chapitre de Saint-Vulfran portait *semé de France à la croix patriarcale tréflée d'or, accostée de deux lettres de même, S à dextre et W à senestre.*

Saint-Firmin de Montreuil. — Des clercs de cette ville, voulant se dévouer au culte de Dieu, demandèrent, en 1192, à l'abbé et au couvent de Saint-Josse-sur-Mer l'église de Saint-Firmin, qui était dans l'origine la chapelle des comtes de Ponthieu à Montreuil, et qui avait été donnée à cette abbaye par Hugues 1er. Cette demande souleva des difficultés, et l'évêque d'Amiens intervint. Moyennant une rente de six livres d'une monnaie quelconque ayant cours à Montreuil, lors du payement, il fut convenu que treize prébendes ou canonicats, qui furent depuis réduits à sept, et enfin à six, seraient assignées aux clercs de Montreuil; que celles de ces prébendes qui seraient estimées dix livres seraient à la collation de l'abbé de Saint-Josse, et les autres à la collation de l'évêque (1). La collégiale de Saint-Firmin n'existe plus; elle était très ancienne et très sombre.

Collégiale de Long-Pré. — Aléaume de Fontaines et Laurette de Saint-Valery, sa femme, fondèrent

---

(1) Voy. Gallia Christiana, t. X, instrum., col. 331. — Seule entre toutes les églises de la ville, la collégiale de Saint-Firmin ne relevait point de Saint-Saulve, elle dépendait de Saint-Josse.

cette collégiale, en 1190, sous le titre de l'Assomption de la Vierge. Le chapitre se composait d'un doyen, d'un chantre, d'un trésorier et de douze chanoines. Il y avait en outre six chapelains, des enfants de chœur, un maître de chapelle. En 1202, Aléaume se trouvant à la prise de Constantinople, recueillit en cette ville un grand nombre de reliques; des fragments du buisson de Moïse, de la verge d'Aaron, du manteau du prophète Elie, de la crèche et du sépulcre du Sauveur, un des clous dont il fut attaché sur la croix, une dent de Saint-Jean-Baptiste, un doigt de Sainte-Marie-Madelène, et plus de cent autres espèces d'ossements d'apôtres, de martyrs, de confesseurs, pontifes, vierges, etc. (1). En 1206, Aléaume envoya ces reliques par son chapelain Vulbert à l'église de Long-Pré, et c'est alors que ce village fut désigné sous le nom de Long-Pré-les-Corps-Saints.

En vertu d'un accord fait en 1198 (2), les chanoines de Long-Pré étaient obligés d'assister en *habit et tonsure*, chaque année le 28 juin, à la grand'messe du prieuré de Saint-Pierre d'Abbeville, tenant chacun un cierge de cire neuve, pesant une livre, et de porter ce cierge à l'offrande; mais les religieux, après la messe, devaient inviter les chanoines à dîner le même jour avec eux.

(1) Gallia Christiana, t. X, Instrum., col. 325. — Hist. ecclés. d'Abbeville, p. 412. — Mercure, 1760, août, p. 172.
(2) Voir le texte de cet accord ap. Hist. ecclés. d'Abbeville, p. 414.

Quelques parties de l'église de Long-Pré s'écroulèrent en 1665, et furent rebâties presqu'immédiatement par par Abraham de Boulainvillers, baron de la Coudraie, vicomte de Dreux, et par Philippe de Monsigny, gouverneur de Dieppe, tous deux seigneurs du village de Long-Pré. On remarque encore dans les restes mutilés de la nef et du portail de l'ancien édifice des traces du *style ogival* ou *mystique pur* à son origine; et, dans le chœur, près de l'autel, des fragments de vitraux magnifiques. On y distinguait surtout, il y a peu d'années, une tour surmontée d'une pyramide en pierres, délicatement travaillée. Cette pyramide, assez semblable à celles qu'on rencontre communément dans la vallée de la Somme, avait été construite par un simple maçon de Fontaines, nommé Jean Duval; mais une tempête qui éclata le 30 décembre 1705, y avait causé de grands dommages, en renversant toutes ses galeries.

Collégiale de Gamaches. — Cette collégiale, sous le titre de l'Assomption de la Vierge, se composait de six prébendes, et fut érigée dans la chapelle du château de Gamaches par Bernard, IVme du nom, seigneur de Saint-Valery. En 1207, Thomas de Saint-Valery, son fils, confirma tous les dons que ce seigneur avait faits aux chanoines, et leur donna, d'après le conseil de ses barons, la dîme de la vicomté de Gamaches et une maison d'habitation dans l'enceinte de son château. Considérant que « celui qui ne travaille pas ne mange pas, » Thomas de Saint-Valery astreint les chanoines à résider constamment, afin qu'ils gagnent leurs revenus. Ceux qui s'absenteront sans motif légitime ne recevront dans l'année que cinq sous. Chaque chanoine, à la nomination du seigneur, aura un clerc attaché à sa personne, et, si ce clerc se conduit mal, on le chassera (1).

Collégiale de Noyelles-sur-Mer, dédiée à Notre-Dame.-Guillaume III, comte de Ponthieu, établit en 1217, dans l'église paroissiale de Noyelles, sur laquelle il avait droit de patronage, un chapitre composé de douze chanoines et d'un doyen auxquels il accorda soixante-dix livres parisis, à prendre sur le revenu de la vicomté d'Abbeville, et treize maisons, *masuras*, avec un enclos pour leur demeure (2). Le comte donna de plus trois masures pour agrandir le cimetière, et stipula que l'un des chanoines serait spécialement chargé du soin des âmes dans la ville de Noyelles, et qu'il serait tenu en outre d'exhorter les habitants à faire l'aumône à ses confrères. Le chapitre nommait le doyen. L'évêque s'était réservé le droit de conférer la moitié des prébendes ; la collation de l'autre moitié appartenait au comte (3).

---

(1) Hist. des mayeurs d'Abbeville, p. 117. — Gamaches comptait en outre deux églises paroissiales, Saint-Nicolas et Saint-Pierre ; un Prieuré compris dans cette dernière, un hôpital avec sa chapelle et deux autres chapelles, Saint-Michel et Sainte-Marguerite.
(2) Quelques unes de ces maisons canoniales existent encore.
(3) Hist. des mayeurs d'Abbeville, p. 135.

Collégiale de Dourier. — Elle fut érigée, en 1523, sur la demande de Charles de Créquy, seigneur du lieu. Le chapitre comprenait sept prébendes, et l'église était placée sous le vocable de Saint-Riquier.

§ 5. Eglises paroissiales d'Abbeville.

Notre-Dame du Châtel, située près du quai du Pont-Neuf, à l'angle que forment les grande et petite rues Notre-Dame. — Cette église était la plus ancienne d'Abbeville. Le P. Ignace en fait remonter la fondation au commencement du IVe siècle ; d'autres la reportent au règne de Clotaire II ; mais ces assertions ne sont appuyées d'aucun document authentique. L'église Notre-Dame était sans doute originairement une chapelle dépendante du château des premiers comtes de Ponthieu, château dont nous avons déjà parlé, et d'où est venu son nom.

Tous les ans, vers la mi-septembre, une troupe d'artisans faisant partie d'une confrérie de Saint-Michel, établie dans cette paroisse, partait en pèlerinage pour le Mont-Saint-Michel. On a tout lieu de penser que ces pèlerins, qui mendiaient en route, et revenaient avec leurs bourdons, pannetières et le collet de leurs robes chargé de coquilles, étaient dans l'origine de nouveaux mariés qui se faisaient scrupule d'habiter avec leurs femmes avant d'avoir visité le rocher du Saint-Archange. Ce rocher celèbre, on le sait, fut habité par des prêtresses gauloises auxquelles les jeunes gens faisaient offrande de leur virginité. Certaines pratiques, dans le XIVe siècle, y décelaient encore plus d'un usage profane; et comme une ancienne tradition rapporte que l'église Notre-Dame-du-Châtel fut, ainsi que Notre-Dame de Lheure et Notre-Dame de la Chapelle, élevée sur l'emplacement d'un temple païen, n'est-il pas permis de croire que le pélerinage dont nous venons de parler se rattachait au culte de la fausse divinité qu'on y adorait avant la Vierge? — L'église Notre-Dame-du-Châtel, rebâtie en 1574 sur un plan moins spacieux, a été démolie pendant la révolution.

Saint-Nicolas, paroisse érigée dans l'église même de Saint-Vulfran, à une époque très reculée. — C'est sur les marches de l'autel, consacré à Saint-Nicolas, que les prêtres de cette paroisse prêchaient et faisaient le prône, les chanoines leur ayant fait défense d'avoir une chaire.

En 1598, le chapitre interdit aux ecclésiastiques vassaux de Saint-Nicolas l'usage de la grande porte de l'église pour le passage des pompes funèbres : « Ni moins s'afficheront les draps de représentation audit portail, dit l'acte que nous venons de citer, ni blasons de quelque personne que ce soit, sans notre permission ; ce que nous avons défendu audit curé, clerc et cloquemant, et ce qui leur sera signifié par le premier de nos huissiers, afin qu'ils n'en prétendent cause d'ignorance. »

La circonscription de cette paroisse sujette ne s'étendait qu'à quelques pas de la collégiale, dans les différentes rues qui l'avoisinent.

Saint-Vulfran de la Chaussée, église située rue Saint-Vulfran, à l'angle de la petite rue de ce nom. — Aucun monument ne constate l'établissement de cette église, démolie pendant la révolution, et dont le portail était remarquable ; mais elle existait déjà à une époque très reculée, puisqu'on y déposa les reliques de Saint-Vulfran, vers l'an 1060, pendant qu'on bâtissait la collégiale. — Voici ce que nous lisons dans un manuscrit : « Le 9 octobre 1519, fut posé en cette église Saint-Vulfran l'image de Notre-Dame de Lorette, et y fut fait plusieurs grands et beaux miracles. Plus de trente enfants morts-nés et ressuscités, puis baptisés devant ladite image ; et tous les jours des processions générales en actions de grâces où l'hôtel-de-ville fournissait cires et torches. »

L'église Saint-Vulfran de la Chaussée avait été rebâtie dans le cours du XVIe siècle.

Saint-Georges, église paroissiale, fut érigée d'abord au milieu du marché au blé, où elle resta plus de trois cents ans. — Les habitants de cette paroisse, dont le nombre s'augmentait progressivement, demandèrent la permission de construire un édifice plus vaste à côté du Bourdois. Cette permission leur fut accordée en 1367, à condition que la place qu'avait occupée la première église serait indiquée par des bornes ; qu'on y éleverait une croix de pierre (1) ; qu'on n'y dresserait aucun instrument de supplice, et que les tombeaux qu'elle renfermait seraient transportés dans le nouveau bâtiment.

En 1368, Edouard III, roi d'Angleterre et comte de Ponthieu, signa l'acte qui autorisait les mayeur et échevins à percevoir un denier parisis sur chaque pot de vin vendu en détail dans la ville et la banlieue, pour subvenir aux frais de construction de l'église ; mais les Anglais, qui avaient besoin de se mettre en état de défense dans le pays, s'emparèrent bientôt du produit de cette imposition pour élever à l'extrémité du faubourg de Rouvroy une forteresse qui reçut le nom de *Folle-Emprinse*.

Les vitraux de l'église Saint-Georges représentaient entre autres les bannières et les armoiries de toutes les corporations qui avaient contribué aux frais de l'édifice. Le clocher, couvert en plomb, contenait vingt-quatre cloches. En 1691, un jour de fête publique, des artifices lancés par un feu de joie allumé sur le marché le consumèrent entièrement, ainsi que les combles, l'orgue et les boiseries de deux chapelles.

---

(1) En 1558, on construisit autour de cette croix de petites boutiques appelées *maisonnettes*, qui furent, ainsi que la croix, détruites en 1794.

Chaque année, le 23 avril, la statue équestre de Saint-Georges, en argent massif, était solennellement tirée de l'église et promenée dans la ville. Les matelots avaient seuls l'honneur de la porter. En 1752, le prevôt de la maréchaussée réclama cet honneur pour ses archers. Une querelle éclata, et, pour la terminer, le clergé sortit portant lui-même la sainte image ; mais les matelots furieux se précipitèrent sur les archers, qui se défendirent avec leurs baïonnettes, et blessèrent trois des assaillants. En 1719, des cavaliers de la garnison et des milices du Boulonnais en vinrent aux mains pour la même cause. La statue de Saint-Georges passait pour un chef-d'œuvre d'orfévrerie, et un anglais en avait offert quarante mille francs. Elle fut envoyée à Paris en 1793, et fondue peu après. L'église, achevée et consacrée en 1380, avait été agrandie en 1536.

Saint-André, l'une des plus anciennes églises d'Abbeville, située près du grand échevinage, avait été reconstruite en 1516, sur un plan plus vaste. — Elle était ornée de précieux vitraux représentant la vie légendaire de Saint-André, et d'un joli portail dont la sculpture ne fut achevée qu'en 1537. Depuis l'an 1410, on y conservait un cierge vraîment rare, puisqu'au lieu de se raccourcir en brûlant, on le voyait chaque année s'alonger. L'église de Saint-André fut démolie en 1811.

Sainte-Catherine, église située sur la place de ce nom. — Tous les documents se taisent sur cet établissement religieux dont l'origine remonte à une époque inconnue, et qui fut détruite en 1793. — La place de Sainte-Catherine, anciennement entourée d'arbres, servait de cimetière à cette paroisse.

Saint-Eloy. — On ignore la date de la fondation de cette église. Elle était située sur la place Saint-Pierre, en face de la chaussée Marcadé, et renfermait un tableau que dom Claude de Vert a mentionné dans son ouvrage sur les cérémonies de l'église. On y voyait un prêtre vêtu d'une soutane rouge, avec l'aumusse sur les épaules et une tonsure de cordelier (1); on lisait au bas :

« Chy devant gist sire Jehan Galiot, prestre, jadis curé de chyens, qui trespassa le 25 jour d'octobre, en l'an de grâce mil cccc et six; priez Dieu pour s'ame. »

De l'examen de ce tableau le savant bénédictin tire la preuve que les clercs, au commencement du XVe siècle, portaient encore la soutane rouge, l'aumusse sur les épaules comme les chanoines, et, comme les cordeliers, un cercle de cheveux fort large et fort épais. Le même auteur fait à ce sujet une autre remarque ; c'est que l'aumusse était commune aux gens du monde comme au clergé, et que cette coiffure couvrait la tête et les épaules; puis il ajoute : « A Abbeville, Saint-Valery-sur-Somme, Bourg-d'Ault, en plein hyver, les

(1) Cette figure a été gravée dans l'ouvrage de De Vert, t. II, p. 340.

femmes se couvrent la tête d'une mante ou cape qu'elles rabattent sur le cou lorsqu'il commence à faire chaud, et qu'enfin pendant été elles ramènent sur le bras (1) ou qu'elles quittent tout à fait. Ces mantes sont d'une étoffe violette et viennent sur les reins en manière de petit manteau ou camail avec des houppes ou flocons de laine écrue aussi violette (2). » Cette mode s'est conservée parmi les jardinières des Planches et de Rouvroi jusqu'à la fin du XVIIIe siècle (3).

Autrefois, le jour de Saint-Eloy, on conduisait les chevaux de la ville et de la campagne devant le portail de cette église : un prêtre portant une relique du saint, enchâssée dans un marteau d'argent, s'approchait de ces animaux, faisait sur eux le signe de la croix avec sa relique, et leur jetait de l'eau bénite. Cette superstitieuse coutume fut supprimée pendant l'épiscopat de M. de Caumartin.

L'église Saint-Eloy était assujettie au prieuré de Saint-Pierre. Elle a été démolie en 1792 ; ses bâtiments n'avaient rien de remarquable.

Eglise Saint-Etienne, située place Saint-Pierre, sur l'emplacement du pavillon du génie. — On nommait

---

(1) Ces femmes, à la même époque, attachaient leurs mouchoirs au bras gauche.

(2) Les prêtres à Abbeville portaient encore alors des soutanes violettes.

(3) Explication des cérémonies de l'église, t. II, p. 264, fig. 3, 6 et 9.

ainsi une ancienne chapelle qui avait été convertie en hôpital depuis la fin du XVIe siècle, et qui fut démolie en 1780.

Saint-Gilles. — Il serait difficile d'assigner une date à la fondation de cette église. On sait seulement qu'elle existait en 1205. Le clocher qui surmonte la tour, où l'on comptait autrefois dix cloches, a été bâti en 1720.

Voici ce qu'on lit dans un ancien registre de cette église : « Le jour de la grand' Pâques (1562) et toutes les festes a esté reçu par le comptable, sur toutes les tablettes, compris le don pour le vin bu, et qui a esté usé par les personnes qui ont fait leurs pâques… xvii livres xviii sous i denier. »

Nous avons dû signaler ce fait parce qu'il atteste qu'on n'a pas toujours suivi l'usage établi par l'église romaine, depuis la fin du XIIIe siècle, de ne donner la communion aux fidèles que sous la seule espèce du pain, pour remédier à mille abus.

L'église Saint-Gilles, composée de trois nefs, n'offre rien de remarquable.

Saint-Jacques. — Cette église, qui paraît avoir existé dès l'an 1136, fut reconstruite telle qu'on la voit aujourd'hui en 1482. Elle contient trois nefs voûtées en bois, et ne présente rien qui soit digne de fixer l'attention. Le clocher, entièrement séparé de l'église, suivant un usage rare en France, mais très commun en Italie, est dépourvu d'ornements, carré, gros, court et couvert d'un toit. Il est en surplomb, de même qu'une partie de l'église, et a été construit en 1542. Il contenait anciennement dix cloches.

Cette paroisse était celle des marins. Ils y possédaient une chapelle ornée d'un autel de bronze, et d'une grille de ce métal, pesant ensemble quatre mille cinq cents livres. Cette grille fut vendue, ainsi que l'autel, au profit des pauvres, lorsque les matelots s'établirent dans le Rivage.

Eglise du Saint-Sépulcre. — Elle doit son origine aux croisades (1). Comme la plupart des autres églises d'Abbeville, avant le règne de Philippe-Auguste, elle fut d'abord construite en charpente. Il y affluait, à certaines époques, un si grand nombre de malades pour y faire des neuvaines, qu'on était obligé de bâtir dans le cimetière des barraques qui leur servaient d'abris et d'oratoires, car on ne savait où les loger.

L'église actuelle présente tous les caractères de l'architecture du XVe siècle; mais n'a rien de remarquable. Une flèche percée à jour et couverte de lames de plomb surmontait autrefois la tour, où l'on comptait onze cloches.

Saint-Jean-des-Prés. — Cette église, desservie depuis 1223 par un collége de sept chapelains, placés sous la juridiction de la collégiale de Saint-Vulfran,

---

(1) Voy. t. 1er, p. 126.

était située primitivement hors de la ville, du côté de la Portelette. Elle fut rebâtie au bout de la rue de Saint-Jean-des-Prés, sur l'emplacement du canal de transit, pendant le cours du XIVe siècle, et se trouva dès lors renfermée dans l'enceinte de la ville.

En 1343, un arrêt du parlement condamna les maire et échevins d'Abbeville à payer à l'église Saint-Jean-des-Prés une rente annuelle de cent sous parisis pour la fondation d'une messe, appelée *Messe de Gilles Lelong*, du nom d'un criminel qu'ils avaient arraché du pied du crucifix de ladite église, où il s'était réfugié, et qui mourut le lendemain après avoir été *traité très durement* dans les cachots de l'hôtel-de-ville.

Le nom de Saint-Jean-des-Prés provenait des prairies qui existaient à l'entour de cette église, démolie en 1793 ; les chapelains qui la desservaient juraient fidélité au chapitre de Saint-Vulfran.

Saint-Paul. — On ne sait rien sur l'origine de cette ancienne paroisse du *bourg du Vimeu*. « Je la trouve, dit le P. Ignace, dans toutes les vieilles chartes qui traitent d'Abbeville ; » mais il n'en dit pas davantage.

La reconstruction de l'église actuelle, commencée en 1528, ne fut achevée que beaucoup plus tard, en 1556. On y établit un cimetière avec la permission de l'évêque ; mais les chanoines de Saint-Vulfran, qui s'étaient attribué le monopole des sépultures dans l'étendue de leur seigneurie, firent condamner le curé de

Saint-Paul à déterrer *per signum* les morts que renfermait ce cimetière, et à leur payer en outre des dommages et intérêts.

Notre-Dame de la Chapelle, dans le faubourg de Thuison, fut élevée sur les débris d'un temple consacré au paganisme (1). Ce n'était d'abord, comme son nom l'indique, qu'une simple chapelle que l'accroissement de la population fit ériger en paroisse, et qui fut remplacée par une fort belle église, composée de trois nefs, et renfermant neuf autels. La partie supérieure du clocher, que l'on voit encore aujourd'hui, a été bâtie en 1620, à la place d'une flèche renversée par la foudre. Le P. Ignace dit que l'ancien cimetière, suivant la tradition, « a esté compassé des pas de la très Sainte-Vierge. » L'église fut démolie pendant la révolution; on y a reconstruit une chapelle en 1804.

Saint-Jean de Rouvroy. — Église paroissiale, située dans le faubourg de ce nom. L'auteur de l'*Histoire ecclésiastique d'Abbeville* fait remonter la fondation de cette église à l'époque où Wallo de Sarton, chanoine de Picquigny, enrichit la cathédrale d'Amiens du chef de Saint-Jean (1206). C'est un point qu'il faut bien adopter puisqu'aucun monument ne constate son origine. L'église de Rouvroy possédait des os de Saint-Jean et une parcelle de la coquille avec laquelle ce

---

(1) Hist. ecclés. d'Abbeville, p. 140.

saint baptisa Jésus-Christ. Elle a été construite en 1528, et dépendait de la cathédrale d'Amiens.

Chapelle du Saint-Esprit de Rue. — Cette chapelle, fort remarquable sous le rapport architectonique, aurait été fondée, suivant dom Grenier(1), en 1440, par Elisabeth de Portugal, femme de Philippe, duc de Bourgogne; mais cette date est-elle exacte? Le P. Ignace ne dit pas qu'on en doive la fondation à Elisabeth de Portugal. Il parle seulement d'un pélerinage entrepris à Rue par cette princesse dans cette même année 1440. Il y a d'ailleurs dans la chapelle du Saint-Esprit des constructions qui remontent peut-être au-delà du XIVe siècle ; mais il y a tout lieu de croire cependant que les parties intéressantes ont été élevées par le duc Philippe de Bourgogne, comte de Ponthieu, et par sa femme, car elles portent le cachet de leur temps. Il paraît que l'on continua de travailler pendant plusieurs années encore après à cette chapelle, ou du moins que l'on acheva de l'embellir, puisque l'on y reconnaît entre autres figures celle de Louis XII. Ce riche monument n'est qu'un débris de l'église dédiée à Saint-Vulphy, l'une des plus belles du diocèse (2). L'image miraculeuse qu'on y conservait, et dont nous avons

(1) *Topographie*, paq. 5.
(2) Cette église, surmontée d'un clocher magnifique, avait cent cinquante pieds de longueur et cinquante de largeur. Dégradée par le temps, mais solide encore, elle pouvait être convenablement réparée lorsqu'on la démolit en 1826.

parlé ailleurs (1), attirait un immense concours de pèlerins. La chapelle fut visitée par Elisabeth de Portugal, ainsi que nous l'avons dit, et l'on y voyait en mémoire de ce pélerinage la statue de la princesse que le peuple désignait sous le nom de *Beaubeau de Rue*, traduction vulgaire de l'ancien nom d'Isabeau, qui, dans la langue du moyen-âge, est synonyme d'Elisabeth. Louis XI et sa femme, Louis XIII et d'autres personnages célèbres vinrent également demander à Rue, au crucifix miraculeux, les faveurs du ciel, et ces illustres visiteurs laissaient ordinairement de précieux témoignages de leur magnificence. Louis XI, entre autres, donna dans une seule visite quatre mille écus d'or et quatre cents livres tournois ; et, avec cette somme, acquisition fut faite, au profit de la chapelle, de la terre et seigneurie de Laviers. La trésorerie n'était pas moins riche en reliques qu'en objets d'art et en bijoux. On y comptait : une couronne d'or de la reine de Portugal, supportée par deux aigles et garnie de pierres précieuses ; une figure d'or d'un duc de Bourgogne, montée sur un pied d'argent ; une lampe d'or pendante à trois chaînettes ; un cœur d'or fin, émaillé, sur lequel était gravé un *ecce homo*, qui portait les armoiries d'une abbesse de Sainte-Austreberthe de Montreuil, et plusieurs autres offrandes d'un grand prix.

S'il faut en croire le P. Ignace, dès l'arrivée du crucifix miraculeux conservé dans cette chapelle, et

(1) T. 1er, p. 287.

qu'on désignait sous le nom du Saint-Esprit de Rue, un hôpital avait été fondé pour les pèlerins. En l'an III de la république, la sainte image révérée pendant tant de siècles fut enlevée par des dragons qui dévastèrent l'église.

§ 6. Eglises paroissiales de Montreuil.

Notre-Dame en Darnétal, située sur la place Verte. — Cette église, dont l'origine est inconnue, avait été détruite, on ne sait par quel accident, vers la fin du XVe siècle. Rebâtie peu de temps après et ruinée de nouveau, lors du siége de cette ville en 1537, elle s'écroula en partie en 1701, et disparut enfin du sol en 1794-95. On y remarquait encore des restes de l'édifice primitif, qui paraissaient remonter aux premiers temps de l'architecture romane. L'église Notre-Dame, enrichie de statues qui ont été brisées, était la principale et la plus belle église de Montreuil.

Eglise Saint-Vulphy. — Elle fut érigée, dit-on, vers la fin du IXe siècle, sur l'emplacement d'une masure dans laquelle les habitants de la ville de Rue étaient venus déposer les reliques de leur patron, pour les mettre à l'abri des ravages des Normands. Cette église, qui avait été déjà ruinée pour la seconde fois en 1537, comme l'église Notre-Dame, fut donnée au couvent des Carmes lorsque la peste eut, en 1596, totalement dépeuplé le quartier où elle était située. Retranchée de la ville avec ce même quartier, par ordre de Louis XIII, et condamnée dès lors à la destruction, elle fut bientôt ensevelie presqu'entièrement sous le rempart.

Saint-Pierre. — Suivant la tradition de l'ancien clergé de Montreuil, d'accord avec les mémoires du chapitre de Saint-Firmin, cette église fut bâtie par le comte Helgaud lorsqu'il eut fortifié la ville ; mais elle aurait été primitivement fondée sur la rive gauche de la Canche, vers l'endroit appelé *la Hayette*, commune de la Madelène ; et ce serait alors la métairie ou prieuré de Saint-Pierre, situé à peu de distance de Quentovic, qui joue un si grand rôle dans les miracles de Saint-Vandrille. L'église Saint-Pierre, dont cette partie de la Madelène dépendait en effet, lors même que ce petit village possédait une paroisse, fut ruinée par les Impériaux en 1537, et reconstruite peu de temps après. Elle était petite, mais très gracieuse. On en voit encore quelques ruines.

Saint-Walloy. — Il paraît que cette ancienne église, contiguë à l'église Saint-Saulve, et démolie en en 1793, avait été bâtie, en 881, par le comte Helgaud, pour y placer les reliques du saint dont elle prit le nom. Presqu'entièrement détruite en 1537, elle n'offrait rien de remarquable.

Saint-Josse-au-Val. — La tradition rapporte que cette église fut érigée sur l'emplacement d'une chaumière dans laquelle Saint-Josse se retirait quelquefois, lorsque ce lieu n'était encore qu'une île marécageuse, et, en effet, il a été reconnu que le terrain où elle est bâtie avait été entouré d'eau. En 988, Hugues Capet et son fils Robert donnèrent l'église Saint-Josse à l'abbaye de Saint-Saulve. Cette église, reconstruite au XVe siècle et en 1772, sert aujourd'hui de magasin. On y voit une pierre tumulaire de 1211.

Saint-Jacques. — Petite église rebâtie après le siège de 1537, et aujourd'hui propriété particulière, était moins ancienne que les autres églises de Montreuil. Il y eut autrefois dans cette paroisse une confrérie, dite des pèlerins de Saint-Jacques, qui s'engageait à faire, pour les malades ou pour les morts, le voyage de Saint-Jacques en Galice ; les testaments de l'époque sont remplis de legs en sa faveur.

ÉTABLISSEMENTS DE CHARITÉ.

§ 1. Hospices d'Abbeville.

Hôtel-Dieu. — Sur la demande de Jean, comte de Ponthieu, qui s'intitulait *abbé de l'église Saint-Vulfran*, les chanoines de cette église donnèrent, en

1158, aux frères de Saint-Nicolas, un terrain situé rue *Frettelangue*, aujourd'hui de l'Hôtel-Dieu, pour y bâtir un oratoire. Il n'est pas fait, dans l'acte de cession de ce terrain, aucune mention de l'établissement de charité qui existe encore aujourd'hui sur cet emplacement, et il serait possible que cet établissement eût existé à une époque antérieure. Dans tous les cas, la fondation de l'hospice ne tarda point à suivre, puisque le pape Alexandre III confirme par une bulle de 1164 une donation faite à la maison hospitalière d'Abbeville, érigée en faveur des pauvres, et desservie par des frères de Saint-Nicolas. Ces frères, qui étaient sans doute des laïcs, furent seuls attachés dans l'origine au service de cette maison. Vers la fin du XIIe siècle, on leur adjoignit six religieuses et deux converses, mais bientôt les désordres, l'inconduite, les discussions forcèrent à supprimer les frères (1), et les religieuses, sous la conduite d'un prêtre séculier, demeurèrent seules chargées de l'administration.

Cette maison était tenue de faire célébrer annuellement deux mille cent vingt-trois messes, tant grandes que basses, pour le repos de l'âme de ses bienfaiteurs, au premier rang desquels sont les comtes de Ponthieu. Ses biens étaient régis par un ecclésiastique qui prenait le titre de maître supérieur et administrateur, et qui seul touchait les revenus; mais depuis 1617, les deux religieuses dépositaires payaient, recevaient et lui

---

(1) De Gérando, *De la Bienfaisance publique*, t. IV, p. 288 et 291.

rendaient compte. La communauté tout entière délibérait et décidait dans les cas importants, quand par exemple il s'agissait de contrats, de conventions, de baux, etc. — Il y avait trente-huit religieuses au moment de la révolution, et le nombre des lits était alors de cinquante-cinq. Les revenus, y compris les grains, s'élevaient à trente-un mille cent trois livres douze sous.

Maladrerie du Val aux Lépreux. — Cette maison, située près du village de Laviers, dans le vallon de Buigny, fut fondée par des bourgeois d'Abbeville peu de temps après leur retour des premières croisades, et richement dotée dans le XIIe siècle par Jean, comte de Ponthieu, et Robert de Montreuil.

L'administration de l'hospice du Val était confiée à des délégués du corps de ville, qui rendaient compte chaque semaine de leur gestion aux officiers municipaux. L'agent comptable, ou plutôt l'argentier, comme on disait alors, était nommé par le collége des mayeurs de bannières. — Tout individu soupçonné d'être lépreux était arrêté par les sergents de l'échevinage, conduit à l'hôtel-de-ville, visité par les médecins, et le mal était constaté. Lorsqu'il désirait entrer au Val, on l'obligeait de donner ce qu'il possédait à la commune (1). Lorsque

---

(1) *Regist. aux délib. d'Abbeville*, de 1456 à 1460, f° 108, v[o].

« A nos très hounorés seigneurs les mayeur et échevins de la ville d'Abbeville.

« Supplie humblement vostre poure orateur, sire Jehan Rohault,

ce malade était trop pauvre pour payer , par l'abandon de quelques biens , son admission dans l'hospice du Val , on le sommait de ne reparaître dans la ville , pour y quêter, que les mercredis et les vendredis, et les jours de hautes vigiles ; et le reste du temps il lui était permis d'errer sur les chemins et de venir jusqu'aux portes de la ville pour y recevoir l'aumône. Il y avait encore des lépreux au Val de Buigny, en 1670 ; mais en petit nombre. Plusieurs maladreries étaient alors devenues désertes, et l'on ne tarda pas à les fermer, car on reconnut que la plupart des lépreux n'étaient que des vagabonds restés fidèles aux traditions de la *Cour des*

prebtre, lequel par la voulonté de Dieu est escheu en la maladie de lespre, comme messeigneurs, autrefois il vous a fait dire et remonstrer, adfin que vostre plaisir feust lui accorder, en l'honneur de la passion de nostre seigneur Jhésus-Crist, lieu, vivre et demeure en la maison du Val d'Abbeville, qui est lieu pour les ladres ; offrant à vous, messeigneurs, tant par achat que aultrement ou ainsy qu'il vous plaira ordonner, la somme de LX livres à la maison du Val, avec tous ses biens meubles, qui sont de bonne valeur ; et il se submettra à vous, messeigneurs, que toutes et quantes fois que, par vous ou vos successeurs, il vouldroit estre mis avec ladres bourgois, de soy retraire en quelque aultre lieu de ladite maison , et faire du tout à vostre gré et voulenté, messeigneurs, sa principale intencion n'est que pour illecq faire service à Dieu pour vous tous, messeigneurs, le résidu de sa vie. » — Les magistrats municipaux, après avoir consulté *plusieurs maîtres en théologie et aultres gens d'église, saiges et discrets, mesmement des officiers, conseillers et mayeurs de bonnières*, firent droit à cette requête, à condition que Rohault, qui n'était pas bourgeois juré d'Abbeville, se retirerait de la maison dans le cas où il y aurait affluence de malades. (*Regist. aux délib. de la ville*, année 1494.)

miracles, qui se faisaient admettre dans les hôpitaux en simulant des maladies qu'ils n'avaient pas, pour vivre dans l'oisiveté.

La léproserie du Val, desservie par des frères et dédiée à Saint-Maur, fut supprimée en 1696, et ses biens réunis à ceux de l'Hôtel-Dieu d'Abbeville. On ignore le régime auquel les lépreux étaient soumis. On sait seulement qu'on les traitait par les bains, et qu'un barbier, attaché à la maison, leur faisait des incisions sur la peau ; qu'ils étaient séquestrés et nourris à la charge de n'habiter avec leurs femmes en quelque sorte que ce fût. Au XVIIe siècle, le fermier de l'hospice était encore tenu, selon l'ancien usage, de fournir à chaque bourgeois malade une paire de pigeons par semaine. Défenses expresses étaient faites aux marchands d'Abbeville de vendre aux lépreux (1).

Hôpital de Sainte-Madelène, situé d'abord près du pont de Talance. On ignore la date de l'établissement de cette maison, placée sous l'administration des magis-

---

(1) On ignore l'époque précise de la fondation des maladreries et le nom des fondateurs ; on ne peut même parvenir à connaître tous les lieux où elles étaient situées. — Les titres de l'abbaye de Saint-Riquier mentionnent la léproserie de cette ville, dont l'administration était confiée aux magistrats municipaux. La ville de Rue avait aussi une léproserie à laquelle Jean de Ponthieu et Guillaume III, son fils, léguèrent des biens assez considérables ; mais cette maison, au XVIe siècle, était devenue si pauvre que Henri IV, informé de sa détresse, la donna aux religieuses de Saint-François « à la charge, dit le P. Ignace, d'y recevoir et d'y nourrir des lépreux quand il y en aurait. »

trats municipaux. « Elle est principalement ordonnée, disent les statuts, pour recueillir femmes qui auront esté publicques pécheresses, de quelque pays que elles viengnent, se on voit en elles signes de vraie repentance. » — Nous avons publié ailleurs (1) le texte complet des statuts de cet hospice ; nous nous bornerons à rappeler ici quelques unes de leurs dispositions.

Pour être admise aux sœurs de la Madelène, il fallait faire preuve d'un repentir sincère, être âgée de moins de quarante ans, et même garder encore quelque chose des *fleurs de la jeunesse;* car on ne recevait que les pécheresses qui quittaient le monde, et non celles que le monde avait quittées, lorsqu'elles passaient l'âge de ces erreurs que la douce charité du Christ avait pardonnées à leur patronne. Ces femmes, qui avaient rompu avec leur passé, et qui ne devaient s'en souvenir que pour le pleurer, ne pouvaient sortir sans congé, et comme elles devaient l'édification après avoir donné le scandale, il leur était enjoint d'avoir en cheminant *les yeux enclins, la fache sombre et le maintien rassis.*

— Un titre de 1498 indique la maladrerie de Baillon au territoire de Menchecourt, et d'autres titres celles de Gamaches, d'Hélicourt d'Epagnette, de Crécy et de Villers-sur-Mareuil.

La léproserie de Waben, réunie à l'hôpital de Notre-Dame de Montreuil, puis à l'ordre de Saint-Jean de Jérusalem, et enfin à l'Hôtel-Dieu de Montreuil, avait été sans doute fondée par un comte de Ponthieu, car son revenu, peu considérable du reste, était en grande partie affecté sur le domaine de ces comtes.

(1) Mém. de la Soc. d'Emul. d'Abbeville, années **1834-1835**.

La porte de la maison était close en tout temps ; il était défendu aux hommes de passer et de repasser devant la maison, de parler ou de faire parler aux sœurs, ou de chercher à les distraire de leur repentir, sous peine de bannissement. Malgré cette surveillance sévère, les sœurs de la Madelène gardaient cependant leur liberté. Elles ne feront aucun vœu, dit la règle, si ce n'est de leur propre volonté. Elles pourront, après un espace de temps sagement passé dans la prière et le travail, choisir un autre état honnête, comme le saint état de mariage, ou servir les malades, ensevelir les morts, accomplir des œuvres de miséricorde, ou rester toute leur vie dans le couvent, à leur choix ; mais elles n'y resteront point oisives, car la paresse nourrit tous les péchés. Plusieurs d'entre elles seront chargées d'aller demander l'aumône ; toutes garderont le silence lorsqu'il viendra des personnes étrangères à la maison. Elles devront souvent pleurer leurs péchés et en demander pardon à Dieu ; ne point se vanter de leurs folies passées ni rappeler en plaisantant les folies d'autrui. Celles qui manquaient à la règle jeûnaient au pain et à l'eau, et recevaient une discipline de la maîtresse ; celles qui auraient commis fornication, et se seraient rendues coupables d'un vol, étaient chassées de la maison.

En 1239, cet hospice ayant été donné aux cordeliers, les sœurs de la Madelène allèrent s'établir dans l'hôpital de Jean Le Sellier, rue Saint-Eloy. En 1566, elles quittèrent cette maison pour aller habiter l'hôpital Saint-Quentin, auprès du pont Grenet, et y demeurèrent jusqu'au moment de leur suppression, en 1610. Le souvenir de leur séjour auprès de ce pont s'est conservé jusqu'à notre temps à Abbeville, dans un dicton populaire. Lorsqu'une femme se perd, on dit qu'elle *a passé le pont Grenet*. Au commencement du XVIe siècle, le cardinal Georges d'Amboise avait accordé trois années d'indulgences à ceux qui assisteraient aux offices des repenties, et qui les aideraient par leurs aumônes à réparer leur chapelle, à acheter des livres et des luminaires. L'hospice de la Madelène d'Abbeville servit de modèle à un autre établissement du même genre qui fut fondé à Amiens en 1489.

Hôpital de Saint-Julien-le-Pauvre, situé chaussée d'Hocquet, n°s 19-21, fut fondé l'an 1217, en faveur des *poures* (pauvres) *passans mendiants*, par un bourgeois d'Abbeville, nommé Gautier Coullars; il était desservi par des frères, et fut cédé aux religieuses de Saint-Dominique, vers 1553.

Hôpital du Saint-Esprit. — En 1231, un prêtre, nommé Guillaume, fonda cet hôpital pour les pauvres; et, comme ces sortes d'établissements se trouvaient souvent dépouillés par ceux qui les administraient, le fondateur plaça celui-ci sous la protection de l'évêque d'Amiens et de l'archidiacre de Ponthieu, auxquels il assigna une rente de quinze livres, ce qui était alors une grande somme, pour les intéresser plus particulièrement, ainsi que leurs successeurs, à la conservation de ce pieux asile. L'hôpital du Saint-Esprit, situé dans la rue de ce nom, était desservi par quatre ecclésiastiques à la nomination du prieur de Saint-Pierre. On ignore l'époque à laquelle il cessa d'exister.

Hôpital de Saint-Jean l'Evangéliste, situé petite rue Notre-Dame, contre la rivière, avait été fondé par un artisan de la ville. — On ne connaît ni sa destination, ni la date de son établissement, ni l'époque de sa suppression.

Hôpital de Notre-Dame de Boulogne, situé chaussée Marcadé, près du pont Touvoyon, n° 66, fut établi au commencement du XIVe siècle pour y recevoir les étrangers malades ou nécessiteux qui allaient visiter l'église Notre-dame de Boulogne. Le défaut d'hôtelleries, l'indigence de la plupart de ces étrangers les forçaient à passer les nuits dans les places et dans les rues de la ville ; on les logea dans cet hospice desservi par des frères ; mais le zèle des pélerins sétant refroidi, la maison cessa d'être utile et fut abandonnée aux Minimesses.

Hôpital Saint-Jacques, situé rue des Pots, du côté de la rivière, n° 7. — Des bourgeois d'Abbeville, ayant fait le pélerinage de Saint-Jacques de Compostelle, établirent cet hospice vers l'an 1340, pour les pauvres étrangers allant à Saint-Jacques. Trois prêtres faisaient le service de la chapelle et de la maison, qui furent, en 1645, cédées par l'échevinage aux filles de Saint-

Joseph. Ces filles ayant été se fixer dans la rue des Teinturiers, l'hôpital Saint-Jacques fut vendu.

Les titres mentionnent en outre l'hôpital des Commandeurs ou de Saint-Jean de Jérusalem, rue Saint-Gilles; l'hôpital de Saint-Nicolas, même rue (1483); l'hôpital de Notre-Dame des Cordonniers, rue des Meules (1404); l'hôpital Saint-Laurent, près du pont Talance (1480); l'hôpital fondé par Jean-Le-Sellier, et que les officiers municipaux administraient au XVe siècle; l'hôpital Saint-Etienne, place Saint-Pierre, où les pauvres recevaient l'hospitalité.

On ne connaît de ces établissements ni leur fondation, ni leurs revenus, ni leur régime; mais il est facile de voir qu'il y en avait de fort pauvres. On sait d'ailleurs qu'au moyen-âge cinq ou six malheureux seulement vivaient dans de semblables hospices du produit d'un jardin, d'un petit clos et de quelques aumônes.

Bureau des Pauvres. — Ce bureau fut établi, en 1580, dans l'hôpital de Saint-Etienne. Les guerres civiles du XVIe siècle avaient considérablement accru la misère publique. Il fallut pourvoir à la nourriture et à l'entretien *d'un grand et effréné nombre de mendiants de la ville et des faubourgs*. Les désordres que causaient ces malheureux déterminèrent les magistrats à les emprisonner; mais on recourut bientôt à d'autres mesures. Les administrateurs du bureau obtinrent de Henri III, en 1581, des lettres patentes qui les autorisèrent à percevoir sur toutes les classes de la société, les pauvres seuls exceptés, une taxe d'aumône ; et, pour que ces administrateurs ne se vissent pas obligés de *laisser souffrir les pauvres mendiants, comme devant, avec grands désordres, confusion, danger de peste et autres inconvénients qui s'en pourroient ensuivre*, disent les lettres patentes, on leur permit de *commettre collecteurs, huissiers, sergents,* etc., afin de contraindre les particuliers à payer la taxe.

Ce bureau, composé de treize membres, dont l'évêque d'Amiens était le surveillant immédiat, s'est maintenu jusqu'en 1728. Il fut alors réuni à l'hôpital-général d'Abbeville.

Hôpital général des Pauvres et des Enfants trouvés. — Louis XV, par lettres patentes du mois d'avril 1727, ordonna l'établissement de cet hospice sur l'emplacement des jardins de l'arc et de l'arquebuse, et prescrivit les règles qui devaient y être observées.

Le 22 février 1780, on commença à y déposer les enfants abandonnés, qu'on recevait auparavant dans une maison particulière et qu'on transférait ensuite au dépôt général, à Paris. — A cet établissement appartenait seul le droit de vendre de la viande pendant le carême pour les malades et autres personnes légitimement dispensées. Il est desservi par les religieuses de Saint-Vincent de Paul, recommandables par leur activité et par l'exactitude de leur service. Cet hôpital est vaste et salubre, d'une construction solide et régulière, et dans une position agréable entre cour et jardin.

L'église a été bâtie en 1833 avec les matériaux de celle de Saint-Joseph.

Hôpital de Saint-Joseph, autrement dit de sœur Claude, situé rue des Teinturiers, n° 45. — Le but de cet établissement, fondé par une vertueuse fille d'Abbeville, nommée Claude Foullon, était de recevoir de pauvres orphelines de la ville et de sa banlieue, et de pourvoir non seulement à leur existence, mais encore de leur apprendre à travailler, à lire et à écrire.

Après avoir été placé en divers lieux, cet hospice, dont la fondation remonte à l'an 1641, fut définitivement fixé, en 1711, rue des Teinturiers. Il était dirigé par des sœurs de Saint-Joseph ou de la Providence, mais le corps de ville en avait seul l'administration. Il fut supprimé à la suite de la révolution de 1789, et ses biens réunis à l'hospice général des pauvres.

Congrégation des Sœurs de Notre-Dame de Consolation. — Cette confrérie fut instituée dans l'église Saint-Jacques, en 1643, à la suite d'une mission, et autorisée en 1751, par lettres patentes, à recevoir les dons, legs et aumônes qui seraient faits aux pauvres. « L'office de toutes les dames et sœurs associées dans ladite compagnie, disent les statuts et réglements de cette confrérie, sera d'aller visiter, chacune sa semaine, tous les pauvres malades qui ne peuvent être reçus à l'hôpital de cette ville, et leur porter à dîner, qui sera pour l'ordinaire du potage, un peu de viande, avec un petit pain blanc, en leur laissant les mêmes choses à souper.

Les dames et sœurs de la Consolation étaient tenues en outre d'assurer aux malades les secours de la religion. Leur charité devait être *patiente, bénigne et sans envie.* Elles devaient *tout entreprendre, tout espérer et soulager toutes les souffrances; régler et former leur vie et leurs actions de charité sur le modèle de ces anciennes veuves de la primitive église, journellement occupées à servir les pauvres.* Cette louable institution s'est conservée en se modifiant jusqu'à nos jours, et seconde avec zèle le bureau de bienfaisance, qui perçoit ses anciens revenus.

Hospice de Saint-Riquier. — Cette maison date, s'il fallait en croire le P. Ignace (1), de l'année 1198; on la devrait à la générosité d'un prêtre, Jean de Labroye; mais les actes les plus anciens ne font connaître ni l'époque précise ni les détails de la fondation de ce lieu consacré aux malades sous le nom de *Maison des pauvres de Saint-Nicolas de Saint-Riquier.* On sait seulement qu'un pieux chevalier, Barthélemy Fretel, seigneur de Vismes, l'enrichit tout-à-coup d'un grand nombre de terres qu'il avait à Neuilly, et ce fut à cette époque que ce village prit le nom de Neuilly-l'Hôpital (2). Barthélemy Fretel ajouta encore, en

---

(1) Hist. des mayeurs d'Abbeville, p. 91.
(2) Cette cession de biens fut confirmée, en 1199, par Gérard

1212, au magnifique témoignage de sa bienfaisance par le don de cent cinquante journaux de bois qu'il possédait au Halloy, près de Neuilly.

L'hospice de Saint-Riquier était dans l'origine administré par deux prêtres, et desservi par des chanoines de l'ordre de Saint-Augustin et par des sœurs hospitalières de ce titre, qui portaient le même costume que les chanoines, c'est-à-dire une robe noire et une espèce de surplis. Cette communauté d'hommes et de femmes, qui existait encore en 1476, ne se soutint pas. Au XVIIe siècle, les religieuses seules faisaient le service depuis longtemps. Leurs vœux étaient ainsi conçus :

« ..... Je promets à Dieu, mon père créateur, à sa glorieuse Vierge mère, à M[r]. Saint-Augustin, à M[r]. Saint-Nicolay, no patron, à tous les saints et saintes du Paradis, vivre toute ma vie en poureté et casteté et obédience, soubz la règle M[r]. Saint-Augustin, au service de Dieu et des poures. Ainsy le promets et jure de me propre volenté, sans contrainte aucune.

« J'offre mon âme, mon corps au service de Dieu et des poures, et promets de prier Dieu pour les trépassés et vivants bienfaiteurs et fundateurs de chéens.

« Me mère, mes parents et amis, je vous remerchie de vos bienfaits et vous demande merchy se je vous ai mal fait ou mal dit, ou esté inobédiente. Je vous prie que me le pardonniez, et veuilliez prier Dieu pour mi et je prierai Dieu pour vous. »

d'Abbeville, seigneur de Boubers et de Domvast, comme suzerain de Neuilly; mais bien que Gérard dise qu'il a donné en aumône, *in eleemosynam concessi*, la terre et le bois de Neuilly avec la terre du Fay, cette manière de s'exprimer n'est qu'une formule souvent employée pour ratifier la donation d'un vassal. Le véritable bienfaiteur est le seigneur de Vismes et de Neuilly, Barthélemy Fretel, comme on peut le voir dans les cartulaires de l'hospice.

L'hôtel-Dieu de Saint-Riquier, où les *sept œuvres de miséricorde* étaient journellement pratiquées, et dans lequel on recevait et nourrissait les *poures passants*, les pélerins malades et les religieux mendiants, éprouva souvent des tracasseries de la part des abbés de Saint-Riquier, seigneurs ecclésiastiques, et des curés de la paroisse ; mais les administrateurs, élus dans la bourgeoisie de la ville, firent respecter ses droits et priviléges.

Les bâtiments, reconstruits dans les dernières années du XVIIe siècle et au commencement du XVIIIe, sont vastes, réguliers, dans une position où l'on jouit de l'aspect de la campagne, et qui ne saurait être meilleure sous le rapport de la salubrité. L'église fut consacrée par M. Sabathier, évêque d'Amiens, le 11 août 1720. — Il y avait avant la révolution une vingtaine de religieuses.

Hospice de Saint-Valery. — Cet asile fut d'abord ouvert aux lépreux ; mais la lèpre diminuant avec le temps, des religieuses de l'ordre de Saint-Dominique vinrent en 1518 s'y établir. Faute de ressources et d'un local suffisant pour recevoir les pauvres malades, elles allaient les soigner à domicile. Avec les offrandes des personnes pieuses et le produit des quêtes qu'elles faisaient chaque semaine dans la ville de Saint-Valery, elles parvinrent à créer un nouvel hôpital qu'elles desservirent jusqu'en 1665 ; mais se trouvant alors en trop petit nombre pour continuer efficacement les œuvres de leur charité, elles témoignèrent le désir d'être remplacées par des religieuses de l'Hôtel-Dieu d'Abbeville, et depuis ce temps, les sœurs de l'ordre de Saint-Augustin y sont en possession de donner leurs soins aux malades (1).

Hospice de Rue. — Cet établissement, qui existe depuis le XIIe siècle, était anciennement desservi par une confrérie de vingt-quatre personnes des deux sexes prises parmi les habitants de la ville. Le nom du fondateur est inconnu. On sait seulement qu'en 1210 le comte de Ponthieu, Guillaume III, l'enrichit de dix-sept journaux de bois dans la forêt de Crécy, pour le chauffage des pauvres.

L'Hôtel-Dieu de Rue fut détruit en 1496 par des gens de guerre qui saccagèrent cette ville; mais Louis XIV le releva de l'état de détresse où il avait été longtemps plongé, en lui donnant les biens de plusieurs hospices de lépreux et de l'hôpital de Crécy. Les religieuses de l'ordre de Saint-Augustin y font le service depuis 1710 (2).

Hospice du Crotoy. — On ignore le nom du fondateur et l'époque de l'établissement de cet hospice. On *n'y exerçait plus aucune fonction d'hospitalité* lorsque, vers 1727, ses biens furent réunis à ceux de de l'hôpital des pauvres et des enfants trouvés d'Abbeville.

(1) Archiv. de la Sous-Préfecture d'Abbeville. — Hospices, année 1807.
(2) *Ibid.*

Hôpital du bourg d'Ault. — Cet hôpital n'est plus qu'un bureau de bienfaisance. Fondé vers les dernières années du XIe siècle par les seigneurs du lieu, qui en avaient confié l'administration à leurs officiers, il était desservi par trois sœurs chargées de porter des secours aux malades indigents, d'instruire les petites filles, et de distribuer chaque semaine aux plus pauvres habitants un certain nombre de pains. Cet établissement, dont les revenus, avant la révolution de 89, s'élevaient à treize cents livres, est encore tenu par des sœurs qui continuent de faire beaucoup de bien.

Maladrerie de Montreuil. — Cet hospice situé au milieu des champs, à peu de distance de la ville, sur l'emplacement de la ferme du Val, l'une des plus considérables du Pas-de-Calais, fut longtemps un sujet de discorde et de fâcheux débats entre les religieux de Saint-Saulve, qui le gouvernaient, et l'échevinage qui en réclamait les biens comme appartenant à la commune. La lèpre ayant disparu, la maison fut abandonnée vers la fin du XVIIe siècle, et ses propriétés réunies à celles de l'Hôtel-Dieu de Montreuil. Les murs de l'ancienne salle où l'on traitait les lépreux existent encore. — Voici la cérémonie qui se pratiquait, lors de leur réception, en 1464:

« Et primes, le justice assigne au curé aucun jour pour faire et dire le service, auquel jour le ladre doit estre habitué de robe comme lin et très simplement.

» Item, doibt avoir sur son chief un blanc linceul pendant par derrière tout bas, et le drap des morts par dessus, et porter en ses deux mains une petite croix de bos, et mouvoir de sa maison accompagnié de le croix de l'église, et ses amis faisant de lui deuil, jusqu'à temps qu'il sera revenu de son service à se maison de ladrerie; et ichelui ladre venu jusqu'auprès de l'âtre (cimetière), le curé et le clergié doibvent venir en l'encontre de lui, et jeter sur lui l'eaue bénite, et le prendre par les mains et le mettre en le cimetière, et canter *Libera me, Domine*.

» Item, le curé doibt commencer vigiles et commendaces, et ichelles finées, doibt le curé faire absoute pour lui et dire messe de *requiem*, comme trepassé, estoffée de luminaires et de candelles, ichelui ladre étant agenouillé et appuyé à une selle basse, le chief en bas devant le autel là au on a coustume de mettre les corps présents, lui habitué de son lincheul et drap de mort et de se croisette de bos.

» Item, on doibt mener à l'offrande le dit ladre et lui oster le souaire des morts jusqu'à temps qu'il soit revenu, sans lui oster son blanc lincheul ne se croisette; car il doibt bailler et offrir au curé ledite croisette de bos, et le curé doibt prendre ledite croix et le baiser, et reba iller à baiser au ladre estant à genoux. Che fait, on le doibt remener en son lieu et puis ses parents et autres doibvent offrir à la platenne (patène), et, après le service finé, le curé doibt aller au ladre et lire che que on lit à un trépassé, et puis lui donner l'eau bénite, et puis le curé le prend par la main, et icheux venus en l'âtre, le ladre eslit se sépulture où le curé le fait mettre à genoux, et jette trois fois de le terre sur lui, et che fait le justice lui fait faire le serment tel qu'il appartient; et puis le curé va avec lui jusqu'en le maladrerie pour lui renouveler se sépulture, et le dit ladre estant en se maison de maladrerie, devant l'huis, et puis l'huis clos, le curé estant dehors, le clergié doibt jeter par trois fois de le terre sur le seuil, et dire : *De terrâ psalmesti*, etc. Et après faire se prière, et requérir pardon de ses méfaits... et puis le recommander, et là le pourcachier et admonester de patience en lui remonstrant que Dieu s'est apparu à plusieurs en guise de ladre, etc. (1). »

(1) Ms. de Guil. Poulain, maître et gouverneur de l'Hôtel-Dieu de Montreuil.

Hôtel-Dieu de Montreuil. — Il fut érigé vers l'an 1200 par Gauthier de Montreuil, seigneur de Maintenay. Suivant l'usage, ce pieux établissement était desservi par des religieuses de l'ordre de Saint-Augustin, sous la conduite d'un *maître* ou directeur tout à la fois spirituel et temporel. Dans l'origine, à côté de ces religieuses on plaça des frères laïcs de l'ordre hospitalier de Saint-Nicolas; mais au XVe siècle on supprima les frères, comme on le fit à Abbeville, à Rue, Saint-Riquier, etc. L'Hôtel-Dieu de Montreuil rendait compte à l'évêque d'Amiens. Vingt religieuses environ le desservaient en 1789; leur nombre est aujourd'hui réduit à six. — On voit dans une des salles de cet établissement le portrait et les armes du fondateur, peints en 1467. Le portail gothique de la chapelle, construit vers le milieu du XVe siècle, offre d'intéressants détails de sculpture.

Grandes Écoles & Collége d'Abbeville.

On ignore le nom des fondateurs et l'époque précise de l'établissement des grandes écoles, désignées depuis sous le nom de collége; mais il est certain que dès l'an 1384 elles possédaient des revenus assez considérables, et que celui qui les dirigeait alors prenait le titre de *magnus magister scholarum*. Ceux qui avaient en main l'autorité, ecclésiastiques ou nobles, se faisaient adjuger cette charge productive pour les leurs ou pour leurs protégés, et elle devint ainsi le partage de l'ignorance (1).

Les chanoines de Saint-Vulfran, qui n'exerçaient d'abord aucune autorité sur le grand maître et qui étaient jaloux de ses droits, résolurent de se les attribuer, et, pour y parvenir, il s'adressèrent à l'anti-pape Clément VII, contre lequel l'université s'était fortement déclarée. Clément accueillit leur demande, et c'est en vertu de sa bulle, donnée à Avignon, l'an 1384, que les écoles furent placées sous la juridiction des chanoines qui dès lors instituèrent le grand maître et lui firent payer chaque année la permission d'enseigner, permission que celui-ci vendait à son tour aux maîtres des petites écoles.

Les états d'Orléans, tenus en 1560, firent cesser ce trafic. On décida que dans chaque ville pourvue d'une église collégiale il y aurait un maître chargé d'enseigner gratuitement et que, pour le dédommager de ses soins, le revenu d'une prébende lui serait affecté. Le nombre des étudiants augmenta alors au point que les grandes

(1) On lit dans les statuts synodaux de 1456 : « Que ceux qui sont ignorants et qui veulent être maîtres sans avoir été élèves, ne puissent enseigner nulle part sans notre permission, dans quelque faculté que ce soit. Chacun sera libre cependant d'enseigner l'alphabet, l'office divin, le psautier et le donat. » L'évêque d'Amiens recommande ensuite aux curés d'exciter leurs paroissiens à apprendre l'Oraison Dominicale, le Credo et la Salutation Angélique. (Martenne, *Ampliss. collectio*, t. VII, col. 1268.)

écoles qui étaient situées rue Saint-Gilles, sur l'emplacement d'une partie de la halle, ne se trouvèrent plus assez vastes; on les transféra rue Tayon. — Le chef de ce nouvel établissement s'intitula *maître pédagogue des grandes écoles de la ville et banlieue.* Mais bientôt les chanoines s'opposèrent à l'exécution de l'ordonnance qui les obligeait de verser entre les mains du professeur le fruit de sa prébende préceptoriale. Ils appelèrent la chicane à leur aide et prolongèrent leur résistance jusqu'à ce que le parlement les eût contraints de payer.

En 1585, le collége fut transféré de la rue Tayon, que l'on nomme encore des Grandes-Ecoles, dans l'hôpital de Jean Le Sellier; on y comptait alors cinq chaires. En 1606, cette maison ayant été cédée aux capucins, on donna en échange au collége l'hôtel de Neuilly-l'Hôpital, rue Millevoye, où il est encore.

Depuis 1560, le choix du principal était soumis à la sanction des magistrats municipaux qui devaient aussi donner leur consentement à sa révocation. C'était ordinairement un maître-ès-arts de l'université de Paris qui recevait de la collégiale douze cents livres de traitement chaque année. Il était logé dans le collége, ainsi que les professeurs, prêtres séculiers comme lui. Ces professeurs, qu'il avait le droit de nommer, retiraient un salaire de leurs écoliers, car ils n'avaient guère plus de cent livres d'appointements fixes. Mais les écoles particulières établies dans la ville réduisaient le salaire à peu de chose, et, pour améliorer le sort des régents, pour exciter leur zèle, on décida que le latin ne serait plus enseigné que dans le collége (1). Cet établissement, où l'on avait compté jusqu'à deux cents élèves, était, en 1734 et en 1768 encore, presqu'entièrement déchu. A cette dernière époque, ses bâtiments tombaient en ruines, ses classes devenaient de plus en plus désertes. On adressa des plaintes à l'administration et on le tira de son indigence en lui donnant la mense conventuelle de l'ancienne abbaye de Forêt-Montier dont le produit s'élevait alors à quatre mille livres. Les jésuites, qui avaient essayé de s'y introduire à différentes reprises, furent encore repoussés par les autorités civiles en 1733.

Ecoles des Frères de la doctrine chrétienne. — La première école chrétienne gratuite fut fondée en 1740, dans la rue de l'Hôtel-Dieu, par une demoiselle Vallon. Peu de temps après, le curé de Saint-Vulfran de la Chaussée, Mauchambert, en établit une autre dans une maison voisine de son église. En 1746, M. Lesueur, curé du Saint-Sépulcre, aidé par quelques personnes pieuses, fit construire dans la rue du Fossé une nouvelle maison dirigée par deux frères, auxquels il fut permis d'ouvrir un pensionnat; mais l'enseignement dans les écoles primaires d'Abbeville paraît avoir été bien faible encore longtemps après. Une délibération municipale du 21 janvier 1763 atteste que cette ville manquait alors d'un bon maître d'écriture,

---

(1) *Regist. aux délibérations*, année 1595.

capable d'enseigner l'arithmétique, la tenue des livres et les changes étrangers, et l'échevinage décida « qu'il était à propos d'engager par un traitement fixe de deux cents à trois cents livres un bon instituteur à venir s'y établir, à l'effet d'enseigner lesdites sciences, et de lui accorder en outre l'exemption de logements de guerre et des impositions y relatives. »

ERRATA.

Page 10, ligne 30 ; Nicolas, *lisez* Nicole.
 36, — 24 ; l'occassion, *lisez* l'occasion.
 40, — 18 ; endroits, *lisez* temps.
 45, — 21 ; l'ambigïuté, *lisez* l'ambiguïté.
 106, — 14 ; les soldats, *lisez* les officiers.
 121, — 1 ; pour servir, *lisez* pour leur servir.
 144, — 20 ; mision, *lisez* mission.
 Ibid., — 23 ; fanastisme, *lisez* fanatisme.
 162, — 4 ; l'exhorta au repentir et lui promit le ciel. Le prêtre lui présenta, *lisez* l'exhorta au repentir, lui présenta.
 177, — 18 ; des es membres, *lisez* de ses membres.
 189, — 10 ; pleureuse, *lisez* pleureuses.
 Ibid., — 17 ; pécédés, *lisez* précédés.
 225, — 5 ; menaux, *lisez* meneaux.
 244, — 4 ; en trouve, *lisez* on trouve.
 285, — 24 ; publics, *lisez* public.
 350, — 29 ; mathémathiques, *lisez* mathématiques.
 356, — 2 ; son, *lisez* sont.
 366, — 3 ; chargés, *lisez* charges.
 369, — 6 ; retrouve, *lisez* trouve.
 375, — 10 ; système Law, *lisez* système de Law.
 388, — 7 ; le ville, *lisez* la ville.
 405, — 9 ; 1789, *lisez* 1749.
 416, — 5 ; différents, *lisez* différends.
 422, — 8 ; rebuis, *lisez* requis.
 458, — 29 ; aud-elà, *lisez* au delà.
 489, — 21 ; colcher, *lisez* clocher.

SUPPLÉMENT AUX CORRECTIONS DU TOME 1er.

Page 39, ligne 29; Ablley, *lisez* Abelly.
      60, — 8; Rebellis-Mons, *ajoutez en note* : Romont, annexe de Buires-Le-Sec, arrondissement de Montreuil.
      95, — 5; entre Saucourt et Fressenneville, *lisez* près de Saucourt, lorsque.
      113, — *Ajoutez à la fin de la note* (1) : Henri Monin, cours d'histoire de France.
      140, — 4; Docok, *ajoutez en note* : seigneur de Framicourt.
      257, — 12; tumulte, *lisez* du tumulte.
      312, — 21; veillé, *lisez* viellé.
      321, — 10; voichy une belle, *lisez* vechy une noble.
      337, *note* 2; vacpuerie, *lisez* vacquerie.
      349; ligne 17; qu'on vient dire, *lisez* qu'on vient de lire.
      367, — 3; un autre avait, *lisez* un autre théâtre avait.
      374, — 2; clases, *lisez* classes.
      430, — 17; obtinrent main-levée, *lisez* leur accorda main-levée.
      448, — 3 et 27; Britich, *lisez* British.

TABLE ANALYTIQUE

DES MATIÈRES

CONTENUES DANS LE DEUXIÈME VOLUME.

A

ABBAYE DE SAINT-ANDRÉ-AU-BOIS : sa situation primitive, 443 ; — elle est transférée à Grémecourt, ib ; — envahie par des calvinistes hollandais, 444 ; — incendiée, ib.

ABBAYE DE SAINTE-AUSTREBERTHE DE MONTREUIL : établie en cette ville par le comte Helgaud, 466 ; — détruite par les Normands, ib. ; — rétablie par Henri Ier, roi de France, ib.

ABBAYE DE BERTAUCOURT : fondée par Saint-Gautier, abbé de Pontoise, 467 ; — avait un refuge à Abbeville, 469. — Voy. *Henri IV*.

ABBAYE DE CERCAMPS : citée, 447.

ABBAYE D'EPAGNE : son origine, 469 ; — ce que dit Somaize de cette abbaye dans son *Dictionnaire des Précieuses*, 180. — Voy. *Paraclet*.

ABBAYE DE FORÊT-MONTIER : par qui fondée, 432 ; — détails sur cet établissement, 433.

ABBAYE DU GARD : son refuge à Abbeville, 223.

ABBAYE DE SAINT-JOSSE-AU-BOIS : 439 ;

— elle est transférée à Dommartin, 440 ; — souffre de grands désastres, 441.

ABBAYE DE SAINT-JOSSE-SUR-MER : son origine, 434 ; — érigée en comté par Gui Ier, comte de Ponthieu, ib. ; — la maison du roi y tient garnison après la bataille de Malplaquet, 133 ; — un moine de ce couvent est tué au pied de l'autel, 177. — Voy. *Loup de Ferrières.*

ABBAYE DU LIEU-DIEU : se forme d'une colonie de religieux de Foucarmont, 448.

ABBAYE DE SAINT-RIQUIER : ses prérogatives spirituelles et temporelles, 424 ; — élection de ses abbés, 429 ; — ses affiliations spirituelles, 428 ; — détails sur ses richesses, 429 ; — incendiée par le feu du ciel en 1719, p. 140.

ABBAYE DE SAINT-SAULVE DE MONTREUIL : détails sur cet établissement, 437.

ABBAYE DE SELINCOURT : par qui fondée, 449 ; — était magnifiquement construite, ib. ; — ses reliques, 450.

ABBAYE DE NOTRE-DAME DE SERY : appartenait à l'ordre des Prémontrés, 448 ; — noms de ses bienfaiteurs, 449.

ABBAYE DE SAINT-VALERY : son origine, 421 ; — serment prêté par ses avoués, 422 ; — désastres qu'elle éprouve, ib.

ABBAYE DE VALLOIRES : fondée par Gui II, comte de Ponthieu, 445 ; — ses richesses et ses privilèges, 446 ; — son refuge à Abbeville, 223.

ABBAYE DE VILLANCOURT : par qui fondée, 470 ; — est transférée à Abbeville, ib.

ABBAYE : Voy. *Prieuré de Saint-Pierre.*

ABBEVILLE : représentée par des personnages symboliques à l'entrée des rois, 3 ; — envoye en 1525 une députation réclamer des secours à l'échevinage de Paris, 21 ; — détails des diverses contributions que cette ville paye pendant les guerres de François Ier, 28, 33, 34, 39 ; — les bourgeois refusent de recevoir dans leur ville le duc d'Aumale et les troupes Espagnoles, 59 ; — prête, en 1594, serment de fidélité à Henri IV, 83 ; — est menacée par Jean de Werth, 104 ; — récit du sieur de Pontis relatif aux évènements qui se passèrent alors, ib. ; — l'armée française se rassemble en 1638 sous les murs de cette place, 114 ; — on y arrête un espion de Philippe IV, 117 ; — la garnison donne la chasse à un parti ennemi sorti d'Hesdin, 107 ; — réjouissances à l'occasion de la paix des Pyrénées, 129 ; — un convoi de de 3,000 blessés y arrive après la bataille de Malplaquet, 133 ; — la garnison est portée à 19,000 hommes, 134 ; — elle est menacée par les troupes légères de l'ennemi après la bataille d'Hochstett, 132 ; — explosion du magasin à poudre en 1773, p. 165 ; — aspect de cette ville au moyen-âge et au XVIIIe siècle, 217, et suiv., 233, 186 ; — ses revenus et ses dépenses en 1340, en 1441 et en 1789, p. 309 ; — ses priviléges, 313 ; — ses franchises commerciales, ib. ; — ses fortifications, 106, 336, 337, 349, 350 ; — son arsenal, 346 ; — accroissement de la ville et de son enceinte ; 215 et suiv. 337 ; — contingent en hommes et en navires qu'elle fournit au combat de l'Écluse ; 359 ; — ses armements sur mer, ib. ; — ses charpentiers de marine et ses capitaines de navires, 364; — fabriquait des étoffes, des horloges et des armes à feu, 356, 365; — était agrégée à la hanse teutonique, 358; — ses habitants fréquentaient les foires de Brie, de Champagne et de Saint-Denis, ib.; — population d'Abbeville en 1524, en 1636, et en 1727, p. 366, 369 et 374; — ses fabriques à la fin du XVIIe siècle, 369; — son commerce maritime à la même époque et au XVIIIe siècle, 371, 376; — établissement de son franc-marché, 388; — autres marchés de cette ville, 389. — Voy. *Louis* XII, *Aumale* (le duc d'). — *Calvinistes. Mayeur d'Abbeville.*

ACTES DE VENTE : passés devant les échevins d'Abbeville, 245.

ADULTÈRE : comment puni à Saint-Valery, 298.

AIDES ET ASSIS : ce que c'était, 303.

AILLY-LE-HAUT-CLOCHER : cité, 137.

ALAIS, (Louis-Emmanuel de Valois, comte d') comte de Ponthieu, 105.

ALCUIN, abbé de Saint-Josse, 435.

ALIX, sœur de Philippe-Auguste : est secourue par des marchands de Montreuil, 407.

AMENDE HONORABLE : est imposée à ceux qui parlent mal de la commune, 295, 296.

AMENDES JUDICIAIRES, 274.

AMIRAUTÉ : avait trois siéges sur la côte du Ponthieu, 417.

ANCRE (le maréchal d') : envoye des soldats tenter un coup de main sur Abbeville, 95.

ANGLAIS : sont battus dans le bois d'Abbeville, en 1524, par les milices communales de cette ville, 19; — excès commis dans le Ponthieu par les Anglais au service de Henri IV,

91; — six mille soldats anglais envoyés par Cromwel à Mazarin tiennent garnison à Abbeville; excès qu'ils y commettent, 122; — menacent le littoral d'un débarquement pendant le siége de Lille, 132.

ANIMAUX : sont jugés par l'échevinage d'Abbeville, p. 284.

APPEL A TROIS CLOCHES, 288.

ARBALÉTRIERS d'Abbeville : Voy. *Archers.*

ARCHERS d'Abbeville : leurs expéditions militaires, 325; — leur solde, ib.; — leur armement, ib.; — leurs jeux, 326; — leurs priviléges, 327.

ARCHERS de Montreuil, 334.

ARCHIDIACONÉ DE PONTHIEU, 419.

ARCHITECTURE civile du moyen-âge : Voy. *Maisons.*

ARGENTIERS : leurs attributions à Abbeville, 265; — leur nombre, 308; — durée de leurs fonctions, ib; — détails sur leurs registres, 307.

ARMURIERS : ce qui leur est prescrit par la police, 398.

ARQUEBUSIERS, 328, 335.

ARRAS (échevinage d') : emprunte de l'argent à celui d'Abbeville, 306.

ARTOIS (le comte d'), depuis Charles X : est investi du comté de Ponthieu, 167.

ASSASSINAT : comment un bourgeois d'Abbeville, coupable d'assassinat, parvient à se soustraire à la justice, 212.

ASSEMBLÉES DU CORPS-DE-VILLE : comment elles étaient composées, 269; — ce qui s'y faisait, 270.

ASSISES DU BAILLIAGE D'AMIENS : comment elles étaient convoquées, 271.

ASSUREMENTS : ce que c'était, 246.

AUBERGES d'Abbeville : réglement qui les concerne, 367.

34

AUDITEURS DES COMPTES : leurs attributions à Abbeville, 265.
AUMALE (le duc d') : se présente devant Abbeville, 58 ; — il écrit aux magistrats pour les engager dans son parti, ib. ; — forme le projet de s'emparer de cette ville, 59 ; — mesures de sûreté prises par les habitants, 60 ; — s'établit dans le faubourg de Rouvroi, ib. ; — s'empare de plusieurs châteaux, ib. ; — quitte le faubourg de Rouvroi après soixante-dix jours d'occupation, ib. ; — donne ordre de brûler les faubourgs d'Abbeville, 70 ; — bat les reîtres auprès de Feuquières, ib ; — fait arrêter Roncherolles, gouverneur d'Abbeville, ib. : fait démolir le château de cette ville, 71 ; — essaye de faire entrer des troupes à Abbeville, 73 ; — les habitants lui refusent le passage, 74.

B

BAPTÊME : comment administré dans le Ponthieu, 191.
BAILLIAGES PRÉVOTAUX, 412, 413.
BANCS D'ÉGLISE : sont propriété patrimoniale, 191.
BANNIS : peuvent entrer à Montreuil, le jour de Saint-Maclou, 276.
BANNISSEMENT : est prononcé par les magistrats municipaux, 275 ; — cérémonial et formule du bannissement, ib. ; — peine portée contre les bannis qui rompent leur ban, ib.; — est appliqué sur le simple soupçon, 285 ; — prononcé contre les femmes de mauvaise vie, 286 ; — contre les contumaces, 288 ; — contre ceux qui se réfugient dans les églises, 290 ; — appliqué dans les cas de rebellion contre les agents de l'autorité municipale, 295.
BANNISSEMENT outre-mer, 276.
BARBAY (Pierre) : professeur de philosophie, né à Abbeville, cité, 148, note.
BARBIERS : ce qui leur est prescrit par la police à Abbeville, 397, 399, 401; — à Montreuil, 402.
BECQUÉTOILLE : femme de Saint-Riquier, se signale dans la défense de cette place, 24.
BÉGUINES : Voy. Sœurs grises.
BÉHEN (combat de) : 137.
BESTIALITÉ : comment elle était punie, 282.
BÉTHENCOURT (Jean de) : né dans le Ponthieu, découvre les Canaries, 364.
BIGAMIE : comment punie au XVe siècle, 286.
BOUCHERS d'Abbeville : obligation qu'on leur impose, 401 ; — vont jouer aux barres à Paris, 204.
BOULOGNE : après la prise de cette ville par Henri VIII, les habitants se réfugient à Abbeville, 29.
BOURGEOISIE : ses mœurs au XVIIIe siècle, 210.
BOURREAU d'Abbeville : ses droits et ses prérogatives, 267 ; — présente aux condamnés un gobelet de vin, 279.
BLASPHÈME : comment il est puni par les officiers de l'échevinage, 206, 297.
BLÉS (réglement sur le commerce des) : 362.
BRASSEURS : police de leur métier, 401.
BRETAGNE (habitants de la) : se réfugient à Abbeville en 1693, p. 131.
BRISSAC (le maréchal de) : se rend à Abbeville pour combattre les calvi-

nistes, 32; — son aventure avec M{^{lle}} de Cetton, fille d'honneur de Catherine de Médicis, 53; — il s'empare de Saint-Valery et fait décapiter les calvinistes qui se trouvaient dans cette place, ib.

BROUTIERS-PORTEURS : police de leur corporation, 398.

BUQUOY (le comte de) : ravage le Ponthieu, 103.

BUREAU DE BIENFAISANCE, 199.

BUREAU des pauvres, 510.

C

CADAVRES : sont jugés, brûlés ou pendus, 282.

CALVINISTES : désordres qu'ils commettent à Abbeville en 1560, p. 47; — sont maltraités par la populace, 48; — plusieurs d'entre eux sont tués par le peuple d'Abbeville, 49. Voy. *Saint-Delis-d'Haucourt*, *Cocqueville* et *Protestants*.

CANONNIERS gardes-côtes, p. 335.

CAPUCINS : leur origine à Abbeville et à Montreuil, 463.

CARMES : amenés à Abbeville par le père Ignace, 463. — Voy. *Louis* XI.

CARMÉLITES : origine de ce couvent, 474.

CARRIÈRES : creusées par les habitants du Ponthieu pour se mettre à l'abri des gens de guerre, 107, 120; — Les paysans qui s'y réfugient sont brûlés par des soldats français, 121.

CAVES : comment disposées dans les anciens hôtels, 227.

CHANSONS DÉSHONNÊTES : interdites par l'échevinage d'Abbeville, 207.

CHAPELLE DU SAINT-ESPRIT DE RUE, 497.

CHAPITRES ET ÉGLISES COLLÉGIALES : Saint-Vulfran, 476; — Saint-Firmin de Montreuil, 482; — Notre-Dame de Long-Pré, ib.; — de Gamaches, 484; — de Noyelles, 485; — de Dourier, 486.
Voy. *Saint-Vulfran*.

CHARLES V : roi de France, accorde aux Abbevillois différents priviléges, 315, 316, 355.

CHARLES VII : règle l'achat des poissons de mer sur le marché d'Abbeville, 360.

CHARLES VIII : fait son entrée solennelle à Abbeville, le 17 juin 1493, p. 2; — détails des cérémonies qui eurent lieu pour sa réception, 3 : — il rétablit à Abbeville la forme des élections municipales, 256.

CHARLES-D'ORLÉANS, second fils de François I{^{er}}, tombe malade de la peste à Forêt-Montier, et meurt le 15 septembre 1545, p. 31, 32.

CHARLES DE VALOIS, comte de Ponthieu, 56.

CHARLES LE TÉMÉRAIRE : donne ordre aux Abbevillois d'élire pour mayeur un candidat qu'il leur désigne, 255.

CHARLES-QUINT : renonce à ses prétentions sur le Ponthieu, 22.

CHARPENTIERS DE NAVIRES : ce qui leur est prescrit par la police municipale, 394.

CHARTE DE COMMUNE d'Abbeville : mentionne l'existence d'un maire, d'échevins et de jurés, 237; — effet qu'elle produit sur l'administration de la ville, 238.

CHARTES D'AFFRANCHISSEMENT : sont confirmées par les rois, 311, 312.

CHARTREUX : leur établissement près d'Abbeville, 460; — leurs bienfaiteurs, ib.

CHEMINÉES : comment construites, 226.

CINQUANTENIERS d'Abbeville, 329.
CLERGÉ : son rôle dans le Ponthieu pendant la Ligue, 62, 69, 80, 82, 87, 88 ; — détails sur ses mœurs aux XVIe, XVIIe et XVIIIe siècles, 43, 174 et suiv. ; — devait contribuer aux travaux des fortifications, 344 ; — refusait quelquefois de payer, ib.
COCQUEVILLE, chef calviniste, ravage le Ponthieu, 52. — Voy. *Brissac*.
COLLÉGE d'Abbeville : détails sur cet établissement, 520.
COMMERCE et industrie des environs d'Abbeville en 1789, p. 378.
COMPAGNIES DE JEUNESSE, 332, 335.
CONDAMNÉS : obtiennent la faveur d'être assistés par un prêtre, 279 ; — peuvent échapper à la mort en épousant une fille publique, 280.
CONDÉ (le prince de) : est investi du gouvernement de Picardie, 55.
CONFISCATION des biens : 280.
CONFLITS de juridiction : graves inconvénients qu'ils entraînent pour la punition des coupables, 289, 290.
CONFRÉRIE de la charité : fondée en 1596, p. 193 ; — bonnes œuvres pratiquées par les confrères, 195 ; — devoirs qu'ils rendent aux morts, 194.
CONGRÉGATION des Sœurs de Notre-Dame de consolation, 512.
CONSEIL-GÉNÉRAL de la Sainte-Union : prie les Abbevillois d'envoyer des députés pour assister à ses séances, 65.
CONSEILLERS PENSIONNAIRES : ce que c'était à Abbeville, 263.
CONTUMACES : comment ils sont jugés, 287, 288.
CONVULSIONNAIRES du Ponthieu, 143.
CORDELIERS : viennent à Abbeville peu de temps après l'institution de leur ordre, 461 ; — se battent avec les chanoines de Saint-Vulfran, 178 ; la réforme y est introduite en 1664, ib. ; — opposition formée par les moines à l'introduction de cette réforme, 179.
CORPORATIONS industrielles : formaient à Abbeville seize enseignes et soixante-quatre bannières, 390 ; — détails sur leur organisation, 391 et suiv.
COULEUVRINIERS : analyse des statuts de ce corps, 328.
COUSIN (Victor), cité, 148, note.
CRÉCY : les habitants de ce bourg font essuyer une défaite sanglante à un détachement de la garnison d'Hesdin, 101 ; — les habitants soutiennent un combat contre une division espagnole, 102 ; — le bourg est entièrement détruit, ib. ; — ses priviléges, 320.
CROISÉES : comment construites au moyen-âge, 224, 225.
CROTOY (le) : est surpris par les ligueurs en 1587, p. 58 ; — détails sur son château, 339 ; — commerce de cette ville au moyen-âge, 338.
CUISINIERS : réglement de police auquel ils sont soumis, 202.

D

DANVOILE, lieutenant du château d'Abbeville, tente de livrer cette ville au duc de Savoie, 38 ; — il est tué par la populace, ib.
DÉLÉGUÉS-MUNICIPAUX : leurs attributions à Abbeville, 265.
DÉMOLITION DE MAISONS : peine appliquée par la justice municipale, 275 ; — comment on y procède,

277 ; époque à laquelle cette peine est abolie à Abbeville et à Doullens, 278.
DENIERS communs et patrimoniaux : ce que c'était, 301.
DENIERS ROYAUX, 302.
DE THOU : se rend à Abbeville pour soutenir le zèle des partisans du Roi, 60.
DIABLE : ce qu'il dit dans l'église des Minimes d'Abbeville, 197.
DINERS de noces : comment ils sont servis à Abbeville, 207 ; — ce qu'en raconte le comte de Gramont, ib.
DINERS municipaux, 250.
DOYENNÉS : leur nombre dans le Ponthieu, 420.
DROIT-D'ASILE : est invoqué en faveur des cadavres des suicidés, 282 ; — inconvénients auxquels il donne lieu, 290 ; — mesures prises contre les criminels qui se réfugient en lieu saint, ib.; — prétentions des moines de Saint-Riquier à l'occasion du droit d'asile, 291.
DUELS JUDICIAIRES : comment on y procédait à Abbeville, 293, 294.

E

ECHEVINAGE d'Abbeville : conditions qu'il faut remplir pour y être admis, 268 ; — officiers royaux ne peuvent y entrer, ib. ; — est représenté par des avocats en différents siéges de justice, 265 ; se réfère dans les cas difficiles à l'arbitrage des villes d'Amiens, de Saint-Quentin et de Corbie, 271 ; — a la justice haute, moyenne et basse, 272 ; — ses jugements sont consignés dans un registre particulier, 273 ; — fait des aumônes aux couvents, 198. — Voy. *Assemblées du corps de ville*.
ECHEVINAGE de Montreuil : comment il était composé en 1789, p. 261, note. Voy. — *Elections*.
ECHEVINAGES du Ponthieu : sont évoqués en cas de litige par devant les assises du bailliage d'Amiens, 271.
ECHEVINS : leurs attributions à Abbeville, 243 ; — leur nombre, 244 ; — durée de leurs fonctions, ib.; — conditions requises pour exercer la charge d'échevin, 244 ; — ils exercent avec le maire le tabellionage, 245 ; — serment qu'ils prêtent après leur élection, 251 ; — leur nombre est réduit par Henri IV, 256. — Voy. *Elections municipales*.
ECHEVINS DE RECUEIL : ce que c'était, 251.
ECHEVINS : de Crécy, 263 ; — de Fontaine-sur-Somme, 310.
ECOLES chrétiennes : 519.
EGLISES paroissiales d'Abbeville : Notre-Dame-du-Châtel, 486 ; — Saint-Nicolas, 487 ; — Saint-Vulfran-de-la-Chaussée, 488 ; — Saint-Georges, ib. ; — Saint-André, 490 ; — Sainte-Catherine, ib. ; — Saint-Eloy, 491 ; — Saint-Etienne, 492 ; — Saint-Gilles, 493 ; Saint-Jacques, ib. ; — Saint-Sépulcre, 494 ; — Saint-Jean-des-Prés, ib. ; — Saint-Paul, 495 ; — Notre-Dame-de-la-Chappelle, 496 ; — Saint-Jean-de-Rouvroy, ib.
EGLISES paroissiales de Montreuil : Notre-Dame-en-Darnetal, 499 ; — Saint-Vulphy, ib. ; — Saint-Pierre, 500 ; — Saint-Valoy, ib. ; — Saint-Josse-au-Val, 501 ; — Saint-Jacques, ib. — Voy. *Chapitres et Chapelles*.
EGMONT (le comte d') : maltraite un de ses créanciers, bourgeois d'Abbeville, 206 ; — est mis en prison par M. de Rambures, ib.

ELECTIONS MUNICIPALES : ont lieu à Abbeville, chaque année, le 24 août, 249; — détails sur les diverses formalités qui sont observées dans ces élections, 250; — luttes auxquelles elles donnent lieu, 254; — sont contrariées en différentes occasions par les rois d'Angleterre, les ducs de Bourgogne, les rois de France, 255 et suiv.

ELECTIONS municipales de Montreuil : comment on y procède, 258, 261.

ELECTION de Ponthieu : sa division et ses attributions, 415, 416.

ELÉONORE (la reine) : passe à Abbeville en 1531, p. 22.

ENSEIGNES des maisons d'Abbeville : 222.

ENTERREMENTS : cérémonial qu'on y observe aux XVIIe et XVIIIe siècles, 187; — enterrement de M. de Melun, 188 : — de Mme de Rambures, ib.; — Voy. Confréries.

ESCALIERS : comment construits, 226.

ESPAGNOLS : commettent de grands ravages dans le Ponthieu, 88, 118, 120, 121.

ETALONDE : est impliqué dans l'affaire du chevalier de La Barre, 154; — est condamné à mort par contumace, 155.

ETATS DE LA SÉNÉCHAUSSÉE de Ponthieu : convoqués en 1560, p. 43; analyse de leurs remontrances, ib. et suiv.

ETATS-GÉNÉRAUX de 1789 : analyse des cahiers des trois ordres du comté de Ponthieu, 168 et suiv.

ETATS DE PICARDIE : protestent en 1614 contre les mœurs scandaleuses du clergé, 175.

EVÊQUE d'Amiens : excommunie les échevins d'Abbeville, 283, 289.

EXORCISMES : cérémonies qu'on y observe, 196 et suiv.

F

FARGUES (Balthasar) : s'insurge dans Hesdin, 126; met le Ponthieu à contribution, 126; attaque tour-à-tour Abbeville, Saint-Valery et d'autres localités, 127; — il est arrêté par ordre de Louvois, jugé par le présidial d'Abbeville et exécuté dans cette ville, 128.

FEMMES : sont brûlées vives ou enterrées vivantes, 280.

FEMMES de mauvaise vie : comment punies au XIIIe siècle, 286.

FEMMES d'Abbeville : ce qu'en dit le P. Ignace, 210.

FÉNÉLON : est nommé par Louis XIV à l'abbaye de Saint-Valery, 423.

FIANÇAILLES, 192.

FILLES PUBLIQUES : comment elles sont punies, 213.

FOIRES d'Abbeville, 383; — de Crécy, 387; — du Crotoy, ib.; — de Dompierre, ib.; — de Montreuil, 386; — du Pont-Remy, 387; — de Quentovic, 353; — de Saint-Riquier, 387; — de Senarpont, ib.; — de Saint-Valery, ib.

FORÊT DE GADEN, 451; — de Cantâtre, ib.

FORTIFICATIONS des villes : les habitants en payaient les frais, 343; — y travaillaient souvent eux-mêmes, 345.

FRANCHE-FÊTE : ce que c'était, 243.

FRANÇOIS Ier : signe à Abbeville en 1527 un traité avec l'Angleterre, 22; — félicite publiquement les femmes de Saint-Riquier sur leur courage, 25; — assiste à Abbeville au mariage de Louis XII, 18; — revient dans cette ville en 1517, ib.; — déclare la guerre à Charles-

Quint, ib. ; — établit son quartier général dans l'abbaye de Forêt-Montier, 30; — accorde un franc-marché à Saint-Riquier, 25.

FRONDE (troubles de la), 120.

FUSTEMBERG (le comte de) : tient garnison à Abbeville avec des troupes nombreuses, 27.

G

GABRIELLE D'ESTRÉES : vient loger chez sa sœur, abbesse de Bertaucourt, 468.

GAMACHES : reçoit en 1230 une charte de commune conforme à celle de Saint-Quentin, 263, note ; — adhère à la Ligue, 63. — Voy. *Mayenne* et *Henri IV*.

GÉNÉRALITÉ d'Amiens, 415.

GENS DE GUERRE : tableau des ravages qu'ils exercent aux XVIe et XVIIe siècles dans le Ponthieu, 26, 32, 46, 91, 103, 107, 115, 121, 135 et suiv.

GENTILSHOMMES : excès qu'ils commettent à l'égard de leurs vassaux, 45 et suiv.

GEOLIER d'Abbeville, 267.

GUILDES de Montreuil, 261.

GOUVERNEURS des villes du Ponthieu : 343 ; — juraient de maintenir les priviléges des habitants, 341 ; — étaient payés par les communes, 342.

GRANDES ÉCOLES : Voy. *Collége*.

GRENIER A SEL : détails sur cette juridiction, 416.

GRUTUZE (hôtel de la) : 12, 16, 224.

GUESCHART : combat livré près de ce village, en 1638, p. 116.

GUEULDONS de Montreuil, 408 ; — leur nombre, leurs prérogatives, ib.

GUI 1er, comte de Ponthieu : fonde à Abbeville le prieuré de Saint-Pierre, 450 ; — son tombeau, 455.

H

HALLES d'Abbeville, 400.

HÉMON DE LA FOSSE, étudiant picard ; commet un acte sacrilége à la Sainte-Chapelle de Paris, 7 ; — est condamné à mort et exécuté, 9.

HENRI II, roi de France : visite Abbeville, en 1550, p. 34.

HENRI III : recommande aux magistrats d'Abbeville de veiller à la sûreté des catholiques et des calvinistes, 55 ; — écrit au maire de cette ville pour déjouer les projets des séditieux, 59 ; — écrit aux Abbevillois à l'occasion de l'assassinat du duc de Guise, 61.

HENRI IV : se rend à Gamaches après la bataille d'Arques, 67 ; — détails sur le séjour de ce prince dans ce bourg, 68 ; — fait à Abbeville son entrée solennelle, 83 ; — détails de sa réception, ib. ; — s'embarque à Saint-Valery en 1596, p. 89 ; — écrit aux magistrats à l'occasion de la prise d'Amiens, 90 ; — apporte un changement notable dans la constitution du corps municipal, 256 ; — vient visiter Gabrielle d'Estrées à l'abbaye de Bertaucourt, 468.

HENRIETTE DE FRANCE, fille de Henri IV, passe à Abbeville en 1625, p. 100 ; — elle y revient en 1660 et 1665, p. 101.

HIVER de 1709, p. 132 ; — de 1740, p. 147.

HIERMONT : détails sur le château de cette ville, 340.

HOLLANDAIS : font redresser à leurs

frais le cours de la Somme, 356.
HOMICIDE involontaire : comment il était puni, 281.
HOPITAUX d'Abbeville : Hôtel-Dieu, 501 ; — maladrerie du Val, 503 ; — hôpital de la Madelène, 505 ; — de Saint-Julien, 508 ; — du Saint-Esprit, ib. ; — de Saint-Jean, 509 ; — de Notre-Dame de Boulogne, ib. ; — de Saint-Jacques, ib. ; — de Saint-Nicolas, ib. ; — de Saint-Jean de Jérusalem, ib. ; — de Saint-Laurent, ib. ; — de Jean Le Sellier ; ib. ; — de Saint-Etienne, ib. ; — des pauvres et des enfants trouvés, 511 ; — de Saint-Joseph, 512.
HORACE FARNÈSE : tué à Hesdin, est inhumé dans l'église des Minimes d'Abbeville, 34.
HOSPICES : de Saint-Riquier, 513 ; — de Saint-Valery, 515 ; — de Rue, 516 ; — de Crécy, ib. ; — d'Ault, 517.
HÔTEL-DIEU de Montreuil : Voy. *Maladrerie.*

I

IMPÉRIAUX : détails sur leurs invasions dans le Ponthieu, 35, 38, 40.
IMPÔTS MUNICIPAUX : 302 et suiv.
IMPRIMERIE : s'établit à Abbeville en 1486, p. 365 ; — disparaît et s'y établit de nouveau, 371.
INCENDIES : 201, 284.
INFANTICIDE : comment il était puni, 281 ; — enquêtes auxquelles il donnait lieu, ib.

J

JACOBINS : leur établissement à Abbeville, 465.

JACQUES II : passe à Abbeville, 125.
JANSÉNISME (querelles du) à Abbeville, 141 ; — persécutions exercées contre les opposants à la Bulle, 142.
JÉSUITES : font une mission à Abbeville, en 1776, p. 144 ; — détails relatifs à cette mission, ib. ; — reviennent dans cette ville en 1758, p. 149.
JEUX d'adresse, 204, — d'armes, ib. ; — de barres, ib. ; — de cartes, ib. ; — de hasard, 203.
JUGES ECCLÉSIASTIQUES : entravent l'exercice de la justice municipale, 289.
JUSTICE : abus qui se commettent dans son administration, 45.
JUSTICE (haute) : ce qu'elle comprenait, à Abbeville, 273.
JUSTICE (moyenne) : ce qu'elle comprenait, 273.
JUSTICE (basse) : ce qu'elle comprenait 273.
JUSTICE MUNICIPALE : quel en est l'esprit, 274, 299, 300 ; — donne souvent par sa lenteur l'impunité aux coupables, 287. Voy. *Echevinage.*
JUSTICE CONSULAIRE : établie à Abbeville en 1567, p. 415.

L

LA BARRE (le chevalier de) : accusé d'avoir mutilé un crucifix sur le Pont-Neuf, 153 ; — son procès, 154 ; — son supplice, 160.
LAMBIN (Denis) : cité, 55.
LECLERC (Philippe) : fonde à Abbeville une fabrique de moquettes, 373 ; — les priviléges de cette fabriques sont supprimés, 376.
LÉGISLATION CRIMINELLE au XVIIIe siècle, 211.

LIGUE : est propagée dans la Picardie, 55 ; — fait de grands progrès à Abbeville en 1588, p. 61 ; — tableau des misères qu'elle avait produites dans le pays, en 1593, p. 78 ; — les prédicateurs qui avaient soutenu la Ligue à Abbeville en sont chassés, 81.

LIGUEURS : forment en 1584 une association à Abbeville, 56 ; — signent une alliance avec ceux d'Amiens, 59 ; — forment le projet de livrer la ville au duc d'Aumale, ib. ; — font diverses expéditions militaires, 63, 64, 66, 69 ; — refusent en 1593 de reconnaitre Henri IV, 77 ; — ils persécutent les magistrats royalistes et les calvinistes, 78 ; — envoyent en 1594 une députation pour présenter leur soumission à Henri IV, 81.

LIT NUPTIAL : ce qui se passe lors de la bénédiction, 192.

LIVRE ROUGE : renferme les jugements de l'échevinage d'Abbeville, 273.

LOMBARDS : avaient à Abbeville le monopole de l'usure, 363 ; — obligations qui leur sont imposées, ib.

LORRAINE (Louis-Joseph de) : comte de Ponthieu, 122, note.

LOUIS XI : confirme et viole tour-à-tour les priviléges de la cité, 256 ; — envoye des commissaires réformateurs à Montreuil, 262 ; — rend une ordonnance relative aux finances de cette ville, ib. ; — confirme les statuts des métiers d'Abbeville, 392 ; — fait arrêter deux carmes du couvent de Montreuil, 456.

LOUIS XII : se rend à Abbeville pour y épouser la princesse Marie, sœur de Henri VIII, roi d'Angleterre, 11 et suiv.

LOUIS XIII : visite Abbeville en 1620, p. 97 ; — harangue qui lui est adressée par le maire, 99 ; — il voue en 1637 son royaume à la Vierge dans l'église des Minimes, 114 ; — se rend à Abbeville en 1638 pour surveiller les opérations de la guerre, 116 ; — revient dans cette ville en se rendant au siége d'Hesdin, 118 ; — donne ordre au corps électoral d'Abbeville de nommer un mayeur qu'il désigne, 257.

LOUIS XIV : passe à Abbeville en 1657, p. 123 ; — y vient de nouveau en 1658, p. 124 ; — il tombe malade à Calais et il est guéri par un médecin d'Abbeville, ib. ; — il enlève aux mayeurs de cette ville le privilége de la noblesse, 240.

LOUP DE FERRIÈRES, abbé de Saint-Josse-sur-Mer, 435.

LUYNES (le duc de) : accompagne Louis XIII dans son voyage à Abbeville ; — détails sur sa réception, ib.

M

MAILLY (le comte de) : dernier gouverneur d'Abbeville, 342 ; — est arrêté en 1793 et condamné à mort, ib.

MAIRES : de Crécy, 263 ; — de Gamaches, ib. ; — de Saint-Valery, ib.

MAISONS : comment construites à Abbeville, 219 ; — couvertes en tuiles en 1278, p. 220 ; — sont chargées de sculptures, 221 ; — inscriptions qu'on lit sur quelques unes d'entre elles, 222 ; — leurs dispositions intérieures, 225.

MAITRES DES OUVRAGES : ce qu'ils faisaient à Abbeville, 416.

34.

MAITRISE DES EAUX ET FORÊTS : avait un siége à Abbeville, 265.

MALADRERIES : de Montreuil, 517; — de Waben, 506 ; — des autres localités du Ponthieu, 505. — Voy. *Hôpitaux*.

MANUFACTURES royales des Rames et des Moquettes. — Voy. *Van Robais* et *Leclerc*.

MARÉCHAUSSÉE : attributions de ce tribunal, 414.

MARIE (la princesse) : sœur de Henri VIII, roi d'Angleterre, se rend à Abbeville en 1514; détails sur son cortége, son entrée, son costume, 13 et suiv.

MARINS D'ABBEVILLE : leurs priviléges, 402.

MAYENNE (le duc de) : s'empare de Gamaches en 1589, p. 66; — s'arrête dans ce bourg après la bataille d'Arques, ib. ; — vient camper au Pont-Remi, 67 ; — lettres qu'il adresse aux Abbevillois, 77, 180.

MAYEUR D'ABBEVILLE : par qui il était élu, 252; — intervient dans les distributions de secours publics, 198 ; — il est choisi dans la bourgeoisie ou dans la noblesse, 238 ; — ses attributions comme chef militaire, comme officier de justice, comme magistrat de police, 238, 239; — cède son autorité pendant cinq jours aux chanoines de Saint-Vulfran et pendant trois jours aux moines de Saint-Pierre, 242 ; — durée de ses fonctions, 239 ; — serment qu'il prête après son élection, 251 ; — cérémonial de son inauguration, 252 ; — est responsable des délits de la commune, 239 ; — anoblit en 1369, p. 240 ; — son cortége, 241 ; —attachait les condamnés au pilori, 285 ; — rendait compte à son successeur, 310 ; — fixait le prix du vin et de diverses autres denrées ou marchandises, 367 ; — cérémonial observé lorsque la femme du mayeur accouche d'un fils, 241. — Voy. *Élections municipales.*

MAYEURS DE BANNIÈRES : forment à Abbeville le corps électoral de la commune, 250 ; — sont élus par les gens de métiers, ib. ; — leur nombre, leurs attributions, leurs priviléges, etc., 247, 390, 391, 395.

MAYEUR DE MONTREUIL : comment il était élu, 258 ; — prête serment à la commune, 259 ; — mayeur principal, ce que c'était à Montreuil, 258.

MAZARIN : passe à Abbeville en 1651, p. 122.

MENDICITÉ : 199.

MERCIERS : ce qui leur est prescrit, 399 ; — ont le droit de précéder les orfèvres dans les cérémonies publiques, 405.

MÈRES ALERESSES : ce que c'était à Abbeville et à Montreuil, 260.

MILICES BOURGEOISES D'ABBEVILLE : leur organisation, 322 et suiv., 331; — détails sur leur service, ib. ; — leurs jeux, 332 ; — exemptes de ban et d'arrière-ban, 28 ; — assistent à la bataille de Bouvines, 323. — Voy. *Archers, Compagnies de Jeunesse.*

MILICES BOURGEOISES DE MONTREUIL : 333.

MINIMES : origine de ce couvent à Abbeville, 462.

MINIMESSES : couvent fondé à Abbeville en 1601, 473 ; — difficultés qui contrarient cet établissement, ib.

MISSIONS à Abbeville : en 1736, 1758 et 1776, p. 144, 149, 183.

MOINES : leurs mœurs aux XVIe et XVIIe siècles, 44, 177 et suiv.
MONTREUIL : agrandissement de cette ville, 233 ; — elle est attaquée en 1524, p. 20 ; — envoye en 1525 une députation réclamer des secours à l'échevinage de Paris, 21 ; — assiégée et prise en 1537 par le comte de Bures, 25 ; — la capitulation est violée par l'ennemi, 26 ; — les fortifications de cette ville sont relevées en 1542, p. 27 ; — assiégée en 1544 et défendue par le maréchal Dubiez, 28 ; — ravagée par la peste en 1596, p. 89, note ; — les habitants prennent les armes pour s'opposer à l'enlèvement des reliques de Saint-Vulphy, 181 ; — exercent des actes de violence contre l'évêque d'Amiens, Mr de Caumartin, ib. ; — sont excommuniés par ce prélat, ib. ; — punition qu'on leur inflige, 182 ; — élections municipales et composition de l'échevinage de cette ville, 261, 262 ; — attributions judiciaires des officiers municipaux, 298 ; — état des dettes de Montreuil en 1464, p. 262 ; — ses privilèges et ses franchises, 317 ; — ses fortifications et son château, 341, 339 ; — détails sur ses fabriques et son commerce, 358, 381 ; — marché de cette ville, 385 ; — elle est donnée à titre d'apanage au comte d'Artois, 168, note. — Voy. *Alix*, *Foires*.
MOULINS à eau : leur nombre à Abbeville, 231.
MUTILATIONS : 275, 277.
MYSTÈRES, ALLÉGORIES : Voy. *Théâtre*.

N

NEMOURS (le duc de) : attaque les impériaux aux environs de Rue, 37 ; — se retire en bon ordre sur Abbeville, ib.
NORMANDIE (habitants de la) : se réfugient à Abbeville, 131.

O

OFFICE DES TRAITES, 417.
OFFICIERS ROYAUX : ne pouvaient entrer dans l'échevinage, 268 ; — surveillaient les finances des villes, 310.
ORFÈVRES : obligations qui leur sont imposées à Abbeville, 395.
OUVRIERS : leur salaire au moyen-âge et dans le XVIIIe siècle, 369, 380.

P

PAGANISME : on en retrouve des traces dans les statuts synodaux de 1456, p. 198.
PARACLET (le) : établissement de ce monastère à Abbeville 474.
PARADIS : comment il est représenté dans les jeux scéniques au XVe siècle, p. 6.
PAUVRES : secourus par la commune, 199 ; — règlements auxquels ils sont soumis, ib.
PÊCHE des côtes du Ponthieu : 372.
PÊCHERIE de mer et d'eau douce : 360.
PEINTURES à fresques : sont appliquées sur les édifices publics du moyen-âge, 228, 337.
PÉLERINAGES : 192, 193.
PENTECÔTE (fête de la) : comment célébrée à Flixecourt, 186.
PESTE : 57, 89, 91, 108 ; — détails relatifs aux précautions hygiéniques qu'on prenait en temps de peste, 109 et suiv.
PESTIFÉRÉS : comment ils sont administrés par les prêtres, 112, 113.
PHILIPPE-AUGUSTE : charte qu'il accorde aux marchands d'Abbeville, 353.

Pierre-le-Grand : passe à Abbeville, 138.
Poids et mesures : 45, 266.
Police d'Abbeville : aux XVI° et XVII° siècles, 200, 253.
Police des Métiers : 392 et suiv. ; — des fêtes et dimanches, 398, 399.
Ponthieu (comté de) : donné par Henri III à Diane de Valois, 56 ; — Henri IV déclare que ce comté restera uni à la couronne, ib ; — Louis XIII le donne à Charles-de-Valois, ib. — Voy. *Artois, Lorraine.*
Ponthieu (habitants du) : leur caractère ; ce qu'en dit l'intendant Bignon, 209.
Pont-Rouge : chute de ce pont, en 1764, p. 152.
Population : Voy. *Abbeville.*
Portes : comment construites, 225.
Portier d'Abbeville, 253, 338 ; — de Montreuil, 261, 333.
Pourceaux : condamnés à mort par l'échevinage d'Abbeville, 284.
Présents de ville : en quoi ils consistent aux XVI° et XVII° siècles, 207.
Présidial : attributions de ce tribunal, 411.
Prêtres : leurs mœurs au XVI° siècle, 43, 44, 175 et suiv.
Prévôtés de Doullens, 413 ; — de Saint-Riquier, ib ; — du Vimeu, ib.
Prieuré de Saint-Pierre d'Abbeville : charte de fondation de ce monastère, 450 ; — sa juridiction féodale, 453 ; — ses priviléges, ib. ; — les moines de Saint-Pierre exercent pendant trois jours la magistrature municipale, 242 ; — vendent ce droit de magistrature à la commune, ib. ; — reçoivent chaque année une visite de la part des officiers municipaux, 251 ; — assistent aux assemblées de l'échevinage d'Abbeville, 270.
Prieurés-Cures ou Prieurés simples : leur nombre dans le Ponthieu, 420.
Processions : détails sur le cérémonial qui s'y pratiquait, 183 et suiv. — Voy. *Missions.*
Procureur-Fiscal : ses attributions à Abbeville, 264.
Protestants : violences auxquelles ils sont en butte, 130 ; — achètent des armes à Abbeville ; on prend contre eux des précautions dans le Ponthieu en 1622, p. 99 ; — le temple qu'ils avaient élevé à Saint-Riquier est détruit par ordre du roi, 130 ; — ils refusent de se convertir et passent à l'étranger, 131. — Voy. *Calvinistes.*

Q

Quentovic : détails sur cette ville, 352.

R

Rambures (André de) : fonde à Abbeville le couvent des Minimes, 462.
Rapportissement : ce que c'était, 292 ; — exemple de cette cérémonie symbolique, ib.
Reliques : de Dommartin, 440 ; — de Selincourt, 449 ; — de Saint-Pierre d'Abbeville, 455 ; — de Long-Pré, 483. — Voy. *Montreuil.*
Renouvellement de la loi : Voy. *Elections municipales.*
Richelieu (le cardinal de) : vient visiter les fortifications d'Abbeville, 106 ; — loge au Pont-Remy, 117.
Roi des archers, 326, 334.
Rue : emportée d'assaut en 1524, p. 20 ; — donnée comme place de

— 541 —

sûreté au prince de Condé, 55; — Bourbon Rubempré s'en empare par escalade, 69; — est assiégée par le duc de Parme, 72; — attaquée par le duc d'Aumale, 76; — ce qu'en dit l'ambassadeur vénitien Marc-Antoine Barbaro, 339; — destruction de ses murailles et de sa citadelle, 340; — confirmation de ses priviléges, 312, 319. — Voy. *Chapelle*, *Savoie*.

Rues d'Abbeville : origine de leurs noms, 229; — époque à laquelle elles sont pavées, 219.

Rues de Montreuil, 234.

S

Sacrements : comment ils sont administrés, 191 et suiv.

Sages-Femmes : obligations qui leur sont imposées, 191.

Saint-Barthélemy : ce qui se passe à Abbeville au moment de cette journée célèbre, 54.

Saint-Delis d'Haucourt, gouverneur d'Abbeville ; favorise les calvinistes, 47; — est tué par la populace d'Abbeville, 49.

Saint-Riquier (ville de) : attaquée en 1524 ; l'ennemi est contraint à la retraite avec perte de 400 hommes, 20; — défendue et sauvée par les femmes en 1536, p. 24; — prise et brûlée par les Anglais, 30; — les Espagnols entrent dans cette ville et ravagent le pays, 76; — ses fortifications et ses portes, 341; — établissement de son franc-marché, 389. — Voy. *Abbaye de Saint-Riquier* et *François I*er.

Saint-Valery (ville de) : adhère à la Ligue, 63; — prise par le duc de Nevers, 70; — occupée par le duc de Mayenne, 72; — prise par le duc de Longueville, 74; — enlevée aux royalistes par le comte de Mansfeld, 75; — reprise sur les Espagnols par la garnison de Rue, ib. ; — menacée par Balthasar de Fargues, 127; — les habitants forcent cet aventurier à la retraite, ib.; — priviléges de cette ville, 320; — elle avait un château et un gouverneur militaire, 329, 343; — détails sur son port, 371, 377; — nomination du maire, 263. — Voy. *Foires*, *Adultère* et *Abbaye de Saint-Valery*.

Saint-Vulfran : ses reliques préservent Abbeville des ravages de la peste, 113, note.

Saint-Vulfran (chanoines de) : se battent avec les cordeliers d'Abbeville, 178; — exercent pendant cinq jours la magistrature municipale, 242; — assistent aux assemblées de l'échevinage d'Abbeville, 270; — les mœurs aux XVIe et XVIIe siècles, 174. — Voy. *Chapitres*.

Salines du Ponthieu, 361.

Savoie (le duc de) : tente une expédition contre Rue, 36.

Sculpture sur bois : fort en honneur à Abbeville, 221.

Sénéchal du Ponthieu : surveille dans l'échevinage le maintien des droits du roi, 268.

Sénéchaussée de Ponthieu : érigée en justice royale en 1369, p. 410; — ressortissait au parlement de Paris, 411; — divisée en cinq bailliages, 412; — étendue de son ressort, ib.

Sénéchaussée de Ponthieu (réunion des trois ordres de la) : à l'occasion des états-généraux de 1614, p. 95.

Sergents d'Abbeville : 251, 267.
Serruriers : police de leur corporation, 397, 398.
Siéger et Sous-Siéger : leurs attributions à Abbeville, 263, 264.
Soeurs-Blanches : de l'ordre de Saint-Dominique ; viennent à Abbeville, en 1553, p. 472 ; — à Saint-Valery en 1520, p. 473.
Soeurs-Grises : succèdent aux Béguines à Abbeville, 471 ; — leur origine à Montreuil, 472 ; — à Rue, ib.
Statuts des Métiers d'Abbeville : détails y relatifs, 392 et suiv.
Statuts synodaux d'Amiens : ce qu'ils disent des habitudes du clergé, 176.
Suette : se déclare à Abbeville en 1718, p. 139 ; — ravages qu'elle y exerce, ib.
Suicidés : peines qui sont infligées à leurs cadavres, 282, 283.
Supplices : on en trouve quatre espèces à Abbeville pour les condamnations capitales, 279 ; — sont différents pour les hommes et pour les femmes, 280. — Voy. *Pourceaux*.
Supplices au XVIII° siècle, 213, 214.

T

Tavernes : règlements de police y relatifs, 202, 203.
Taverniers : ce qui leur est prescrit, 396.
Templiers : leurs établissements dans le Ponthieu, 456 ; — instruction dirigée contre les chevaliers d'Oisemont, 457 ; — supplice de ceux d'Abbeville, ib.
Théatre : détails sur les divers théâtres dressés à Abbeville pour la réception de Charles VIII ; devises diverses et personnages qui figurent sur ces théâtres, 3 et suiv. ; — autres détails sur les théâtres élevés dans la même ville, lors de l'entrée de la princesse Marie, soeur de Henri VIII, roi d'Angleterre, 15, 16. — Voy. *Tome I*er, *p.* 325.
Tourbières de la vallée de Somme, 361.
Tremblement de terre à Abbeville : 55.
Turenne : passe à Abbeville, 125.

U

Ursulines : couvent fondé en 1613, p. 474.

V

Valines (Joseph de) : empoisonne dans un dîner son père, sa mère et différentes personnes, 150 ; — son procès, ib. ; — son supplice, 151.
Valois (Marie-Françoise de) : comtesse de Ponthieu, 122, note.
Van-Robais (Josse) : établit à Abbeville une fabrique de draps fins, 372 ; — priviléges qu'il obtient, ib ; — fâcheux effets que produisent ces priviléges, 374.
Vauban : loge à Abbeville à l'hôtel de la Tête-de-Boeuf, 125 ; — son mémoire sur l'état de cette place en 1689, p. 350.
Vendôme (le duc de) : réunit 40,000 hommes entre Amiens et Abbeville, 35 ; — établit son quartier-général à Dompierre, ib.
Vicomte d'Abbeville : 285.
Vicomtes de Montreuil : 261.
Vierge (la Sainte) : comment on la représentait au XV° siècle, dans les jeux scéniques à Abbeville, 4 et suiv.
Vignes : cultivées à Thuison près Abbeville, 461.

VILLES DU PONTHIEU : mesures qu'elles prenent en cas de danger pour se préserver de toute surprise, 347, 348 ; — détails sur leurs finances, 301 ; — leurs priviléges, 311.

VIMEU : voy. *Prévôtés.*

VISITATION DE SAINTE-MARIE : origine de ce couvent, 475.

VOIES DE FAIT : comment punies au moyen-âge, 274.

VOLEURS : comment on procède à leur exécution, 285.

WABEN : avait un port au XIIIe siècle, 383.

WERT (Jean de) : s'avance dans le Ponthieu à la tête de 30,000 hommes, 104 ; — il pousse une reconnaissance jusqu'aux portes d'Abbeville, 105 ; — détails sur les cruautés commises par ses soldats, 107.

FIN DU DEUXIÈME ET DERNIER VOLUME.

LISTE DES SOUSCRIPTEURS.

MM.
Acoulon (Jules), professeur au collége d'Aurillac.
Aliamet (Auguste), juge de paix, à Abbeville.
Aliamet de Condé, ✽, propriétaire, à Abbeville.
Aliamet (Paul), juge au tribunal civil de première instance de Provins.
Assegond (Isidore), propriétaire, à Abbeville.
Bachelier, avoué, membre du conseil municipal, juge suppléant, à Abbeville.
Baillet, ✽, inspecteur-général honoraire des mines, ancien membre du conseil-général de la Somme, à Abbeville.
Baillon, correspondant du Muséum d'histoire naturelle, membre du conseil municipal, à Abbeville.
Barthès, directeur des bains, à Abbeville.
Bazin-Joly, négociant, à Abbeville.
Beaucousin, membre du conseil d'arrondissement et conseiller municipal, à Abbeville.

MM.

Beaussart, vitrier, à Abbeville.

Belin, avoué, à Abbeville.

Berly, instituteur, à Caubert.

Bertin, négociant, à Abbeville.

Béthune, bottier, à Abbeville.

Beurrier (A.), fontainier, à Abbeville.

Blaire, propriétaire, à Saint-Valery.

Blancart, maire de Nibas.

Boinet, maître d'écriture, à Abbeville.

Boinet (Camille), limonadier, à Abbeville.

Boizard, charpentier, à Abbeville.

Boizard, négociant, à Abbeville.

Boucher, avoué, conseiller municipal, à Abbeville.

Boucher-Cantrelle, négociant, à Abbeville.

Boucher de Crèvecoeur (J.-A.-G.), membre associé de l'Institut et de la Société d'Emulation, à Abbeville.

Boucher de Crèvecoeur de Perthes, ✻, directeur des douanes, membre de la société archéologique d'Angleterre, de l'académie des Georgofili de Florence, et président de la Société d'Emulation, à Abbeville.

Boullon (Paul), propriétaire, à Abbeville.

Bouquot, imprimeur, à Troyes.

Bouvaist, docteur en médecine, membre de la Société d'Emulation, à Abbeville.

Boyenval, greffier de la justice de paix (canton Sud), à Abbeville.

Brégeaut, pharmacien, correspondant de l'Académie agricole et manufacturière de France, de la Société des Sciences physiques et chimiques de Paris, et membre de la Société d'Emulation, à Abbeville.

Brion, ancien professeur de mathématiques et de physique au collége d'Abbeville, correspondant de la Société d'Emulation.

Brisez (Jules), substitut du procureur du roi, à Amiens.

Brulé, notaire, adjoint au maire, à Saint-Valery.

Brunet, pharmacien, membre de la Société d'Emulation, à Abbeville.

Bultel (Emile), ancien contrôleur de l'octroi, à Abbeville.

Cadot, employé au chemin de fer, à Abbeville.

MM.

Caillet (Charles), commis, à Abbeville.
Calluaud (Henri), auditeur au conseil-d'état, sous-préfet de l'arrondissement d'Abbeville.
Calmon, instituteur, à Vron.
Cantrelle aîné, négociant, à Rouen.
Capet, maire de Crécy.
Caron (Alfred), libraire, à Amiens, deux exemplaires.
Caron-Acoulon, propriétaire, à Abbeville.
Carrère, ✻, capitaine retraité, à Abbeville.
Carteron aîné, blanchisseur, au Pont-Remy.
Cherbonnier, juge d'instruction, à Abbeville.
Cherest, principal du collége, officier de l'université, membre de la Société d'Emulation, à Abbbeville.
Collier (J.-B.), à Abbeville.
Cordier, C. ✻, membre de l'institut, pair de France, inspecteur-général des mines, conseiller-d'état, à Paris.
Coulombel, propriétaire, à Abbeville.
Crépin (Isidore), serrurier, à Abbeville.
Crépy, à Hesdin.
Croutelle, régent au collége d'Abbeville.
Daillier (Edouard), chef de bataillon et inspecteur des manufactures, à Blangy (Seine-Inférieure).
Dairaine, aumônier de l'hôpital-général, à Abbeville.
D'Anvin de Hardenthun (le baron), propriétaire, à Ochancourt.
Danzel (Octavien), à Abbeville, deux exemplaires.
Danzel (Félix), négociant, à Abbeville.
Darras, courtier de marine et de commerce, à Abbeville.
D'Aumale, propriétaire, à Abbeville.
Dauptain, négociant, à Provins.
Daverton, fabricant, à Abbeville.
Daverton aîné, propriétaire, à Abbeville.
De Beaufort, propriétaire, à Abbeville.
De Belleval (L. C.), correspondant du ministère de l'instruction publique pour les travaux historiques, conseiller municipal et membre de la Société d'Emulation, à Abbeville.
De Boubers-Abbeville, ✻ (le comte), propriétaire, à Long.

MM.

Debry, curé, à Vauchelles-lès-Quesnoy.
De Brossard de Ressenroy, propriétaire, a Abbeville.
De Buigny (madame), propriétaire, à Abbeville.
De Caieu (Auguste), négociant, ancien juge au tribunal de commerce, à Abbeville.
De Caieu de Vadicourt, propriétaire, conseiller municipal, à Abbeville.
De Camps (Jules), à Paris.
De Chauvenet (le baron de), ✻, ancien commandant du génie, à Abbeville.
Dechepy, instituteur à Crèvecœur, (Oise).
De Cossette, propriétaire, à Epagnette.
De Crept (Louis), propriétaire, maire, à Bernay.
De Férolles, propriétaire, à Abbeville.
De Fléchin (le marquis), propriétaire, à Abbeville.
De Freytag, propriétaire, à Abbeville.
De Freytag (madame), propriétaire, à Abbeville.
De Hemant, propriétaire, à Abbeville.
Degand, propriétaire, à Paris.
De Huppy-Neuville-Parcode, négociant, à Abbeville.
Delattre (J), ✻, capitaine de cavalerie en retraite, conseiller municipal, à Abbeville.
Delegorgue (Amédée), avocat, adjoint au maire, à Abbeville.
Delegorgue (Ernest), avocat, juge suppléant et commandant de la garde nationale, à Abbeville.
Delegorgue d'Orval, ✻, propriétaire, ancien commandant de la garde nationale et membre du bureau de bienfaisance, à Abbeville.
Delétoille, employé à la manufacture royale de tapis, à Abbeville.
Delf, avocat, à Abbeville.
Delignières (Adolphe), négociant, à Abbeville.
Delignières de Bommy, propriétaire, à Abbeville.
De l'Isle, receveur principal des Douanes, à Saint-Valery.
Demarsy, substitut du procureur du roi, à Abbeville.
De Moismont (A.), propriétaire, à Abbeville.
De Mons, ✻, propriétaire, à Abbeville.
D'Emonville (Arthur), propriétaire et membre du bureau de bienfaisance, à Abbeville.

MM.
DE MORGAN (B), propriétaire, à Abbeville.
DENEUVILLE, employé, à Abbeville.
DE PANEVINON (Ch.), propriétaire, à Abbeville.
DE POILLY, notaire, à Abbeville.
DE POILLY, avoué, à Abbeville.
DEQUEN, chef de bureau à la mairie, à Abbeville.
DEQUEN (François), employé aux hospices, à Abbeville.
DEQUEVAUVILLER, agent d'affaires, à Abbeville.
DEQUEVAUVILLER aîné, agent de change, à Abbeville.
DE RAMBURES (Adalbert), propriétaire, à Vaudricourt.
DE RAMBURES (Adrien), propriétaire, à Vaudricourt.
DE RAMBURES (Prosper), propriétaire, à Vaudricourt.
DERAY fils, maître d'hôtel, à Abbeville.
DE RIENCOURT (le comte Adrien), O. ✠, chevalier de Saint-Louis, lieutenant-colonel du génie, en retraite, à Bellevue, près Ferney.
DEROUSSEN DE FLORIVAL, procureur du roi, à Abbeville.
DES ESSARTS (le comte), propriétaire, à Abbeville.
DE TRIONVILLE (mademoiselle), propriétaire, à Abbeville.
DE VAUCHELLES (LECLERC DE BUSSY, comte), à Abbeville.
DE VAUDRICOURT (mademoiselle), propriétaire, à Oisemont.
DE VILLEPOIX, pharmacien, membre de la Société d'Emulation, à Abbeville.
DE VILLERS AU TERTRE, sous-contrôleur de l'octroi, à Abbeville.
DEVISMES, juge au tribunal de première instance, à Abbeville.
DEVISMES DE FLACOURT, propriétaire, à Abbeville.
D'HÉRICOURT (le comte Serviers), membre de plusieurs Sociétés savantes, à Arras.
DOBROMER, instituteur, à Mons-Boubers.
DOLIGER (Michel), commis greffier au greffe du tribunal de commerce, à Abbeville.
DOMETZ (Charles), propriétaire, à Epagnette.
DOUDET (Ch.), greffier du tribunal de commerce, à Abbeville.
DOUDOU, propriétaire, à Saint-Jean-lez-Rue.
DOVERGNE fils, bibliothécaire - honoraire de la ville d'Hesdin, deux exemplaires.
DOUVILLE (Jules), propriétaire, à Abbeville.

MM.

Douville de Maillefeu, propriétaire, à Abbeville.
Dubois, propriétaire, à Long.
Dubus, juge de paix, à Rue.
Ducastel, opticien, à Abbeville.
Ducastel (Alexandre), propriétaire, à Abbeville.
Duchesne de la Motte (Jules), propriétaire, à Abbeville.
Dufour, ingénieur des ponts-et-chaussées en retraite, à Abbeville.
Duguèvre (Jules), huissier, à Abbeville, deux exemplaires.
Du Maisniel (Anatole), propriétaire, à Abbeville.
Du Maisniel (Octave), propriétaire à Abbeville.
Du Maisniel de Liercourt (le comte), ✽, ancien député, à Abbeville.
Du Maisniel d'Applaincourt (le vicomte), propriétaire, à Abbeville.
Dumont (Alphonse), docteur en médecine, à Abbeville.
Dumont, menuisier, à Abbeville.
Dupuis, propriétaire, membre du conseil-général de la Somme, à Gueschart.
Dupuis, négociant, à Abbeville.
Dupuis (Mlle Sophie), maîtresse de pension, à Abbeville.
Durand, ✽, président du tribunal de première instance, à Abbeville.
Dusevel (H.), inspecteur des monuments historiques de la Somme, à Amiens.
Dutens (Albert), O ✽, maître des requêtes en service extraordinaire, ancien sous-préfet d'Abbeville.
Duval de Conteval, propriétaire, à Montreuil.
Eloy de Vicq, propriétaire, à Abbeville.
Elwerth de Zoya, propriétaire, à Abbeville.
Engerand (Théodule), négociant, à Abbeville.
Estancelin, ✽, député de la Somme, à Eu.
Falaize (Jules), négociant, à Abbeville.
Farcy, propriétaire, à Abbeville.
Flandrin (Ed.), avoué, à Abbeville.
Floury, afficheur, à Abbeville.
Foucques, propriétaire, à Abbeville.
François, propriétaire, à Cambron.
François (Achille), ✽, doyen de la faculté des lettres, à Lyon.
François (Isidore), négociant, à Abbeville.

MM.

François (P.-N.), arpenteur, à Cambron.
Frémont, propriétaire, à Abbeville.
Fréville-Delomelle, propriétaire, à Abbeville.
Fuselier, propriétaire, à Vron.
Gastaldi (Eugène), propriétaire, à Abbeville.
Gavelle, banquier, à Abbeville.
Gavelle (Emile), avocat, à Abbeville.
Gavelle (Henri), avocat, à Abbeville.
Gaudouin, maire, à Tœufles.
Godin (Alexandre), archiviste du département du Pas-de-Calais, à Arras.
Goret (Alexandre), négociant, président du tribunal de commerce, conseiller municipal, à Abbeville.
Gremetet, pharmacien, à Abbeville.
Griffon de Saint-Séverin, propriétaire, à Abbeville.
Guay (H.), juge-suppléant, à Abbeville.
Gurney (Daniel), à Norfolk.
Haast-Nicolle, négociant, à Abbeville.
Hecquet d'Orval (J.-B.), propriétaire, membre de la Société d'Emulation, à Abbeville.
Henocque-Durand, commissionnaire, à Abbeville.
Hérelle, ancien régent au collège d'Abbeville, professeur à Troyes.
Josse-Deglicourt, négociant, à Abbeville.
Labourt, propriétaire, ancien procureur du roi, à Doullens.
Lanier, notaire, conseiller municipal, à Abbeville.
Laurent, ✼, propriétaire, chevalier de l'ordre de Saint-Waldimir, ancien secrétaire de M. le duc de Richelieu, à Abbeville.
Laurent, curé de Caumont, près Hesdin.
Lebeau, propriétaire, à Provins.
Lebeau fils, imprimeur, à Provins.
Lebeuf (Désiré), propriétaire à Sainte-Croix, près Eu.
Ledieu (Hector), négociant, à Abbeville.
Leclerc (Géry), maître d'hôtel, à Abbeville.
Leclerc-Hubert, négociant, à Abbeville.
Lecomte (Charles), tamisier, à Abbeville.
Lefebure-du-Bus (Alexandre), juge-de-paix du canton d'Hallencourt.

MM.

Lemoine (F.), receveur de rentes, à Abbeville.
Lennel, (Jules), propriétaire, à Abbeville.
Lenoir, ✠, colonel du génie, à Abbeville.
Lestudier, conducteur des ponts-et-chaussées, à Abbeville.
Letellier, fabricant cordier, à Abbeville.
Leveau, ✠, ancien receveur particulier des finances, à Abbeville.
Lottin (Henri), négociant, à Abbeville.
Lucini (Auguste), propriétaire, à Abbeville.
Macqueron, ancien avoué, à Abbeville.
Maison, instituteur, à Long-Pré.
Mallet, épicier, à Abbeville.
Manessier-Dequevauviller, agent de change, à Abbeville.
Manessier-Poultier, négociant, à Abbeville.
Marcotte (Félix), employé à la Mairie, à Abbeville.
Martellet, négociant, à Abbeville.
Masse (Charles), propriétaire, à Dompierre.
Mauborgne, propriétaire, à Abbeville.
Mellier (Raoul), à Abbeville.
Mercher, bottier, à Abbeville.
Mesnières (Alexandre), à Rue.
Michel, curé de Saint-Vulfran, doyen, chanoine honoraire, archiprêtre de l'arrondissement d'Abbeville.
Monard, instituteur, à Rouvroy.
Monchaux (Alexandre), banquier, conseiller municipal, à Abbeville.
Montois aîné, propriétaire, à Abbeville.
Montois (Isidore), propriétaire, à Abbeville.
Morel (Henri), propriétaire, à Abbeville.
Morel de Campennelle, O. ✠, propriétaire, à Abbeville.
Morel (Pascal), ✠, négociant, à Abbeville.
Mundtveiller, O. ✠, capitaine d'artillerie en retraite, à Abbeville.
Nicolle aîné, négociant, à Abbeville.
Nortier, directeur de l'école modèle d'enseignement mutuel, à Abbeville.
Pannier (Edmond), adjoint au maire, à Abbeville.
Papavoine, avoué, secrétaire de la mairie, à Abbeville.
Pesquidous, percepteur des contributions, à Abbeville.

MM.
Petit (Charles), docteur en médecine, à Abbeville.
Picard (Nestor), propriétaire, à Abbeville.
Picard (Ch.), propriétaire, à Abbeville.
Pingré de Guémicourt (Paul), propriétaire, à Abbeville.
Plouard, avocat, à Abbeville.
Poidevin, clerc de notaire, à Abbeville.
Poirson (Auguste), O. ✻, proviseur du collége Charlemagne, à Paris.
Pollène, membre du comice agricole, à Tœufles.
Poultier (Henri), receveur du timbre, à Evreux.
Prarond (Ernest), membre de la Société royale d'Emulation, à Abbeville.
Prevot, professeur de musique, à Metz.
Quennehen, instituteur, à Valines.
Quesney, marchand de nouveautés, à Abbeville.
Racine (Emile), propriétaire, à Ville-Saint-Ouen.
Racine-Lecadieu, négociant, à Abbeville.
Randoing, ✻, manufacturier, membre du conseil-général des manufactures, du conseil-général de la Somme et conseiller-municipal, à Abbeville.
Ravin, docteur en médecine, membre du conseil d'arrondissement, à Saint-Valery.
Richard-Deray, carrossier, à Abbeville.
Ricquier-Siffait, droguiste, à Abbeville.
Rivette (madame), propriétaire, à Rouen.
Rofidal-Locqueville, garde du génie, à Abbeville.
Sauvage-Dougnac, horloger, à Abbeville.
Senéca, ✻, procureur général à la cour royale d'Orléans.
Siffait, juge-de-paix, à Abbeville.
Société (la) royale d'Emulation d'Abbeville.
Sollicoffre, propriétaire, à Huppy.
Tagault, jardinier, à Abbeville.
Thérouanne, notaire, à Vron.
Tholomé, fabricant, à Abbeville.
Tillette de Clermont, ✻, député, président du comice agricole de l'arrondissement d'Abbeville, à Cambron.

MM.

Traullé (François), membre de la Société d'Emulation, ancien président du tribunal de Commerce, à Abbeville.
Trogneux (Mlle Lucie), institutrice, à Abbeville.
Vacossin père, propriétaire, à Abbeville.
Van-Robais (Léon), propriétaire, à Abbeville.
Varry, notaire, à Abbeville.
Vayson, ✻, maire d'Abbeville, membre du conseil-général des manufactures et du conseil-général de la Somme.
Vayson (J.), à Abbeville.
Vésignié, docteur en médecine, membre du conseil d'arrondissement et conseiller municipal, à Abbeville, deux exemplaires.
Vion (Michel), imprimeur-libraire, ancien professeur de philosophie et ancien secrétaire de la Société d'Emulation d'Abbeville, à Doullens.
Watel, propriétaire, membre du bureau de bienfaisance, à Abbeville.

Abbeville, typographie Jeunet, rue Saint-Gilles, 108.

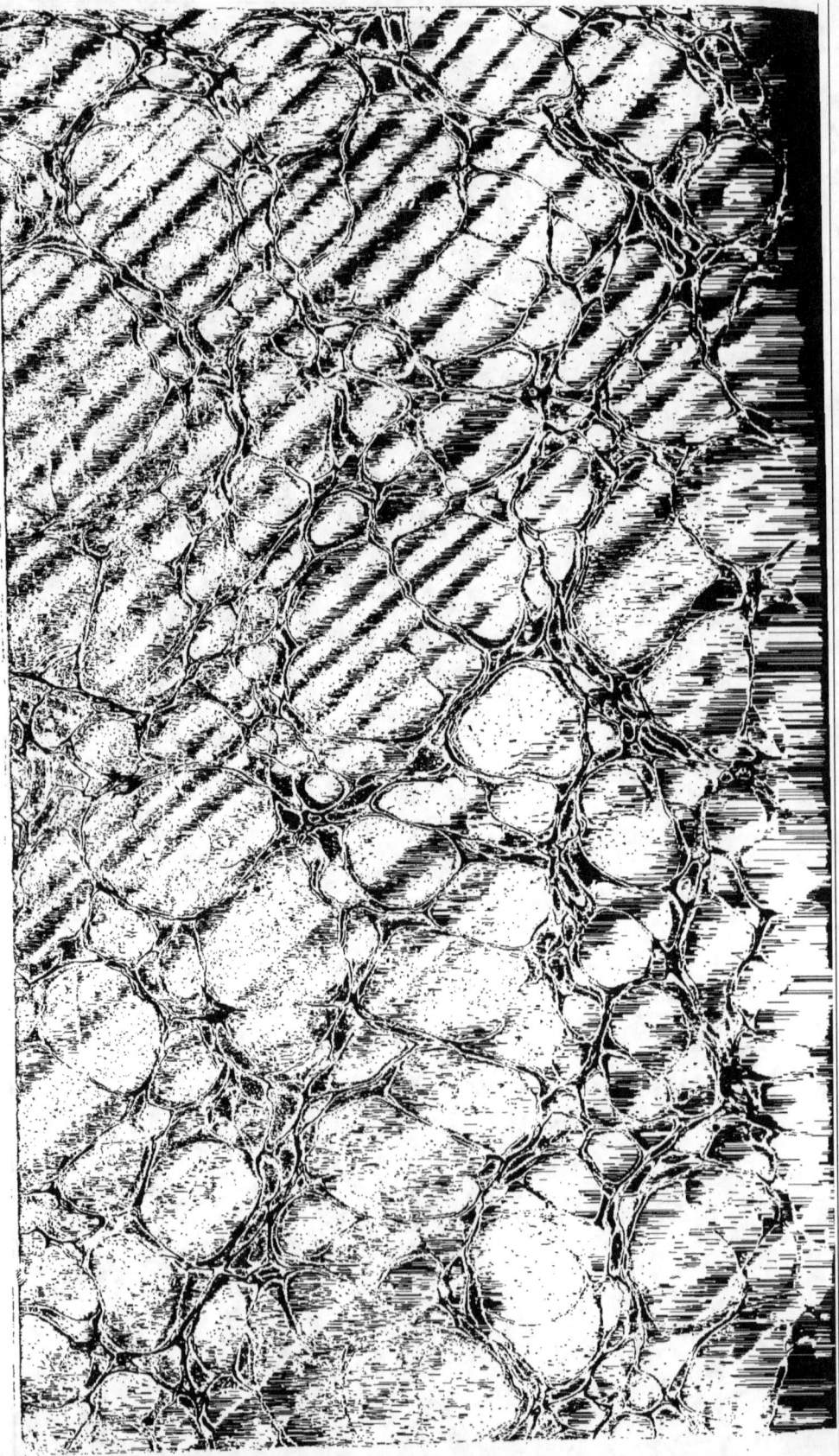